Ned Feehally

BESSER KLETTERN

Ned Feehally

BESSER KLETTERN

Fingerkraft trainieren • Ausdauer steigern • Technik optimieren

riva

Bibliografische Information der Deutschen Nationalbibliothek
Die Deutsche Nationalbibliothek verzeichnet diese Publikation in der Deutschen Nationalbibliografie. Detaillierte bibliografische Daten sind im Internet über http://dnb.d-nb.de abrufbar.

Für Fragen und Anregungen
info@rivaverlag.de

Wichtige Hinweise
Dieses Buch ist für Lernzwecke gedacht. Es stellt keinen Ersatz für eine individuelle medizinische Beratung dar und sollte auch nicht als solcher benutzt werden. Wenn Sie medizinischen Rat einholen wollen, konsultieren Sie bitte einen qualifizierten Arzt. Der Verlag und der Autor haften für keine nachteiligen Auswirkungen, die in einem direkten oder indirekten Zusammenhang mit den Informationen stehen, die in diesem Buch enthalten sind.

Ausschließlich zum Zweck der besseren Lesbarkeit wurde auf eine genderspezifische Schreibweise sowie eine Mehrfachbezeichnung verzichtet. Alle personenbezogenen Bezeichnungen sind somit geschlechtsneutral zu verstehen.

1. Auflage 2022

Türkenstraße 89
80799 München
Tel.: 089 651285-0
Fax: 089 652096

Die englische Originalausgabe erschien 2021 bei Vertebrate Publishing.unter dem Titel *Beastmaking*.

Übersetzung: Lea Bodora
Redaktion: Stefanie Heim
Umschlaggestaltung: Karina Braun
Umschlagabbildung: © Band of Birds
Fotos: alle Fotos © Nick Brown außer: Red Bull Content Pool: 6; Alex Megos: 8, 16, 35, 51, 72/73, 87, 101; Nick Brown: 11, 14/15, 168/169, 180/181, 187, 188, 223; Band of Birds: 12/13, 26, 44, 124, 179, 214; Martin Smith: 19, 20, 32, 46; John Coefield: 23, 52, 70, 92/93, 107; Ned Feehally: 24, 58, 85, 96, 102/103, 108, 155 rechts, 220; Jerry Moffatt: 28/29, 30; Dave Parry: 36; Leo Moger: 48/49; Giorgos Kirkelis: 63 o. links; Ben Morton: 63 o. rechts; Takato Ilzuka: 63 rechts Mitte; Matthew Davies: 63 links Mitte; Spike Fullwood: 63 u. links; Olavi Saastamoinen: 63 u. rechts; Shauna Coxsey: 90, 95, 178; Kevin Takashi Smith/Kilter: 120; Stu Littlefair: 142, 146, 149; Luca Fonda: 175; Ryu Voelkel: 206, 210/211; Joel Zerr: 209; Kurt Albert: 212/213; Frank Kretschmann: 217; Jimmy Chin: 218/219
Illustrationen: Ilija Visnjic
Layout: Jane Beagley
Satz: feschart print- und webdesign, Michaela Röhler, Leopoldshöhe
Druck: Florjancic Tisk d.o.o., Slowenien
Printed in the EU

ISBN Print 978-3-7423-2098-8
ISBN E-Book (PDF) 978-3-7453-1872-2
ISBN E-Book (EPUB, Mobi) 978-3-7453-1871-5

INHALT

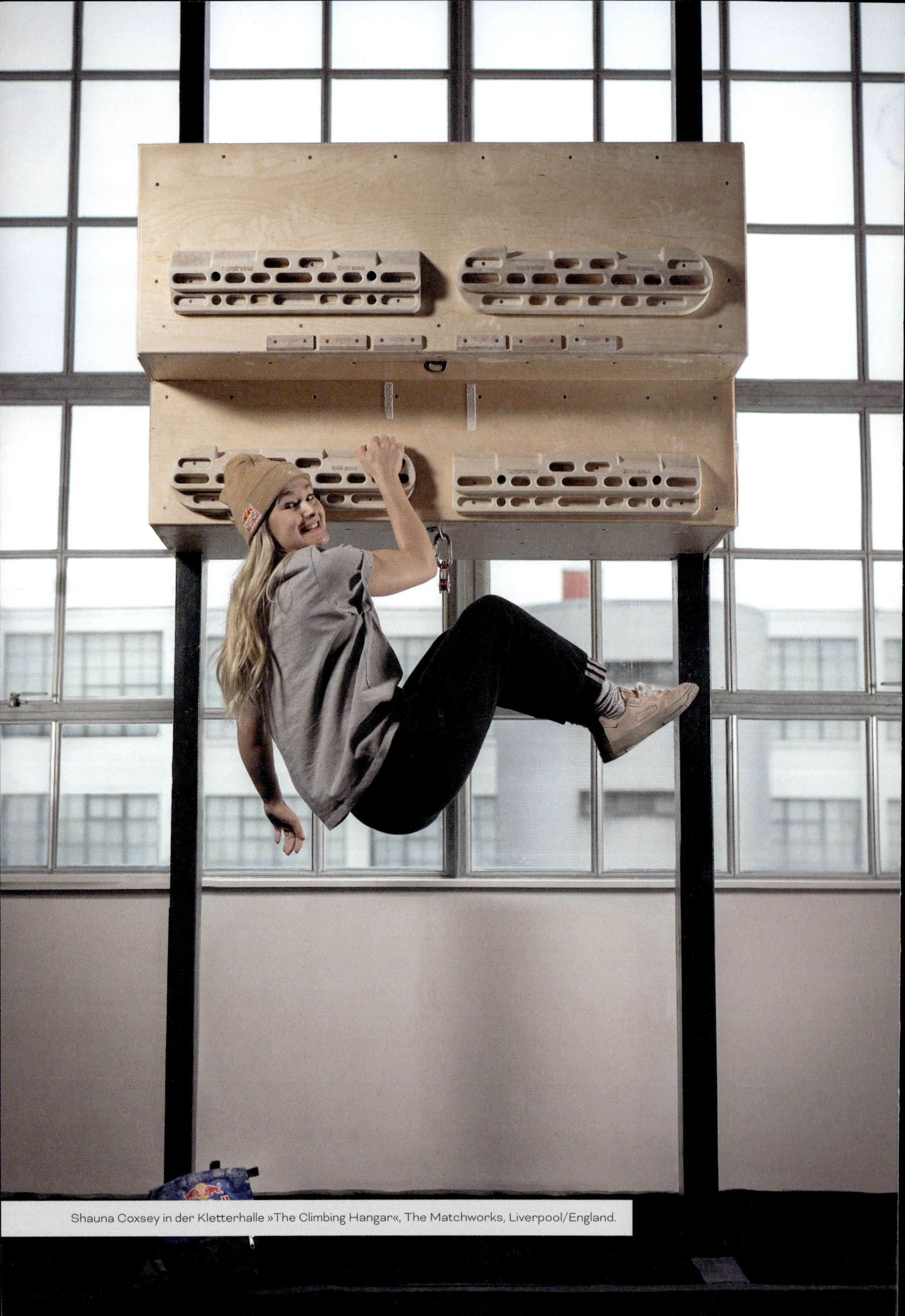

Shauna Coxsey in der Kletterhalle »The Climbing Hangar«, The Matchworks, Liverpool/England.

VORWORT

Das exponentielle Wachstum unseres Sports lässt sich nur schwer begreifen. Allein in den letzten zehn Jahren wurden die Grenzen der Schwierigkeitsgrade gesprengt, unzählige Wunderkinder entdeckt, Trainingseinrichtungen für Elitekletterer aufgebaut und das Klettern in die Liste der olympischen Disziplinen aufgenommen. Das Empörendste ist jedoch, dass das Klettern cool geworden ist – damit hatte keiner gerechnet!

Aufgrund dieser Entwicklungen im Klettern haben sich viele Menschen mit den folgenden Fragen an Profis gewandt: Wie kann ich mich verbessern? Was ist das Geheimnis? Wer sind die berühmten Trainer, wer forscht und wo kann ich die besten Trainingsprogramme kaufen?

Bei unserem Sport geht es jedoch um so viel mehr als Trainingstabellen und Zahlen. Beim Klettern verschwinden die Grenzen zwischen traditioneller Sportart und Actionsport. Es ist ein Sport, der Leistungsfähigkeit und Stil miteinander vereinigt und gleichzeitig Selbstbeherrschung und Belastbarkeit erfordert – egal auf welchem Niveau.

Derzeit sind wir anscheinend an einem Punkt angelangt, an dem Wissenschaft und Forschung sich bemühen, durch eine Vielzahl von Studien und Daten aufzuschließen. Dabei wird versucht, unerklärliche Fähigkeitsgrade in Kategorien einzuordnen, die einfach nicht auf grundlegende Niveaus von Kraft oder Ausdauer zurückgeführt werden können. Klettern ist eben genauso eine Kunst, wie es eine Frage physischer Fähigkeiten ist.

Nichtsdestotrotz können die meisten von uns sicherlich von einem besseren Verständnis, wie man trainieren sollte und was man für mehr Kraft trainieren sollte, profitieren. Noch besser zu werden ist dann etwas komplizierter.

Ned hat die letzten 20 Jahre damit verbracht, die komplexen Details dessen zu erforschen, was Elitekletterer zu guten Kletterern macht und wie sie an die Spitze des Sports gelangen. Seine Neigung zur Obsession hat dabei nicht nur dafür gesorgt, dass er fast alles Gelernte selbst ausprobiert und überprüft hat, sondern dass er auch alles (sehr ordentlich) dokumentiert hat. Ned ist ein Praktiker, pragmatisch in Bezug auf das Training und laut eigener Aussage ein Streber.

Lies dieses Buch mit dem Wunsch, dich zu verbessern, mit dem Engagement, das Gelernte umzusetzen, und dem Glauben daran, dass du deine Ziele erreichen kannst.

Shauna Coxsey

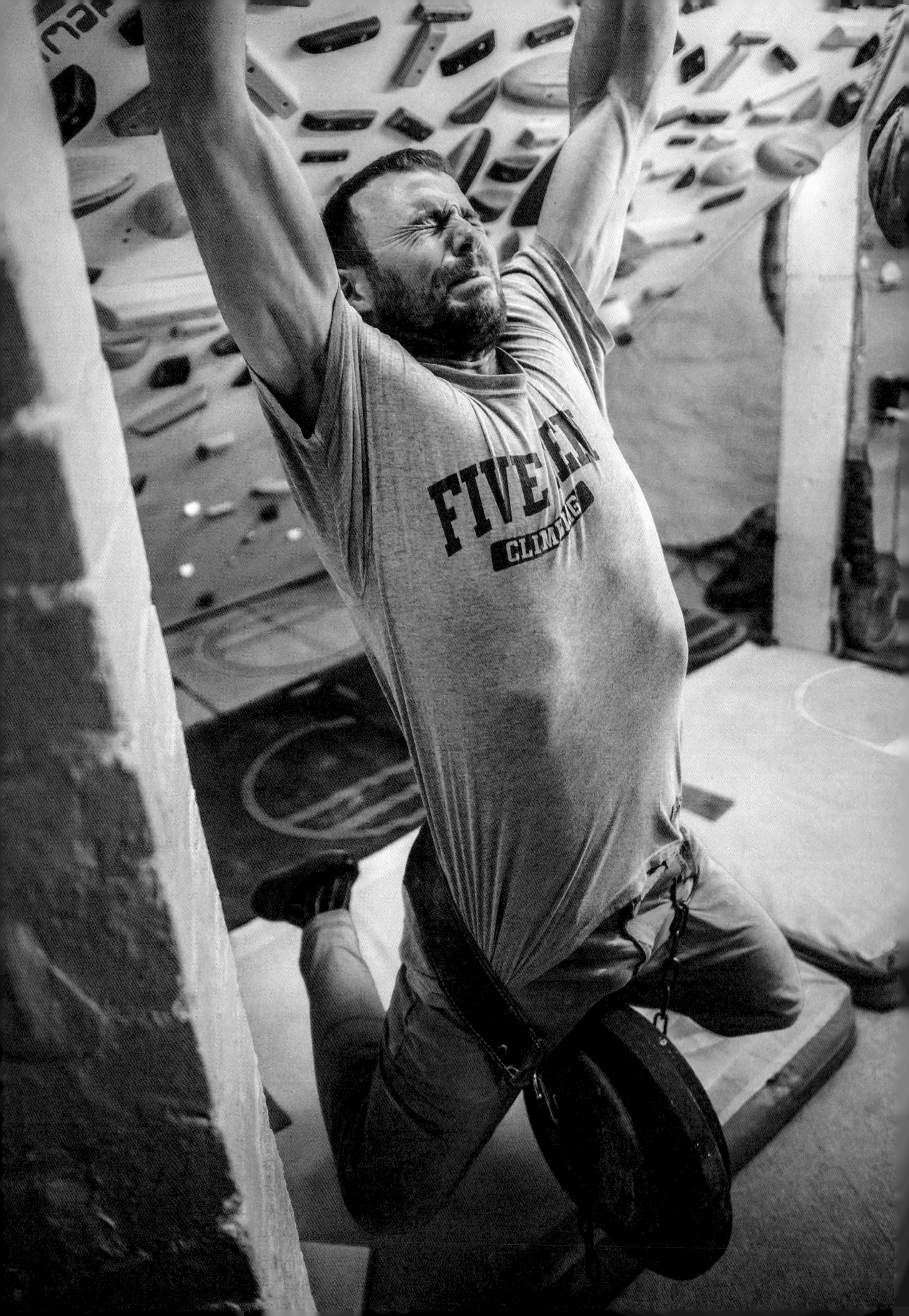

EINLEITUNG

Wenn du dieses Buch in die Hand genommen hast, willst du dich wahrscheinlich im Klettern verbessern und hast keine Scheu davor, dich dafür anzustrengen. Klasse, hier bist du genau richtig!

Kletterer, die sich verbessern wollen, suchen scheinbar immer nach einer Abkürzung. Sie leisten sich vielleicht einen Trainer und hoffen, dass sie dadurch automatisch besser werden, oder kaufen ein Onlinetrainingsprogramm in der Überzeugung, es würde ihr Klettern um ein paar Schwierigkeitsgrade verbessern. Manche kaufen sich auch begeistert ein Fingerboard und bringen es zu Hause sogar an – nur um dann festzustellen, dass die Trainingsplanung und das eigentliche Training tatsächlich anstrengend sind und dass es wenig Vorteile hat, das Fingerboard einfach nur zu besitzen.

Einige Menschen haben jedoch wirklich Lust darauf, sich zu verbessern, wissen allerdings nicht, wie sie es anfangen sollen und womit genau sie beginnen sollten.

Der Grundgedanke dieses Buchs ist, dich mit genügend Informationen zu versorgen, damit du selbst herausfinden kannst, was du trainieren musst. Es soll dir beim Trainieren helfen, ohne dass wir uns in zu vielen Daten und Fachbegriffen verlieren und das Lesen zu mühsam wird. Ich hoffe, dass du hier frische Ideen, neues Wissen und Inspiration für dein Training findest.

Allerdings muss ich gleich zu Anfang klarstellen: Es gibt keine Abkürzung, wenn man sich verbessern will! Du wirst in diesem Buch keine Zauberformel finden. Weil sie einfach nicht existiert.

Es sind zwar immer mehr wissenschaftliche und datenbasierte Trainingsinformationen verfügbar, dennoch ist das Klettern eine recht junge Sportart. Die Menge an wissenschaftlichen Studien zum Klettern ist immer noch sehr begrenzt. Gefühlt sind wir in einer Phase, in der die durchgeführten Forschungen einfach nur das belegen, was wir innerhalb der Kletterszene seit 40 Jahren an Wissen zusammengetragen haben.

Im Hinblick auf das Schreiben lässt es mich vielleicht klug aussehen, wenn ich ein Buch mit Literaturhinweisen fülle, aber wenn wir ehrlich sind, haben die meisten Leserinnen und Leser kein Interesse daran, über das Lesen hinaus noch weiter zu recherchieren. Ich persönlich interessiere mich sehr für die verfügbaren zahlenlastigen Trainingsinformationen, aber ich verstehe, dass das nicht jedermanns Sache ist. Solltest du nach harten Fakten, wissenschaftlichen Daten und Literatur suchen, möchte ich dich dazu ermutigen, dich über dieses Buch hinaus einzulesen. Meine Erfahrung zeigt jedoch, dass die meisten Kletterer entweder einfach nur wissen möchten, was sie am besten tun sollten, oder etwas Inspiration und einen Startpunkt brauchen – sie machen sich nichts daraus, die Einzelheiten und Besonderheiten der Trainingspläne genauestens zu studieren. Anstatt also einfach kopfüber in die wissenschaftlichen Daten einzutauchen, habe ich alles, was ich im Laufe der Jahre gelesen und umgesetzt habe, gefiltert und die nützlichsten und geeignetsten Informationen extrahiert, um sie dir so unkompliziert wie möglich weiterzugeben.

Ich hatte das Glück, mit einigen der besten Kletterer der Welt klettern und trainieren zu dürfen. Trainieren und mich zu verbessern sind für mich Leidenschaft und grenzenlose Faszination. Ich bin immer auf der Suche nach Ideen und neuen Informationen. Ich hoffe, dass ich die Leute mit meinen ständigen Fragen nicht nerve, aber ich versuche einfach, beim Klettern und Trainieren mit anderen so viele Informationen wie möglich aufzusaugen.

Besonders spannend finde ich die große Vielfalt an Stärken und Schwächen bei den Spitzenkletterern. Jeder ist individuell und jeder geht das Training und den Versuch, sich zu verbessern, etwas anders an. Letzten Endes sind die besten Kletterer diejenigen mit der richtigen Mentalität und dem richtigen Mindset und nicht unbedingt diejenigen, die physisch am stärksten sind. Beim Verbessern der Kletterfertigkeiten scheint es ebenso darauf anzukommen, minimale Steigerungen über das gesamte Spektrum der Kletterfähigkeiten zu erreichen und Schwächen auszubügeln, wie darauf, mehr Klimmzüge zu schaffen oder an einem kleineren Griff hängen zu können als alle anderen.

Alles in diesem Buch basiert auf meinen persönlichen Erfahrungen – sowie ausführlichen Diskussionen mit anderen, die wissen, worüber sie sprechen – und es behandelt das, was bei mir (und den Menschen, die ich kenne) über die Jahre hinweg funktioniert hat. Ich hoffe, es funktioniert auch bei dir.

»

Beim Training gibt es keine richtigen oder falschen Antworten. Jeder ist anders. Du bist dein eigenes Experiment.

ETWAS MEHR ÜBER MICH

Ich würde mich nicht als talentierten Kletterer bezeichnen. Ich habe mit neun Jahren angefangen zu klettern, aber erst mit etwa 16 Jahren begonnen, verstärkt und ernsthaft zu trainieren. Erst als ich etwa 26 Jahre alt war, fühlte ich mich langsam stark und begann auf einem Niveau zu klettern, das ich für ziemlich gut hielt.

Was ich hier zu sagen versuche ist, dass ich der Meinung bin, kein besonders großes natürliches Talent zum Klettern zu haben. Ich bin nicht der körperlich stärkste, flexibelste, fitteste oder ein mit der besten Technik gesegnetste Kletterer da draußen. Über die Jahre hinweg habe ich jedoch viel nachgedacht, viel trainiert, kleine Fortschritte gemacht und es gelegentlich geschafft, ein paar Felsen zu erklettern und nebenbei ein paar anständige Ergebnisse bei Wettkämpfen zu erzielen.

Ich glaube, dass meine stärkste Eigenschaft die Fähigkeit ist, mein Training zu organisieren und mich wirklich hart anzutreiben. Auch wenn es sich nie nach harter Arbeit anfühlt, war und bin ich immer noch ständig bemüht, Dinge zu tun, von denen mein Klettern profitiert und die zu meinem Ziel beitragen, vielseitiger zu bouldern. Ich denke, das ist definitiv eher eine mentale Stärke als eine physische Stärke. Außerdem bin ich jemand, der nicht der Masse hinterherläuft. Wenn ich eine Trainingsmethode oder einen Trainingsansatz für nützlich halte, dann probiere ich ihn aus, egal für wie bekloppt das alle anderen halten.

Das Ergebnis ist, dass ich über die Jahre hinweg langsam stärker und technisch geschickter geworden bin und am Felsen weit mehr erreichen konnte, als ich es mir als Jugendlicher erträumt hatte. Ich behaupte nicht, dass jeder durch Training zum nächsten Adam Ondra werden kann, aber ich glaube, dass jeder mit etwas – oder einer Menge (!) – Arbeit dazu in der Lage ist, ein recht anständiges Niveau zu erreichen. Der einzige Trick ist, langfristig zu denken. Du wirst dich nicht sofort verbessern. Aber wenn du Freude an dem hast, was du tust, dann wirst du dich im Laufe der Jahre auf jeden Fall stetig verbessern.

Im gesamten Buch versuche ich, neben meinen persönlichen Erfahrungen auch die einer Person einfließen zu lassen, die ich ziemlich gut kenne, die kleiner und leichter ist als ich und die von Natur aus sehr starke Finger und eine fast makellose Technik hat.

Da Shauna und ich verheiratet sind, sollte ich wohl erwähnen, wie wunderbar, liebenswürdig, großzügig und unglaublich sie ist, wie stolz ich auf sie bin und dass sie einen besseren Menschen aus mir macht. Glücklicherweise muss ich im Rahmen dieses Buchs einfach nur sagen, dass sie eine der besten Kletterinnen der Welt ist, und das war's. Schwein gehabt! Shauna klettert seit mehr als zwei Jahrzehnten. Sie hat sich überwiegend auf das Wettkampfklettern konzentriert und elf Boulderweltcups gewonnen (zweimal den Gesamtweltcup), sich für die Olympischen Spiele qualifiziert und am Felsen Begehungen das Bouldern der Kategorie 8b+ gemeistert – als wahrscheinlich zweite Frau weltweit. Mental ist sie sehr hartnäckig und stur (ich Glückspilz) und trainiert unglaublich hart.

Ich bin mir sicher, dass sie mein größter Fan ist, aber beim Schreiben dieses Buchs ist deutlich geworden, dass sie auch meine schärfste Kritikerin ist!

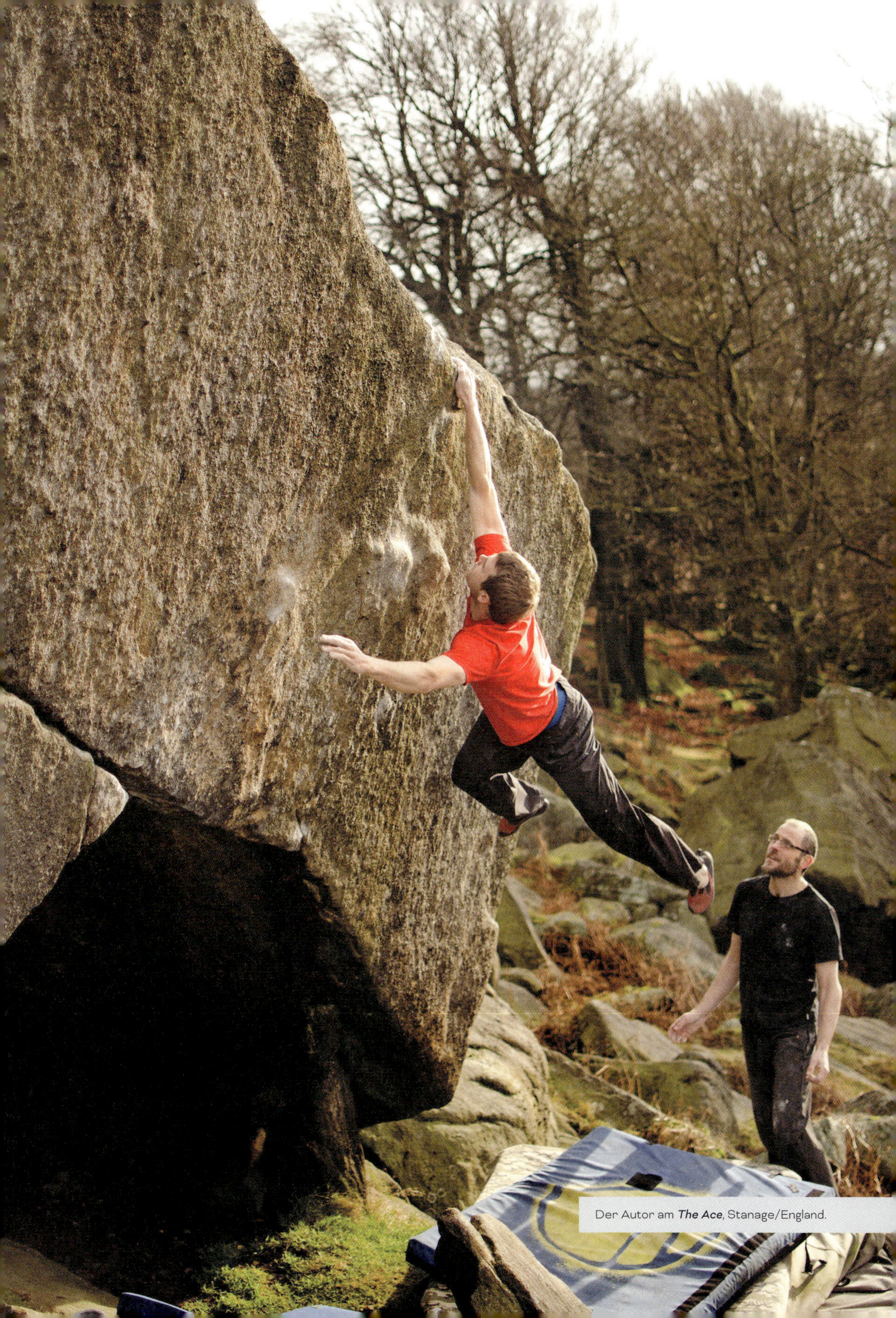

Der Autor am ***The Ace***, Stanage/England.

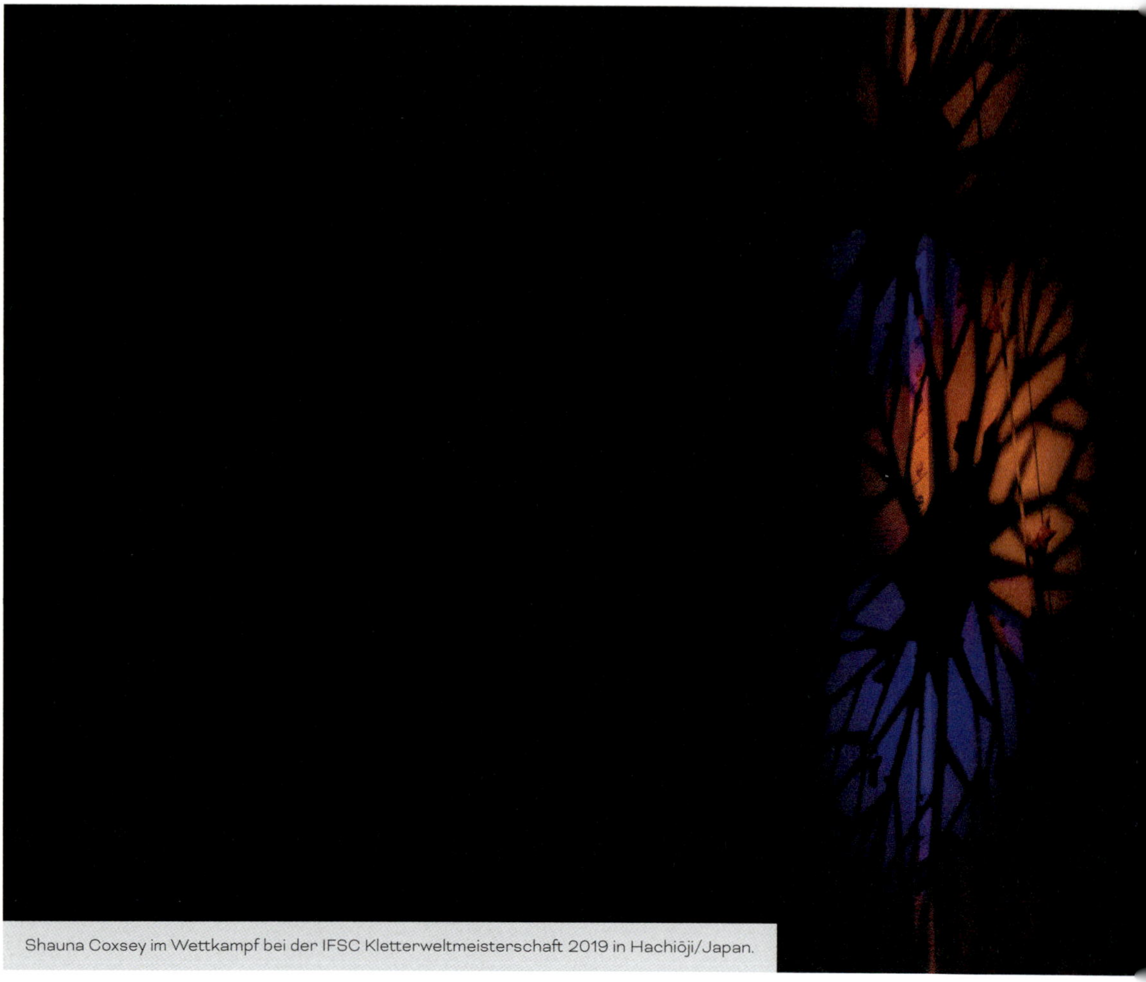

Shauna Coxsey im Wettkampf bei der IFSC Kletterweltmeisterschaft 2019 in Hachiōji/Japan.

DANKSAGUNG

Mein massiver Dank gilt allen, die mir bei diesem Projekt geholfen haben. Besonderer Dank geht an:

Paul Houghoughi für Unmengen an Ideen, komplexe Diskussionen über Anatomie und Verletzungen und seine unendlich positive Einstellung die ganze Zeit über.

Stu Littlefair für seine unendliche Weisheit und großzügige Mithilfe am Kapitel über Ausdauer.

Will Abbott für seine Unterstützung dabei, ganz am Anfang ziemlich verpixelte Ideen scharf zu stellen.

Jerry Moffat für seine Beiträge zum Kapitel über die Geschichte des Kletterns sowie für das Mutmachen, als ich dabei war, mit der Stirn auf die Tastatur zu hauen.

Dan Varian, Dave Bowering und Elsie Butler dafür, dass das »Arbeiten« bei Beastmaker mit ihnen den größten Spaß der Welt macht.

Nick Brown für viele Jahre brillante Fotografie, aber besonders für all seine Hilfe und harte Arbeit bei diesem Projekt.

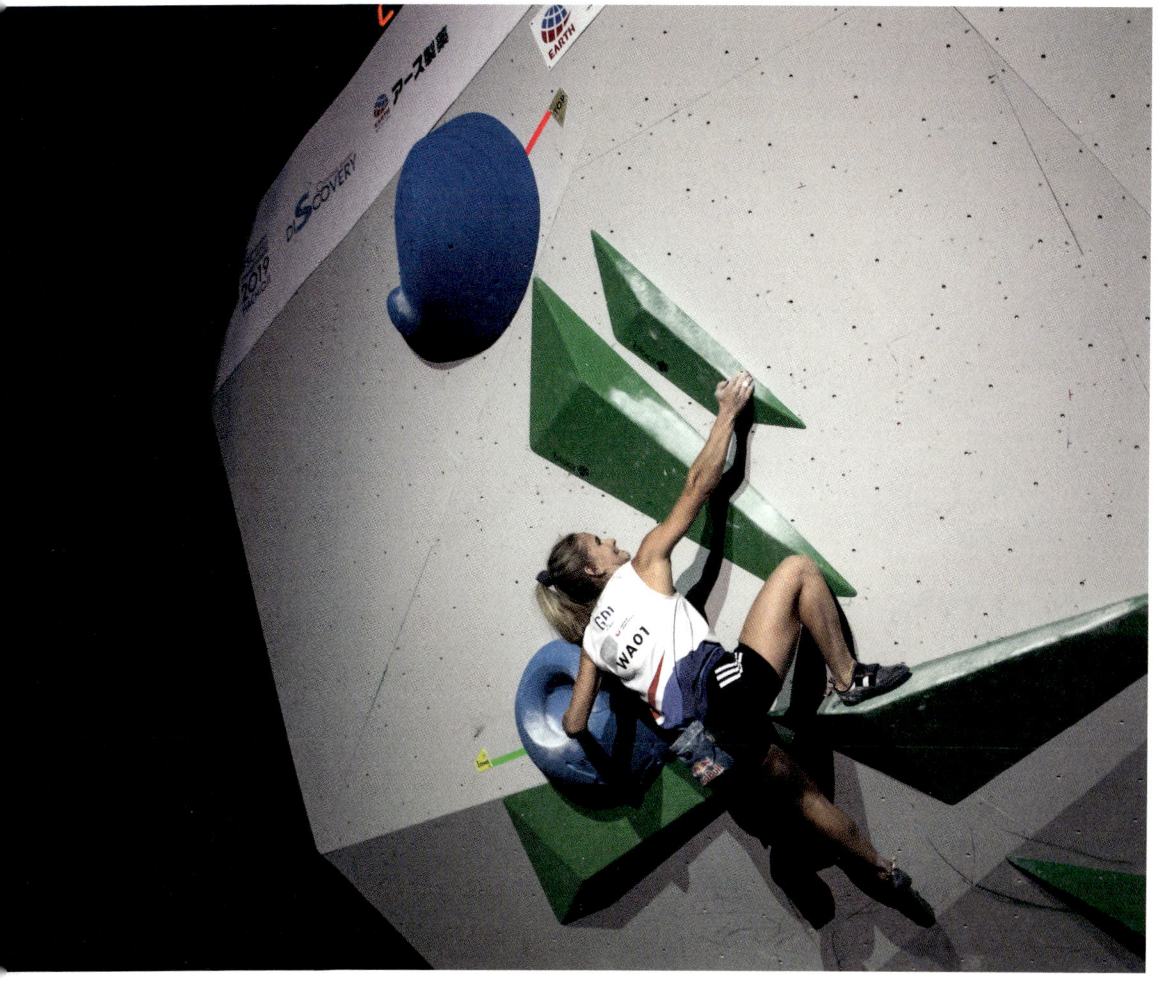

Martin Smith für seine großartigen Schnappschüsse während der vielen lustigen Fotosessions über die Jahre hinweg.

Gracie Martin und Kieran Mercer dafür, dass sie willige und duldsame Models waren und zudem viele Kuchen gebacken haben, die mich am Laufen hielten.

Den Betreibern der Kletterhallen »The Climbing Hangar« und »Depot Climbing« dafür, dass wir für unsere Fotos in ihre fantastischen Hallen einfallen durften.

John Coefield dafür, alles wahr werden zu lassen. Und Jane Beagley für das unglaubliche Design.

Mum und Dad für viele Sachen und auch dafür, mich glauben zu lassen, dass es völlig normal sei zu versuchen, ein Buch zu schreiben.

Shauna, für alles.

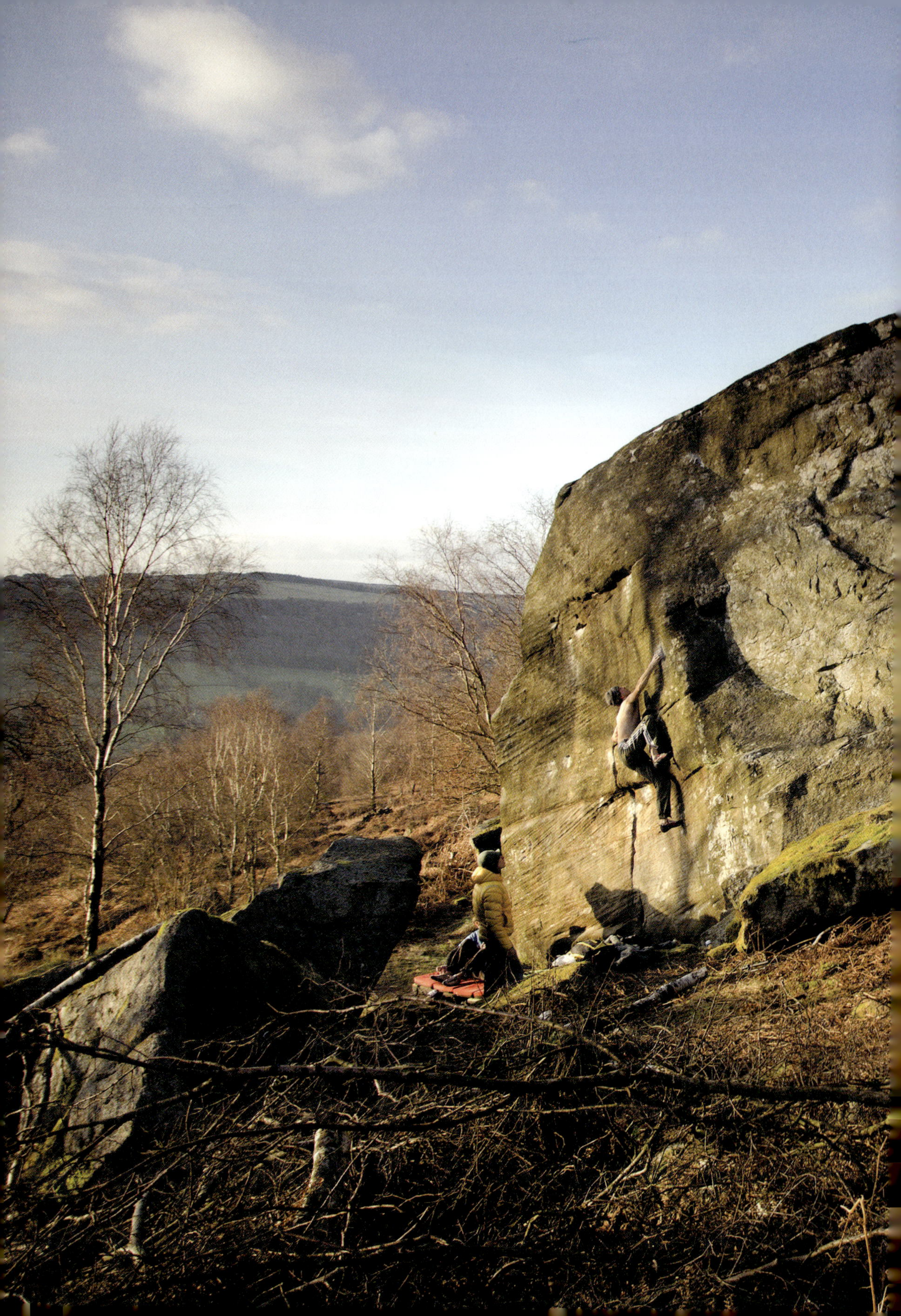

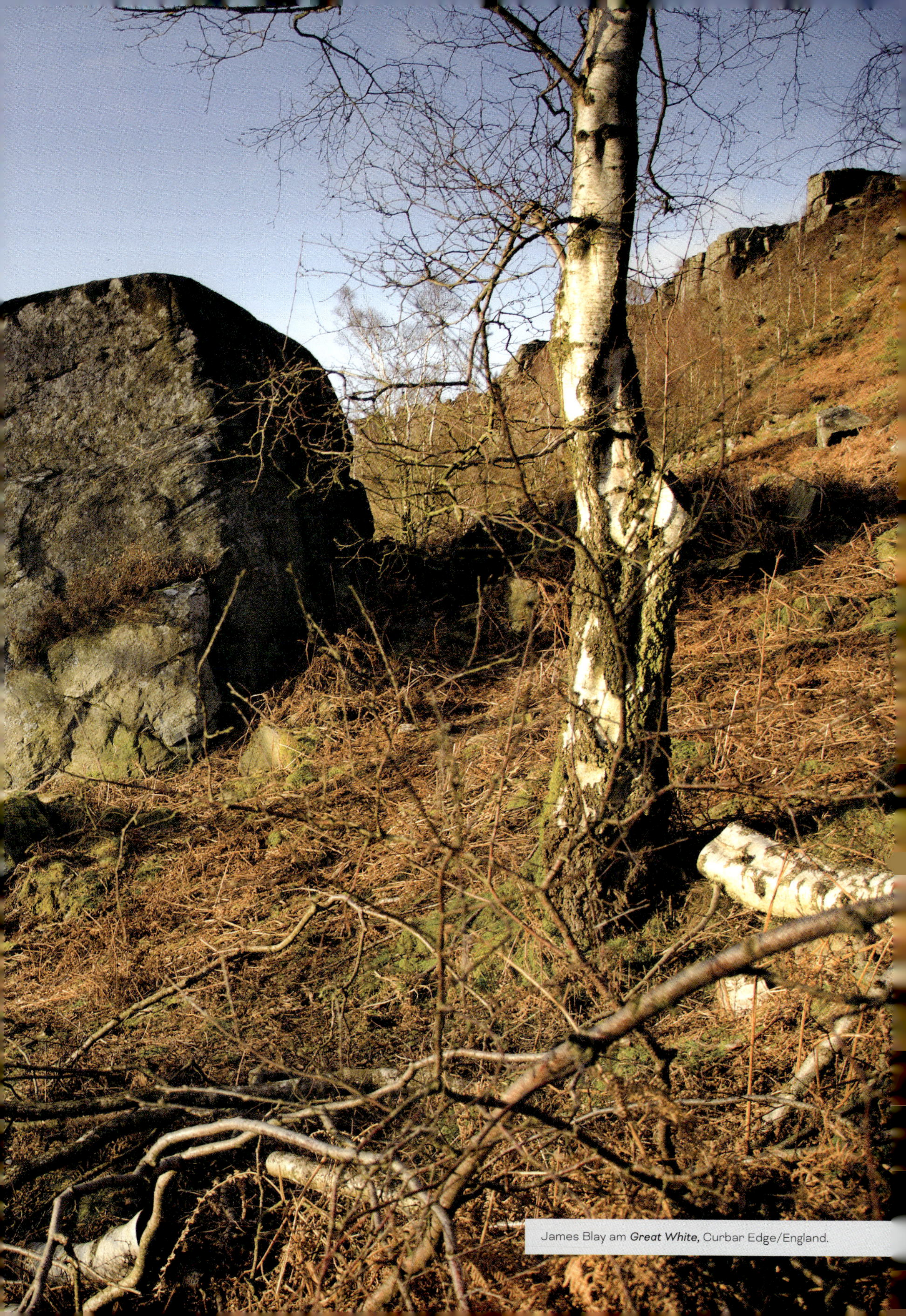

James Blay am ***Great White,*** Curbar Edge/England.

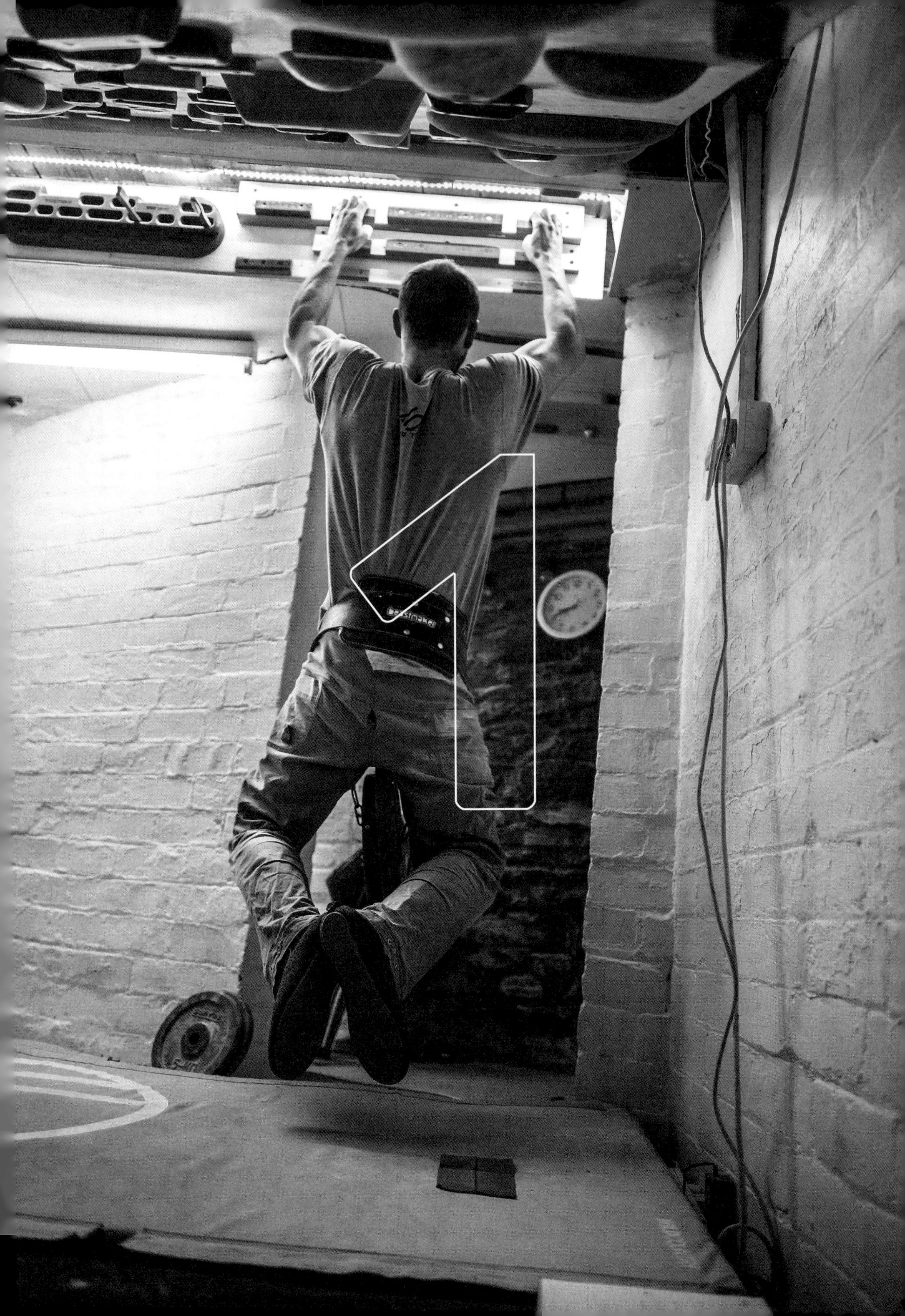

1

TRAINING: DIE GRUNDLAGEN

WESHALB TRAINIEREN?

Hast du jemals darüber nachgedacht, weshalb du eigentlich kletterst, wofür du trainierst und was du dir vom Klettern erhoffst?

Macht klettern dir einfach Spaß? Willst du dich allgemein verbessern? Möchtest du ein sehr vielseitiger Kletterer werden? Möchtest du für ein bestimmtes Boulderproblem oder eine bestimmte Route trainieren? Oder eine Reise? Willst du eine Olympiamedaille gewinnen? Möchtest du den El Capitan ohne Seil und Sicherung bezwingen? Oder willst du einfach einen einarmigen Klimmzug schaffen? Vielleicht liebst du es grundsätzlich, an deine Grenzen zu gehen oder einfach mit Freunden zu trainieren?

Alle diese Ziele sind vollkommen in Ordnung, wie jedes Ziel. Ziele können sehr präzise oder allgemeiner sein. Vielleicht hast du nur ein großes Ziel oder aber viele kleinere. Das Tolle am Klettern ist, dass es für jeden etwas bietet. Es gibt jedoch viele unterschiedliche Wege, um ein individuelles Ziel zu erreichen – und es kann zu einer großen Herausforderung werden, den effizientesten Weg zu finden.

Deine Ziele können alles sein, aber es ist wichtig, dass sie für dich realistisch und erreichbar sind. Sonst sind sie nur Träume. Wenn du aktuell Fb7a kletterst und beschlossen hast, in einem Jahr 8b klettern zu wollen, gleichzeitig aber in Vollzeit arbeitest und Zeit mit der Familie verbringen möchtest, ist dieses Ziel eher unwahrscheinlich – oder du bekommst zu Hause großen Ärger!

Wir sollten uns überlegen, wie das Training für unsere Ziele effektiv in unser alltägliches Leben integriert oder darum herum geplant werden kann. Was können wir für unsere Ziele opfern? Wollen wir überhaupt etwas opfern? Wie wichtig ist uns das Erreichen unserer großen Ziele?

Wir müssen unsere Stärken und Schwächen in Bezug auf unsere Ziele bewerten. Dadurch bekommen wir einen Hinweis darauf, woran wir in unserer Trainingszeit arbeiten sollten, damit wir unsere Ziele erreichen. Es ist äußerst wichtig, dass wir unser Training speziell auf das konzentrieren, was wir erreichen wollen, denn sonst verschwenden wir möglicherweise unsere Zeit. Ziele zu haben ist wichtig für den Fortschritt, weil sie uns zu hartem Training motivieren und ein guter Orientierungspunkt sind, um herauszufinden, was wir verbessern müssen, um sie zu erreichen.

Ich persönlich wollte immer ein vielseitiger Boulderer sein. Das ist mein höchstes Ziel. Ich möchte dazu in der Lage sein, in Klettergebiete überall in der Welt zu reisen und dort die Chance haben, die besten Boulderprobleme zu meistern.

Mir selbst setze ich viele kleine Ziele. Jede Trainingseinheit und jeder Kletterausflug haben ein Ziel. An meiner Pinnwand hängen sogar Projekte, die ich mir schon seit Jahren vorgenommen habe. Aber mein alles umfassendes Hauptziel ist immer dasselbe: Ich möchte über die ganze Bandbreite an Kletterstilen geübt und vielseitig sein. Daher verbringe ich ständig Zeit damit, meine Fähigkeiten zu überprüfen, um meine Schwächen verbessern zu können und meinem großen Ziel näherzukommen.

Am meisten Spaß beim Klettern macht mir das Problemlösen. Ich hatte nie große Lust dazu, monatelang genau dieselben Bewegungsabläufe immer und immer wieder zu trainieren. Den Reiz dieses Kletterstils kann ich zwar sehen, mir bereitet es aber deutlich mehr Freude, auf ein Boulderproblem zu treffen und zu versuchen, es auf der Stelle zu meistern. Ich glaube, das hat mir an meiner Wettkampfzeit so gefallen, denn das Problemlösen ist der ultimative Test für die Kletterfähigkeit insgesamt.

Beim Wettkampfklettern stellen die Kletterer ihre Stärken zur Schau, es deckt aber auch ihre Schwächen auf. Ich mochte die Herausforderung, auf Abruf in allen möglichen Stilen meine Leistung zu zeigen. Ich denke, meine Vorgehensweise beim Felsklettern ist ähnlich.

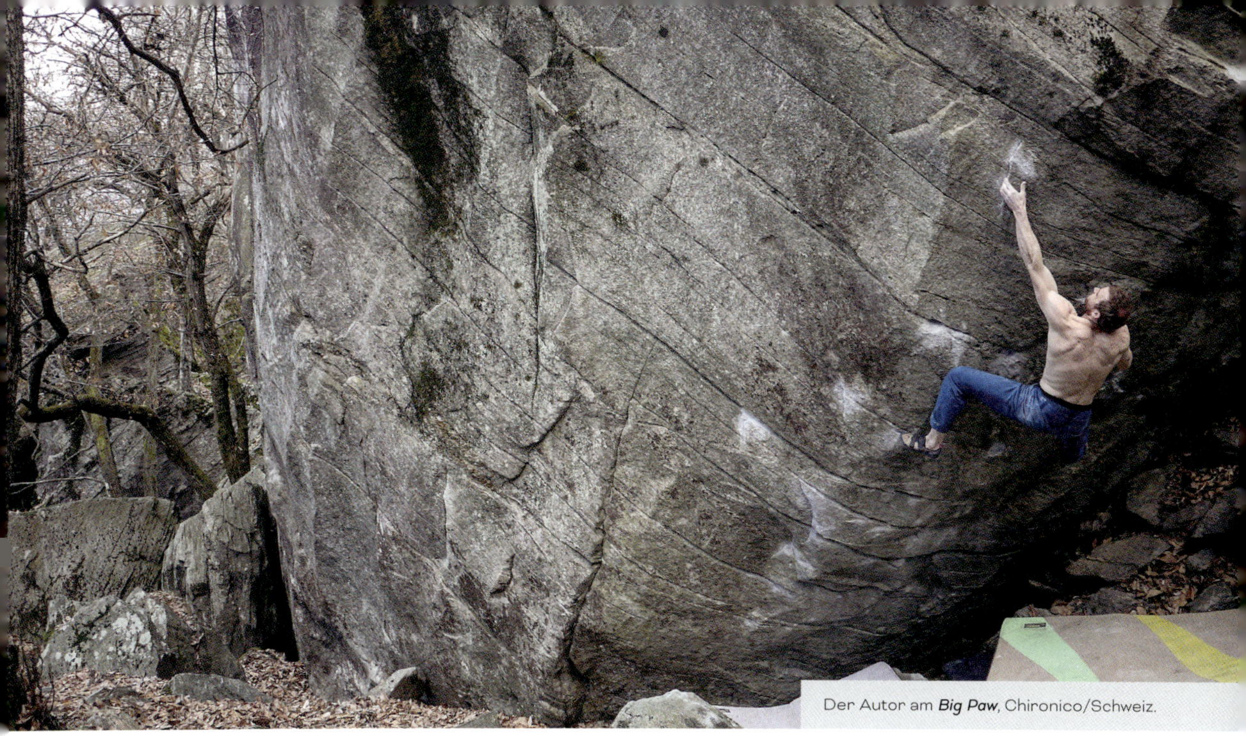

Der Autor am ***Big Paw***, Chironico/Schweiz.

Was ist Training?

Bevor wir uns direkt damit befassen, sollten wir kurz über die traditionelle Definition von Training nachdenken: **Trainieren heißt, den Körper zielgerichtet physischer oder mentaler Belastung auszusetzen, um Anpassungen hervorzurufen, die im Laufe der Zeit dafür sorgen, dass der Körper diese Belastungen besser bewältigen kann.** Training erfordert:

Überbelastung: Um stärker zu werden, müssen wir in einer Intensität trainieren, die den Körper fordert.

Steigerung: Unser Körper braucht ständig Anreize, um seine Kraft immer weiter zu steigern. Nur dieselbe Übung in derselben Intensität zu wiederholen, führt nicht zu einer Verbesserung.

Wiederholung: Unser Körper passt sich einem Trainingsreiz nicht sofort an. Um eine Verbesserung anzuregen, müssen wir eine Übung in mehreren Trainingseinheiten wiederholen.

Erholung: Unser Körper kann sich nur verändern und stärker werden, wenn wir ihm Zeit dazu geben. Zwischen den Einheiten müssen wir uns ausruhen, damit er sich regenerieren und erholen kann. Ohne ausreichende Pausen ist der Körper nicht in der Lage, sich an das Training anzupassen, was letzten Endes zu Verletzungen führen kann. Oder dazu, dass man sich einfach zu kaputt fühlt, um anständig zu klettern.

Spezifität: Der Körper wird sich an die ausgeführten Übungen anpassen – denn er kann nur das! Wir können so hart an etwas arbeiten, wie wir wollen – wenn es nicht kletterspezifisch ist, wird es unser Klettern nicht verbessern.

Und wenn wir mit dem Training aufhören, passiert Folgendes:

Reversibilität: Jede physische Eigenschaft, die durch das Training verbessert wurde, kehrt sich wieder um, wenn wir aufhören zu trainieren. Das passiert nicht sofort, aber im Laufe der Zeit trainiert oder baut der Körper ab (auch Detraining genannt) und verliert an Kraft, weil diese nicht genutzt wird.

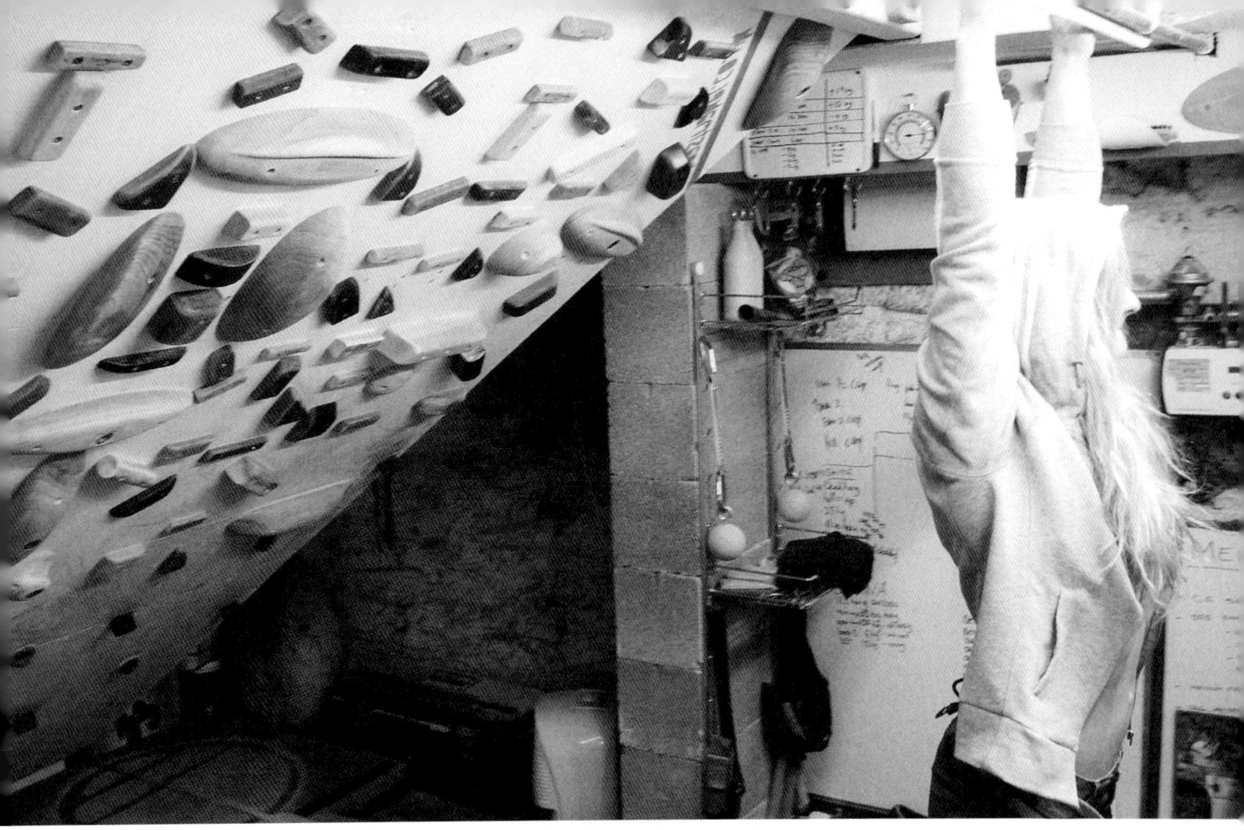

KLETTERN, TRAINIEREN UND LEBEN

Viele Informationsquellen über das Training richten sich unrealistischerweise an hypothetische Personen mit unbegrenzt verfügbarer Zeit, Ausrüstung und Motivation sowie den entsprechenden Geldmitteln. Solltest du so eine Person sein, wird es dir leichtfallen, die Parameter, wie und wann du trainierst, was du isst, wann du klettern gehst, wann du zum Physiotherapeuten gehst und so weiter, zu optimieren. Aber wenn du wirklich so jemand bist, solltest du auch wirklich einen Großteil deiner Zeit mit Klettern verbringen, denn dabei verbesserst du dich und hast gleichzeitig jede Menge Spaß.

In Wirklichkeit gibt es alle möglichen Dinge, die wir in unserem Leben bewältigen müssen und die uns letztendlich als begrenzende Faktoren vom Erreichen unseres maximalen Kletterpotenzials abhalten. Das ist nicht unbedingt schlecht. Das Klettern ist nur ein winzig kleiner Teil des Lebens, und wenn wir nur die Fähigkeit hätten, Felsen hochzuklettern, wäre unsere Zeit auf diesem Planeten wohl nicht sehr erfüllend.

Meine Hoffnung ist, dass dieses Buch für »normale« Menschen ein Werkzeug ist, das ihnen dabei hilft, aus dem Klettern das meiste herauszuholen, ohne dass sie zu viel ihres Alltags dafür opfern müssen.

KLETTERN IST DAS BESTE KLETTERTRAINING

Bevor wir mit den Trainingsinfos loslegen, möchte ich mich mit dem ultimativen Haftungsausschluss absichern:

»

Das Klettertraining ist keine Garantie dafür, dass du ein guter Kletterer wirst!

Klettern ist eine unendlich komplexe Sportart. Es geht nicht einfach darum, sich festzuhalten und kräftig zu ziehen. Beim Klettern kommt es nicht auf geschlossene

Fertigkeiten an, mit vorgegebenen Abläufen oder Bewegungen, die beherrscht und dann auf Knopfdruck ausgeführt werden müssen (es sei denn du machst Speedklettern, dann geht es genau darum!). Klettern ist ein offener Sport, bei dem man eine unendliche Anzahl verschiedener Bewegungen beherrschen muss, und dies erfordert Kraft in allen Körperbereichen.

Der uralte Spruch »Klettern ist das beste Klettertraining« ist tatsächlich wahr. Je mehr Stunden man klettert, umso mehr lernt man darüber, umso mehr passt sich der Körper daran an und umso besser wird man.

Ich glaube jedoch sehr daran, dass der beste Weg zu besseren Kletterfähigkeiten der ist, oft klettern zu gehen und das durch ein stark fokussiertes Training zu ergänzen, um den Verbesserungsprozess zu beschleunigen und gleichzeitig hoffentlich auch das Verletzungsrisiko zu verringern.

Die größten physischen Einflussfaktoren beim Klettern

Die größten physischen Einflussfaktoren beim Klettern sind meiner Meinung nach in zufälliger Reihenfolge:

Fingerkraft/Grip: die Fähigkeit, sich festzuhalten. Sie ist beim Klettern immer der wichtigste Faktor. Wenn wir uns nicht an einem Griff oder Halt festhalten können, haben wir keine Chance, die nächste Bewegung auszuführen. Fühlt sich der Halt beim Festhalten groß an, können wir uns bei der nächsten Bewegung viel weiter von ihm wegbewegen.

Fußtechnik: die Fähigkeit, die Füße beim Klettern zu belasten. Es ist eine Sache, die Füße nur dabeizuhaben – das Ziel ist jedoch, so viel Gewicht wie möglich auf die Füße zu bringen.

Flexibilität/Beweglichkeit: die Fähigkeit, den Körper in die Positionen zu bringen, die für jede Bewegung am effizientesten sind. Ich glaube nicht, dass ein Kletterer zu beweglich sein kann.

Kletterfluss: die Fähigkeit, alle Bewegungen harmonisch abgestimmt durchzuführen, damit der Körper mit nur wenig Nachdenken oder überflüssigen Bewegungen nach oben gleiten kann. Das zu trainieren ist ziemlich schwer. Im Allgemeinen lernt man dies durch viel Klettern über Jahre hinweg und durch zielgerichtetes Üben.

Rumpfstabilität: die Fähigkeit, den Unterkörper in die richtige Position zu bringen und beim Aufwärtsbewegen auch dort zu halten. Die Rumpfstabilität wird aus der Muskulatur der Schultern, des Bauchs, des unteren Rückens und der Gesäßmuskeln generiert, kann jedoch auch alle anderen Muskelgruppen von den Zehen bis zu den Fingerspitzen umfassen. Die Kraft aus der Körpermitte (Core) wird oft verwechselt mit der Fähigkeit, Sit-ups ausführen zu können, oder damit, einen Sixpack zu haben.

Zugkraft: die Fähigkeit, sich von einem Griff zum anderen zu bewegen. Die Zugkraft kommt überwiegend aus den Armen, den Schultern und dem Rücken.

Stemmkraft: die Fähigkeit, Druck auf die Griffe auszuüben. Sie entstammt überwiegend den Beinen; beim Klettern in Rissen, in Überhängen oder bei vielen modernen wettkampfartigen Boulderproblemen kommt sie gelegentlich auch aus den Armen.

Natürlich sind zudem gute Bewegungsfähigkeiten, eine stahlharte Entschlossenheit und ein starker Kopf vonnöten, aber um allen diesen Aspekten gerecht zu werden, müsste man ihnen eigene Bücher widmen.

GENETIK

Jeder ist anders. Es gibt uns Menschen in allen möglichen Formen und Größen, wobei die Gene einen großen Anteil am Gesamtresultat haben. Das gilt für das Klettern ebenso wie für alle anderen Lebensbereiche.

Es gibt keine Garantie dafür, dass du oder ich zum besten Kletterer der Welt werden, indem wir mehr trainieren als alle anderen. Im Spitzenbereich des Kletterns trainieren viele Menschen sehr hart, aber nur wenige von ihnen werden die Besten. Jeder ist mit einem bestimmten Satz an Fähigkeiten ausgestattet, die sich bei manchen gut mit den nötigen Kletterfähigkeiten überschneiden, bei anderen aber nicht.

Einige Menschen haben sehr lange Arme, andere Menschen sind von Natur aus ziemlich leicht für ihre Größe. Manche Menschen haben, scheinbar ohne das besonders zu trainieren, eine irrwitzige Fingerkraft, und andere wiederum können ohne Aufwärmen einen einarmigen Klimmzug ausführen. Für das Klettern sind das alles nützliche Eigenschaften, aber für Nichtkletterer liegen die Vorteile davon nicht unbedingt auf der Hand. Das Problem ist, dass nicht immer deutlich ist, welche unsere natürlichen Fähigkeiten sind und wie gut der eigene Körper sich zum Klettern eignet, bevor wir richtig damit loslegen und unsere Grenzen austesten.

Die Herausforderung für jeden von uns ist, das meiste aus dem herauszuholen, was wir mitbringen. Ob wir nun die genetischen Fähigkeiten haben, um zu den Besten zu gehören oder nicht, sollte uns nicht davon abhalten, jede Menge Spaß beim Klettern zu haben. Der vergnügliche Teil ist auszuloten, wie weit wir mit dem, was wir haben, kommen, und daran Spaß zu haben, es immer wieder auszutesten. Wir müssen lernen, wie wir das von der Natur ausgegebene Kartenblatt zu unserem Vorteil einsetzen und wie wir unsere Stärken und Schwächen für uns arbeiten lassen können statt gegen uns.

Wie bereits erwähnt glaube ich nicht, dass ich genetisch besonders begabt zum Klettern bin. Ich habe zwar von Natur aus ziemlich lange Arme und breite Schultern (danke, Mum und Dad), bin aber relativ schwer (für einen Kletterer) und habe schwitzige Hände – nicht gerade ideale Eigenschaften für hartes Klettern.

Glücklicherweise bin ich mit einer starken Arbeitsmoral, einer hohen Toleranz gegenüber Langeweile und den Fähigkeiten, Leid auszuhalten und es trotzdem immer wieder mit allen Kräften zu versuchen, beschenkt und von meinen Eltern darin bestärkt worden. Außerdem kann ich Unvollkommenheit überhaupt nicht leiden. Diese mentalen Eigenschaften sind mir über die Jahre sehr zugutegekommen – zumindest in manchen Bereichen!

Ich bin mit einem Kletterfreund groß geworden, der körperlich das Gegenteil von mir war: schmal, leicht, fit, von Natur aus mit starken Fingern ausgestattet, gutaussehend et cetera. Er konnte lässig, ohne richtige Anstrengung, einen einarmigen Klimmzug mit nur einem Finger ausführen. Ein unglaublicher Trainingspartner. Allerdings war das Klettern für ihn letztendlich keine große Herausforderung, weshalb er sich nie wirklich ernsthaft damit befasste und sein Potenzial nicht ansatzweise ausschöpfte. Das ist natürlich nichts Schlechtes. Er war immer ein toller Kerl und ist es auch weiterhin und er hatte viel Spaß am Klettern.

Shauna ist meiner Ansicht nach jemand mit ziemlich guten genetischen Voraussetzungen zum Klettern (was nicht heißen soll, dass sie nicht auch hart trainiert). Sie hat lange Arme, von Natur aus starke Finger und sie ist mental sehr stark. Außerdem passt sie sich ungewöhnlich schnell an das Training an. Ein paar Einheiten mit einer neuen Übung reichen aus, dass sie sich enorm verbessert. Bei langen Zügen schränkt ihre kleine Körpergröße sie oft ein, an steilen Hängen mit kleinen Griffen oder bei sehr eng zusammenliegenden Fußtritten ist sie jedoch nicht zu stoppen.

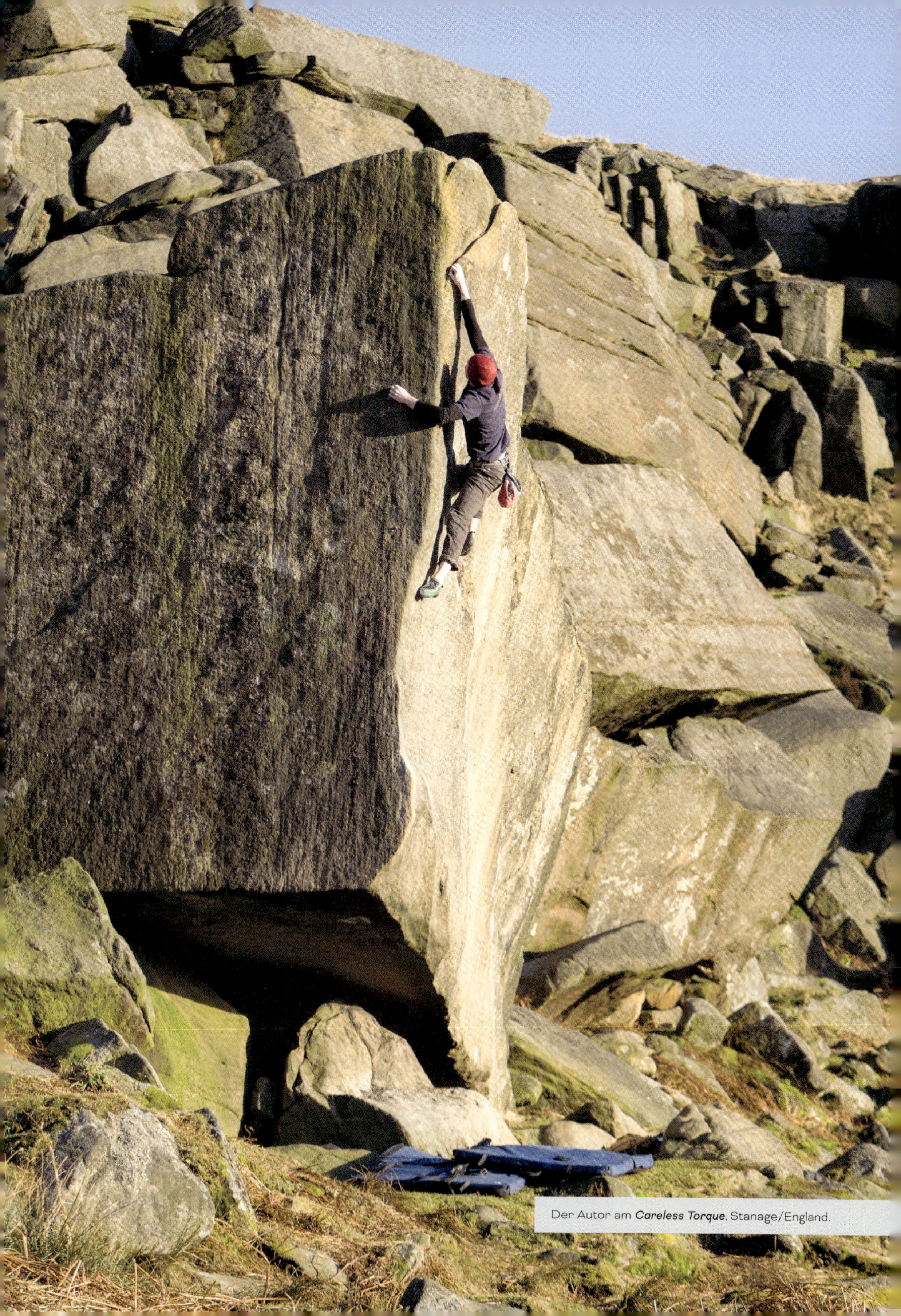

Der Autor am ***Careless Torque***, Stanage/England.

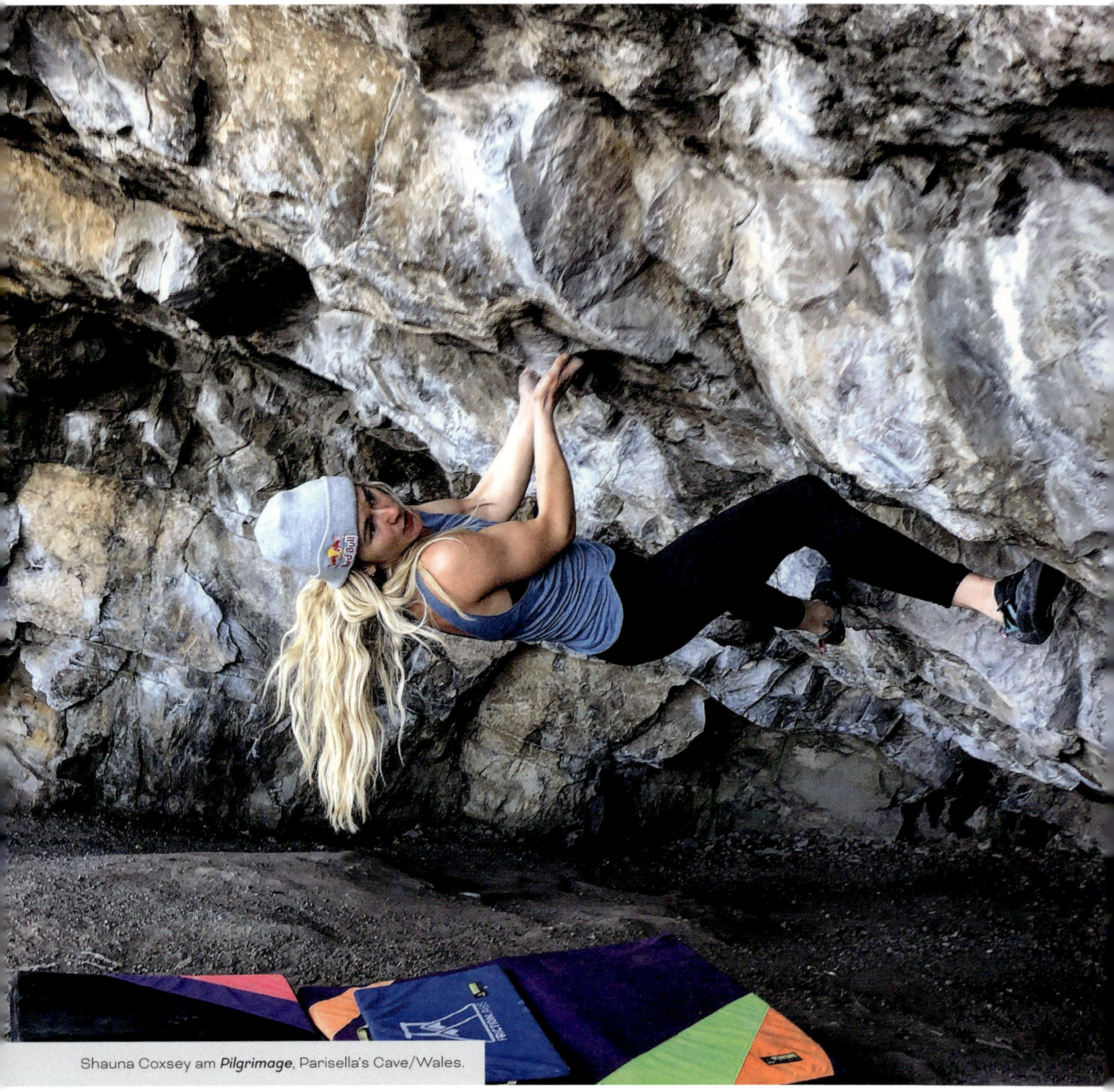

Shauna Coxsey am *Pilgrimage*, Parisella's Cave/Wales.

Es lohnt sich zu überprüfen, wo die eigenen genetisch bedingten Stärken und Schwächen liegen. Einerseits hat man dadurch tolle Ausreden, andererseits kann es auch das Ego in Schach halten, wenn man etwas zu einfach findet! Du kannst dann entscheiden, wann du am besten an deinen Schwächen arbeiten solltest oder einfach nur deine Stärken ausspielst. Manchmal ist es toll, Dinge zu erklimmen, die einem leichtfallen. Und genau zu wissen, worin man schlecht ist, ist gut für das Training. Das Großartige am Klettern ist, dass es völlig regellos ist und viele verschiedene Wege erkundet werden können, sodass jeder etwas für sich finden kann.

KANN JEDER HART KLETTERN?

Ich denke, dass der durchschnittliche Kletterer mit Entschlossenheit, guten Kletteranlagen und der Fähigkeit zu trainieren, ohne sich zu verletzen, ein anständiges Niveau erreichen kann. Kann aber jeder Fb9a oder 8b und schwerer klettern?

Nein, wahrscheinlich nicht.

Ich vermute, dass viele Menschen die genetischen, körperlichen Fähigkeiten dazu hätten, aber nicht die mentale Stärke mitbringen – sprich, einfach keinen Bock haben – oder nicht die Zeit oder finanziellen Mittel haben. Andere hingegen sind mental sehr stark, aber es mangelt ihnen an den für hartes Klettern notwendigen physiologischen Eigenschaften.

Der wichtigste einschränkende Faktor für den durchschnittlichen Kletterer ist mentaler und nicht körperlicher Art. Viele Menschen finden den Gedanken toll, ein sehr guter Kletterer zu sein, sind jedoch nicht dazu bereit, dafür richtig zu arbeiten oder Dinge in ihrem Leben zu ändern, um das zu erreichen. Im Allgemeinen kann man sagen, dass die besten Kletterer diejenigen sind, die den Willen haben, am härtesten zu arbeiten.

Wenn du physiologisch gesehen ein Ausreißer bist, beispielsweise besonders groß oder klein, wirst du schneller ein höheres maximales Niveau erreichen – wenn du spezielle Projekte findest, die zu deinem Körper passen. Deine Fortschritte werden sich jedoch vermutlich schnell wieder verlangsamen, sobald du alles abgearbeitet hast, was zu dir passt. Dann musst du an deinen Schwächen arbeiten, um dich weiter zu verbessern und härter klettern zu können.

Jede genetische Eigenschaft – physiologischer und psychologischer Art – ist mit einer Glockenkurve vergleichbar. Die Mehrheit der Menschen verteilt sich um die Mitte der Kurve herum, nahe dem 50. Perzentil. Je weiter man sich vom 50. Perzentil entfernt, desto geringer wird die Anzahl der Menschen.

Es wird häufig angenommen, dass die Schwierigkeitsgrade beim Klettern absolut und richtig sind. Das sind sie aber nicht! Sie basieren auf subjektiven Bewertungen verschiedener Bergsteiger. Je mehr Begehungen an einem Aufstieg erfolgen, umso wahrscheinlicher ist es, dass der Schwierigkeitsgrad niedriger eingestuft wird, sobald Einigkeit über die Schwierigkeit der Route oder des Problems herrscht.

Die Schwierigkeitsgrade basieren also auf der Bewertung eines durchschnittlichen Begehers. Je weiter du von diesem Durchschnitt entfernt bist, umso weniger gelten die Schwierigkeitsgrade für dich! Ich vermute, dass es für einen physiologischen Ausreißer einfacher ist, eine kleine Anzahl harter Aufstiege zu klettern, als für eine Durchschnittsperson. Die Menge an Routen, die seinem Körpertyp entsprechen, ist für einen physiologischen Ausreißer jedoch viel geringer und das Klettern wird sich für ihn meistens sogar härter anfühlen als für Kletterer mit durchschnittlichem Körperbau.

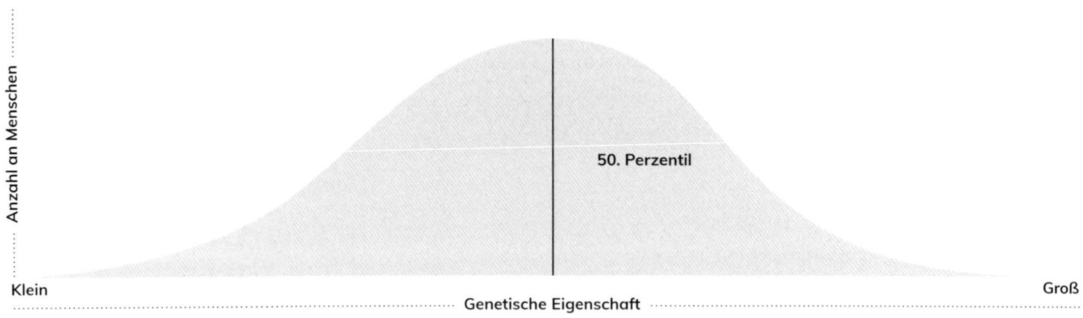

Normale Verteilungskurve

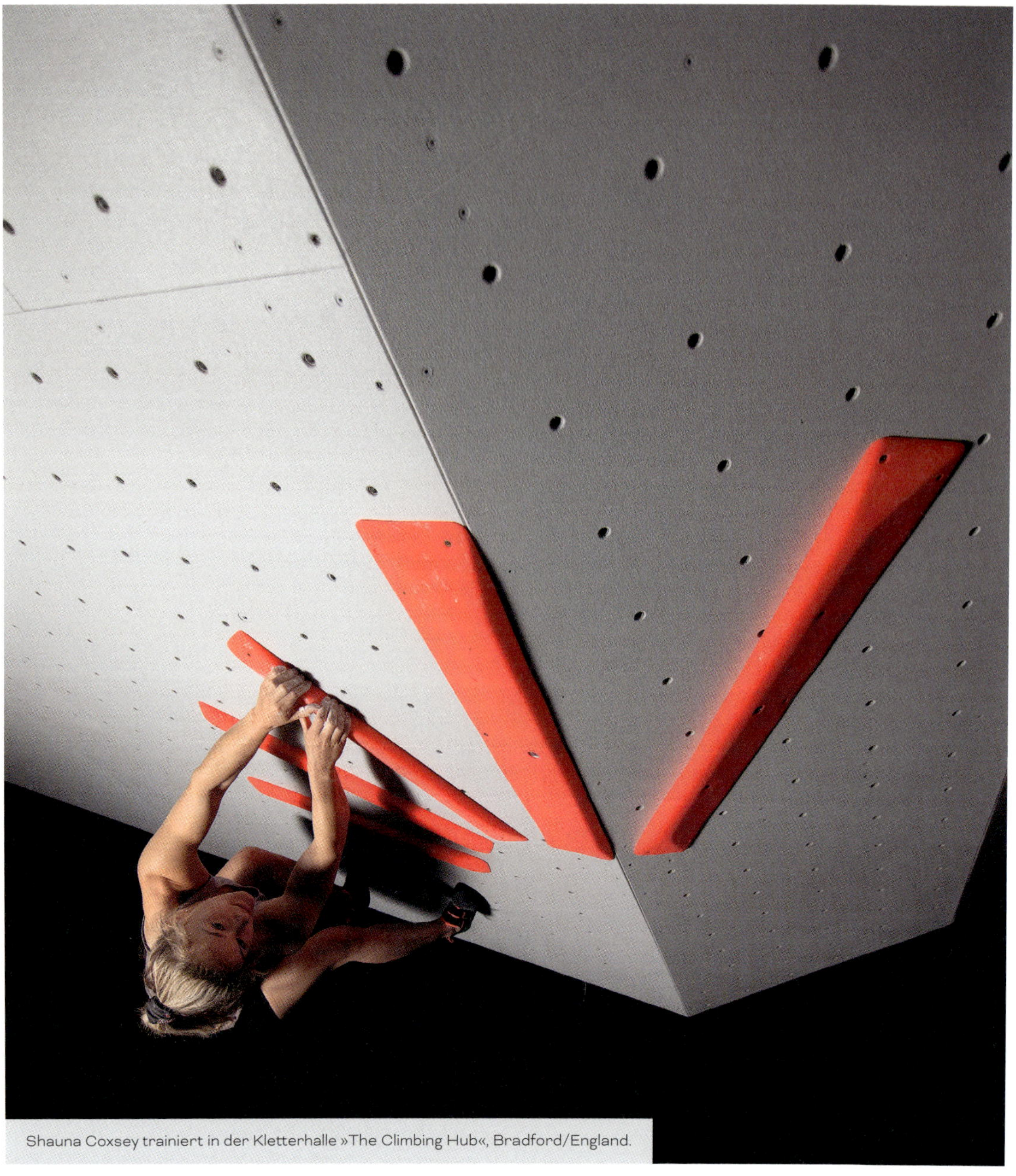

Shauna Coxsey trainiert in der Kletterhalle »The Climbing Hub«, Bradford/England.

Die Durchschnittsperson hingegen hat ein viel größeres Reservoir an Dingen, die sie theoretisch tun kann, wahrscheinlich aber weniger Dinge, die sich für sie besonders einfach anfühlen.

Das klassische Beispiel ist die Körpergröße. Stelle dir einen durchschnittlich gebauten Kletterer vor, der mit einem großen, schlaksigen Kletterer zusammen klettert. Der große Kletterer findet das vertikale Klettern oder Plattenklettern mit weiten Zügen und Dynos einfacher als der Durchschnittskletterer. Der durchschnittlich gebaute Kletterer jedoch findet möglicherweise jede Form von eng zusammenliegenden Zügen, steile Anstiege, Gewichtsverlagerungen oder Toe Hooks einfacher als der große Kletterer.

Aber auch deine Fingergröße, Schulterbreite, Daumengröße, Rumpflänge, Beinlänge, wie mutig du bist, wie hart du etwas zu versuchen bereit bist und so weiter sind alles Eigenschaften, die von Person zu Person variieren und bestimmen, wie leicht oder schwer sich eine bestimmte Kletterei für dich anfühlt.

Durch die jüngsten Entwicklungen im Klettern werden Trainingsanlagen und Wissen immer fortschrittlicher. Die Schwierigkeitsgrade im Spitzenbereich entwickeln sich zwar nur langsam weiter, das Niveau des Durchschnittskletterers hingegen ist nach oben geschnellt.

Im Spitzenbereich des Klettersports scheint der limitierende Faktor jetzt zu sein, Felsbrocken zu finden, die schwierig genug sind, um eine echte Herausforderung darzustellen, aber trotzdem nicht unmöglich zu bewältigen sind. Gleichzeitig müssen sie zur spezifischen Morphologie des möglichen Erstbegehers passen. Die Schwierigkeit des Kletterns am Felsen wird von der Zufälligkeit der Natur vorgegeben – und so sollte es auch sein. Das Ziel von Millionen Jahren Erosion ist nicht unbedingt, richtig gute, anspruchsvolle Kletterfelsen zu schaffen.

Vielleicht liegt die Zukunft harten Kletterns ausschließlich im Indoorbereich, wo die Schwierigkeitsgrade theoretisch unendlich sind, unbegrenzt optimierbar und anpassbar und in aller Welt nachgebildet werden können, sodass jeder sie ausprobieren kann?

Grundlegende Trainingsterminologie

Kraft: die Menge an Energie, die der Körper gegen einen Widerstand ausüben kann.

Leistung: Kraft mal Geschwindigkeit – die Fähigkeit, Kraft schnell auszuüben.

Rekrutierung: ein Maß dafür, wie viele motorische Einheiten in einem Muskel arbeiten. Je mehr motorische Einheiten arbeiten, desto mehr Kraft können die Muskeln bereitstellen.

Neuromuskulär: die Nerven und die von ihnen gesteuerten Muskeln betreffend. Muskeln können nur aktiviert werden und Kraft zur Verfügung stellen, wenn ein Nerv ihnen den Befehl dazu gibt.

Dichte: bezieht sich auf die Querschnittsfläche von Bindegewebe/Muskel.

Isometrisch: Bei einer isometrischen Übung wird statisch Kraft eingesetzt, es erfolgt jedoch keine Bewegung um das Gelenk.

Plyometrisch: Die Muskeln werden dazu gebracht, in der kürzestmöglichen Zeit maximale Kraft auszuüben.

Wiederholung: eine einzige Ausführung (auch Rep genannt) einer Übung, beispielsweise ein Klimmzug oder das Hängen am Fingerboard.

Satz: ein aus Anstrengung sowie Ruhe bestehender Durchgang mit einer festgelegten Anzahl an Wiederholungen und Pause dazwischen.

Belastung: die Gesamtmenge des Widerstands, der bei der Durchführung einer Übung verwendet wird.

Aerob: die Produktion von Energie mithilfe von Sauerstoff.

Anaerob: die Produktion von Energie ohne Sauerstoff.

Griff/Griffart: Ein Griff ist ein Halt, an dem man sich festhält. Ein Griff oder eine Griffart ist jedoch auch die Form, die Finger und Hand bilden, um sich auf eine bestimmte Weise festzuhalten. Beispielsweise, wenn man bei einer sehr kleinen hinterschnittenen Leiste den aufgestellten Griff (Crimp) anwendet.

DIE GESCHICHTE DES KLETTERTRAININGS IN KURZFORM

Mit Unterstützung von Jerry Moffat habe ich versucht, die Geschichte des Klettertrainings der letzten paar Jahrzehnte zusammenzufassen. Es ist faszinierend, wie sehr es sich in diesem kurzen Zeitraum entwickelt hat. Man kann beruhigt feststellen, dass sowohl die Trainingstechniken als auch die Klettermode seit den Anfängen fortschrittlicher geworden sind.

DIE 1950ER UND 1960ER

Für John Gill war das Klettern und insbesondere das Bouldern eher eine turnerische Beschäftigung und keine bloße Trainingsübung für das Bergsteigen. Er war der Ansicht, dass Bouldern über die reine Schwierigkeit des Kletterns hinaus einen artistischen Wert hat. Er führte bei den Kletterern die Benutzung von Chalk (Magnesia) ein und brachte das Krafttraining und die Trainingsmethoden, die er als Turner gelernt hatte, in die Welt des Kletterns mit. Er machte bereits in den 1960er-Jahren einarmige Hangwaagen!

DIE SPÄTEN 1970ER

Die Menschen machten überwiegend Klimmzüge und kletterten im Quergang an gemauerten Gebäuden. Jim Collins gelang die Erstbegehung der *Genesis* (5.12+) im Eldorado Canyon – zu der Zeit die härteste Route der Welt. Er trainierte dafür, indem er an Gebäuden traversierte.

ANFANG DER 1980ER

John Bachar baute einen Trainingsbereich mit einem »Fingerboard« im Camp 4, Yosemite-Nationalpark, auf und nannte ihn *Gunsmoke*. Cooler Name, oder? Bachar war ursprünglich Stabhochspringer und wurde von Joe Douglas trainiert, dem späteren Trainer von Carl Lewis. Dieser Hintergrund hat bei Bachar seine Spuren hinterlassen, denn er war scheinbar der erste, der sein Fingerboardtraining strukturiert aufbaute und Trainingsmethoden aus der Leichtathletik auf das Klettern im Allgemeinen anwandte.

Jerry Moffat besuchte die Vereinigten Staaten, kletterte mit Bachar und brachte viele von Bachars Ideen mit zurück nach Großbritannien.

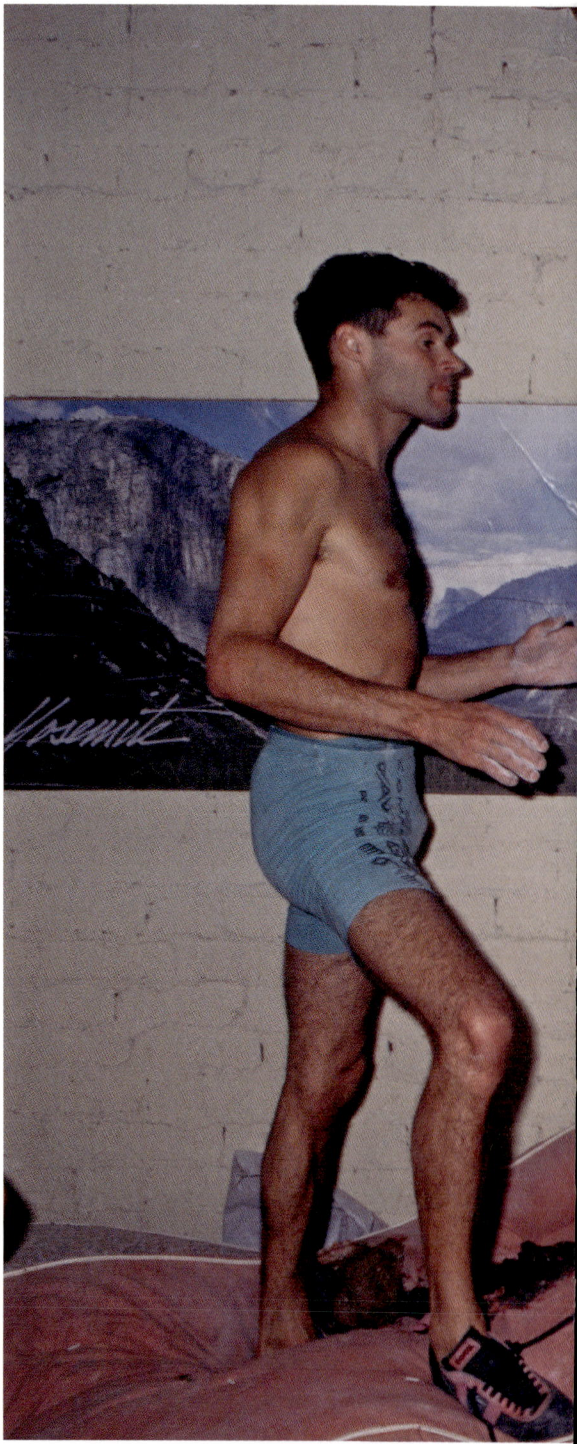

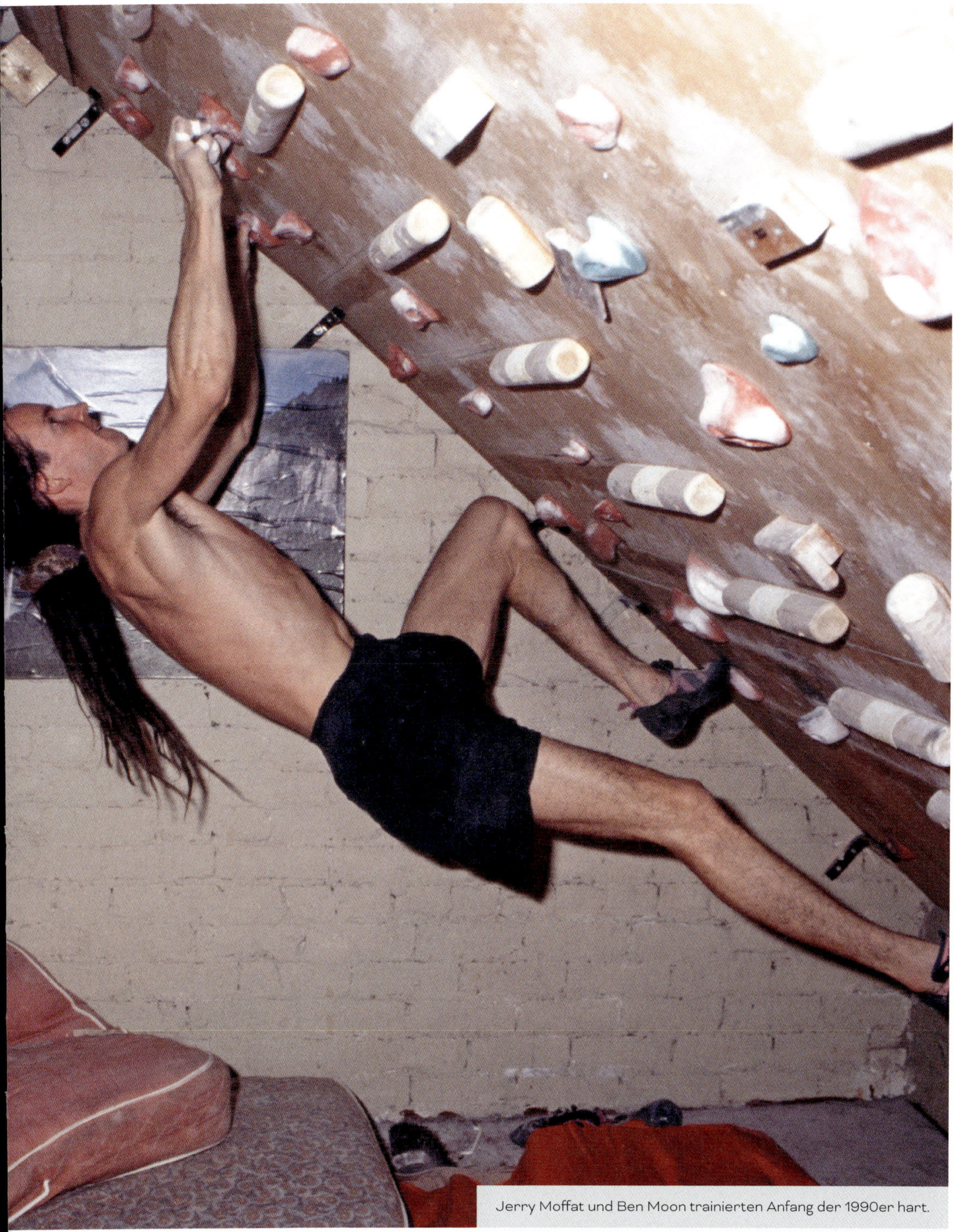

Jerry Moffat und Ben Moon trainierten Anfang der 1990er hart.

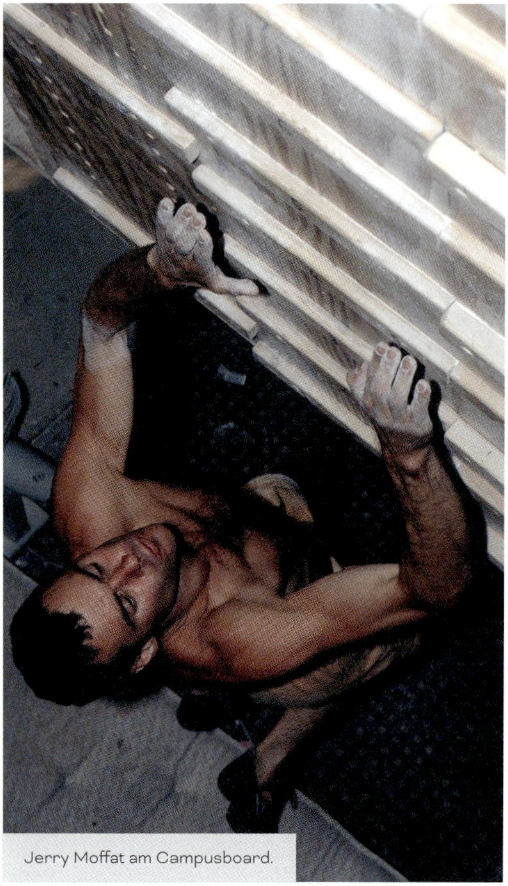

Jerry Moffat am Campusboard.

Zu dieser Zeit wurde das Bouldern nur als Training für Kletterrouten genutzt.

DIE SPÄTEN 1980ER

In Nürnberg erfanden Wolfgang Güllich und Norbert Sandner das erste Campusboard, und eine Handvoll Menschen begann damit, ihre eigenen Campusboards zu bauen. Jerry kam zu Besuch und ergänzte ein paar weitere Griffe am Campusboard, um ein paar Probleme hinzuzufügen, anstatt sich einfach nur an den Leisten hochzuziehen.

In den Kellern von Sheffield entstanden die ersten Kletterwände im Eigenbau. Zunächst waren es horizontale Dächer, an denen die Leute campussen übten. Der Gedanke dahinter war, dass sich das Klettern draußen mit Felsen unter den Füßen leicht anfühlen würde, wenn man ohne Füße klettern übte! Allerdings stellte man schnell fest, dass klettern mit Unterstützung der Füße doch etwas praktischer ist …

Jerry baute sich in seinem Keller eine 45-Grad-Wand, die »so ziemlich das beste Trainingsgerät« war, das er je genutzt hatte. Die Griffe fertigte er aus Holz an, da Kunstharzgriffe damals nicht leicht zu bekommen waren. Er wollte mit schlechten Fußtritten trainieren, also machte er sie selbst, indem er Schrauben in die Wand eindrehte und Kunstharz über den Schraubkopf schmierte, sodass sich ein kleiner Klumpen als Halt bildete.

1987 baute Jerry selbst ein Fingerboard, an dem er auf Reisen trainierte und seine Kraft auf die Probe stellte. Es hatte eine 10-Millimeter-Leiste, eine 20-Millimeter-Leiste und ein paar Fingerlöcher. Er trainierte daran üblicherweise Klimmzüge und einarmiges Hängen. Es ist immer noch an der Rückwand des ursprünglichen Campusboards in Nürnberg festgeschraubt.

ANFANG DER 1990ER

In aller Welt wurde damit begonnen, kommerzielle Kletterwände zu bauen. Kunstharzgriffe waren nun leichter verfügbar und somit konnten an den Kletterwänden Boulderprobleme und -routen festgelegt und verändert werden.

Fingerboards aus Kunstharz waren erhältlich.

Die Kletterer wurden stark genug, um in wirklich steilem Gelände zu klettern und nicht nur in der altbekannten Vertikalen.

Malcolm Smith baute sich eine Kletterwand und trainierte daran. Innerhalb von ein paar Jahren steigerte er sich vom Klettern von Routen der Kategorie Fb7c+ zum wiederholten Klettern der Route *Hubble* (8c+) am *Raven Tor* in England, als sie zu einer der härtesten Routen der Welt zählte.

Wolfgang Güllich gelang nach viel Training mit einem und zwei Fingern am Campusboard die erste Begehung der *Action Directe* (Fb 9a) im Frankenjura.

SPÄTE 1990ER/FRÜHE 2000ER

Die kommerziellen Kletterwände wurden immer weiter verbessert und waren immer weitverbreiteter verfügbar, was mehr und mehr Menschen zum Klettern brachte. Bis hierhin war das Klettern überwiegend von Erwachsenen dominiert worden, aber plötzlich erschienen auch Jugendliche in der Szene. Chris Sharma war das erste dieser Wunderkinder. 2001 kletterte er die *Route Realization (Biographie)* in Céüse/Frankreich, die erste 9a+ der Welt.

Bouldering wurde als eigenständiger Sport akzeptiert, und 2000 kletterte Fred Nicole den *Dreamtime* in Cresciano/Schweiz, den weltweit ersten Boulder der Kategorie 8c.

Kletterschuhe mit Downturn kamen auf den Markt und helfen Kletterern seitdem in richtig steilem Gelände.

SPÄTE 2000ER

Riesige, moderne Kletterhallen werden eröffnet. Beastmaker beginnt mit der Produktion von Fingerboards. Im Hintergrund war zwar schon seit vielen Jahren trainiert worden, aber jetzt wurde das Training plötzlich auch breit akzeptiert und von vielen Kletterern übernommen. Das Training am Fingerboard war nicht länger die Domäne von Kletterfreaks. Jetzt machte es jeder!

Die Kletterstile veränderten sich. Die Kletterer begannen damit, stärker an die Besonderheiten angepasste Kletterstile zu entwickeln, statt beim Überhangklettern nur mit Crimps zu arbeiten.

Auch die Technologie bei den Kletterschuhen entwickelte sich weiter, ermöglichte schwierigere Heelhooks und Toehooks und eröffnete den Kletterern so mehr Möglichkeiten.

FRÜHE 2010ER

Eva López begann, wissenschaftliche Abhandlungen zum Fingerkrafttraining zu veröffentlichen, wodurch das Klettertraining vermutlich zum ersten Mal wissenschaftlich untersucht wurde. Das Internet wurde zu einer wertvollen, wenn auch schnelllebigen Informationsquelle über das Training.

Trainingsboards wurden noch beliebter und tauchten auch an den meisten größeren Kletterwänden auf.

Im Vergleich zum althergebrachten »Halte dich an einem Griff so gut du kannst fest«-Stil entwickelten die Kletterer einen viel dynamischeren Stil.

SPÄTE 2010ER

Der Aufstieg der Freaks! Dadurch, dass sich jetzt viel mehr Menschen mit dem Klettern befassten, tauchten auch viele ungewöhnlich starke Kletterer auf. Auf Kraft basierende Meisterleistungen, die noch zehn Jahre zuvor selten gewesen waren, wurden nun gewöhnlich.

Als wir damit begannen, den Beastmaker 2000 herzustellen, gab es nur sehr wenige Leute, die einarmig am unteren mittleren Griff hängen konnten. Jetzt hingen die Leute auf einmal mit 20 Kilogramm schwerem Zusatzgewicht daran! Im Laufe des Jahrzehnts schoss die Durchschnittskraft der Kletterer durch die Decke. Und da die Kletterer in immer jüngeren Jahren mit dem Klettern anfingen, hatten sie jetzt die Zeit, neben ihrer Kraft auch unglaubliche technische Fähigkeiten zu entwickeln.

AB DEN FRÜHEN 2020ERN …

Wo wird die Zukunft uns hinführen? Der Schwierigkeitsgrad der Kletterfelsen ist von der Natur zufällig vorgegeben. Mit weiter fortschreitendem Niveau werden die Chancen immer geringer, beim Felsklettern einen Felsen zu finden, der ausreichend anspruchsvoll, aber auch nicht ganz und gar unbezwingbar erscheint.

Während ich hier schreibe, ist das Klettern für seinen ersten (verspäteten) Auftritt bei den Olympischen Spielen bereit. Ob man das nun toll findet oder nicht – es ist ein wichtiger Schritt für das Klettern und es wird den Sport vielen weiteren Menschen in aller Welt näherbringen.

2

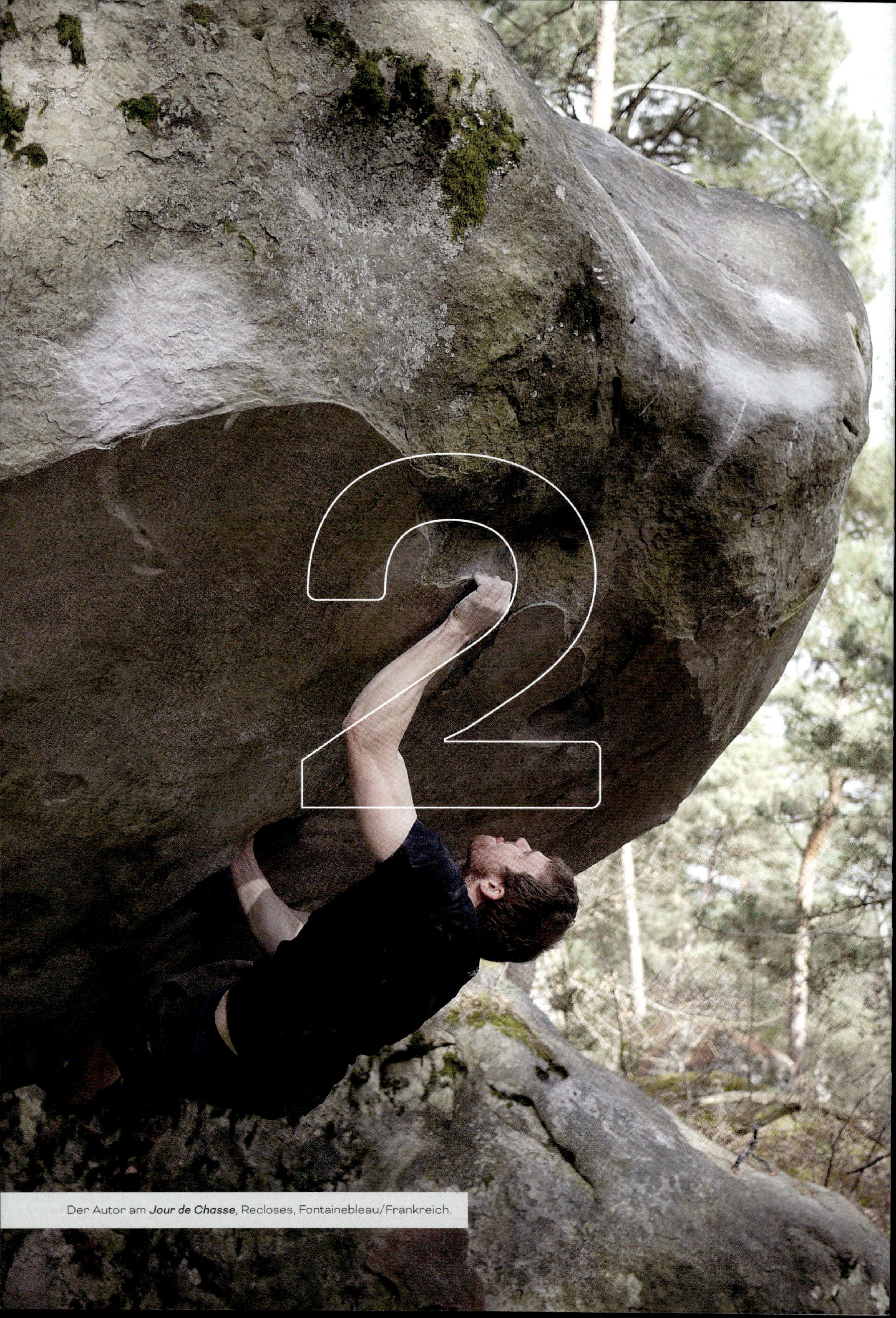

Der Autor am ***Jour de Chasse***, Recloses, Fontainebleau/Frankreich.

AUFBAU DES TRAININGS

Klettern ist ein komplexer Sport. Es ist nicht nur eine körperliche Beschäftigung. Es ist taktisch und technisch. Klettern ist stark von den Jahreszeiten und vom Wetter abhängig und hat eine gewaltige psychologische Komponente. All diese Faktoren machen das Klettertraining überraschend schwierig und ziemlich nichtlinear.

Ich glaube, dass zu viel Struktur beim Training für den durchschnittlichen Kletterer nicht gut ist. Ich weiß, das hört sich jetzt nach einer faulen Ausrede an, da du wahrscheinlich lesen willst, was du tun musst und wann du es tun musst. Aber Klettern ist einfach schwer zu quantifizieren. Und wenn man versucht, das Klettern an das normale Leben anzupassen und dort hineinzuquetschen, bedeutet es, dass es nie optimal sein wird, egal was du trainierst.

Auf leicht suboptimale Weise, aber beharrlich zu trainieren, wird wahrscheinlich langfristig bessere Ergebnisse liefern, als einen einzigen perfekt arrangierten Trainingszyklus zu absolvieren, dann das Interesse zu verlieren und schließlich nicht richtig weiterzutrainieren. Die Kletterer, die sich stetig verbessern und insgesamt die meisten Fortschritte machen, sind diejenigen, die über die Jahre hinweg ihr Training am beständigsten durchziehen.

Immer wieder zu trainieren und es jedes Mal wirklich zu versuchen, ist das Beste, was du tun kannst – natürlich ohne es zu übertreiben und dich zu verletzen. Wer weiß, vielleicht hast du sogar Spaß daran!

DAS TRAINING RICHTIG STRUKTURIEREN

Wenn ich hart trainiere, habe ich eine Reihe von Einheiten, die ich in jeder Woche unterbringen möchte, aber darüber hinaus habe ich keinen Plan. Ich mache ein paar unterschiedliche Einheiten am Fingerboard und klettere ein paar Einheiten am Board. Außerdem plane ich auch gern eine allgemeinere Klettereinheit ein, entweder drinnen oder draußen.

Ich mag es, wenn ich mein Training an all das anpassen kann, was sonst noch so in meinem Leben passiert. Auch die einzelnen Einheiten passe ich daran an, wie ich mich an dem jeweiligen Tag fühle. An manchen Tagen funktioniert das Klettern einfach nicht wie gewünscht und dann muss ich dazu in der Lage sein, einen Gang zurückzuschalten und aufhören zu können oder etwas anderes zu machen. Shauna meint, dass man mich daran regelmäßig erinnern muss ...

An anderen Tagen fühle ich mich vielleicht viel besser als erwartet und kann eine härtere Einheit durchziehen als geplant. Es ist sehr wichtig zu lernen, wie man das abschätzen kann. Allerdings ist dies sehr von deiner Person abhängig und nicht unbedingt einfach herauszufinden.

Dieser eher anarchische Trainingsansatz ist vielleicht wissenschaftlich gesehen nicht die beste Methode, um das Maximum aus dem eigenen Körper herauszuholen, aber wenn du dieses Buch liest, bist du wahrscheinlich berufstätig und kletterst aus Spaß. Einen gewissen Prozentsatz an Leistung opfern »normale« Menschen meist relativ gern. Auch die eifrigsten Kletterer machen realistisch betrachtet nicht absolut alles, was sie tun können, um ihr Klettern zu verbessern (Stichwort: Bier). Und wenn du doch zu den Menschen gehörst, die bereits alles machen, dann brauchst du dieses Buch nicht zu lesen!

Praxistipp

Ich bin der Meinung, dass Krafttraining für die Finger das ganze Jahr über bis zu einem gewissen Grad durchgeführt werden sollte. Natürlich ist es von Vorteil, die Impulse für den Körper zu verändern, indem man die spezifischen Methoden variiert – aber es dauert so lange, die Fingerkraft aufzubauen, dass man das Training als festen Bestandteil sehen sollte.

Dasselbe gilt für Flexibilität und Mobilität. Wenn du das ganze Jahr über in diesen Bereichen in Topform bist, wird dein Körper im Allgemeinen glücklicher sein und wahrscheinlich auch viel weniger anfällig für Verletzungen.

Alle anderen Trainingselemente können abhängig von deinem Schwerpunkt kommen und gehen, aber starke, gesunde Finger und eine gute Flexibilität sind die Grundlage dafür, gut zu klettern.

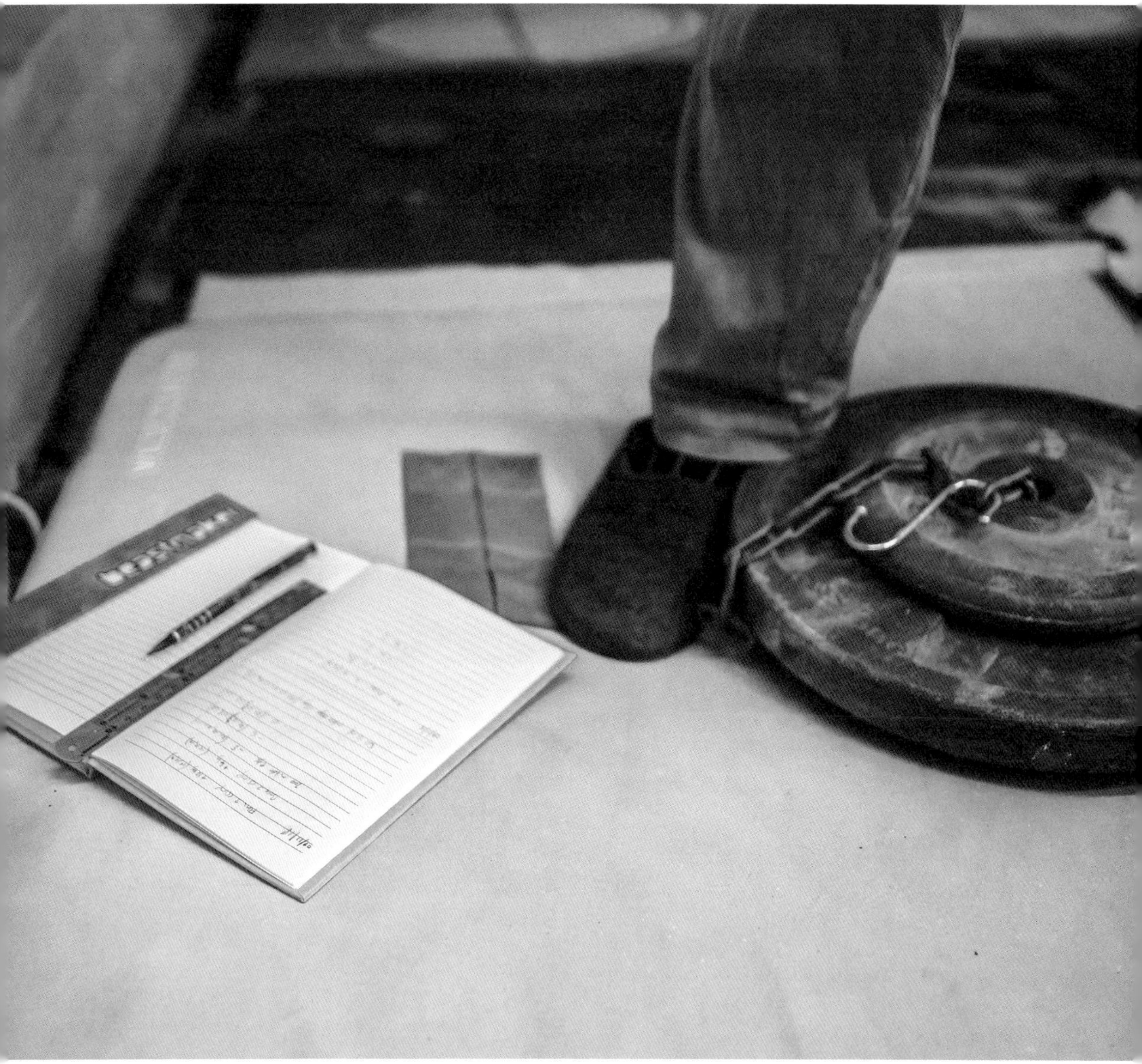

Shauna musste im Laufe der Jahre viel sorgfältiger trainieren – bei Wettkämpfen kommt alles Mögliche auf dich zu, besonders im Kombinationsformat bei den Olympischen Spielen. Weil sie einfach viel mehr unterbringen und darin besser werden muss, hat sie oft einen deutlich detaillierteren Plan. Dennoch erlaubt ihr Trainingsplan ihr jede Menge Flexibilität. Wenn sie sich nicht gut fühlt, beendet sie an diesem Tag ihr Training entweder oder trainiert etwas anderes. Letztendlich gilt aber auch für Shauna: Wenn ihr Spaß macht, was sie tut, strengt sie sich viel mehr an und erzielt bessere Ergebnisse.

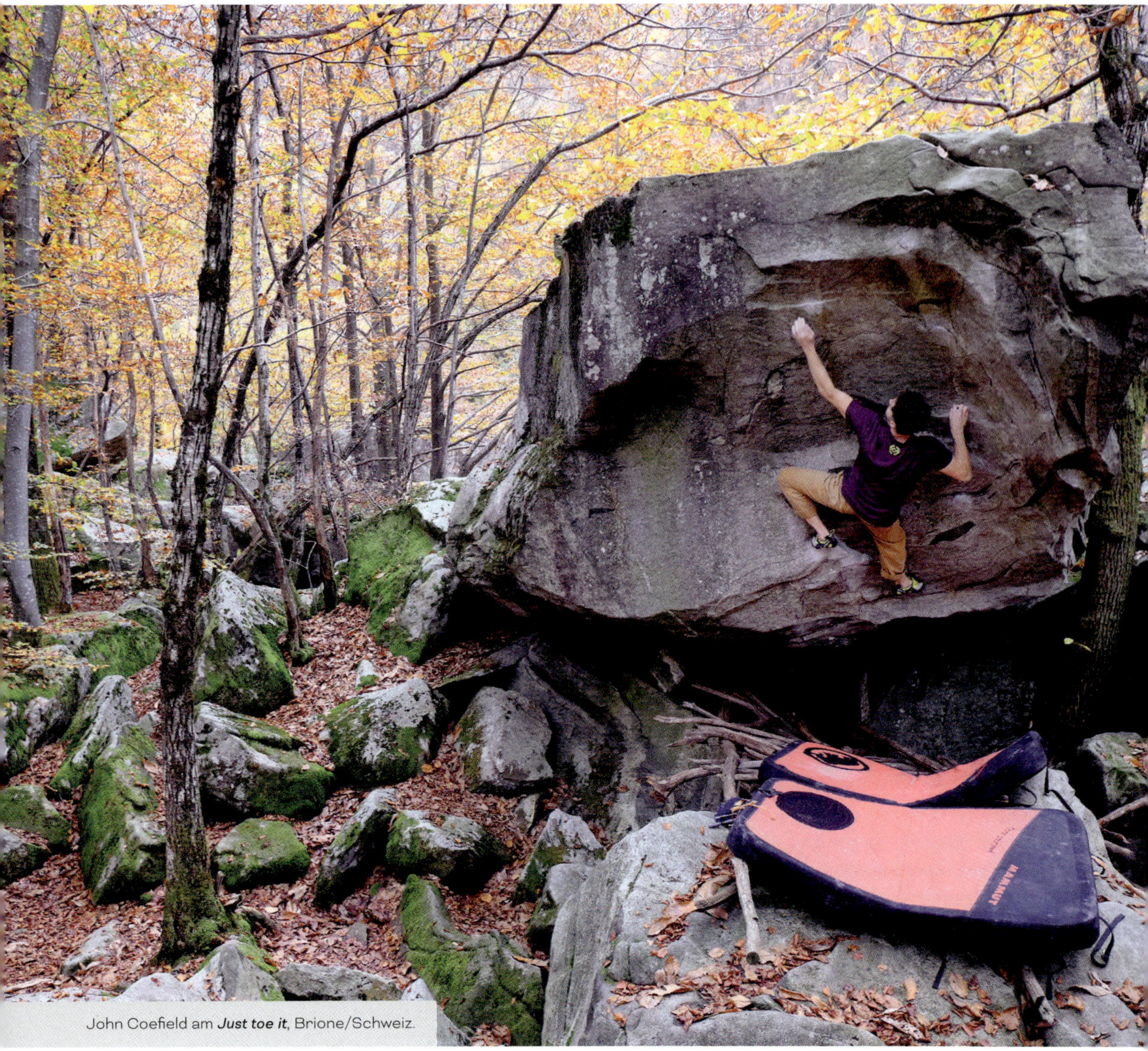

John Coefield am ***Just toe it***, Brione/Schweiz.

Bevor du dein Training planst, solltest du dir Folgendes überlegen:

- Was sind dein(e) Ziel(e)?
- Was musst/möchtest du trainieren, um deine Ziele zu erreichen?
- Wie viel Zeit steht dir für das Training zur Verfügung?
- Wie viel bist du bereit, für das Erreichen deiner Ziele zu opfern?

Bei der Trainingsplanung solltest du Folgendes berücksichtigen:

- Räume dem Finger- und Flexibilitätstraining immer Priorität ein – es sei denn, du brauchst daran überhaupt nicht zu arbeiten, was aber unwahrscheinlich ist.
- Absolviere dein hochintensives Krafttraining (Fingerboard, hartes Bouldern, am Board klettern), wenn du

frisch und gut ausgeruht bist. Achte auf eine hohe Trainingsqualität.

- Reagiere darauf, wie du dich fühlst, und passe deine Einheiten entsprechend an.
- Es sollte Phasen geben, in denen du dich auf das Training konzentrierst, und Phasen, in denen du dich darauf konzentrierst, deine Leistung abzurufen.
- Klettern ist hochtechnisch und komplex. Du musst dich wirklich auf das fokussieren, was du gerade tust – und das wird umso schwerer, je müder du bist.
- Wenn du dich etwas schlapp fühlst, kannst du Klettermeter machen oder dich mit etwas weniger intensivem Ausdauertraining oder allgemeiner Ausdauer »schonen«.

Bleib dran. Versuche immer 100 Prozent zu geben. Habe Spaß dabei. Der Rest kommt dann.

TAPERING

Beim Tapering wird die Trainingsbelastung für den Körper verringert, damit er sich einerseits erholen und neu organisieren kann und andererseits gleichzeitig fit genug für eine bevorstehende Aufgabe bleibt. Man sollte nicht hart für einen Trip, einen Klettergang oder einen Wettkampf trainieren und sich tipptopp fühlen, um dann beim Ankommen festzustellen, dass man vom intensiven Training so kaputt ist, dass man nicht in der besten Form klettern kann. Rückt ein Trip oder ein Ziel näher, ist es normal, noch eine Stufe härter trainieren zu wollen – wie beim Büffeln in der Nacht vor einer Prüfung.

Im Allgemeinen ist die beste Taperingmethode, den Trainingsumfang zu reduzieren und gleichzeitig eine hohe Intensität aufrechtzuerhalten. Der Körper erhält so die richtigen Anreize, um in Form zu bleiben, wird aber nicht durch stundenlanges Training mit wiederholter Belastung ausgepowert.

Vor einem geplanten größeren Klettergang/Trip nehme ich mir häufig ein paar Wochen Zeit fürs Tapering. Ich möchte mich gut fühlen und klettere daher weiter harte Probleme und absolviere maximale Einheiten am Fingerboard, aber ich reduziere meine Trainingszeit für zwei Wochen auf etwa 40 Prozent des Normalen. Manchmal empfinde ich mich dann als faul – aber ich weiß, dass ich mich großartig fühlen werde, wenn ich frisch und stark an meinem Reiseziel ankomme. Das Tapering sorgt auch dafür, dass meine Haut sich vom Training erholen kann. Mit kaputter Haut einen Trip zu beginnen ist völlig sinnbefreit.

Zusammenfassung

Befasse dich mit deinen Zielen, bevor du mit dem Training beginnst.

Räume dem Fingerkrafttraining immer Priorität ein.

Absolviere hochintensives Krafttraining immer dann, wenn du am ausgeruhtesten bist.

Sei darauf vorbereitet, eine Einheit genau daran anzupassen, wie du dich an dem Tag fühlst.

Erwarte nicht, einen Tag mit 100 Prozent Einsatz zu trainieren und am nächsten Tag beim Klettern direkt die beste Leistung zu erbringen – Ruhe und Regeneration sind wichtig.

Versuche, Phasen mit hartem Training und Leistungsphasen voneinander zu trennen, um die besten Ergebnisse einzufahren.

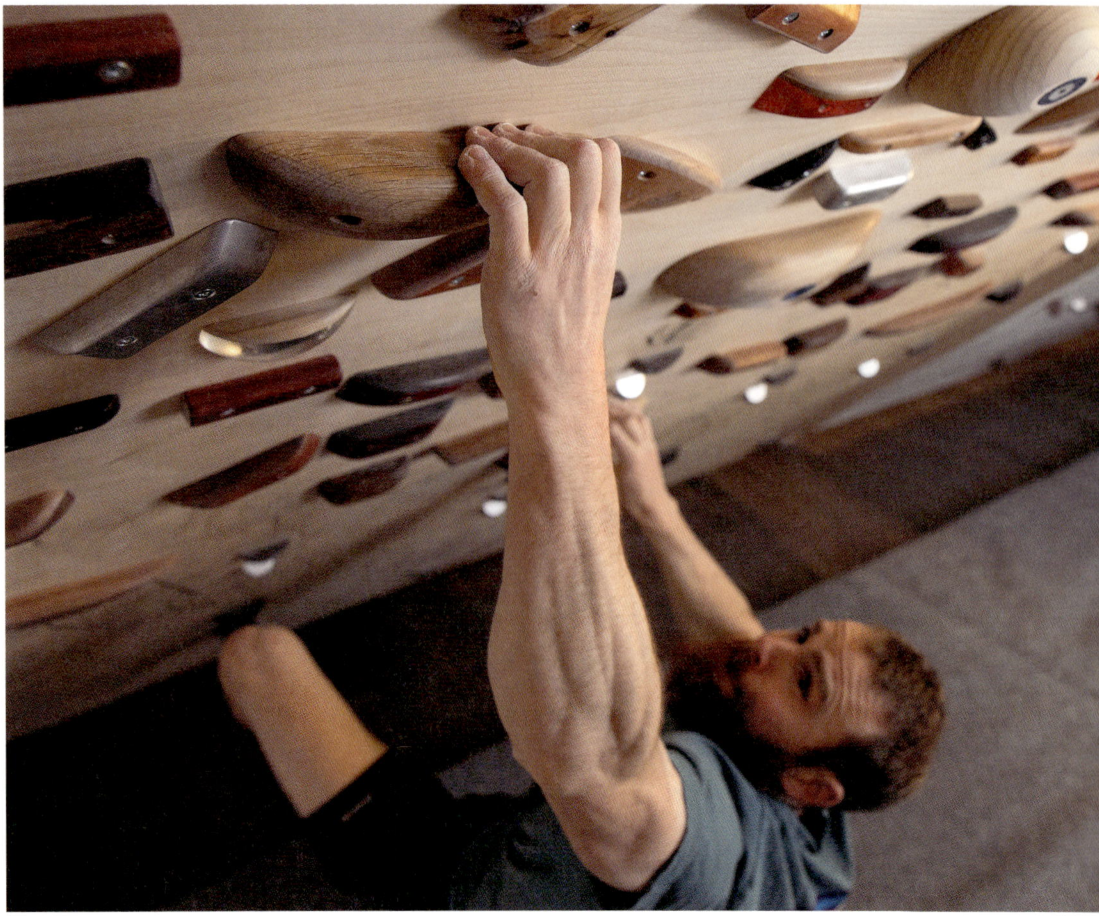

ANATOMIE VON OBERKÖRPER, HÄNDEN UND FINGERN

Damit wir uns besser vorstellen können, welche Prozesse genau ablaufen, wenn wir klettern oder trainieren, lohnt sich ein Blick in den menschlichen Körper. Jeder kennt den Bizeps (egal ob groß oder klein), aber wer kennt beispielsweise den *Musculus pronator teres* oder die *Musculi interossei*? Diese Muskeln sind für das Klettern äußerst wichtig, sie sind aber nicht oft Gesprächsthema, weshalb du vielleicht noch nie von ihnen gehört hast.

Es ist zwar nicht entscheidend, genau über die Funktionsweise des Körpers Bescheid zu wissen, aber ich finde es sehr hilfreich, wenn ich mir bildlich vorstellen kann, welche Muskeln wann arbeiten. Das hilft mir einerseits, darauf zu achten, dass ich korrekt trainiere, andererseits hilft es mir wirklich zu verstehen, warum mir etwas wehtut und was ich tun kann, damit der Schmerz wieder verschwindet.

Auf den ersten Blick scheint das zwar kompliziert zu sein, aber der Bewegungsapparat besteht im Grunde nur aus einer Reihe von Hebeln und Umlenkrollen, die funktionieren, indem man an ein paar Seilen zieht. Trotz seiner unbestreitbaren Komplexität ist der Körper im Grunde genommen eine simple Maschine.

Natürlich ist es nicht möglich, hier absolut alles und dann auch noch detailliert abzudecken. Die folgenden Darstellungen geben daher eine einfache, aber ziemlich solide Einführung in die wichtigsten Muskeln, die wir beim Klettern verwenden.

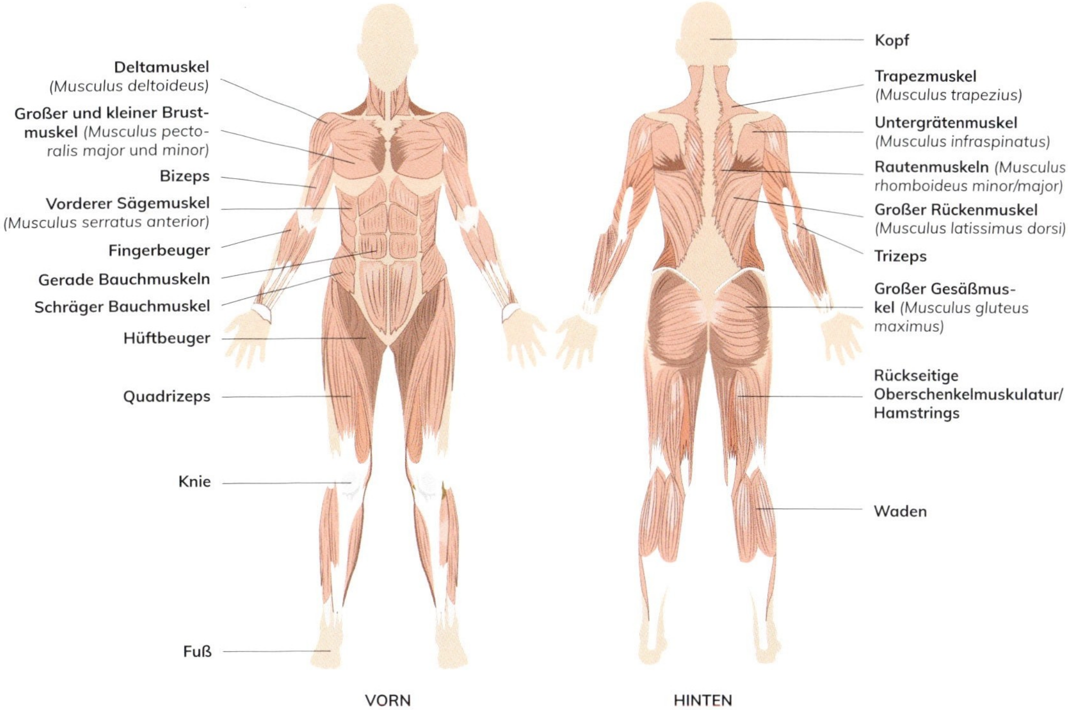

ÜBERBLICK ÜBER DEN KÖRPER

Ich glaube, es ist alles ziemlich offensichtlich. Durch die Anforderungen, die das Klettern an den Körper stellt, haben Kletterer häufig eine ziemlich gut ausgebildete Oberkörpermuskulatur. Starke Rückenmuskeln, breite Schultern und große Brustmuskeln sind alle kennzeichnend für den Kletterkörper.

Die Schulter ist das mobilste Gelenk des Körpers, was für das Klettern super ist, aber ansonsten bedeutet, dass es aufgrund seiner Mobilität von Natur aus ziemlich instabil ist. Die Rumpfmuskulatur (auch Core genannt) muss beim Klettern hart arbeiten, damit Arme und Beine (hoffentlich) als Einheit zusammenarbeiten – oder vielleicht hilft sie uns einfach nur dabei, die Beine zu schwingen, wenn wir durch die Crux campussen?

Unabhängig davon sollten wir unsere Beine nicht vernachlässigen! Auch in steilem Gelände nehmen die Beine viel unseres Gewichts auf. Und wenn wir sie schon mit uns herumschleppen müssen, sollten wir beim Klettern das Maximum aus unseren Beinen herausholen. Der Quadrizeps muss bei hohen Antritten sehr stark arbeiten und die rückseitige Oberschenkelmuskulatur und der Gluteus sind unverzichtbar für Heelhooks und um sich bei steilen Anstiegen quasi festzukrallen.

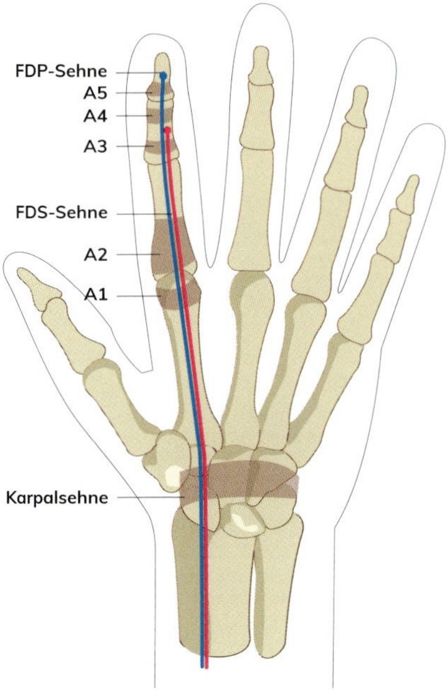

Finger – palmare Sicht (linke Hand)

dorsal: handrückenseitig
palmar: handflächenseitig

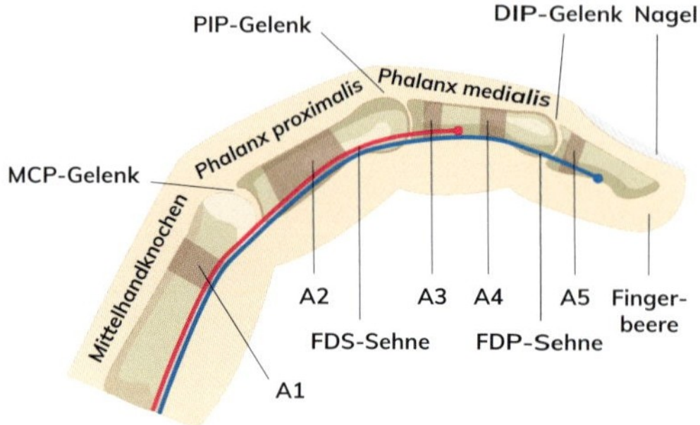

Finger – Bänder und Sehnen

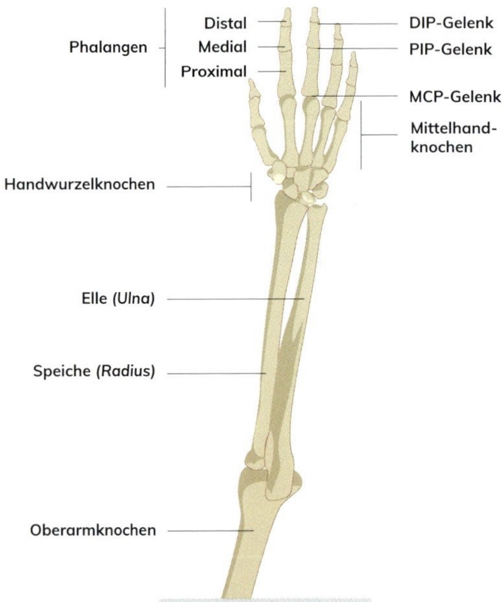

Unterarm – Knochen

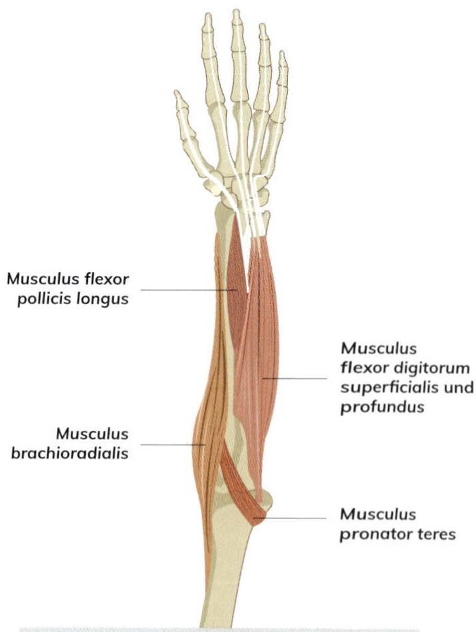

Fingerbeuger – palmare Sicht (linke Hand)

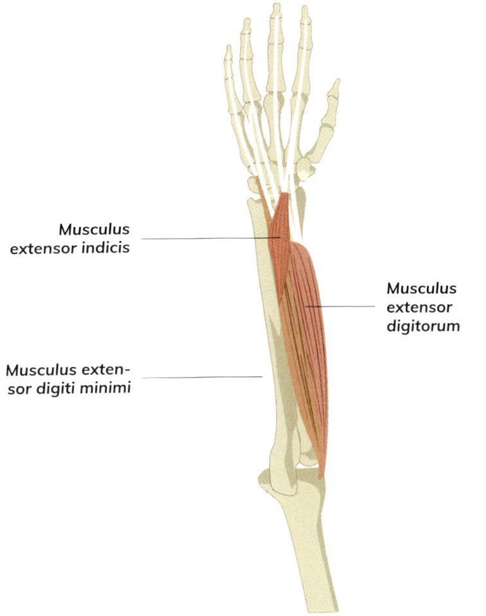

Fingerstrecker ***(Extensoren)*** – dorsale Sicht (linke Hand)

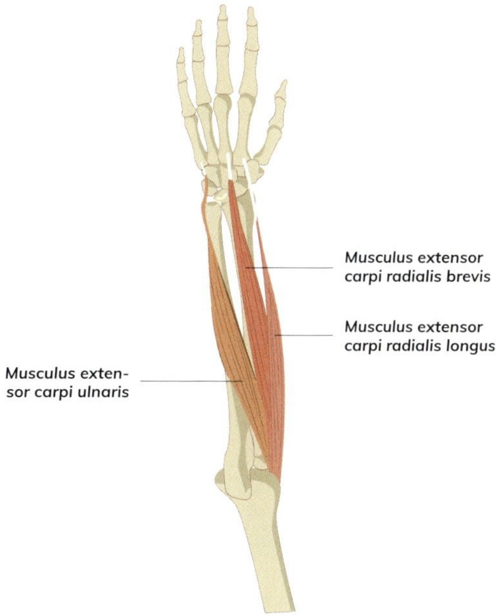

Streckmuskulatur des Handgelenks – dorsale Sicht (linke Hand)

ARME UND FINGER: TEAMARBEIT

In jedem unserer Finger haben wir zwei Beugesehnen, die unsere Finger zu einer Greifposition beugen und es uns ermöglichen, uns festzuhalten. Die Sehne des FDP-Muskels (*Musculus flexor digitorum profundus*) beugt die Fingerspitze, während die Sehne des FDS-Muskels (*Musculus flexor digitorum superficialis*) das mittlere Fingergelenk beugt. Die Beugesehnen sind mit der Beugemuskulatur der Finger verbunden, die an den Sehnen zieht, damit wir uns festhalten können.

Die Sehnen verlaufen unter den Bändern von Handgelenk, Hand und Fingern (A1 bis A5) und werden von den Bändern eng an den Knochen gehalten, damit die Finger ordentlich arbeiten können.

Auf der gegenüberliegenden Seite des Unterarms befindet sich die Streckmuskulatur von Fingern und Handgelenk. Sie streckt die Finger gerade (bewegt das Handgelenk nach oben) oder arbeitet daran, die Gelenke zu stabilisieren, während wir mit den Fingerbeugern zugreifen.

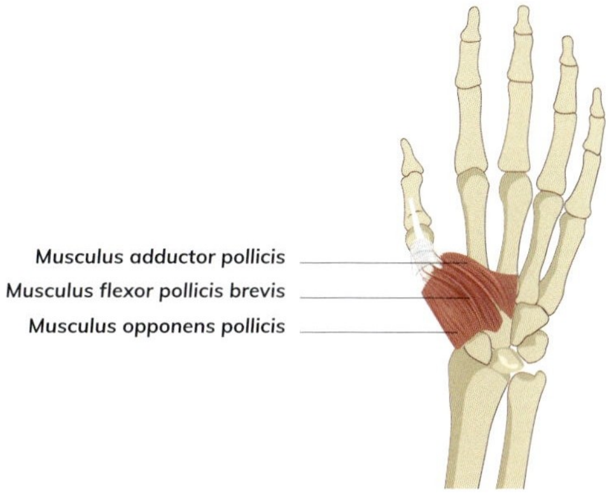

Daumenbeuger – palmare Sicht

Neben den Flexoren in unseren Fingern sind für Zangengriffe auch die Beugemuskeln unserer Daumen wichtig, da sie einen Widerstand gegen die Finger bilden.

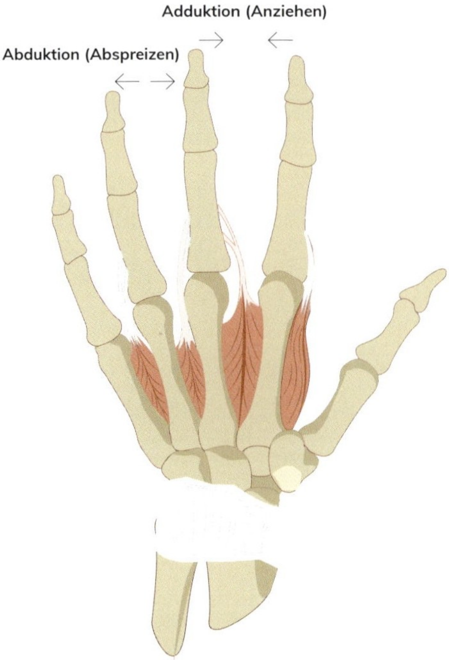

Handanatomie – *Musculi interossei* (dorsale Sicht, linke Hand)

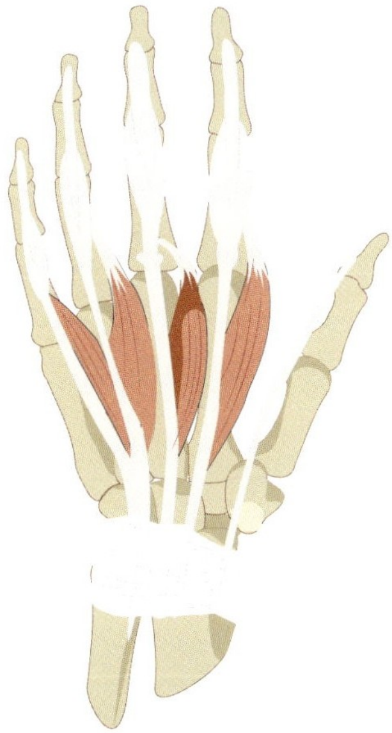

Handanatomie – *Musculi lumbricales* (dorsale Sicht, linke Hand)

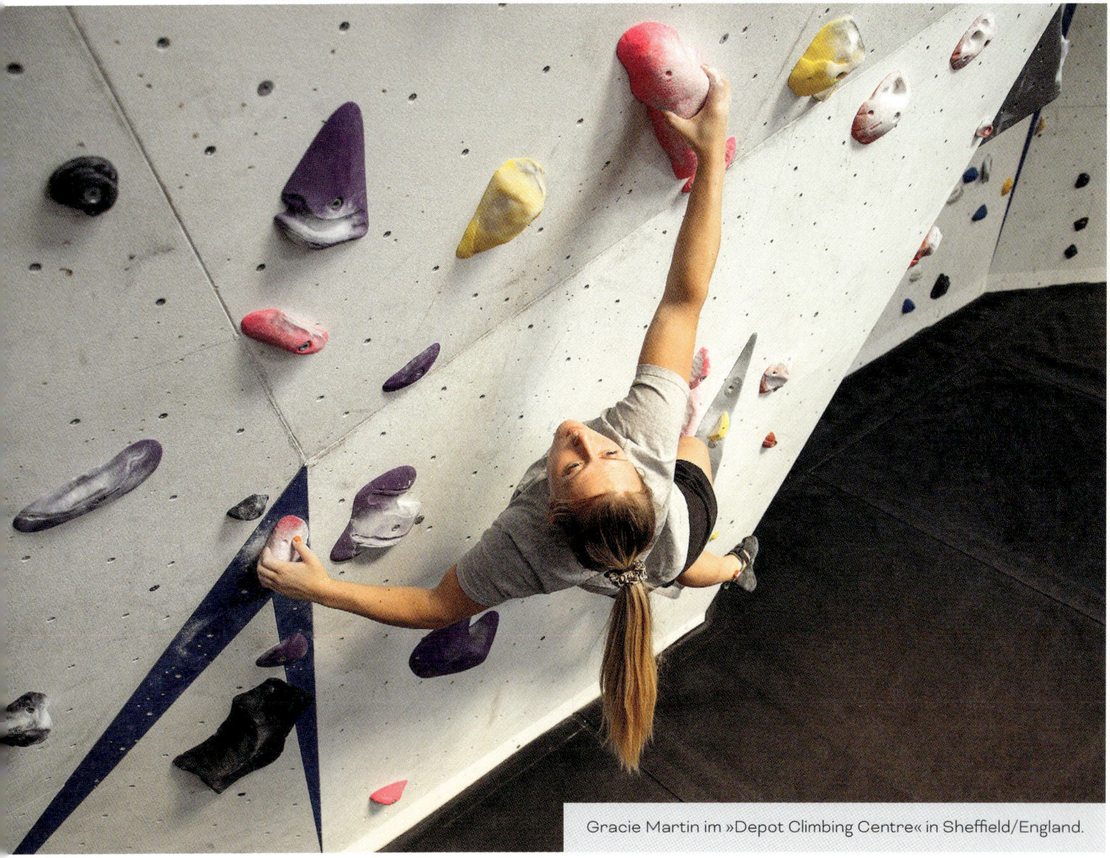

Gracie Martin im »Depot Climbing Centre« in Sheffield/England.

HAND

Ich bin der Meinung, dass die Anatomie unserer Hände besonders wichtig ist. Viele Menschen wissen überhaupt nicht, dass in ihren Händen kleine Muskeln stecken! Diese Muskeln sind für das Klettern entscheidend. Vermeintliche Verletzungen der Bänder werden sogar gelegentlich fehlerhaft diagnostiziert und das tatsächliche Problem ist die Handmuskulatur – es lohnt sich, das im Hinterkopf zu behalten, wenn du Schmerzen in einem Finger hast.

Die *Musculi interossei* sind winzige Muskeln, die die Finger abspreizen und anziehen (sie von einer Seite zur anderen bewegen) und eine wichtige Rolle bei der Stabilisierung unserer Finger beim Festhalten spielen; insbesondere, wenn wir mit aufgestellten Fingern greifen oder bei einem unebenen Griff, bei dem die Finger ungewöhnlich gespreizt werden. Sie entspringen den Mittelhandknochen (den Knochen in der Handfläche) und setzen an der *Phalanx proximalis* an (dem ersten Fingerknochen, dicht an der Handfläche).

Die *Musculi lumbricales* sind weitere kleine Muskeln in der Handfläche. Sie entspringen den Beugesehnen (was ungewöhnlich ist, da die meisten Muskeln direkt mit einem Knochen verbunden sind) und setzen über die Dorsalaponeurose an der *Phalanx proximalis* (erster Fingerknochen) an – sie sind also tatsächlich mit den Fingerspitzen verbunden. Die *Musculi lumbricales* helfen, das Metacarpophalangealgelenk (MCP-Gelenk, erstes Gelenk) zu beugen, und tragen somit zur Fingerkraft bei. Am härtesten arbeiten sie, wenn wir uns mit gestreckten Fingern festhalten (wie bei einer großen, weiten Zange oder wenn man ein Volumen greift), da die Beugesehnen in dieser Position nicht wirklich arbeiten können, weil die Finger nicht gebeugt sind.

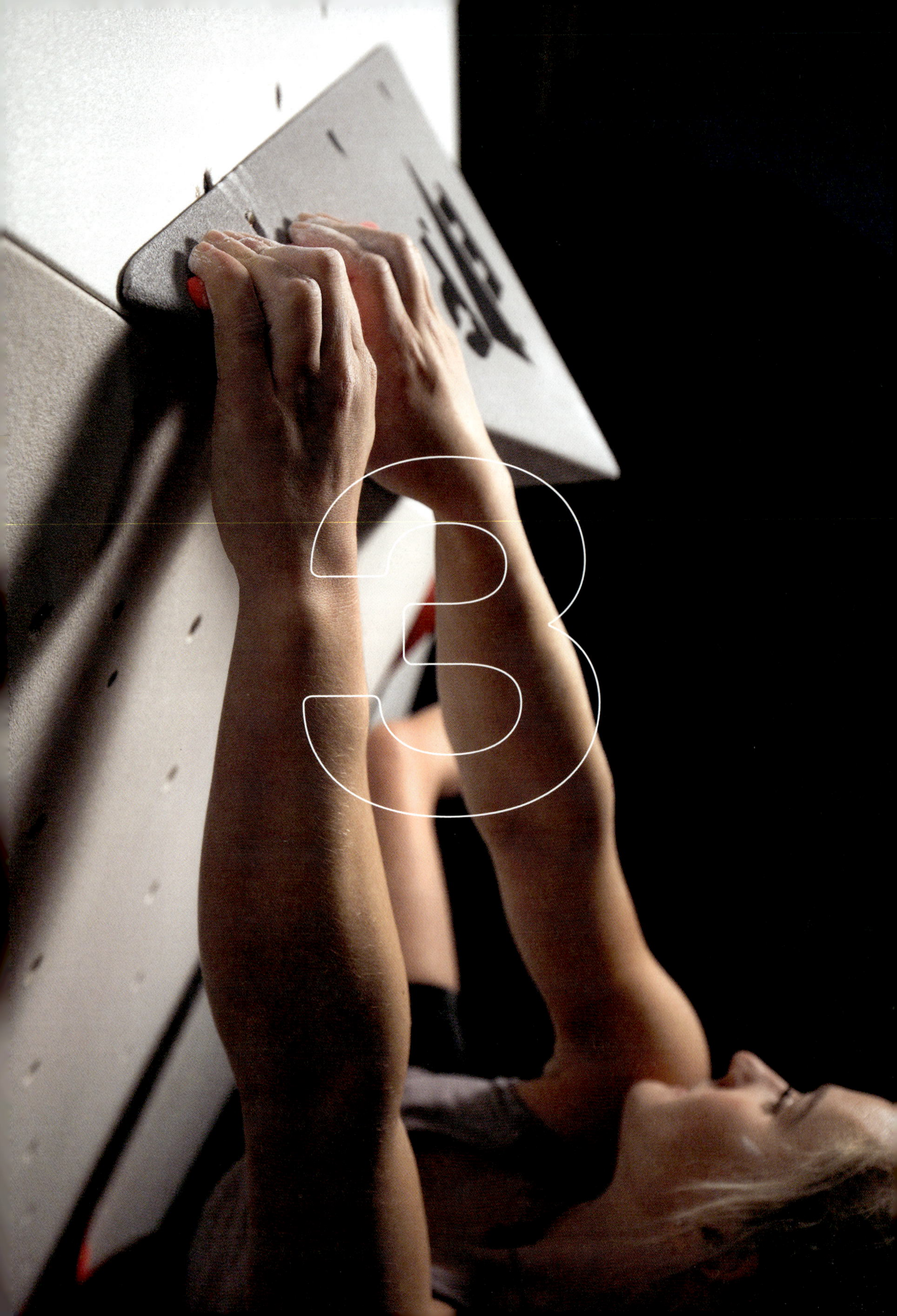
3

FINGERKRAFT

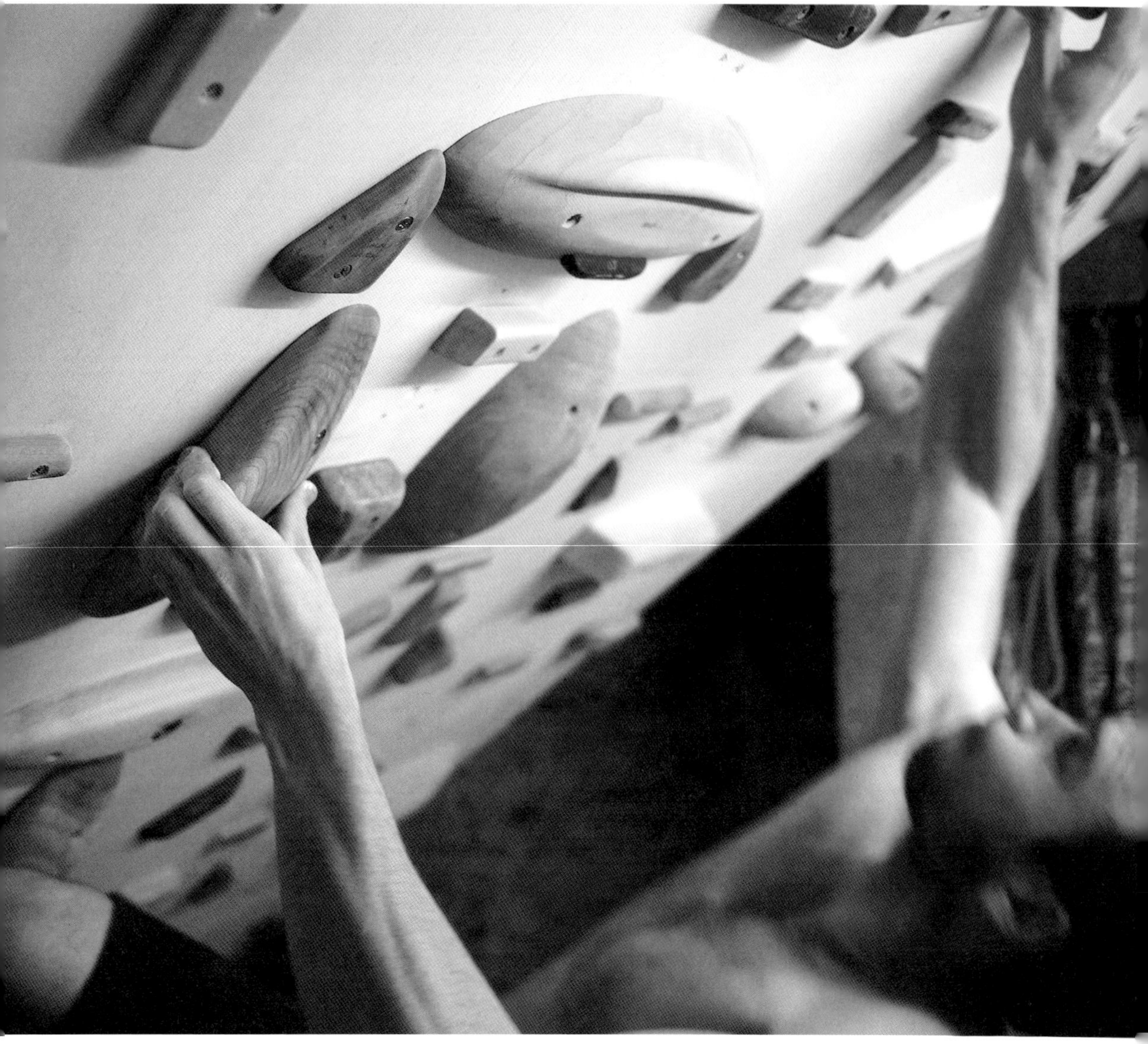

WAS IST FINGERKRAFT?

Kletterer beschreiben mit diesem Begriff die Fähigkeit, an manchen Handgriffen hängen zu können. Eine bessere Fingerkraft ermöglicht es, sich an kleineren oder schlechteren Handgriffen festzuhalten. Das ist hilfreich für Kletterer, weil die Handgriffe bei steigender Kletterschwierigkeit im Allgemeinen schlechter werden. Je mehr Fingerkraft ein Kletterer also hat, umso wahrscheinlicher ist er dazu in der Lage, sich an den Handgriffen festzuhalten und von einem Griff zum nächsten zu bewegen.

Für Kletterer, die besser werden wollen, ist die Fingerkraft für gewöhnlich der limitierende Faktor. Alle der weltweit besten Kletterer haben sehr starke Finger.

Schwächen in anderen Bereichen können sich Kletterer erlauben, aber wenn sie sich nicht an der Wand festhalten können, können sie nicht klettern. Ganz einfach.

WOHER KOMMT DIE FINGERKRAFT?

Fingerkraft ist die Verbindung vieler zusammenarbeitender Strukturen in Hand und Unterarm.

Es ist nicht direkt offensichtlich, woher unsere Finger- oder Griffkraft kommt. In unseren Fingern haben wir keine Muskeln. Sie sind nur knochig und dünn. Wie halten wir uns also an Handgriffen fest?

Die kletterspezifische Griffkraft entsteht im Allgemeinen dadurch, dass die Beugemuskeln der Finger (auf der Unterseite des Unterarms, wenn die Handfläche flach auf einen Tisch gelegt wird, Seite 191) im Unterarm kontrahieren und unsere Finger um einen Handgriff einrollen. Während wir den Griff greifen, halten die Fingerbeuger die Finger isometrisch (statisch) um den Handgriff herum, wodurch der Rest von uns (hoffentlich) an den Griffen hängen bleibt.

Aber die Geschichte geht noch weiter. Unsere Fingerbeuger ziehen die Beugesehnen zusammen. Diese verlaufen in unseren Fingern unter einer Reihe von Bändern hindurch (Seite 40). Diese Bänder oder Ligamente halten die Sehnen an den Fingerknochen und funktionieren buchstäblich wie Umlenkrollen bei Flaschenzügen. Sie setzen die Kraft des kontrahierenden Unterarmmuskels in nutzbare Griffkraft in den Fingern um. Die Bänder erlauben uns, die Finger mit größter Geschicklichkeit und Genauigkeit zu bewegen und auch, sie mit viel Kraft um Handgriffe zu schließen. Wenn wir uns ohne Mithilfe der Bänder an einem Handgriff festhielten, würden sich die Sehnen von den Knochen in unserer Hand entfernen. Klettern wäre unmöglich!

Ein häufig genutzter bildlicher Vergleich für Bänder und Sehnen sind Rutenringe und die Sehne einer Angelrute. Die Sehne läuft durch die Rutenringe entlang der Angelrute und unter Spannung biegt die Angelsehne die Rute, wird dabei aber von den Rutenringen eng an der Rute gehalten.

Wenn wir also klettern, kontrahieren die Beugemuskeln der Finger und ziehen die Finger in eine Griffposition. Bei Belastung erfolgt das Zusammenspiel von Sehnen und Bändern unter Reibung, was die isometrische Kraft in den Fingern erhöht und das Strecken noch schwieriger macht. Die Kraft unserer Beugemuskulatur allein könnte dies nicht leisten.

Daher erhöht das Training der Fingerkraft einerseits die Kraft, die unsere Unterarmmuskeln einsetzen können, andererseits erhöht es aber auch die Dicke/Dichte der Sehnen und Bänder und steigert so die Bereitschaft zum Zusammenspiel unter Reibung. Dies wiederum vergrößert die Fähigkeit, sich an Handgriffen festhalten zu können. Unsere Fingerkraft hängt auch von zusätzlichen Faktoren ab:

- Unsere Hände enthalten viele kleine Muskeln, einschließlich der *Musculi lumbricales* und *interossei*, sowie die Daumenmuskeln. All diese Muskeln sind entscheidend für die kletterspezifische Griffkraft.
- An den Handgelenken befinden sich Muskeln, die beim Klettern für die Bewegung der Handgelenke zuständig sind und dafür, sie an Ort und Stelle zu halten – beispielsweise der *Musculus flexor carpi radialis* und der *Musculus extensor carpi radialis*.
- Und zuletzt die Gruppe an Fingerstreckermuskeln im Unterarm (an der Oberseite des Unterarms, wenn die Handfläche flach auf dem Tisch liegt): Diese stabilisieren zusammen mit den Fingerbeugermuskeln Hände und Finger beim Klettern.

FORM DER FINGER

Neben der Fingerkraft beeinflussen auch die genaue Größe, Form und der Aufbau unserer Hände, wie gut wir uns festhalten können.

Jeder Mensch hat andere Finger: unterschiedliche Längen, unterschiedliche Dicke, unterschiedliche Fingernägel, unterschiedlich fleischige Fingerbeeren. Jeder individuelle Fingertyp ist für unterschiedliche Dinge geeignet.

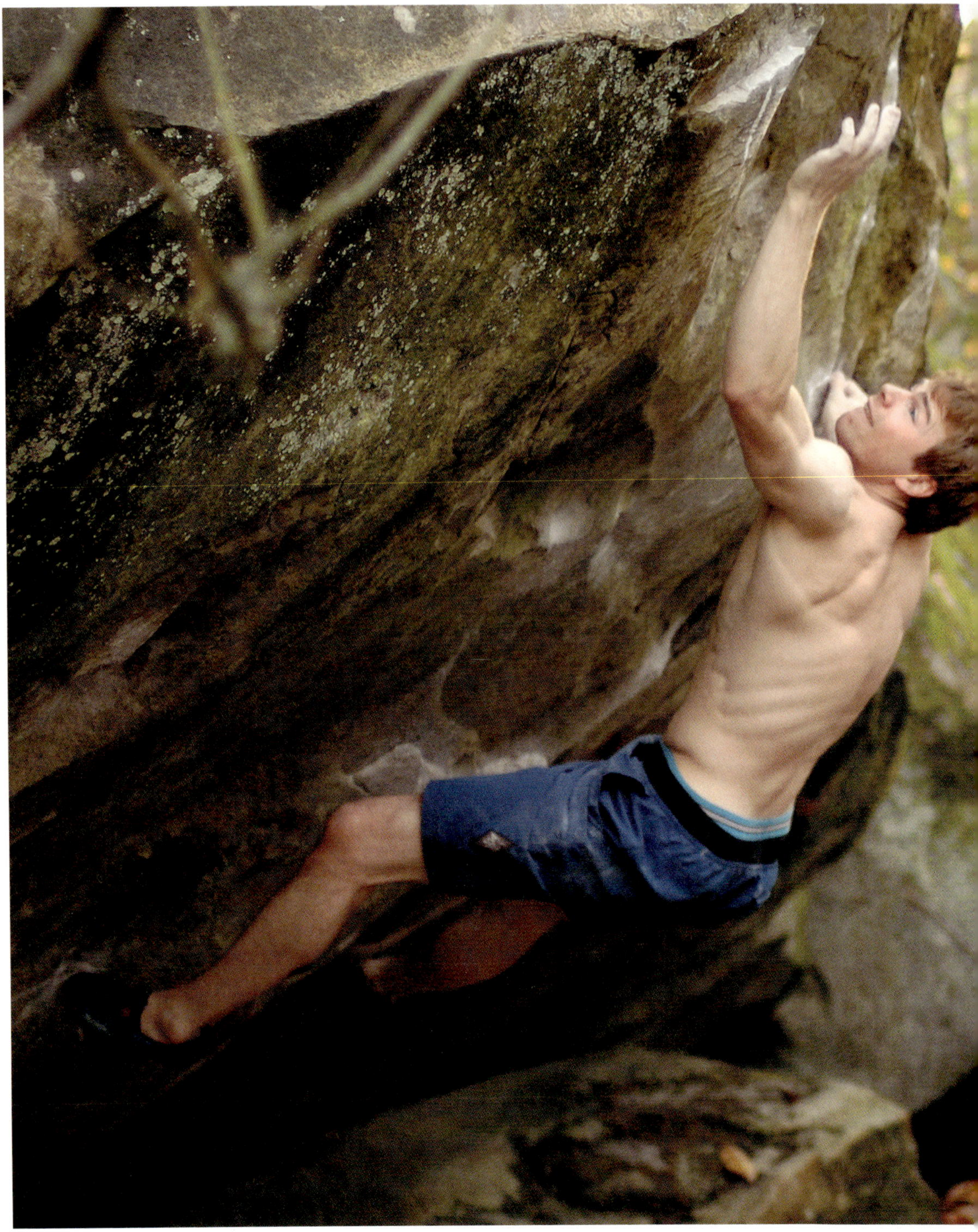

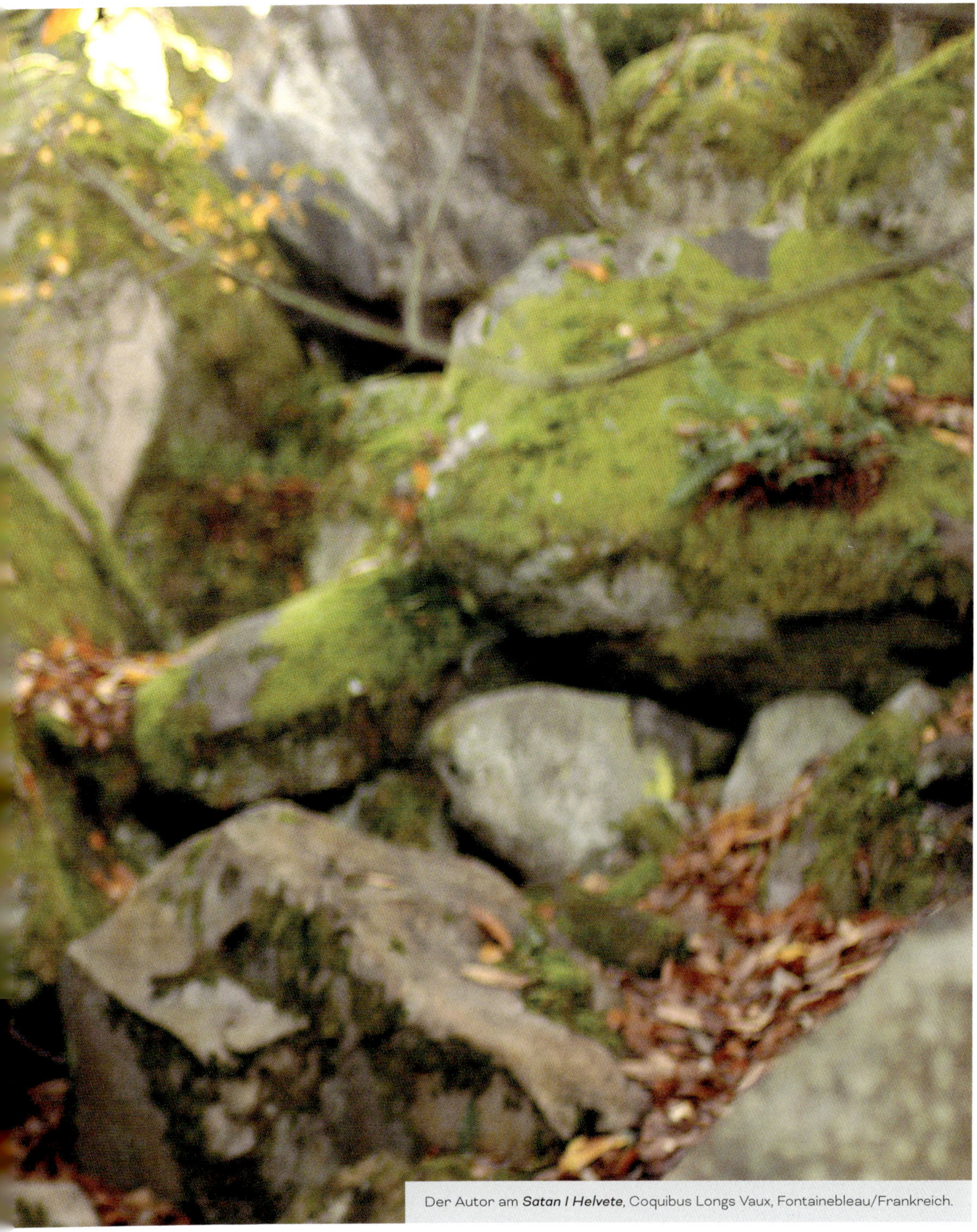

Der Autor am ***Satan I Helvete***, Coquibus Longs Vaux, Fontainebleau/Frankreich.

Ich habe ziemlich feiste, fleischige Fingerbeeren. Für Reibungsklettern und Aufleger ist das super, da sie eine ziemlich große Oberfläche haben. Für richtig kleine Griffe, bei denen sich das Fleisch unter der Belastung zu den Seiten ausbreitet, sind sie jedoch nicht so gut geeignet. Shauna hat kleine, knochige Finger mit harten Enden. Die sind auf kleinen Griffen super und sie muss die Finger selten voll aufstellen, da ihre Finger auf winzigen Kanten sogar in nur halb aufgestellter Position absolut fest sind. Für große Aufleger oder Zangen sind winzige Hände allerdings nicht so gut, da sie nur eine begrenzte Oberfläche haben, mit der sie Reibung erzeugen können.

Auch die unterschiedlichen Längen der einzelnen Finger sind interessant. Manche Menschen haben einen im Vergleich zu den anderen drei Fingern sehr kurzen kleinen Finger. Das bedeutet, dass sie häufig Probleme damit haben, den kleinen Finger zur Mitarbeit zu bewegen, insbesondere bei Leisten (Crimps). Da der kleine Finger also keinen großen Beitrag leisten kann, sind diese Menschen häufig sehr gut darin, nur mit den ersten drei Fingern aufgestellt zu greifen.

Einige Menschen haben einen sehr langen Mittelfinger, was bedeutet, dass dieser häufig mehr oder weniger gebeugt ist – sogar bei sehr offenen Griffen.

Um ehrlich zu sein, ist das alles ziemlich egal. Wir haben die Hände, die wir haben. Aber es ist interessant zu sehen, wie die Hände der unterschiedlichen Menschen arbeiten, und es kann toll sein, viele Miniausreden zu haben wie »Dein kleiner Finger ist kürzer als meiner, deshalb kann ich das nicht machen« und so weiter.

DIE FINGERKRAFT VERBESSERN

Kletterer haben Glück, denn der Körper ist sehr gut darin, sich an Beanspruchungen anzupassen. Das bedeutet, dass wir bei wiederholter Belastung die Kraft und Größe der für die Fingerkraft verantwortlichen Muskeln, Sehnen und Bänder steigern können. Dabei muss man jedoch wissen, dass die Steigerung der Muskelkraft innerhalb von Wochen passiert, merkliche Zuwächse der Dicke und Dichte von Sehnen und Bändern aber viel langsamer vor sich gehen, nämlich über Monate und Jahre hinweg.

Für viele Menschen und insbesondere diejenigen mit einem jungen »Trainingsalter« reicht es aus, einfach regelmäßig klettern zu gehen, um den Körper dazu anzuregen, sich anzupassen und die Fingerkraft zu steigern.

Natürlich ist »einfach klettern gehen« aber ein eher stumpfes Schwert und es kann sein, dass der Zuwachs der Fingerkraft irgendwann zum Stillstand kommt, wenn das die einzige Trainingstaktik ist.

An diesem Punkt solltest du über andere Konzepte nachdenken, damit du die Fingerkraft weiter steigern kannst. Das könnte sein:

- Strukturierter klettern: Klettern mit dem Ziel, sich auf die Steigerung der Fingerkraft zu konzentrieren. Das könnte bedeuten, sich in erster Linie an die Griffarten zu halten, mit denen du normalerweise Probleme hast, oder in steilerem Gelände/an steileren Boards zu klettern, sodass mehr Gewicht durch die Finger gehalten werden muss.
- Schwerpunkte beim Fingerboardtraining: auf die besonderen Bereiche der Fingerkraft abzielen, an denen gearbeitet werden muss.

Zusammenfassung

Fingerkraft ist die Fähigkeit, sich an einem Griff oder einer Reihe von Griffen festzuhalten.

Die Fingerkraft entsteht durch die Verbindung von Beugemuskeln im Unterarm, dem Zusammenspiel von Sehnen und Bändern in unseren Händen unter Reibung und den kleinen Muskeln in den Händen.

Die Fingerkraft zu steigern dauert länger, als uns lieb ist! Es dauert monatelang, bis sich Sehnen und Bänder an die Belastungen durch Klettern und Fingerboardtraining anpassen.

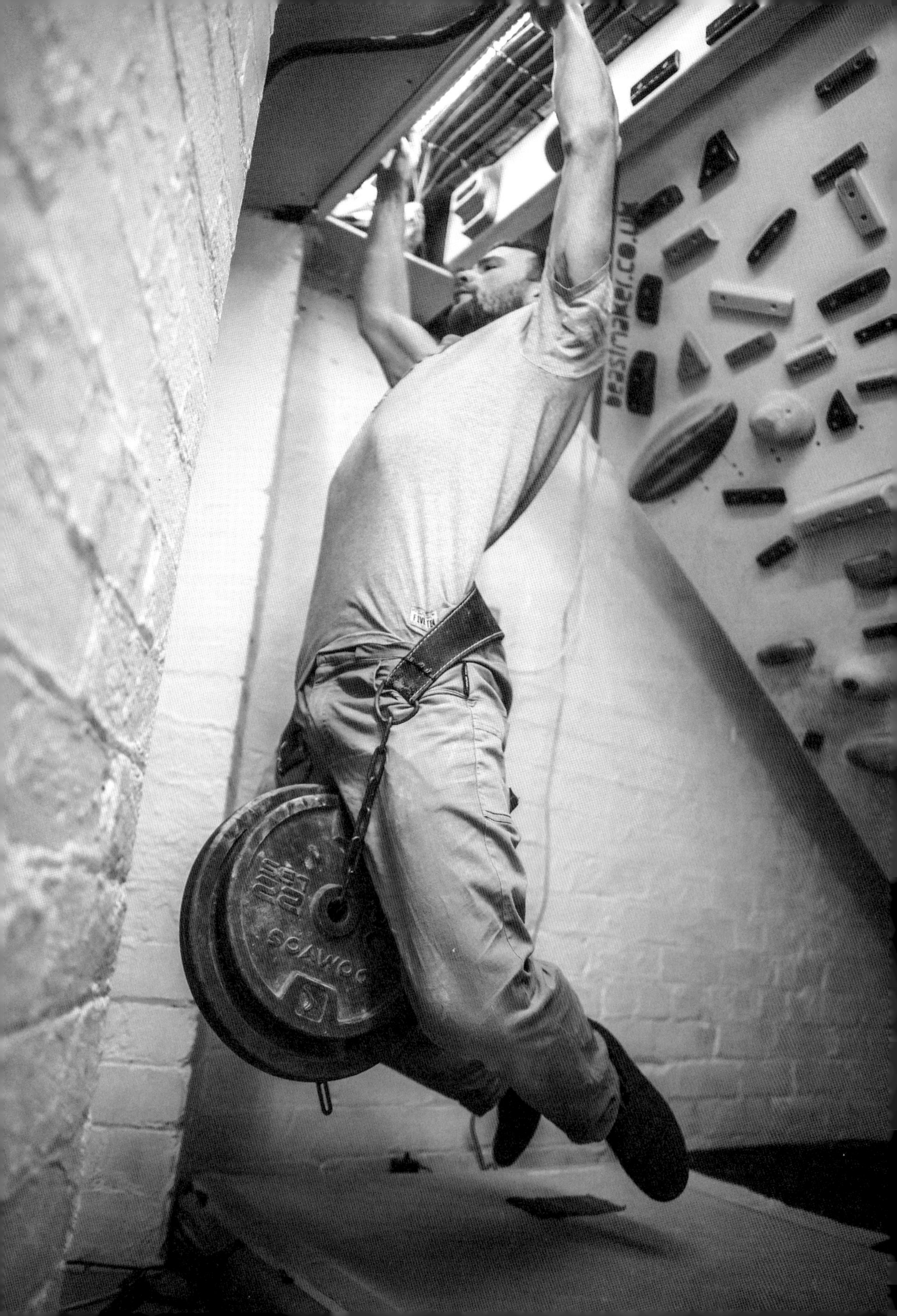

4

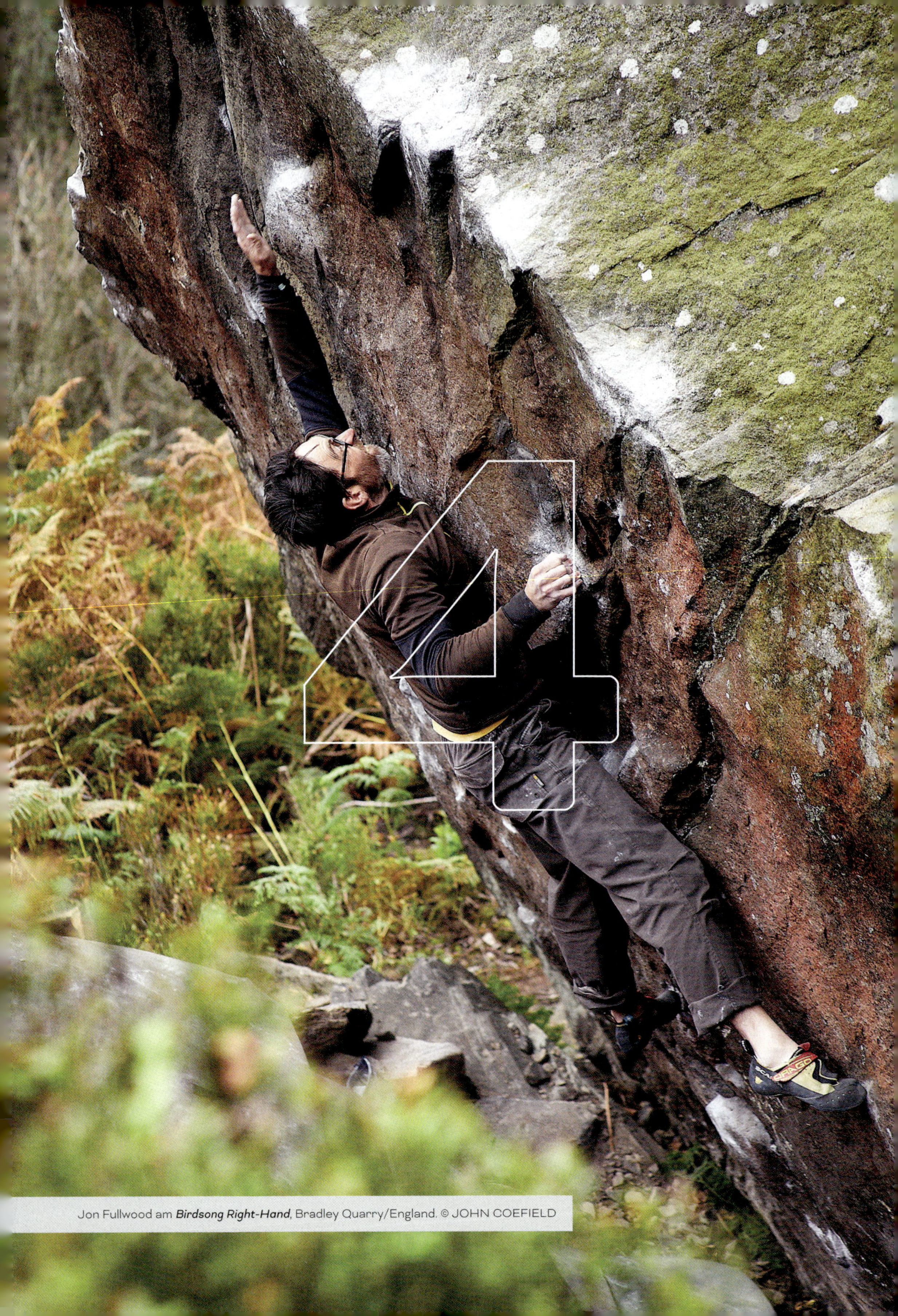

Jon Fullwood am ***Birdsong Right-Hand***, Bradley Quarry/England. © JOHN COEFIELD

AKTIVE VERSUS PASSIVE FINGERKRAFT

»

Es gibt einen Unterschied zwischen der Fähigkeit, sich festhalten zu können und nicht loszulassen.

Kletterer neigen dazu, Griffe anders zu greifen. Auch genau dieselben Griffe auf genau derselben Route können und werden von unterschiedlichen Kletterern auf verschiedene Weise gegriffen und gehalten. Manche Kletterer halten sich sehr stark fest und zerquetschen die Griffe beinahe. Andere haben einen entspannteren Ansatz und haken ihre Hände an den Griffen fest. Ich teile diese Ansätze in aktiv und passiv ein und unterscheide dabei zwischen aktiver und passiver Fingerkraft.

Aktive Fingerkraft: Bevorzugt werden voll aufgestellte und aufgestellte Positionen, auch bei normalerweise offenen Griffen wie Löchern und Auflegern. Meist wird der Daumen stark einbezogen und drückt die Griffe sehr intensiv. Bei einem aktiven Ansatz wird tatsächlich mehr Kraft aufgewendet, um die Griffe sehr fest zu greifen.

Passive Fingerkraft: Bevorzugt werden bei den meisten Griffen offene Positionen, und zum Festhalten wird eher Reibung genutzt als die Kraft aus der Hand.

Natürlich ist für das Festhalten an jedem Griff immer Kraft notwendig, aber der entscheidende Unterschied liegt darin, wie aktiv die Muskeln in der Hand selbst sind.

Ob Kletterer einen aktiven oder passiven Ansatz beim Greifen bevorzugen oder vermeiden, kann an Gesteinsarten liegen, die sie mögen oder nicht, sowie daran, wo sie klettern gelernt haben oder an ihrer Physiologie. Es könnte auch etwas mit zurückliegenden Verletzungen zu tun haben. Gesteinsarten mit mehr Reibung oder große verschraubte Klettergriffe sorgen für einen eher passiveren Griffstil, während steilere Flächen, kleinere Griffe oder glatterer Fels beim Kletternlernen zu einem eher aktiven Griffstil führt.

Kletterer, die viel Zeit mit dem Routenklettern verbringen, haben mit höherer Wahrscheinlichkeit einen passiveren Griffstil. Dieser ermöglicht ihnen, beim Halten jeder Position nur ein Minimum an Energie zu verbrauchen. Dadurch, dass sie weniger Energie zum Klettern brauchen, werden die Arme weniger stark gepumpt.

Kletterer, die mehr bouldern, brauchen sich nicht so viele Gedanken über ihren Energiehaushalt machen und greifen die Griffe deshalb häufig fester. Bei kurzen, intensiven Sequenzen funktioniert das gut, aber dennoch ist es wichtig zu lernen, wann es in Ordnung ist, den Griff zu entspannen, und wann man so fest wie möglich zugreifen sollte.

Keine der beiden Griffarten ist falsch, aber beide haben auch ihre Vorteile. Man kann immer noch lernen, einen aktiven Griff in einen eher passiven Griff umzuwandeln. Wenn du die Kraft für einen guten aktiven Griff hast, kannst du dir aussuchen, ob du diesen oder einen passiveren Ansatz anwenden willst. Wenn du hingegen keine Kraft hast, um einen aktiven Griff anzuwenden, hast du auch nicht die Auswahlmöglichkeit, ihn anwenden zu können.

Es ist viel schwieriger, einen eher passiven Griffstil in einen aktiven Griff zu verwandeln, wenn man nicht die Kraft dazu hat. Stell dir vor, du würdest versuchen, eine glatte Zange aus Granit an einem Überhang offen zu greifen. Viel Glück dabei.

Ich empfehle zwar, aktive Griffpositionen zu trainieren, allerdings ist es entscheidend, sowohl aktive als auch passive Griffstile einzusetzen, um mit vielen verschiedenen Arten von Griffen und an allen möglichen Gesteinsarten gut klettern zu können.

DIE AKTIVE GRIFFKRAFT TRAINIEREN

Wer das Gefühl hat, an seiner aktiven Griffkraft arbeiten zu müssen, sollte sich auf aufgestellte, voll aufgestellte und Zangenpositionen konzentrieren – alles, was die Muskeln in den Händen wirklich arbeiten lässt.

Bei einer Standardklettereinheit solltest du dich darauf konzentrieren, die Griffe während der Züge aktiv fester zu halten, und dich nicht einfach daran hängen

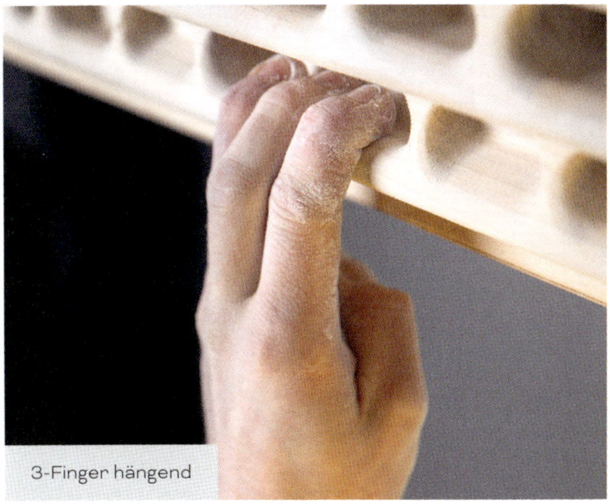

3-Finger hängend

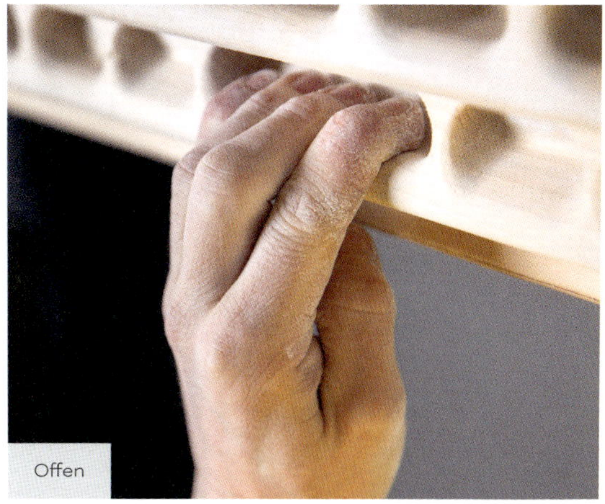

Offen

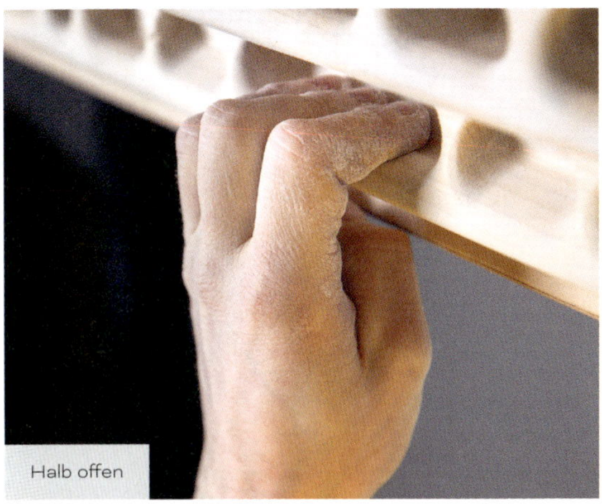

Halb offen

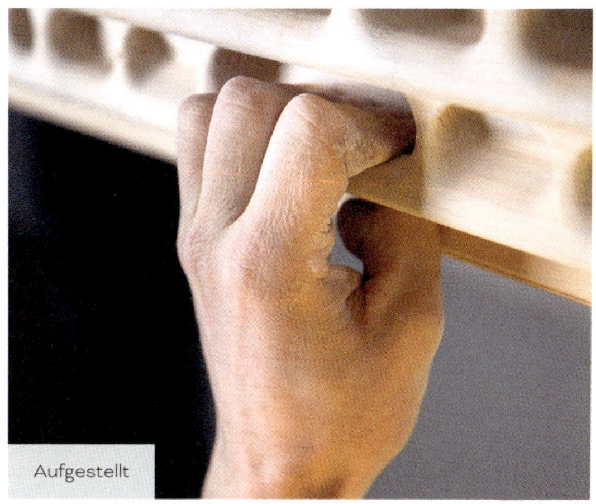

Aufgestellt

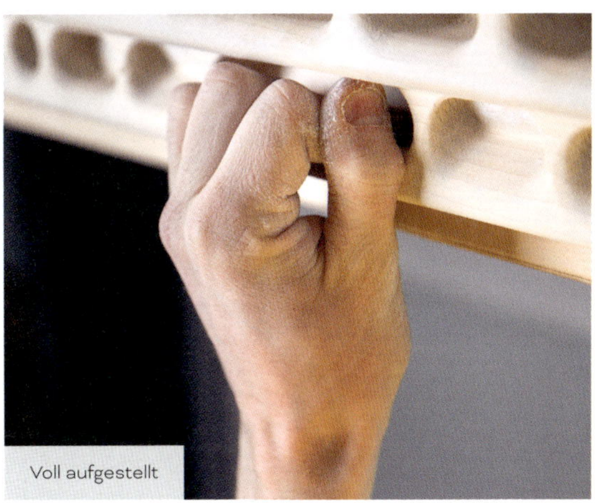

Voll aufgestellt

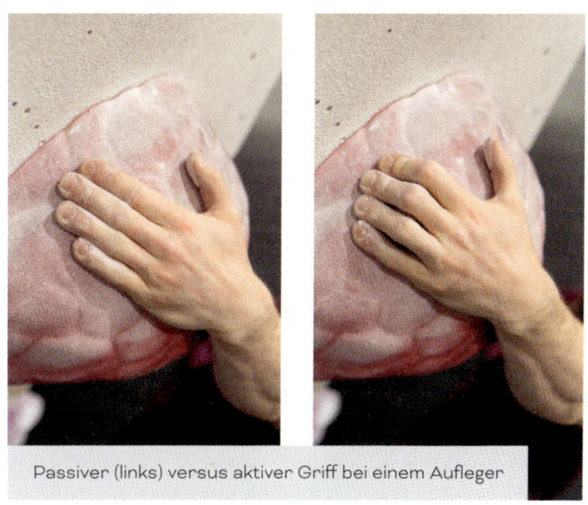

Passiver (links) versus aktiver Griff bei einem Aufleger

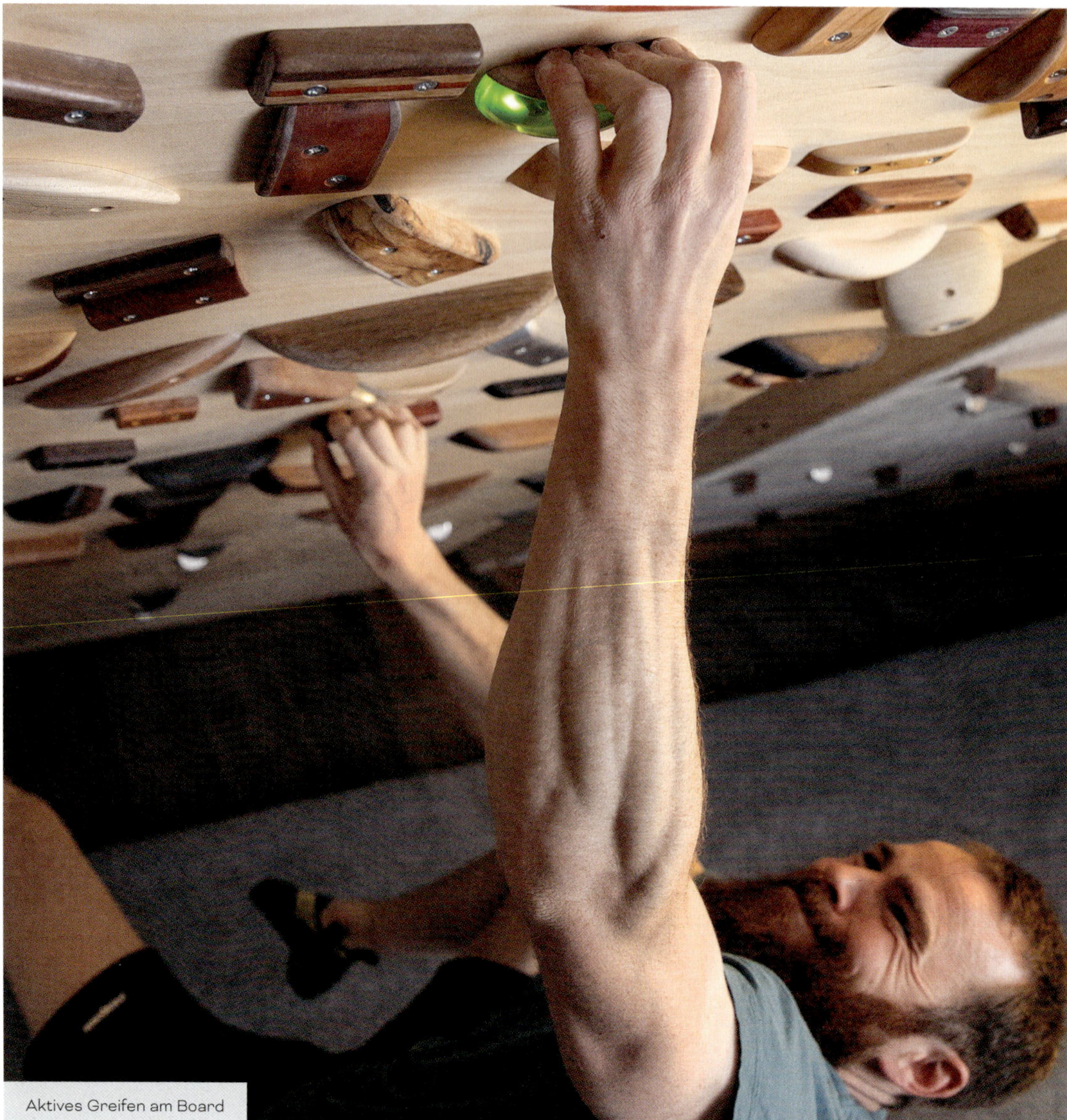

Aktives Greifen am Board

lassen. Plane Züge zwischen nichtpositiven Griffen ein (schmale Leisten, Zangen, Aufleger mit zangenähnlicher Beteiligung des Daumens und so weiter) und rufe dir zwischen dem Greifen immer wieder ins Gedächtnis, wie du die Griffe hältst.

Klettern in steilem Gelände wie beispielsweise an Boards ist großartig, um an aktiven Griffen zu arbeiten, da man sich zum Ausgleichen von Pendelbewegungen und für die Fußbewegungen wirklich stark festhalten muss – man kann sich nicht einfach darauf verlassen, durch die Reibung in der Wand zu bleiben. Und im Allgemeinen gilt: Je glatter die Griffe sind, desto besser, weil man sich noch stärker festhalten muss, um hängen zu bleiben. In dieser Hinsicht sind Griffe aus Holz besser als die aus Harz.

Aber letztendlich kommt es auf deine Ziele an. Denke an die Aufstiege, die du klettern möchtest, und an die Dinge, die du erreichen willst – und dann überlege dir, ob du die Griffe dafür wirklich zerquetschen können musst oder ob es reicht, nur daran zu hängen. Passe dann dein Training entsprechend an.

Ich persönlich nutze beim Klettern immer eine offenere, passive Position. Wenn ich müde werde, neige ich ebenfalls zu diesen Positionen. Ich empfinde es nicht als natürlich, in einer aufgestellten Position aufgerollt zu sein. Deshalb habe ich unzählige Stunden damit verbracht, an meiner aktiven Fingerkraft zu arbeiten – viel Klettern mit aufgestellten Fingern und an kleinen, schmalen Zangen; anfangs am Fingerboard und dann in allgemeinen Klettereinheiten und am Board.

Praxistipp

Ein Tipp von mir, um an dieser speziellen Art aktiver Kraft zu arbeiten, ist, sich Problemen mit engen Zügen an dünnen, leistenartigen Zangen zu stellen. Auf diese Weise kann man die Griffe nicht in Seitgriffe verwandeln, sondern ist gezwungen, sie sehr stark zu drücken, wenn man ihnen bei den engen Zügen nahekommt. Diese Art von Training hatte enorm positive Auswirkungen auf meine aktive Fingerkraft.

Shauna hat einen sehr aktiven Griffstil. Sie kann Griffe wirklich zerquetschen und sich sehr stark festhalten. Häufig nimmt sie ihren Daumen dazu und nimmt die Griffe in die Zange oder drückt zu. Ich glaube, ich habe bei ihr noch nie einen offenen Griff an einem Fingerloch gesehen, weil sie normalerweise alle Finger in die meisten Zweifingerlöcher bekommt und sie halb offen greifen kann!

Viel aktive Fingerkraft entsteht durch die Mitarbeit der Muskeln in der Hand und/oder dem Daumen. Bei einem offenen Griff leisten die *Musculi lumbricales* und *interossei* keine große Arbeit. Wird jedoch ein schmaler Griff aufgestellt und so fest wie möglich gehalten, werden diese Muskeln alle zur Mitarbeit herangezogen, um die Hand in der zum Festhalten vorteilhaftesten Position zu halten – mit gebeugten Knöcheln.

Diese kleinen Muskeln zu pflegen und zu kräftigen, ist zwar für jeden Kletterer wichtig, aber besonders für diejenigen, die ihre aktive Fingerkraft verbessern wollen. Siehe Kapitel 16 (Seite 188).

Zusammenfassung

Aktives Greifen ist nicht unbedingt natürlich, aber es ermöglicht dir, dich festzuhalten und wirklich kräftig zu ziehen! Das ist bei harten Zügen fast immer eine gute Sache.

Aktives Greifen sorgt dafür, dass du beim Bewegen des Körpers mehr Stabilität über die Handgriffe erzeugen kannst.

Beim passiven Greifen kommt es viel mehr auf Reibung und die Haut an, weshalb es nur bei den richtigen Arten von Griffen gut funktioniert. Aber für das Festhalten an sich ist weniger Energie erforderlich.

Was kann ich tun?

Um die aktive Griffkraft zu verbessern, konzentriere dich darauf, die Griffe beim Klettern richtig anzupacken.

Klettere steile Anstiege mit Zangen oder Griffen mit sehr glatter Struktur, da du dich hier stark festhalten musst.

Klettere an steilen Boards mit vielen kleinen Holzgriffen. Das ist ein perfektes Training für die aktive Griffkraft – vorausgesetzt, du konzentrierst deine Bemühungen darauf, deine aktive Griffkraft zu verbessern! Siehe Kapitel 10 (Seite 119).

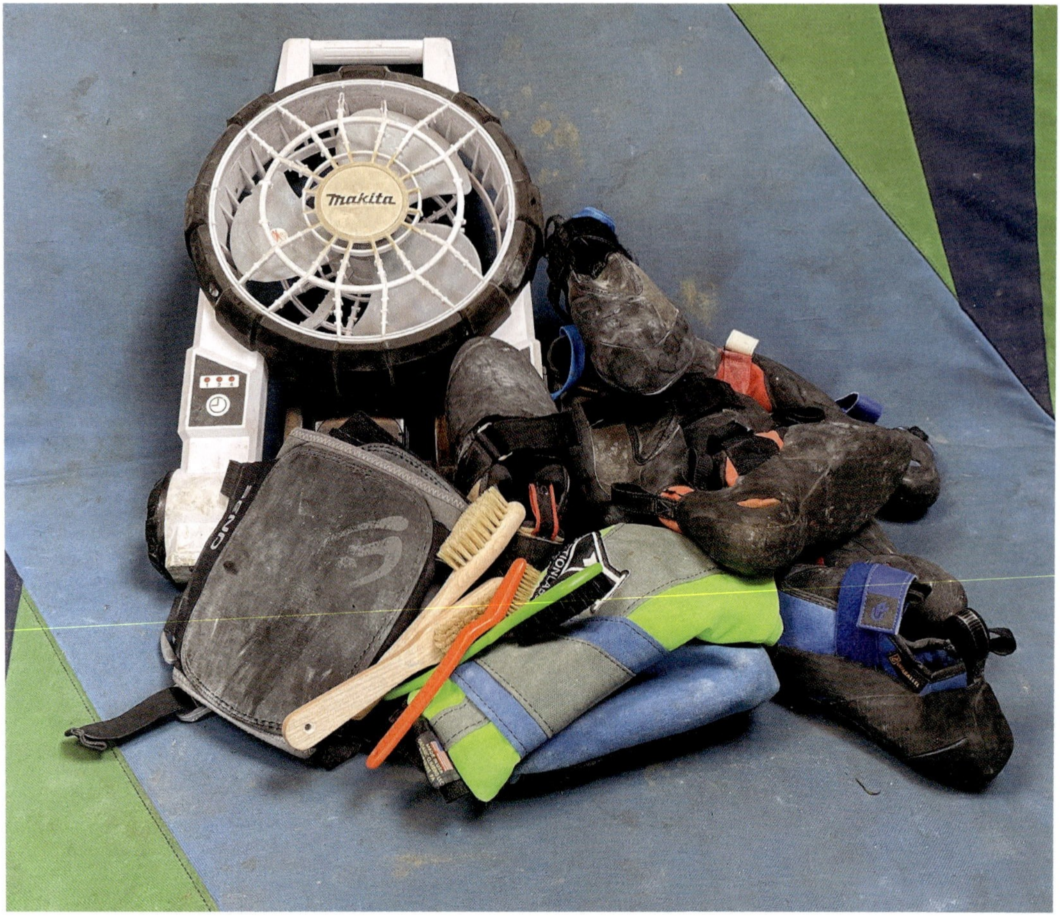

TAKTIK TEIL I

Im Laufe der Jahre habe ich ein paar Dinge gelernt, die mir beim Klettern ungemein geholfen haben. Vielleicht ist auch für dich hier etwas Neues dabei, das dich beim Klettern unterstützen wird. Bei dieser Liste wird mir klar, wie lächerlich unser Sport ist! Wenn du mehr darüber wissen willst, blättere vor auf die Seiten 100 und 158.

AUFWÄRMEN

Für mich hat es sich über die Jahre hinweg sehr bewährt, mit einer guten Aufwärmroutine zu beginnen. Durch ein standardisiertes Warm-up am Fingerboard kann ich abschätzen, wie ich mich beim Aufwärmen fühle, und dadurch sicherstellen, dass meine Finger zu 100 Prozent bereit sind, beim Klettern stark zu ziehen. Wenn ich draußen unterwegs bin, nutze ich ein tragbares Fingerboard und in der Kletterhalle oder vor dem Training am Board zu Hause ein an der Wand montiertes.

RUHEPAUSEN

Ich habe festgestellt, dass Pausen zwischen den Versuchen nicht nur gut sind, damit die Haut abkühlt und trocknen kann, sondern auch dafür, dass sich die Muskeln erholen. Kalte, trockene Haut hat an den Griffen viel mehr Grip als warme, schwitzige Haut. Wenn sich die Haut beim Berühren kalt anfühlt, haben wir viel mehr Grip als mit Haut, die sich warm anfühlt. Die beste Methode zum Abkühlen der Hände ist augenscheinlich, eine Pause zu machen. Ich kenne Kletterer, die ihre Hände auf den Felsen legen, um sie abzukühlen. Mir selbst hilft das nicht so gut, weil meine Hände schwitzig und feucht werden, wenn ich sie eine Zeit lang auf einer Oberfläche ablege. Für mich ist Luft das beste Mittel, meine Haut abzukühlen und zu trocknen – durch den Wind, einen Ventilator oder einfach nur, indem ich die Arme etwas schwinge, wenn kein Wind weht.

OUTDOOR-VENTILATOR

Meiner Ansicht nach sind kalte Hände für hartes Klettern unverzichtbar. Wenn es möglich ist und das Wetter es erfordert, nehme ich gern einen batteriebetriebenen 18-Volt-Ventilator mit nach draußen zum Felsen. Dieser zusätzliche Luftzug kann die Bedingungen um einiges verbessern. Manchmal lohnt sich der Aufwand, ihn mitzuschleppen, sogar doppelt: An warmen Tagen hält ein Ventilator auch Insekten fern.

WIND

Bei zu viel Wind kann das Klettern zum Albtraum werden, aber ein gutes Lüftchen ist entscheidend für die perfekten Bedingungen – es sei denn, es handelt sich um ein warmes oder feuchtes Lüftchen, das zusätzliche Feuchtigkeit beschert.

SONNE

Ich klettere besonders gern an bedeckten Tagen oder an Bereichen, die im Schatten liegen. Je nach Wetterbedingungen am entsprechenden Tag sollte der Kletterort sorgfältig ausgewählt werden. Eine sonnige Lage mit südlicher Ausrichtung kann an einem sehr kalten Tag eine sichere Bank sein, an einem heißen Tag ist es die schlechteste Wahl, die man treffen kann.

TEMPERATUR

Ich mag es kalt. Mein Körper arbeitet bei Temperaturen zwischen fünf und zehn Grad Celsius am besten, meine Haut jedoch bei etwa null Grad Celsius. Sobald es wärmer wird, funktioniere ich einfach nicht so gut. Finde heraus, welcher Temperaturbereich für dich optimal ist, und nutze ihn zu deinem Vorteil. Das bedeutet dann vielleicht, früher am Tag klettern zu gehen oder etwas länger zu warten, bis es kühler geworden ist, oder beim Klettern mehr oder weniger Kleidung zu tragen.

LUFTFEUCHTIGKEIT

Je niedriger desto besser. Im Vereinigten Königreich, wo ich lebe, sinkt die Luftfeuchtigkeit kaum unter 70 Prozent, und daran kann man leider auch nichts machen – außer natürlich, darüber zu meckern und den Wetterbericht zu studieren, um Einheiten so gut wie möglich zu planen! Wer in der Wüste klettert, für den wird wohl eher die sehr geringe Luftfeuchtigkeit zum Problem werden. Ein Produkt wie Rhino Skin Solutions Spit oder die Hände vor dem Chalken anzufeuchten, kann an trockenen Tagen mit sehr geringer Luftfeuchtigkeit oder beim Training an Holzgriffen oder Fingerboards aus Holz zu etwas mehr Haftung beitragen.

SCHUHE

Die Schuhe sollten je nach Boulderproblem oder Klettervorhaben gewählt werden. Es kommt selten vor, dass ich an einem bestimmten Tag mit nur einem Paar Schuhe klettere. Für alle Fälle habe ich immer eine kleine Auswahl in meiner Tasche dabei: unterschiedliche Fersen, steif, weich, sogar unterschiedliche Gummimischungen. Die Gummiarten funktionieren jeweils innerhalb bestimmter Temperaturbereiche am besten. Unterschiedliche Profile im Fersenbereich funktionieren jeweils bei verschiedenen Fersenpositionen am besten. Daran solltest du denken, wenn du deine Schuhe auswählst. Du kannst auch an jedem Fuß einen anderen Schuh tragen.

KNEEPADS

Knieschoner oder Kneepads sind großartig! Manchmal ist es hilfreich, sie mit Klebeband festzukleben, damit sie nicht rutschen. In einem solchen Fall solltest du Shorts tragen und das jeweilige Bein rasieren, bevor du das Klebeband benutzt, damit dir beim Abziehen hinterher nicht die Tränen in die Augen schießen! Haftspray oder Sprühkleber kann auch helfen, dass die Kneepads nicht rutschen, ergibt aber eine größere Sauerei und wird meistens nur von den besonders Eifrigen verwendet. Abhängig vom jeweiligen Knieklemmer (Kneebar) kann es sich lohnen, ein starreres und ein weicheres Kneepad zu haben. Knieklemmer an scharfen und kantigen Stellen funktionieren mit einem steifen Kneepad besser, an Stellen mit mehr Reibung funktioniert ein weicheres Pad besser. Ich habe auch schon mal zwei Kneepads übereinander getragen, damit mein Bein besser in den Knieklemmer passte.

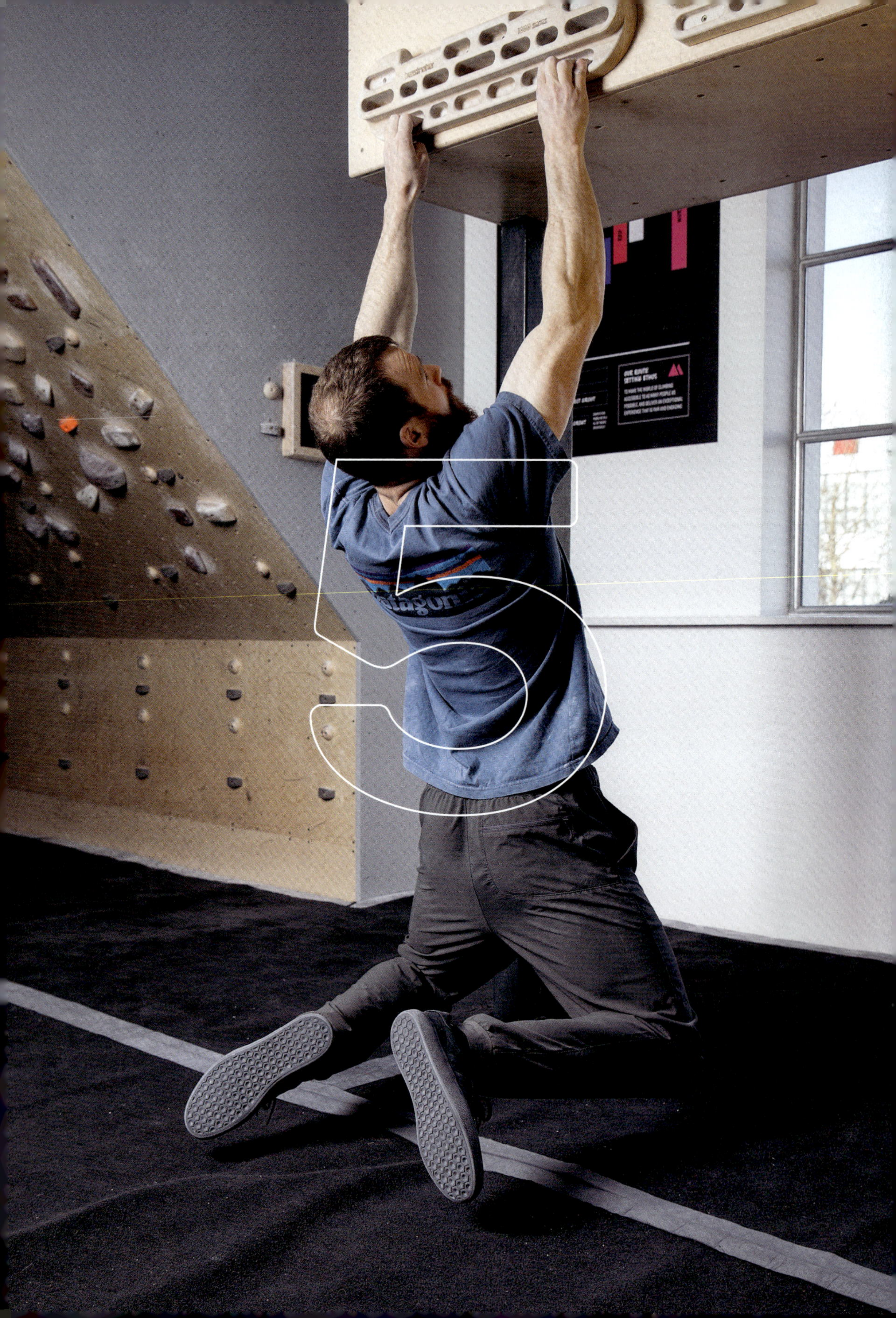
5

EINFÜHRUNG INS FINGERBOARD-TRAINING

EINLEITUNG

Wir wissen nun, wo die Fingerkraft herkommt. Wenn du deine Fingerkraft steigern möchtest und es so scheint, als würde klettern allein dafür nicht ausreichen, kann ein Fingerboard das Richtige für dich sein. Denke jedoch daran, dass Anpassungen der Fingerkraft viel mehr Zeit benötigen, als dir eigentlich lieb ist. Beim Fingerboardtraining muss man in Zeiträumen von Monaten und Jahren denken, nicht Tagen und Wochen. Deine Fingermuskeln brauchen Zeit, um sich anzupassen, das heißt leider: Schneller geht es einfach nicht.

Das Fingerboardtraining ist jedoch eine der am wenigsten zeitintensiven Methoden, um langfristig sein Klettern zu verbessern. Den meisten Kletterern werden letztendlich von ihrer Fingerkraft Grenzen gesetzt. Wenn wir annehmen, dass du ein Minimum an Kletterfähigkeiten hast, wird jeder Zuwachs an Fingerkraft dein Klettern unter Garantie verbessern, während andere Arten von Krafttraining weniger große Auswirkungen haben werden. Die Finger sind deine Verbindung zu den Griffen und daher ist es sinnvoll, dieses Bindeglied so stark zu machen, wie du nur kannst.

Fingerboardtraining ist sehr einfach. Der Grundgedanke ist, an den Fingern zu hängen, um den Körper dazu zu bringen, sich an diese Belastung anzupassen und die Finger stärker zu machen. Es gibt viele Möglichkeiten, am Fingerboard zu trainieren, und viele Möglichkeiten, die Intensität der Trainingsbelastung abzuwandeln. In den folgenden Kapiteln lernst du, wie du dieses Trainingsgerät am besten für deine Ziele nutzt.

Wer bei der Benutzung des Fingerboards umsichtig vorgeht, für den ist es ein sehr sicheres Trainingsgerät. Meiner Ansicht nach ist es im Vergleich zum Klettern, Klettern am Board und Campussen die sicherste Methode, um die Fingerkraft zu trainieren, da man volle Kontrolle hat, die Belastung langsam dosieren und jederzeit loslassen kann.

Natürlich hat auch das Fingerboardtraining seine Grenzen, also komme nicht auf die Idee, dich nur an den Fingern hängen zu lassen und nicht richtig zu klettern – denn dann musst du dich nicht wundern, dass du an der Wand immer noch nichts reißen kannst. Es ist zwar meiner Meinung nach die beste Methode, um die Fingerkraft zu trainieren, aber es ist sicherlich nicht die einzige Methode.

»

Fingerboardtraining ist eine ergänzende Übung zum Klettern, kein Ersatz.

PRAKTISCHES

Du brauchst ein gutes Fingerboard. In den meisten Kletterhallen gibt es mindestens ein Fingerboard, aber wenn du motiviert bist und Zeit zum Trainieren hast, bist du mit einem eigenen Fingerboard für zu Hause am besten dran. Mit einem eigenen Board wirst du bestimmt auch regelmäßiger trainieren – und wenn es nur ein paar Minuten sind. Hänge es an einer praktischen Stelle auf, idealerweise dort, wo es gemütlich und warm ist – oder vielleicht in der Nähe der Musikanlage oder des Fernsehers, damit es wahrscheinlicher ist, dass du es nutzen wirst. Die Anzahl an Menschen, die sich ein Fingerboard kaufen und es niemals aufhängen oder es aufhängen und dann nur einmal benutzen, ist unglaublich hoch. Ein ungenutztes Fingerboard, das verlassen an einer Wand hängt, ist ein trauriger Anblick.

Wer den Platz dafür hat, sollte sich überlegen, einen gesonderten, dauerhaften Trainingsbereich einzurichten, in dem Fingerboard, Gewichte, Seilzüge, Fitnessbänder und so weiter gemeinsam Platz finden. Je weniger du tun/rausgehen/vorbereiten musst, um trainieren zu können, und je weniger du hinterher aufräumen musst, umso wahrscheinlicher ist es, dass du überhaupt regelmäßig trainierst.

Es lohnt sich außerdem, ein Fingerboard zu kaufen, das nicht furchtbar aussieht. Denn so wirst du es wahr-

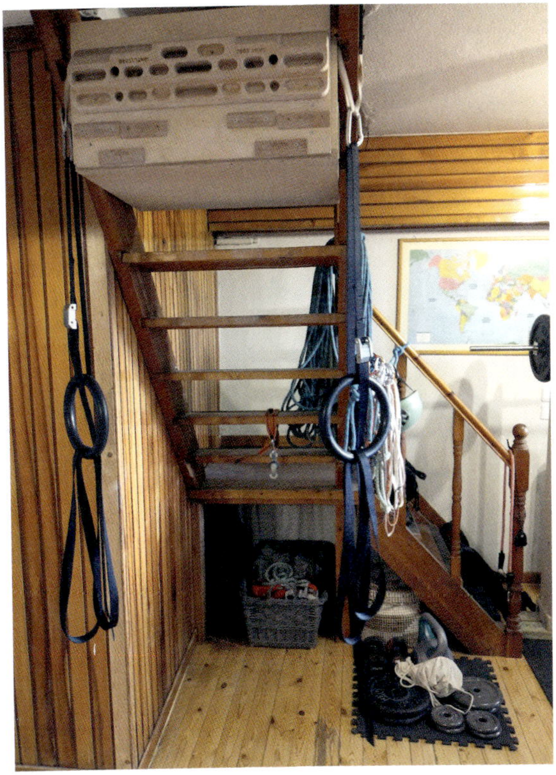

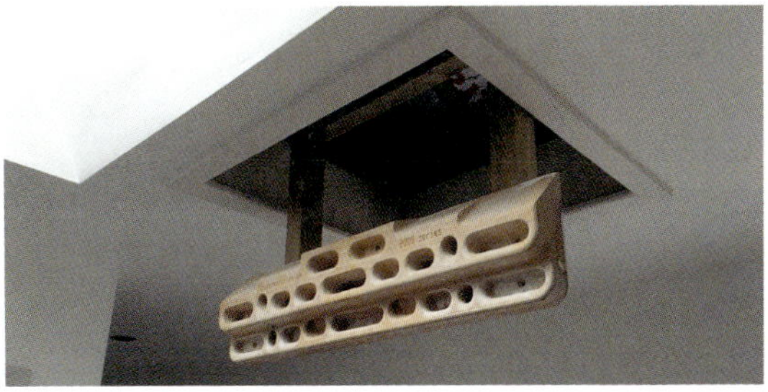

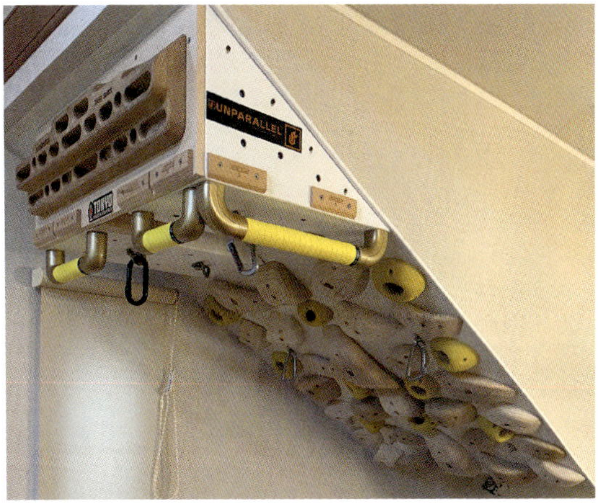
UNPARALLEL

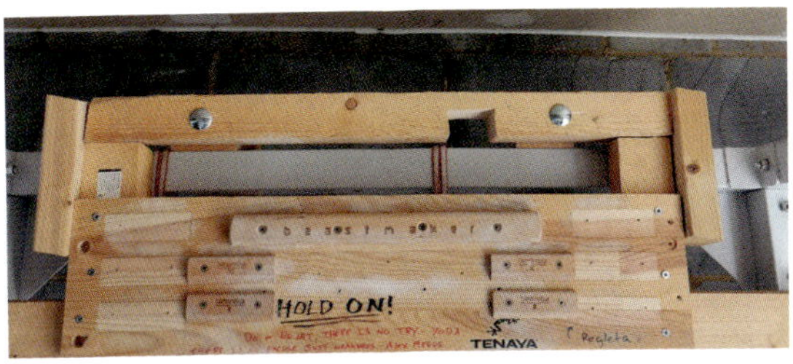
HOLD ON!
TENAYA

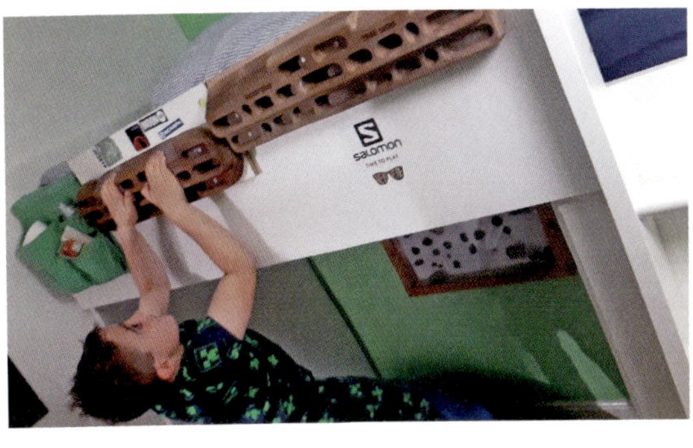
salomon

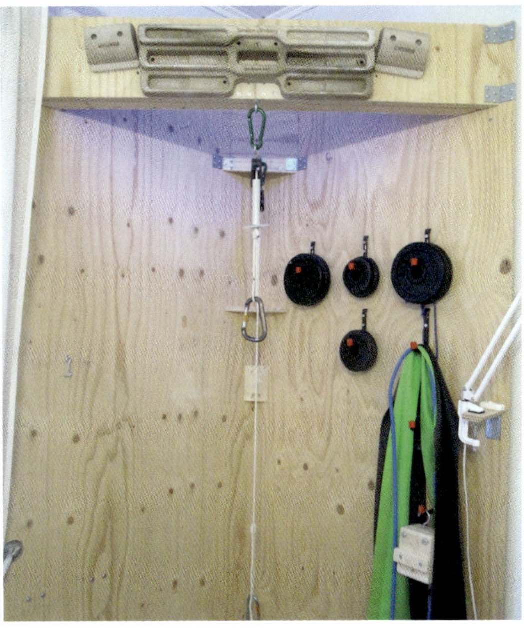

scheinlich zu Hause oder am Arbeitsplatz an einer netteren Stelle anbringen. Kaufe dir einen Beastmaker – ich habe gehört, das sind die besten.

WANN SOLLTE ICH MIT DEM FINGERBOARDTRAINING ANFANGEN?

Oft denken die Menschen, man müsste bereits einen bestimmten Schwierigkeitsgrad klettern können oder soundso viele Jahre Klettererfahrung haben, bevor man mit dem Training am Fingerboard beginnen kann. Ich sehe das anders.

Es gibt keinen Grund, weshalb jemand, der erst seit Kurzem klettert, nicht behutsam am Fingerboard trainieren sollte. Idealerweise hat man schon ein paar Jahre Klettererfahrung, aber nur aus dem Grund, weil es beim Klettern so viel zu lernen gibt und weil man sich als eher unerfahrener Kletterer (mit nur ein oder zwei Jahren Klettererfahrung) schon durch das reine Klettern unglaublich verbessert. Die Vorteile durch das Fingerboardtraining sind nichts verglichen mit der Lernerfahrung, wie man sich in der Kletterwand oder am Felsen bewegt. Außerdem macht Klettern im Allgemeinen viel mehr Spaß, als einfach nur am Fingerboard zu hängen.

Sobald du ein paar Jahre lang geklettert bist, wird die Fingerkraft für dich vermutlich zum begrenzenden Faktor werden. Da sich deine Kletterfähigkeiten (hoffentlich) bereits verbessert haben, machen sich Steigerungen der Fingerkraft leicht beim Klettern bemerkbar.

Für Kletterer mit langjähriger Erfahrung wird das Fingerboardtraining garantiert von Vorteil sein. Sie sollten bereits ziemlich robuste Sehnen und Bänder haben, die mit der Beanspruchung durch das Fingerboardtraining umgehen können. Das macht das Training ziemlich sicher.

WELCHE TRAININGSMETHODE AM FINGERBOARD IST DIE BESTE?

Jeder, der meint, dass seine die beste Trainingsmethode für das Fingerboard sei, liegt falsch. Wenn es die eine beste Methode gäbe, hätte man sie mittlerweile entdeckt und wir würden alle danach trainieren! Über die Jahre hinweg wurden Massen an unterschiedlichen Ansätzen und Trainingsmethoden angewendet. Manche davon sind vermutlich wirkungsvoller als andere, aber jeder von uns ist individuell und wir müssen den Ansatz finden, der für uns am besten geeignet ist. Auf den folgenden Seiten wirst du sehen, dass es viele Methoden und Variablen gibt. Letzten Endes ist die für dich am besten geeignete Methode diejenige, an die du dich hältst und nach der du über einen langen Zeitraum hinweg immer wieder trainierst.

Im 7. Kapitel (Seite 89) schauen wir uns spezielle Übungen an, aber vorher müssen wir uns noch ein bisschen Hintergrundwissen aneignen.

VARIABLEN BEIM FINGERBOARDTRAINING

GRIFFARTEN

Wenn du einen Beastmaker hast, bist du gut dabei. Es gibt eine Auswahl schöner Leisten und Fingerlöcher, an denen du hängen kannst.

Wenn nicht, solltest du dir Griffe oder Leisten zum Dranhängen suchen, die sich gut anfühlen und nicht zu scharf oder rau sind. Vermeide Griffe mit einer Tiefe, die zwischen zwei Gelenken eines Fingers endet, da sie die Haut aufscheuern können und es ziemlich schmerzhaft sein kann, daran zu hängen.

SCHWIERIGKEIT

Wie kann man die Intensität einer Fingerboardübung am besten steuern?

Beim Trainieren der Fingerkraft musst du die Intensität jedes Hangs sorgfältig dosieren. Ist der Hang zu schwer oder zu leicht, bekommt dein Körper nicht die richtigen Informationen, die ihn dazu bewegen, stärker zu werden.

Du solltest dir zum Ziel setzen, eine bestimmte Zeit zu hängen (siehe Kapitel 7), und die Intensität entsprechend anpassen. Die richtige Intensität kann durch eine Veränderung der Griffgröße erreicht werden oder durch eine angepasste Belastung durch zusätzliches oder weniger Gewicht.

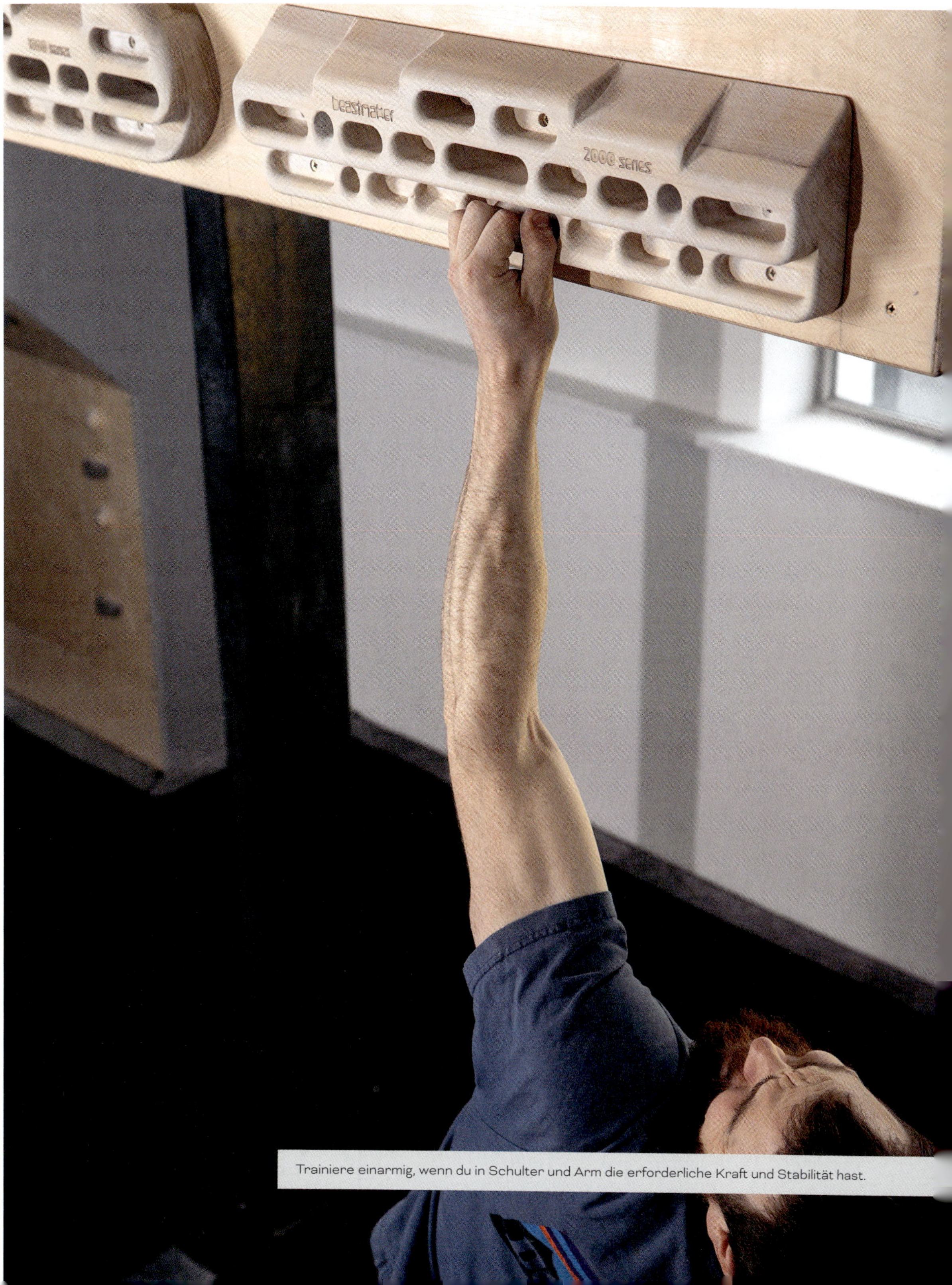

Trainiere einarmig, wenn du in Schulter und Arm die erforderliche Kraft und Stabilität hast.

GRIFFGRÖSSE VERSUS ZUSÄTZLICHES GEWICHT VERSUS EIN ARM?

Natürlich kann man sich durch das Fingerboardtraining länger festhalten, aber das Hauptziel des Fingerboardtrainings ist es eigentlich, die Kraft zu steigern – je länger du dich festhalten kannst, desto weniger eigentliche Kraft wirst du vermutlich aufbauen. Die Frage ist also: Ist es besser, an kleineren Griffen zu hängen oder an größeren, aber mit zusätzlichem Gewicht, um die Schwierigkeit/Intensität zu steigern?

Beide Methoden haben ihre Vor- und Nachteile. Keine Methode ist die »richtige«. Sobald die Griffe zu klein werden, ist nicht die Kraft der begrenzende Faktor, sondern vielmehr sind es Reibung, Schweiß und Haut. Und die sind von Mensch zu Mensch unterschiedlich, je nach Aufbau der Finger.

Die Griffgröße zu verringern ist eine tolle Sache, bis Haut und Reibung (und Schmerzen!) dich einschränken. Aber das passiert meist erst bei Griffen, deren Tiefe geringer ist als 15 Millimeter. Ab diesem Punkt kann es besser für dich sein, mit Zusatzgewicht an einem größeren Griff zu hängen.

Zusatzgewicht ist eine tolle Maßnahme, um die Belastung zu steigern, aber ab einem gewissen Punkt wird es unpraktisch und unbequem, wenn alle möglichen Gewichte/Ambosse/Tonnen voll Federn sperrig an deinem Körper hängen.

Einarmiges Training ist eine gute Methode, bei der man an größeren Griffen trainieren und gleichzeitig sicherstellen kann, dass Finger und Unterarm eine große Belastung bewältigen müssen. Wenn jedoch die Stabilität in Schulter und Arm nachlässt, kannst du dich nicht mehr halten, auch wenn deine Finger nicht unbedingt voll ausgelastet sind. Wer einarmiges Blockieren ohne Unterstützung an einem Henkel nicht locker schafft, der sollte einarmiges Fingerkrafttraining vorerst hintanstellen, da der begrenzende Faktor hier die Kraft in der Schulter und nicht die der Finger sein wird. An einem Arm zu hängen bedeutet außerdem eine große Belastung für die Haut der jeweiligen Hand. Natürlich hängt das auch vom Gesamtgewicht ab, mit dem du an deinen Fingern hängst, aber bei einer derart kleinen Kontaktoberfläche zum Griff oder zur Leiste kann auch die Haut das Spiel beenden.

GRIFFARTEN

Du kannst offen oder voll aufgestellt oder in einer Position dazwischen hängen. Und du kannst alle vier Finger und beide Hände nutzen oder einen Finger (nächster Abschnitt unten) oder einen Arm weglassen (vorheriger Abschnitt oben). Wenn du einen speziellen Griff trainierst, solltest du darauf achten, dass das Training nur bei diesem Gelenkwinkel im Bereich von +/- 15 Grad wirksam ist. Ist der Winkel kleiner oder größer, trainierst du nicht mehr diese Griffart und kannst abtreten. Mehr zum aufgestellten Griff siehe Kapitel 8.

EINEN FINGER WEGLASSEN

Der Standardgriff beim Fingerboardtraining sollte alle vier Finger einbeziehen. Die meisten Handgriffe, die dir beim Klettern unterkommen, bieten Platz für vier Finger und deshalb ist es sinnvoll, vor allem mit allen vier Fingern zu trainieren. Wer sich jedoch weiterentwickelt und an Stärke gewinnt, für den kann es hilfreich sein, mit weniger Fingern zu trainieren. Das ist eine gute Methode, um die Schwierigkeit eines Deadhang zu steigern, ohne immer mehr Gewichte anhängen zu müssen. Die Menge an Gewicht, die beim Hängen an zwei Armen hinzugefügt werden muss, kann recht beschwerlich oder unbequem werden (sich 50 Kilogramm an den Gurt zu hängen, bereitet den Hüften keine besondere Freude). Wird also die Anzahl der Finger, mit denen du dich festhältst, auf drei pro Hand verringert, kannst du mit weniger Zusatzgewicht maximal trainieren.

Eine weitere tolle Möglichkeit, um eine Übung ohne Zusatzgewicht oder die Nutzung kleinerer Griffe oder Leisten schwieriger zu gestalten, ist das Hängen an den ersten oder den letzten drei Fingern. Allerdings muss man sich möglicherweise erst einmal daran gewöhnen, an weniger als vier Fingern zu hängen, da die Hände ungleichmäßig belastet werden und das die *Musculi lumbricales* besonders anstrengt. Sei vorsichtig! Baue die Kraft lieber sehr langsam auf, anstatt die Hände direkt voll mit Gewicht zu belasten und es darauf ankommen zu lassen.

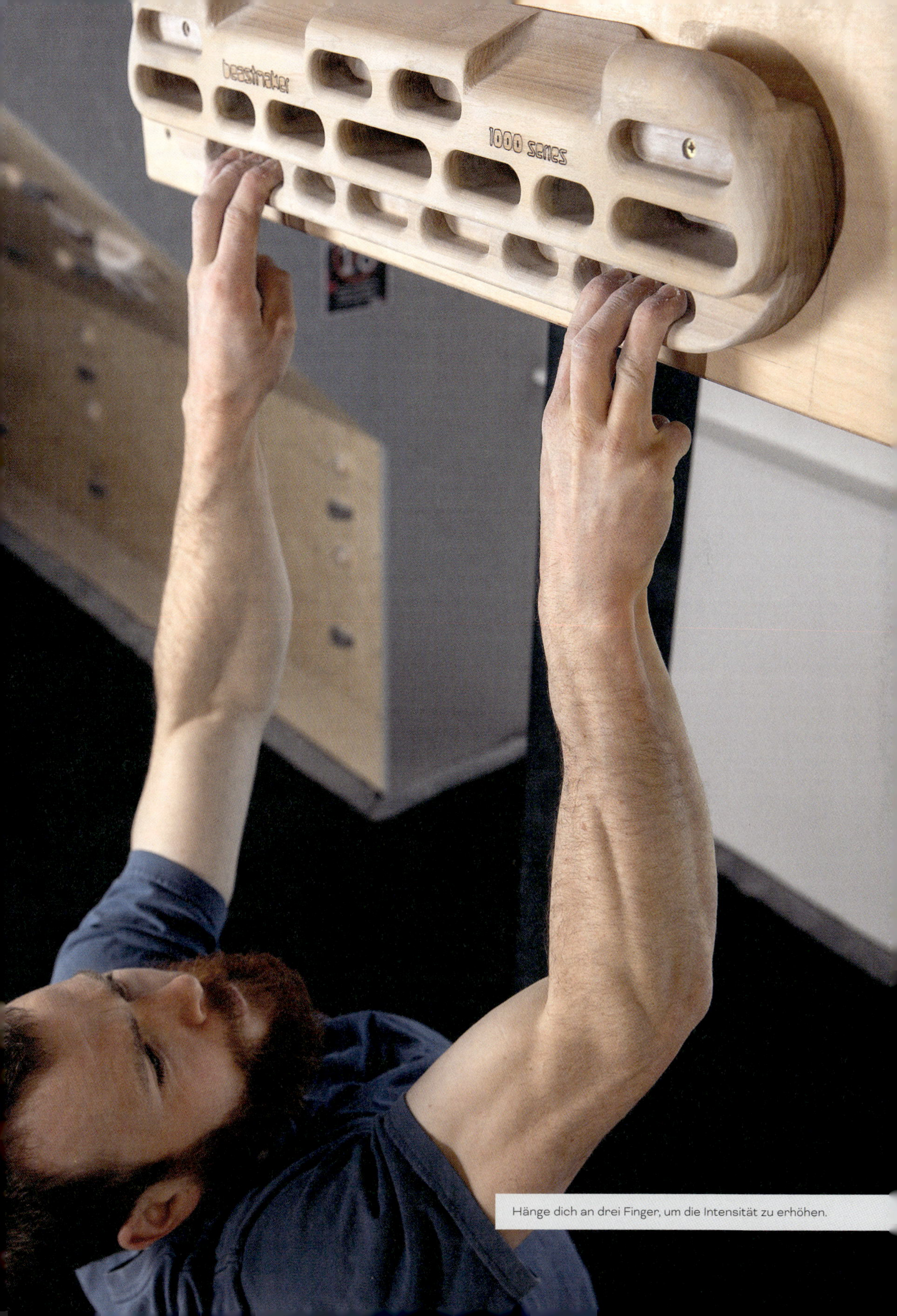

Hänge dich an drei Finger, um die Intensität zu erhöhen.

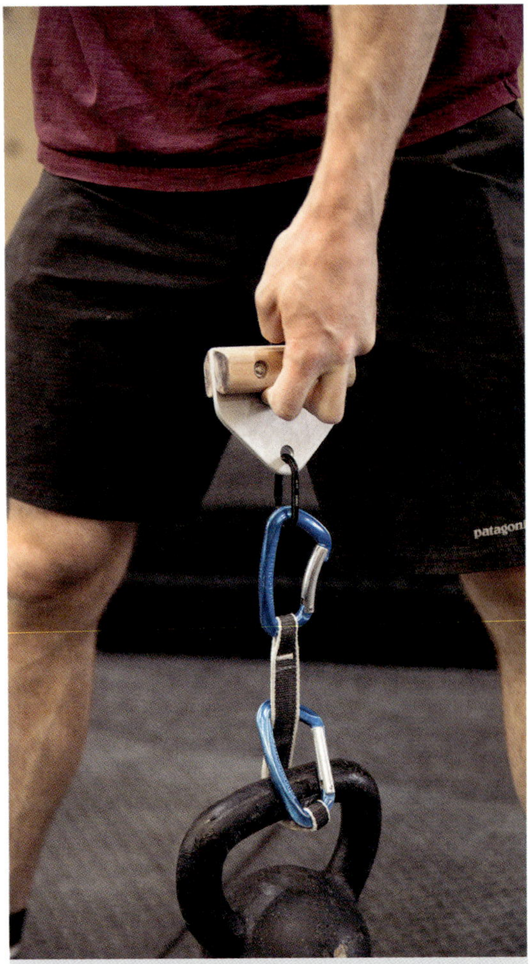

Ein an einem Griff mit Leiste befestigtes Gewicht anzuheben, ist auch mit weniger Fingern sicher und kontrollierbar.

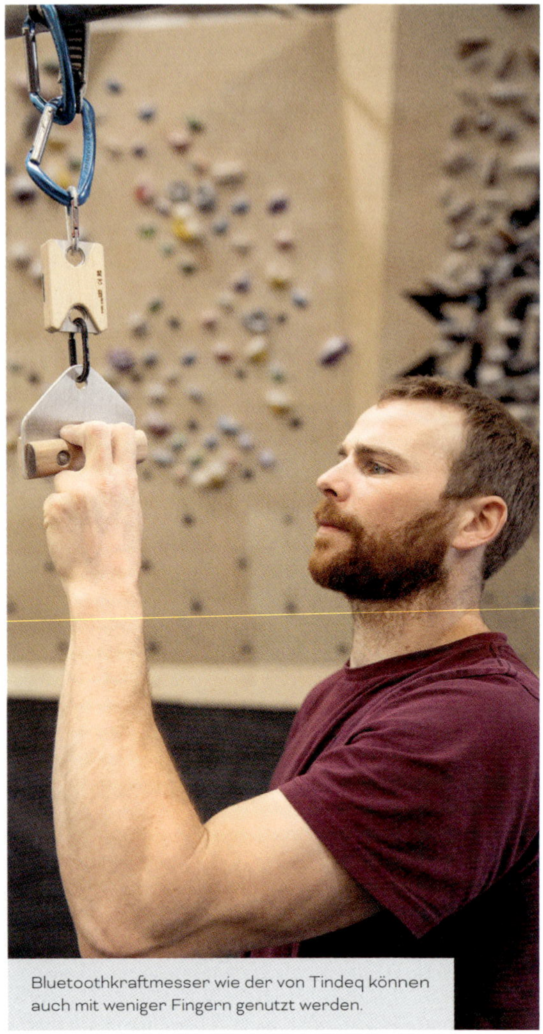

Bluetoothkraftmesser wie der von Tindeq können auch mit weniger Fingern genutzt werden.

Eine häufig übersehene Variable ist hierbei die Haltung der Finger während des Deadhang. Mehr dazu findest du im Abschnitt »Haltung der Finger« auf Seite 82. Denke daran, dass du bei einer offenen oder aufgestellten Position jede mögliche Anzahl an Fingern nutzen kannst. Aber beide Positionen sind sehr unterschiedlich! Konzentriere dich genau auf das, was du trainieren möchtest, und passe die Position entsprechend an.

NOCH WENIGER FINGER

Nach den ersten drei und den letzten drei Fingern haben wir noch die Fingergruppen der ersten zwei, mittleren zwei und letzten zwei Finger. Auch mit diesen Kombinationen kann man eine offene oder aufgestellte Position halten, für gewöhnlich beim Klettern an Fingerlöchern.

Fingerlöcher kommen üblicherweise nicht in allen Klettergebieten vor, aber sie sind eine Griffform, mit der man vertraut sein sollte. Im Allgemeinen werden Löcher offen gegriffen. Sollten Zwei-Finger-Löcher zu einfach für dich sein oder solltest du eine spezielle Kletterei im Kopf haben, bei der es kleine Löcher gibt, kannst du dazu übergehen, an Ein-Finger-Löchern oder Monos zu trainieren.

Generell gilt …

Beginne damit, die Griffgröße zu verringern, wenn du besser wirst.

Wechsle auf der nächsten Stufe ab zwischen Training mit Zusatzgewicht an größeren Griffen und Training an kleineren Griffen.

Sobald du das eine Zeit lang getan hast, trainiere einarmig (mit oder ohne Zusatzgewicht) oder an zwei Armen mit Zusatzgewicht. Und trainiere mit weniger Fingern.

Du kannst deine Fingerboardeinheiten allerdings auf jedem Niveau variieren. Abwechslung ist die Würze des Lebens – mit einer guten Mischung und Abwechslung sorgst du dafür, dass der Körper nicht faul wird. Wechselnde Trainingsreize regen zu Anpassungen an.

WENIGER FINGER: AUFSTELLEN!

Wenn du in der Vergangenheit viel am Fingerboard trainiert hast und noch ein paar Prozentpunkte an Griffkraft mit aufgestellten Fingern herausquetschen möchtest, kann es sehr hilfreich sein, die Finger in kleineren Gruppen zu trainieren.

Die sicherste und am besten kontrollierbare Methode dafür ist, etwas mit einem geeigneten Handgriff anzuheben. Das eigene Körpergewicht mit einem oder zwei aufgestellten Fingern am Fingerboard oder einer Leiste zu halten, ist keine so gute Idee – dabei musst du wahrscheinlich mit einem Seilzug so viel Gewicht an Körpergewicht ausgleichen, dass es letztendlich unpraktisch ist. Besorge dir einen Griff wie beispielsweise eine 15 oder 20 Millimeter tiefe Leiste (ich habe einen einfachen Griff für das erste Fingerglied auf eine Platte geschraubt, siehe Bild auf der gegenüberliegenden Seite), hänge Gewichte daran und hebe sie dann hoch. Das hat folgende Vorteile: Du kannst das Gewicht leicht anpassen, du kannst die Haltung der Finger im Auge behalten und du kannst das Gewicht einfach fallen lassen, wenn sich etwas merkwürdig anfühlt, zwickt oder wund wird.

Außerdem gibt es Kraftmesser mit Bluetooth, mit denen man dieses Training ohne Gewichte durchführen kann. Ich nutze einen von Tindeq, den man überall befestigen kann. Die Benutzeroberfläche ist wirklich einfach und man kann in Echtzeit beobachten, welche Belastung gerade durch die Finger geht.

Anfangs sind es die Finger nicht gewohnt, in kleineren Gruppen zu arbeiten. Sie neigen dazu, im Viererteam arbeiten zu wollen. Lass es also wirklich gemütlich angehen. Die *Musculi lumbricales* und *interossei* müssen sich erst daran gewöhnen, die Finger in diesen Positionen zu stabilisieren.

Dies ist eine sehr intensive Methode, die Finger zu trainieren. Ich empfehle sie nur Personen, die schon seit vielen Jahren klettern und trainieren.

FORTSCHRITTE AM FINGERBOARD

BLEIB REALISTISCH

Fortschritte am Fingerboard verlaufen absolut nicht geradlinig. (Das trifft tatsächlich auf jedes Training zu und auch auf das Klettern im Allgemeinen!) Man hat gute und schlechte Tage und gute und schlechte Phasen. Ohne offensichtlichen Grund hat man gelegentlich einen Höhenflug und erreicht jede Menge persönliche Bestleistungen, wohingegen man sich an anderen Tagen wie ein Sack Kartoffeln fühlt und bei allen Hangs oder Übungen versagt. Du musst das große Ganze im Auge behalten und darfst dich nicht auf die Ergebnisse der aktuellen Einheit konzentrieren. Denke daran, dass die Fingerkraft nur ein Teil der Klettermaschine ist.

Die Tageszeit, der Zeitpunkt der letzten Mahlzeit, ob du einen Kaffee getrunken hast, wegen irgendetwas gestresst bist, schlecht geschlafen hast, ob es warm ist, die Luftfeuchtigkeit hoch ist, du mehr oder weniger als normal wiegst und so weiter – all das kann deine Einheit beeinflussen. Bei unablässigem und zielgerichtetem Training solltest du jedoch über die Monate hinweg eine gleichmäßige Verbesserung deiner Fingerkraft feststellen.

Es kann wertvoll sein, die Ergebnisse deiner Trainingseinheiten festzuhalten. Ich mache mir nach jeder Einheit Notizen – ich mag es, die Daten zu erfassen, und ich finde es hilfreich, sie mir von Zeit zu Zeit wieder an-

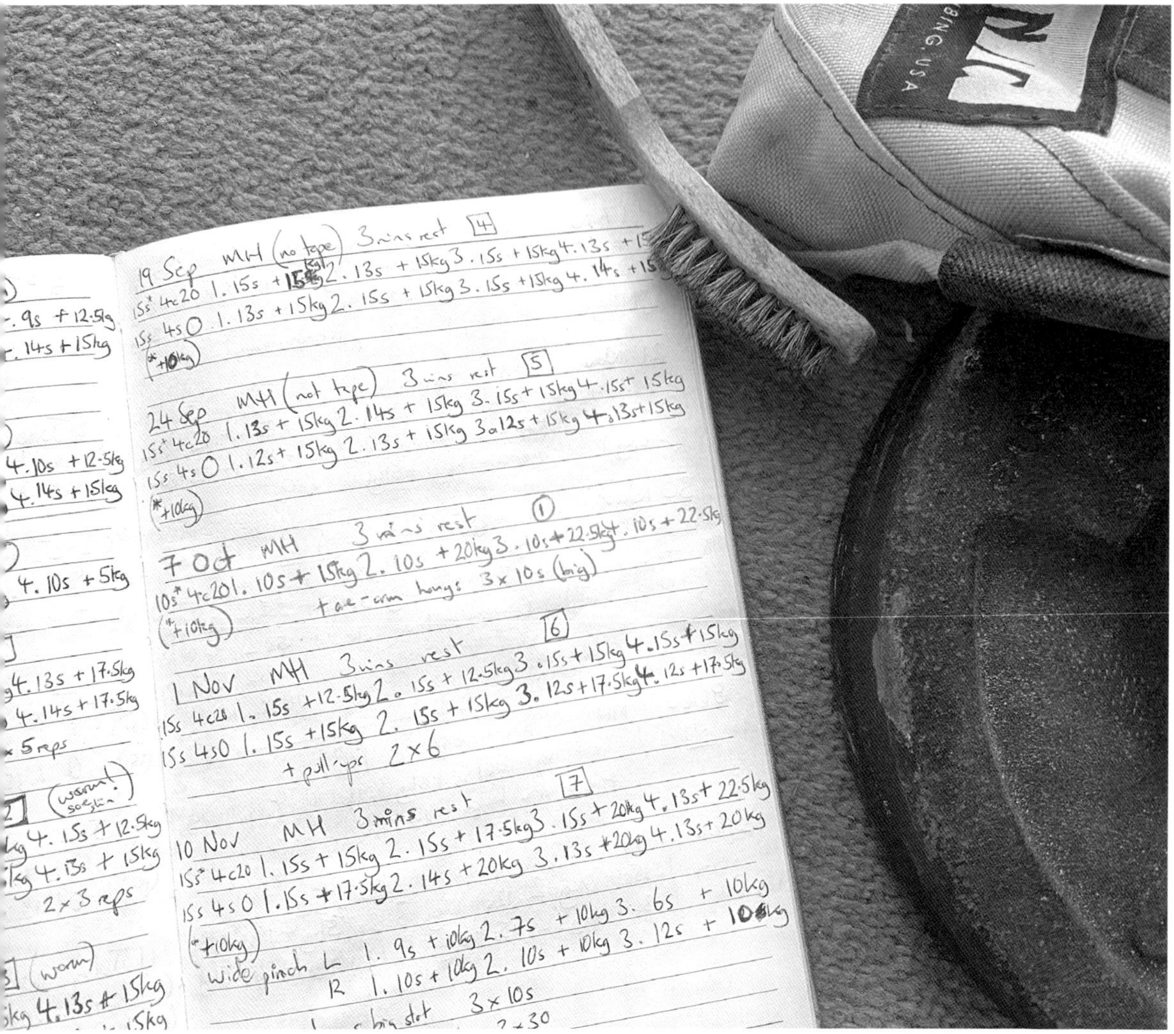

zusehen. Ich weiß, dass das nicht jeder so sieht, aber es kann durchaus nützlich sein, zumindest jedes Mal eine einfache Notiz zu machen, wenn du bei einer Übung deine persönliche Bestleistung erreicht hast (was bei mir gerade sehr selten ist!). So kannst du über die Monate und Jahre hinweg deine Fortschritte überblicken und sehen, welche Trainingsmethoden bei dir am besten funktioniert haben.

Diese Kurven zeigen die mit der Zeit erwartete Verbesserung gegenüber dem, wie es sich in der Realität anfühlt. Schwankungen in den Ergebnissen kann es von Einheit zu Einheit und von Woche zu Woche geben. Es kann einen frustrieren, wenn man manchmal das Gefühl hat, sich in der Entwicklung rückwärts zu bewegen. Wenn du aber dranbleibst, sollten sich deine Fortschritte langfristig (über Monate, Jahre und sogar Jahrzehnte hinweg) eher im Verlauf der linken Kurve einstellen als der rechten.

Anfänglich wirst du schnell Steigerungen bemerken, wenn du Zeit in das Fingerboardtraining investierst. Das liegt daran, dass man zu Beginn schnelle neuromuskuläre Anpassungen erreicht, weil die Muskeln

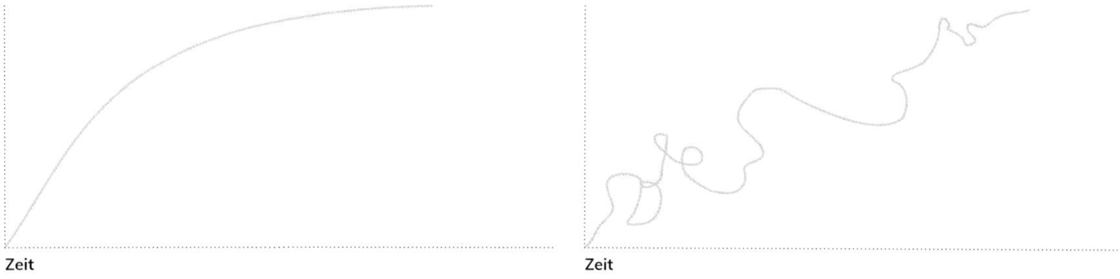

Mit der Zeit erwartete Verbesserung (links), verglichen mit realer Verbesserung!

»lernen«, effizienter zu arbeiten. Im Laufe der Zeit gelangen die Muskeln jedoch an den Punkt, an dem sie so effizient arbeiten, wie sie es in Bezug auf ihre Größe können. Danach resultieren Verbesserungen aus sich weiterentwickelnder Muskelkraft, die letztendlich darauf basiert, dass mehr (oder größere) Muskelfasern in den Unterarmen aufgebaut werden. Mehr Muskel bedeutet gesteigerte Kraft. Keine Angst – deine neuen, dickeren Unterarme ziehen dich nicht nach unten. Auch bei einem gut gebauten Kletterer machen die Unterarme nur einen sehr geringen Prozentsatz des gesamten Körpergewichts aus.

Zuwächse bei Muskelgröße und Kraft gehen langsamer vonstatten (über Monate hinweg) als neuromuskuläre Steigerungen (innerhalb von Wochen), sie bleiben jedoch auch länger bestehen.

EINSCHRÄNKENDER FAKTOR LANGEWEILE

Es ist wichtig, die Fingerkraft als langfristiges Projekt zu betrachten. Kletterer neigen oft dazu, sich ein paar Wochen lang zu quälen, dabei Verbesserungen zu sehen und dann mit der Quälerei aufzuhören, weil das Tempo der Steigerungen schließlich langsamer wird. Sechs Monate später denken sie: »Ich brauche stärkere Finger« und übertreiben es wieder für einen kurzen Zeitraum mit dem Fingerboardtraining.

Die Finger reagieren jedoch ziemlich positiv auf regelmäßige Belastung. Natürlich ist es keine gute Idee, sich tagtäglich bis ultimo am Fingerboard zu quälen oder von null auf hundert zu gehen und plötzlich acht Tage pro Woche am Fingerboard zu trainieren. Ein langsamer Aufbau hin zu regelmäßigen kurzen, aber intensiven Einheiten am Fingerboard hilft nicht nur deinen Fingern, stärker zu werden, sondern sorgt auch beim Klettern selbst für gesunde und glückliche Finger. Einer meiner Freunde, ein Physiotherapeut und sehr guter Kletterer, sagt gern: »Sehnen mögen keine Überraschungen«, was diesen Trainingsansatz sehr gut zusammenfasst.

Betrachte das Fingerboardtraining als festen Bestandteil deines Trainingskalenders. Eine Fingerboardeinheit pro Woche, ein ganzes Jahr lang ausgeführt, wird dir langfristig viel mehr Erfolg bringen als drei Fingerboardeinheiten pro Woche, zwölf Wochen lang, gefolgt von einer Fingerboardpause für den Rest des Jahres.

Neben der Muskelkraft benötigen auch das Bindegewebe und die Knochen in der Hand Zeit, sich weiterzuentwickeln und an den Trainingsreiz anzupassen. Da der Blutstrom ins Bindegewebe begrenzt ist, dauert es seine Zeit, bis dort Nährstoffe ankommen. Daher geht auch die Regeneration langsamer vonstatten und Steigerungen sind schwerer zu erreichen – der Zeitrahmen liegt hier bei Monaten und Jahren.

Sollte es dir irgendwie merkwürdig vorkommen, wie sich deine Finger anfühlen, dann gehe lieber auf Nummer sicher und lass es bleiben. Sich zu verletzen ist das genaue Gegenteil von Training und sollte unbedingt vermieden werden!

LUFTFEUCHTIGKEIT/CHALK

Abhängig vom Ort, an dem du dein Fingerboard angebracht hast, können Temperaturen und Luftfeuchtigkeit

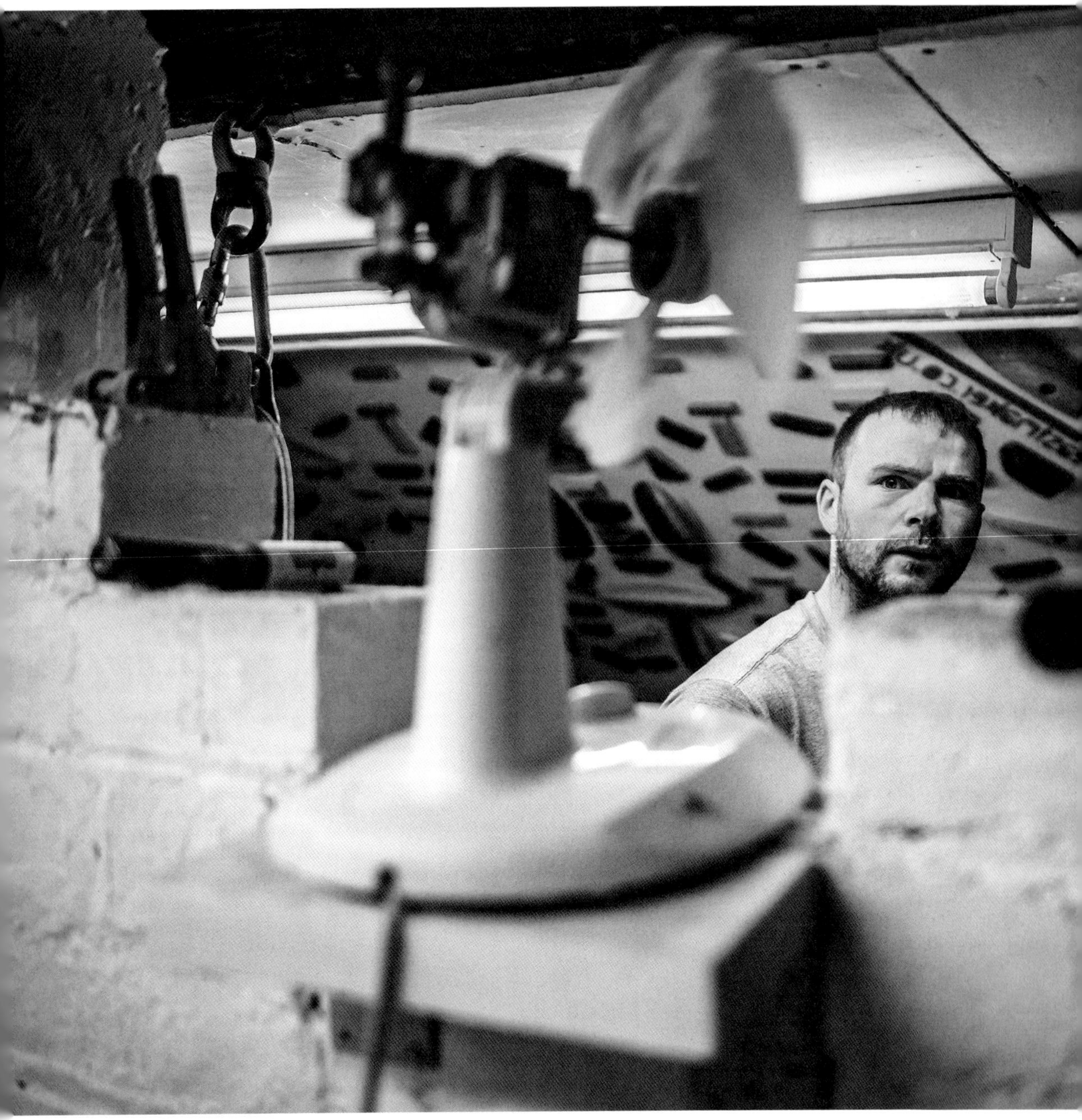

schwanken. Die Nutzung desselben Fingerboards kann sich in unterschiedlichen Umgebungen völlig anders anfühlen. Das solltest du im Hinterkopf behalten, wenn du reist und unterschiedliche Fingerboards verwendest. Ebenso kann es sein, dass deine Leistung im maximalen Hängen im Sommer schlechter wird, weil du an den Händen beziehungsweise Griffen wahrscheinlich mehr schwitzt. Wenn du diese Variablen erkennst und beim

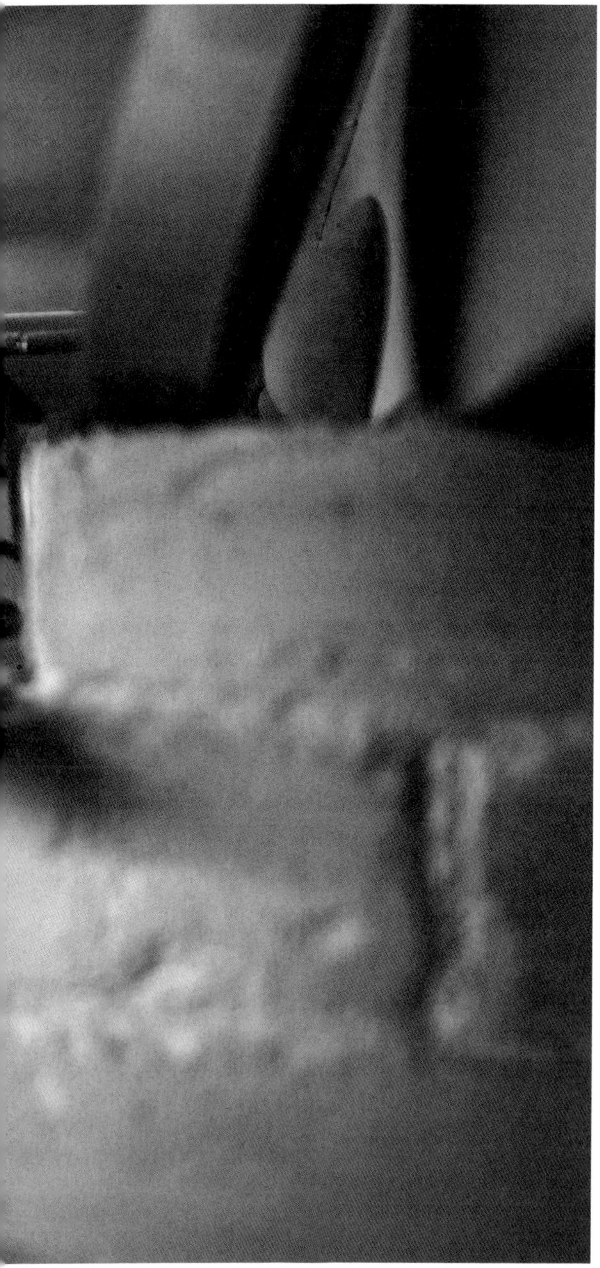

Training berücksichtigst, kannst du dich wahrscheinlich besser motivieren, wenn es gerade nicht gut läuft, und brichst nicht einfach ab, weil du dich nicht so gut fühlst wie in der Vergangenheit. Solltest du wie ich sehr beflissen sein, lohnt es sich vielleicht, ein Thermometer und ein Hygrometer neben dem Fingerboard anzubringen, damit du die Umgebungsbedingungen im Auge behalten und in Bezug zu den Ergebnissen deiner Einheit setzen kannst. Du siehst, ich mag technische Hilfsmittel beim Training!

Wer mit schwitzigen Fingern zu kämpfen hat, sollte in einen Ventilator investieren. Auf dich selbst und das Fingerboard gerichtet sorgt er dafür, dass du beim Training cool bleibst. Denke daran, die Hände zwischen dem Hängen zu chalken, und bürste die Griffe regelmäßig ab.

Wer Probleme mit zu trockenen Händen hat, sollte sie anfeuchten oder beispielsweise Rhino Skin Solutions Spit verwenden, um sich an den Griffen halten zu können (mehr über die Haut siehe Seite 86).

CORE/STABILITÄT AM FINGERBOARD

Die für das ruhige Hängen an Griffen oder Leisten erforderliche Körperkraft wird oft nicht beachtet. Wenn du versuchst, an kleinen Griffen zu hängen und dabei hin und her schwingst, fühlt sich das wesentlich schwerer an, als wenn du völlig ruhig hängst.

Je weniger positiv die Griffe sind, an denen du trainierst, desto stabiler musst du deinen Körper halten, um nicht abzurutschen. Es kann ein paar Hangs oder sogar ein paar Einheiten lang dauern, bis du damit vertraut bist, wo dein Körper hängen muss, um nicht zu schaukeln.

Die Startposition für jeden Hang zu lernen, ist wichtig. Das gilt insbesondere, wenn das Fingerboardtraining neu für dich ist und du damit noch nicht vertraut bist oder wenn du ein langes pendelartiges Gewicht an deiner Hüfte baumeln hast. Um eine starre Plattform zu schaffen und die Griffe stabil zu halten, musst du in Schultern und Rücken die Spannung halten. Du musst dich zudem aus einer zentralen Position anheben, aus der sich kein Schwung oder Schaukeln entwickelt, wenn du hängst. Mehr über die Haltung der Finger erfährst du auf Seite 82.

ZUSÄTZLICHE AUSSTATTUNG FÜR DAS FINGERBOARDTRAINING

Hier folgen ein paar Infos, die hilfreich für eine gute Fingerboardeinheit sein können:

Ventilator: sorgt für eine ständige Luftbewegung und verhindert, dass auf den Fingern und dem Fingerboard zu viel Schweiß entsteht.

Uhr/Stoppuhr/Timerapp: dient der Kontrolle von Trainingszeit und Pausen. Platziere sie an einem guten Platz, damit du sie beim Hängen leicht im Blick hast. Beim Blick auf die Uhr den Kopf verdrehen zu müssen kann nicht nur im übertragenen Sinn Kopfschmerzen verursachen.

Gewichte und Seilzugsystem: Ein schöner, bequemer Klettergurt oder Tauchgürtel ist die einfachste Lösung, um Zusatzgewichte an den Körper zu binden, und kann zwischen den Sätzen leicht abgenommen werden. Durch einen Seilzug, der am Klettergurt befestigt wird, lässt sich das Eigengewicht sehr gut verringern: einfach ein Seil vom Klettergurt über die Rolle eines Flaschenzugs laufen lassen und am anderen Ende Gewichte anbringen. Wenn man sich hochzieht, verringert sich das zu haltende Körpergewicht um das jeweilige Gewicht, das am Flaschenzug hängt.

Bürste: Halte eine anständige Bürste griffbereit (Naturborsten reinigen viel besser als Nylon) und dein Board sauber. Eine gute Idee ist es, zwischen den Sätzen zu bürsten – so wird die Ruhepause sinnvoll genutzt.

Schleifpapier: sorgt für einen guten Hautzustand während der Einheit (siehe Seite 159).

Hygrometer und Thermometer: gut, um die Umgebungsbedingungen zu kontrollieren, und dadurch hilfreich, da diese Variablen großen Einfluss auf das Training haben.

Waage: Das eigene Gewicht zu kontrollieren kann sich lohnen. Da es stetig schwankt, ist es gut zu wissen, ob der Grund für eine besonders gute oder schlechte Einheit ein Plus oder Minus an Körpergewicht sein könnte.

Zusammenfassung

Fingerboardtraining eignet sich großartig für ein Training mit Schwerpunkt auf der Fingerkraft. Es ist sehr zeiteffizient.

Fingerkrafttraining sollte als langfristiges Projekt betrachtet werden. Es dauert monatelang, bis sich Kraftsteigerungen verfestigen.

Für stärkere Finger gibt es keine Abkürzung – tut mir leid!

Trainiere nur an bequemen Griffen.

Sei vorsichtig und übertreibe es nicht am Fingerboard. Hör auf, wenn du Schmerzen oder Beschwerden hast. Verletzungen der Finger sind Mist.

Was kann ich tun?

Kaufe dir ein Fingerboard!

Bringe es an einem warmen, trockenen und gemütlichen Ort an, wo du alle Trainingsutensilien zur Hand hast.

Nutze es regelmäßig.

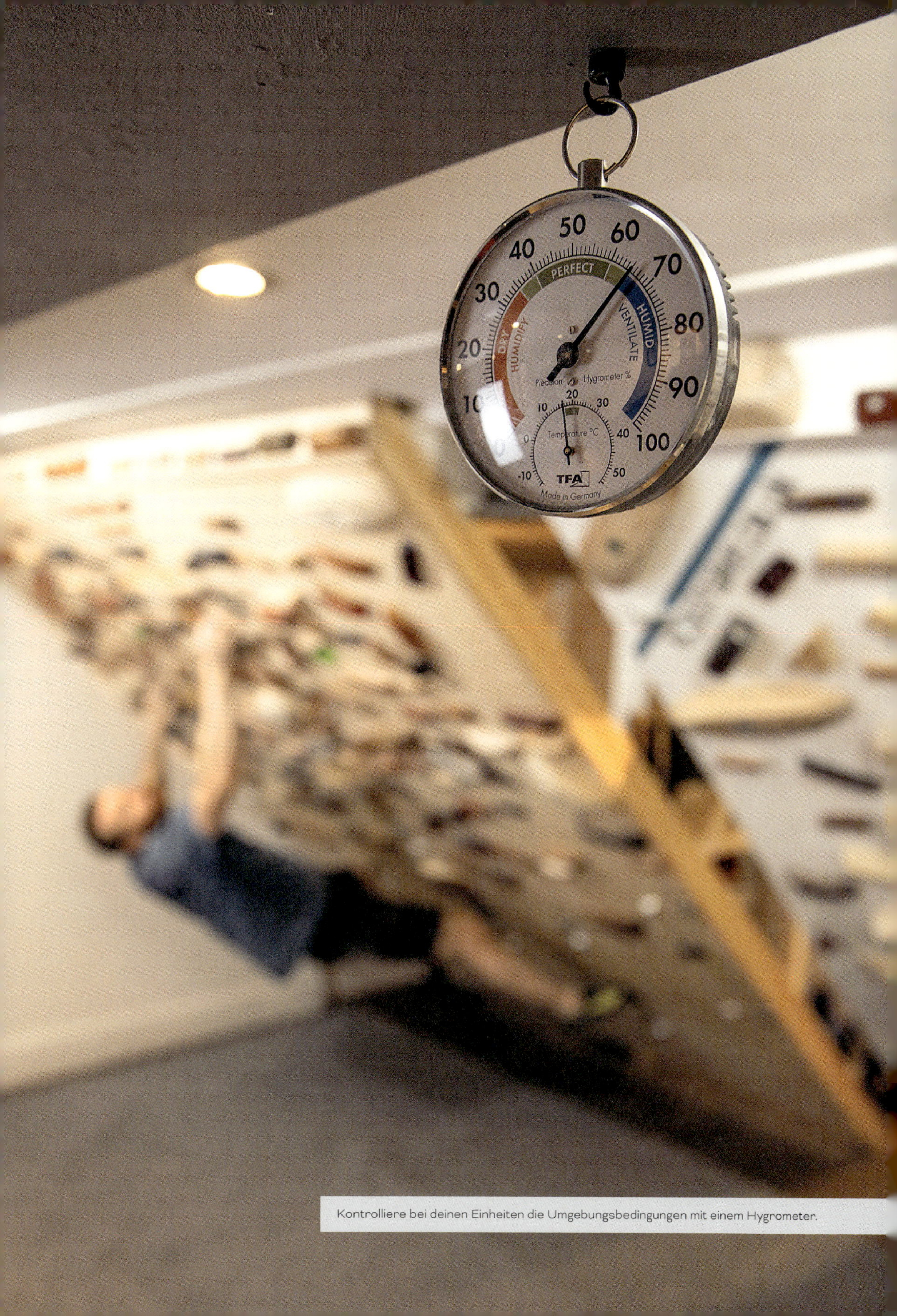

Kontrolliere bei deinen Einheiten die Umgebungsbedingungen mit einem Hygrometer.

6

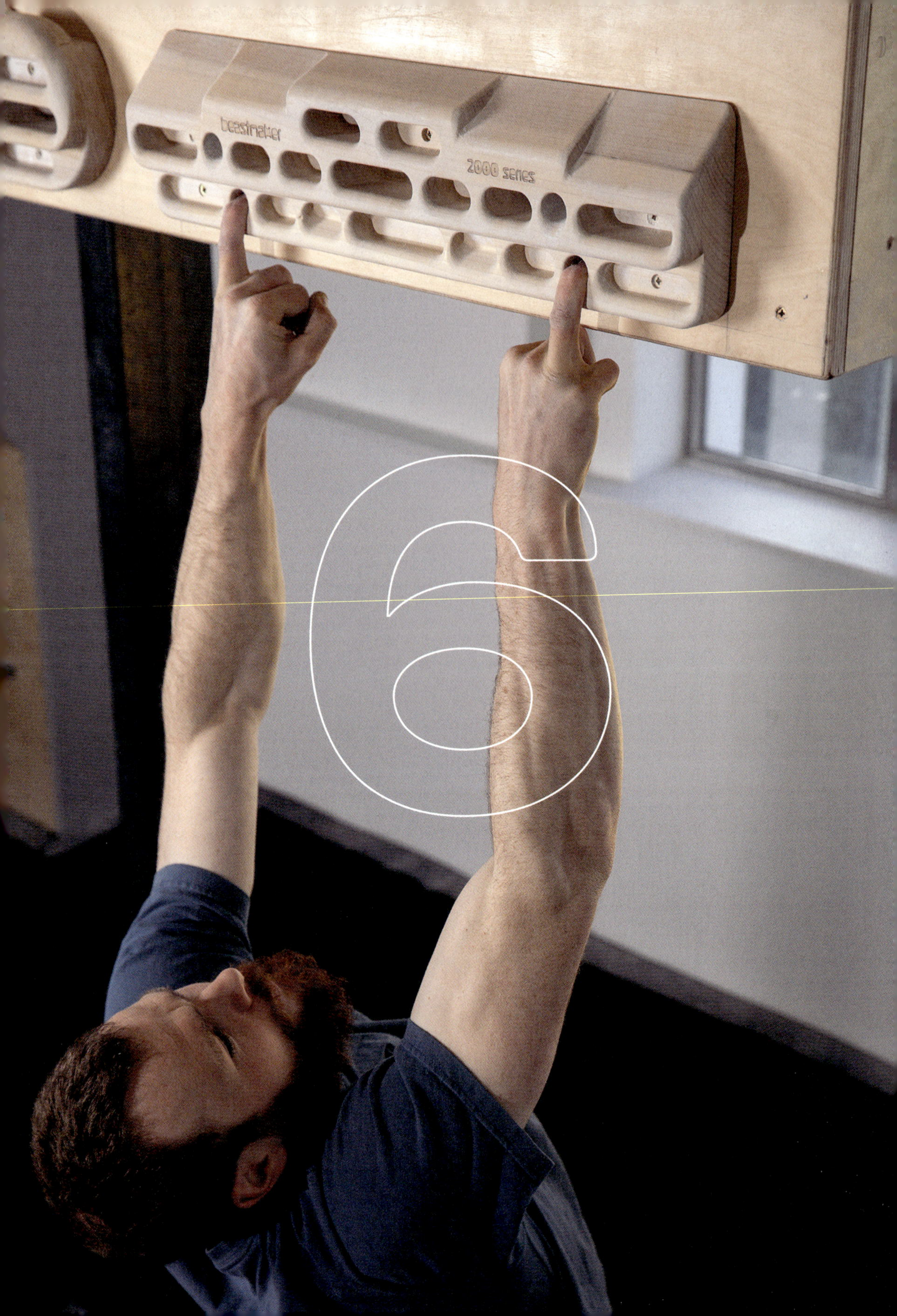

FINGER: GRIFFARTEN UND HALTUNG

Jeder hat andere Hände. Wir alle haben Griffarten und Griffpositionen, die wir von Natur aus leichter oder schwerer halten können. Einige von uns sind super bei Auflegern, andere hingegen ziehen Crimps vor. Die relative Länge der Finger spielt eine Rolle dabei, welche Griffarten wir lieber mögen, da es unsere Finger in bestimmten Positionen bequemer haben. Ganz generell gesagt sind wir dann am stärksten, wenn unser Handgelenk relativ gerade ist, und deshalb ziehen wir wahrscheinlich Griffpositionen vor, bei denen die Handgelenke so gerade wie möglich bleiben.

Schauen wir uns die Griffarten und Fingerpositionen, die uns beim Klettern und Trainieren unterkommen, einmal genauer an.

GRIFFARTEN

DREI FINGER HÄNGEND (PASSIV)

Charakteristisch für den offenen oder hängenden Griff mit drei Fingern ist die Beugung im DIP-Gelenk (plus ein wenig Beugung im PIP-Gelenk des Mittelfingers) und jede Menge Reibung zwischen den Fingerbeeren und dem Griff.

Diese Griffart kann sehr nützlich sein, da sie eine maximale Reichweite zulässt. Außerdem kann man sich bei gleichzeitig konstantem Grip ziemlich gut um den Griff herumbewegen, indem man jeden der äußeren Finger leicht beugt – das sorgt für Beweglichkeit im Handgelenk. Darüber hinaus ist diese Griffart aufgrund des großen Kontaktbereichs von Haut und Fels gut für Griffe mit Neigung geeignet, bei denen Reibung wichtig ist.

Für manche Menschen ist diese Griffposition die stärkste, wohingegen andere damit Probleme haben. Da jedoch letztendlich weniger Haut in Kontakt mit dem Griff ist als bei einem Griff mit vier Fingern, kann der Grip/die Reibung bei bestimmten Griffen zu Einschränkungen führen. Nicht überraschend ist, dass diese Griffart weniger gut für Kletterer funktioniert, die schwitzige Finger haben!

Diese Griffart ist recht passiv und in steilem Gelände nicht immer nützlich, da man mit den Fingern nicht in den hinteren Teil der Griffe kommt und sich schlechter nach innen und oben ziehen kann.

VIER FINGER OFFEN (PASSIV)

Beim offenen Griff mit vier Fingern ist der Zeigefinger gerade, die mittleren zwei Finger sind im PIP-Gelenk gebeugt und der kleine Finger ist gerade. Diese Griffart wird häufig von Kletterern angewendet, die einen relativ kurzen Zeigefinger im Vergleich zu den mittleren zwei Fingern haben. Mechanisch gesehen ist dieser Griff ziemlich stark, da die Finger nur leicht gebeugt sind.

Diese Griffart funktioniert meist nicht so gut, wenn der Zeigefinger und der Mittelfinger eine ähnliche Länge haben. In diesem Fall muss das Handgelenk nach außen gebeugt werden, um den Zeigefinger gerade zu halten. Das führt zu einem merkwürdigen Winkel im Handgelenk und das System kann somit weniger Kraft übertragen.

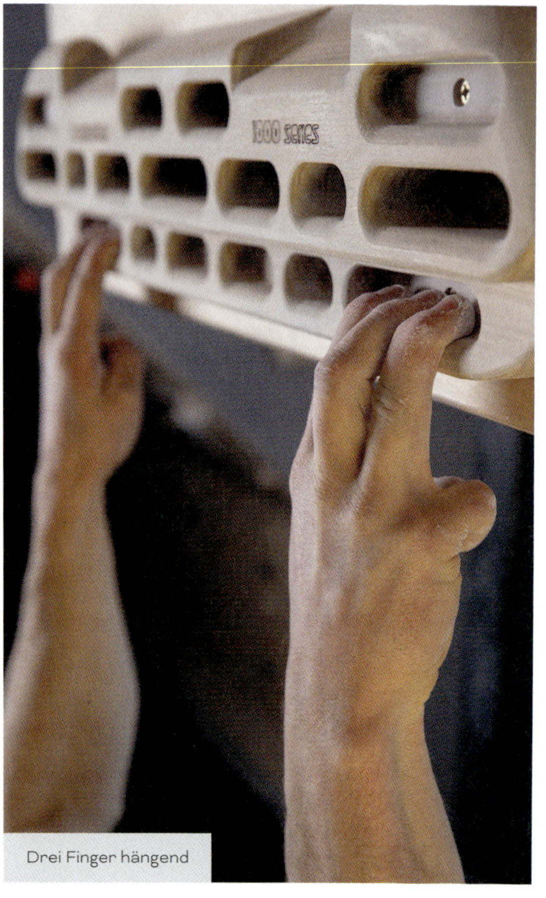

Drei Finger hängend

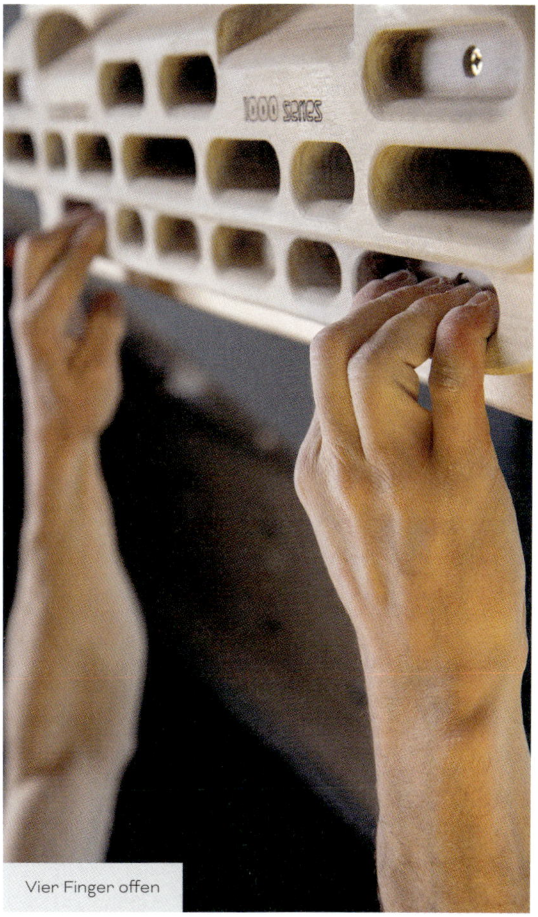

Vier Finger offen

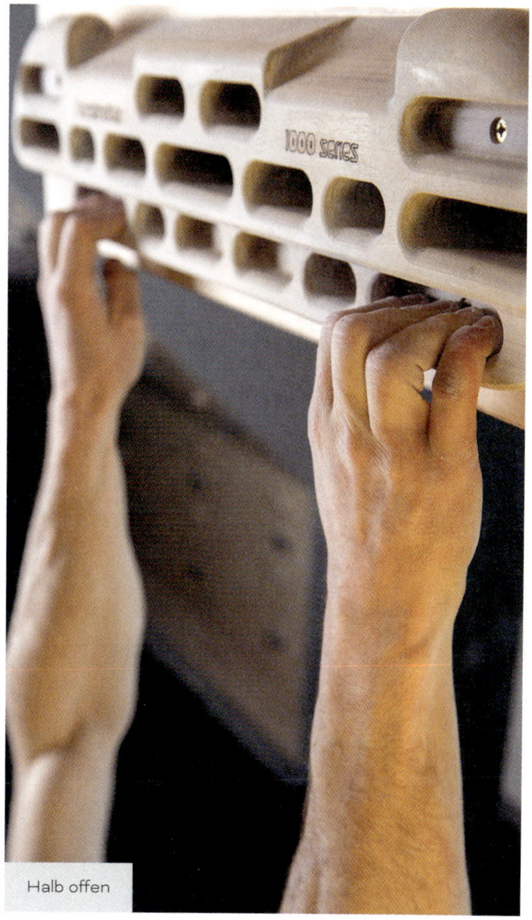

Halb offen

Wirklich gut ist diese Griffart beim einfachen Hängen an Leisten. In echten Klettersituationen ist sie hingegen nur eingeschränkt einsetzbar, da sich das Handgelenk nicht so flexibel bewegen lässt. An steilen Hängen ist es außerdem schwierig, sich mit diesem Griff nach innen zu ziehen.

HALB OFFEN (ZIEMLICH AKTIV)

Bei einem halb offenen Griff sind die PIP-Gelenke des Zeigefingers und der mittleren zwei Finger im 90-Grad-Winkel gebeugt – oder so weit, wie die Finger sich diesem Winkel annähern können. Der kleine Finger bleibt gerade. Wer einen kürzeren kleinen Finger hat, der muss die ersten drei Finger noch stärker beugen, damit der kleine Finger den Griff erreicht.

Der halb offene Griff ist vermutlich die am meisten genutzte Griffart. Ich bin mir nicht sicher, woran es liegt, dass Menschen diese Griffart vorziehen. Entweder sind die Fingerlängen der meisten Menschen für diesen Griff passend oder es liegt daran, dass in den letzten Jahren in den Kletterhallen überwiegend bequem mit dem ersten Fingerglied zu greifende Leisten vorkommen.

Diese Griffart ist ein bisschen entspannter als der voll aufgestellte Griff, bietet aber die meisten der Vorteile des aufgestellten Griffs. Der halb offene Griff ermöglicht beim Klettern eine gute Beweglichkeit um den Griff herum: Durch eine leichte Anpassung des Winkels der ersten drei Finger kann sich das Handgelenk bei gleichzeitig gutem Grip am Griff in jede Richtung bewegen.

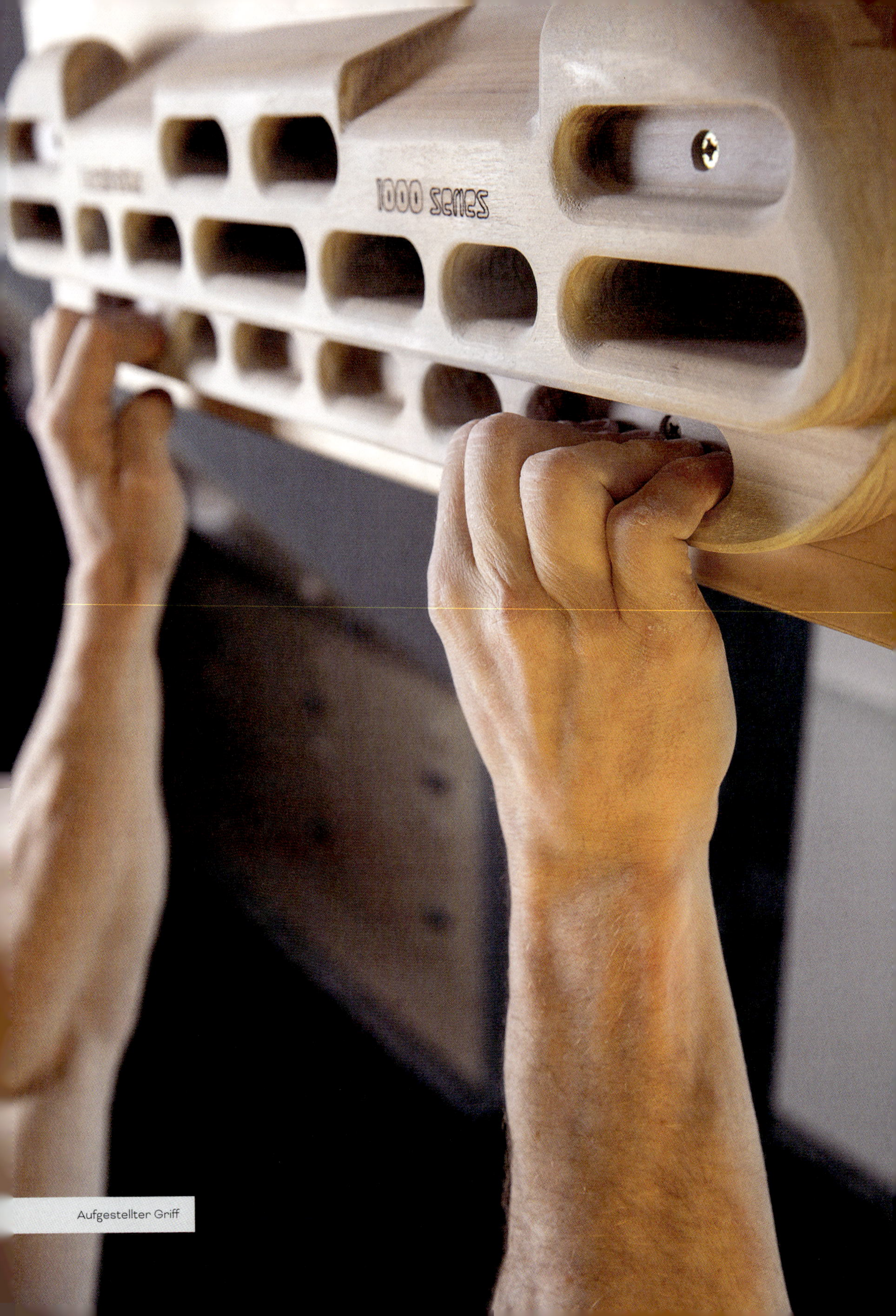

Aufgestellter Griff

Im Vergleich mit dem aufgestellten Griff erlaubt diese Griffart an steilen Hängen jedoch kein so starkes Ziehen nach außen.

AUFGESTELLTER GRIFF (AKTIV)
Der aufgestellte Griff oder auch Crimp entspricht im Grunde genommen dem halb offenen Griff, allerdings wird auch der kleine Finger im PIP-Gelenk um etwa 90 Grad gebeugt. Außerdem ist eine größere Beugung in den PIP-Gelenken wahrscheinlicher und auch die Muskeln in der Handfläche arbeiten stärker. Viele Menschen greifen den aufgestellten Griff mit einem geraden kleinen Finger – sollte dein kleiner Finger verglichen mit den ersten drei Fingern sehr kurz sein, kannst du das ebenfalls so handhaben.

Der aufgestellte Griff erlaubt eine große Kontrolle über die Handgriffe und hängt nicht so stark von der Reibung ab. Er ermöglicht es dem Kletterer, den Körper um eine wirklich stabile Plattform herum zu bewegen und sich an einem Griff in mehrere Richtungen zu ziehen, anstatt einfach nur darunter zu hängen.

Weil die Finger durch das Aufstellen alle quasi aufgerollt sind, kann man bei einem Griff nach oben tatsächlich etwas an Reichweite dazugewinnen – bei einem weiten seitlichen Griff reicht man jedoch weniger weit. Ich persönlich halte den voll aufgestellten Griff in den meisten Klettersituationen für den stärksten und nützlichsten Griff – was jedoch eine Schande ist, weil er mir zu extrem ist!

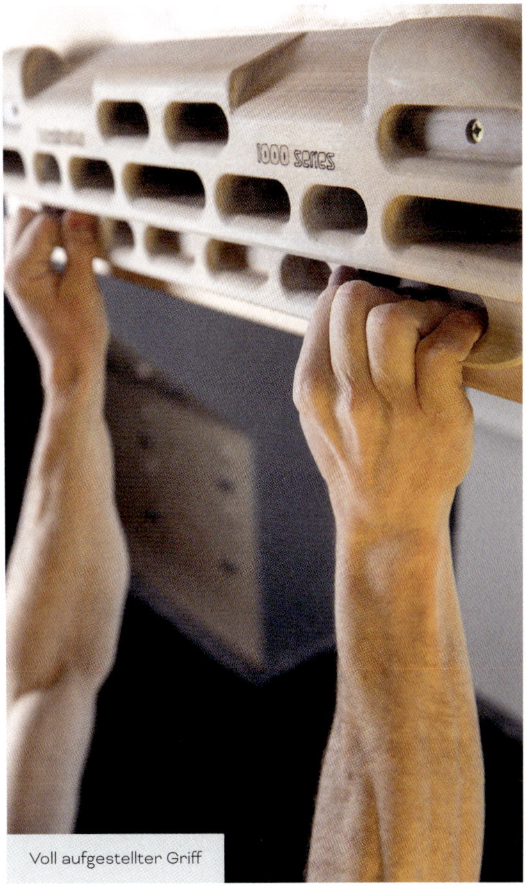

Voll aufgestellter Griff

Der spitze Winkel in den DIP-Gelenken beim aufgestellten Griff bedeutet jede Menge mechanische Belastung für die Gelenke und Bänder. In Bezug auf Verletzungen der Finger gilt der aufgestellte Griff generell als die risikoreichste Griffart, aber ich denke, das ist genau der Grund, weshalb du ihn trainieren und beim Training nicht vermeiden solltest (siehe Kapitel 8)!

VOLL AUFGESTELLTER GRIFF (SEHR AKTIV)
Der voll aufgestellte Griff ist dem aufgestellten Griff ähnlich, nur dass der Daumen zusätzlich über den Zeigefinger gelegt wird. Ich persönlich mache den Großteil meines Trainings am Fingerboard lieber mit aufgestellten Fingern ohne Beteiligung der Daumen, weil das für meine Zeigefinger angenehmer ist (bei mir reißt oft die Nagelhaut der Zeigefinger ein, wenn ich die Daumen darauf lege). Beim Training am Board oder beim Klettertraining nutze ich den voll aufgestellten Griff dann allerdings doch. In diesen Situationen fühlt es sich so an, als würde die Haut der Zeigefinger durch die Vielfalt an verwendeten Griffen etwas mehr geschont.

FINGERKOMBINATIONEN

Neben diesen Standardgriffarten gibt es noch verschiedene mögliche Fingerkombinationen:

- erste drei
- letzte drei
- erste zwei
- mittlere zwei
- letzte zwei
- alle Finger einzeln (Monos)

Diese Kombinationen können als offener Griff oder in einer halb oder voll aufgestellten Position eingesetzt werden.

HALTUNG DER FINGER

Im Training ist die Haltung entscheidend. Das solltest du sowohl am Fingerboard als auch beim Klettern oder bei jeder anderen Form von Training im Hinterkopf behalten. Einfach nur irgendwie die Sätze zu absolvieren, führt nicht notwendigerweise zu Verbesserungen in den gewünschten Bereichen.

Stellen wir uns beispielsweise vor, dass du deine Fingerkraft für Aufsteller trainierst. Wenn deine Finger bei den letzten Sätzen dann eine offene Position einnehmen, ist es sinnlos, das Hängen fortzusetzen, weil du nicht länger in der gewünschten Fingerhaltung trainierst. Dann solltest du die Belastung lieber reduzieren und darauf achten, dass die Haltung bei allen Sätzen perfekt ist – und nicht voller Tatendrang loslegen und dich dann mit schlechter Haltung durch die Übungen schleppen.

Praxistipp

Wer einen speziellen Griff isometrisch trainiert (mit statischem Hängen), steigert seine Kraft nur im Bereich eines Winkels von +/- 15 Grad um den jeweiligen Gelenkwinkel herum. Ändert sich die Position der Finger beziehungsweise der Winkel um mehr als 15 Grad, wird nicht mehr der Griff trainiert, auf den das Training eigentlich abzielte. Deshalb bin ich der Meinung, dass sich der Nutzen des Trainings mit aufgestelltem Griff nicht auf das Training mit voll aufgestellten Fingern übertragen lässt.

Voll aufgestellte Positionen können ziemlich unangenehm sein und werden daher von Kletterern häufig vermieden, die lieber in einen schön bequem aufgestellten Griff wechseln. Leider muss man jedoch voll aufgestellt trainieren, um besser voll aufgestellt greifen zu können!

Ich bin mit offenem Griff am stärksten. Bei einem aufgestellten Griff mit vier Fingern fühle ich mich gut, aber sobald ich in den voll aufgestellten Griff wechsle, fühle ich mich nicht mehr so stark. Für das Training ist das jedoch gut, da ich so mit voll aufgestellten Fingern an einer ziemlich großen Leiste hängen kann und es sich schwer anfühlt. Für ein gutes Workout brauche ich dann auch kein großes Zusatzgewicht, während ich beim Hängen an beiden Armen mit einem aufgestellten Griff (einer offeneren Position) 60 Kilogramm ohne größere Probleme an mich dranhängen kann. Nur mein Rücken findet das doof!

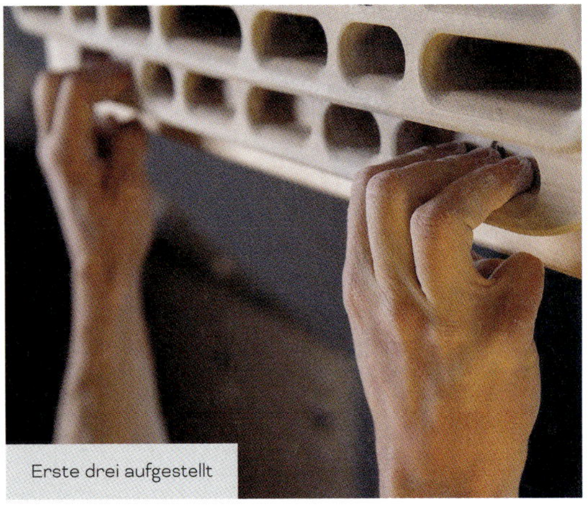

Erste drei aufgestellt

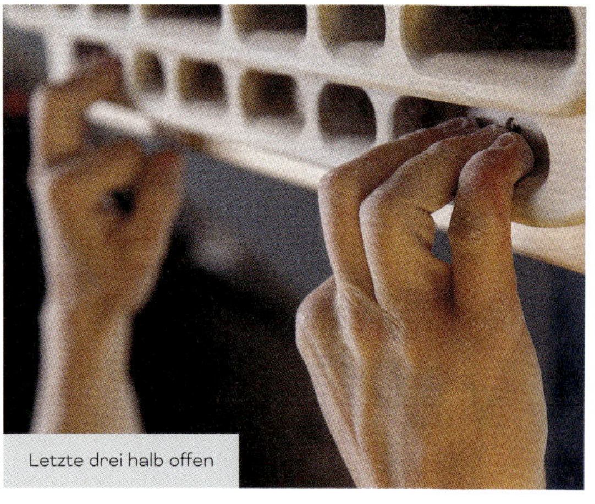

Letzte drei halb offen

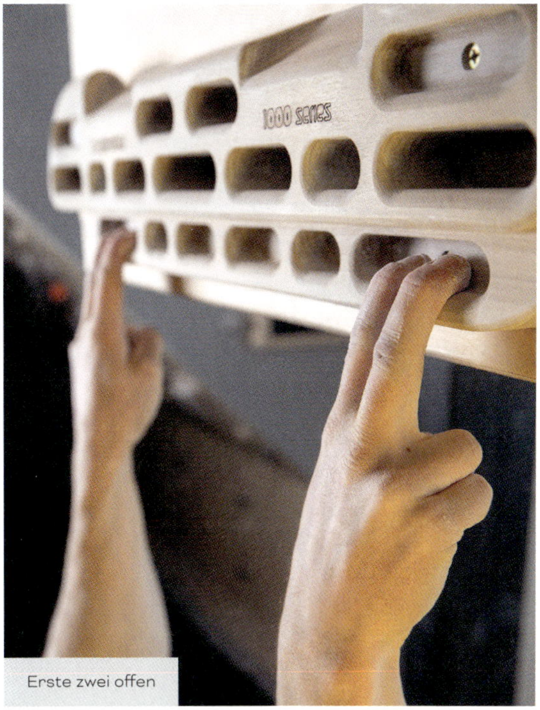

Erste zwei offen

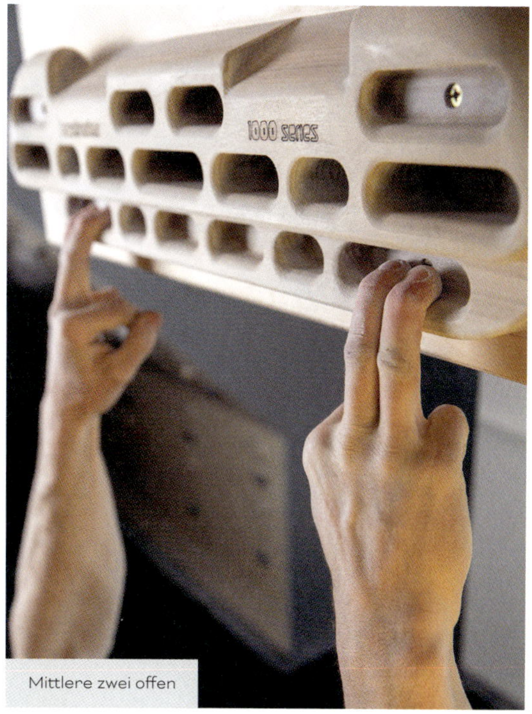

Mittlere zwei offen

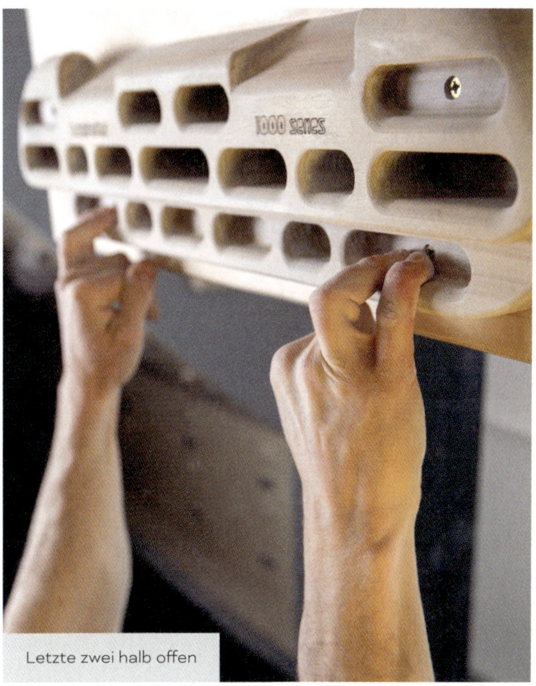

Letzte zwei halb offen

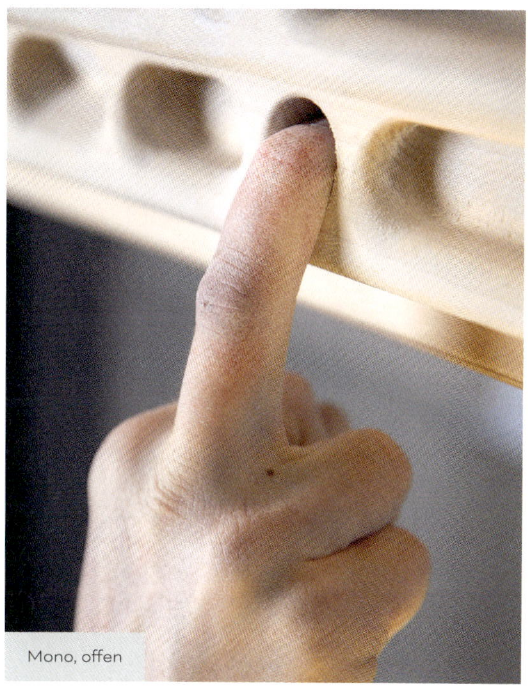

Mono, offen

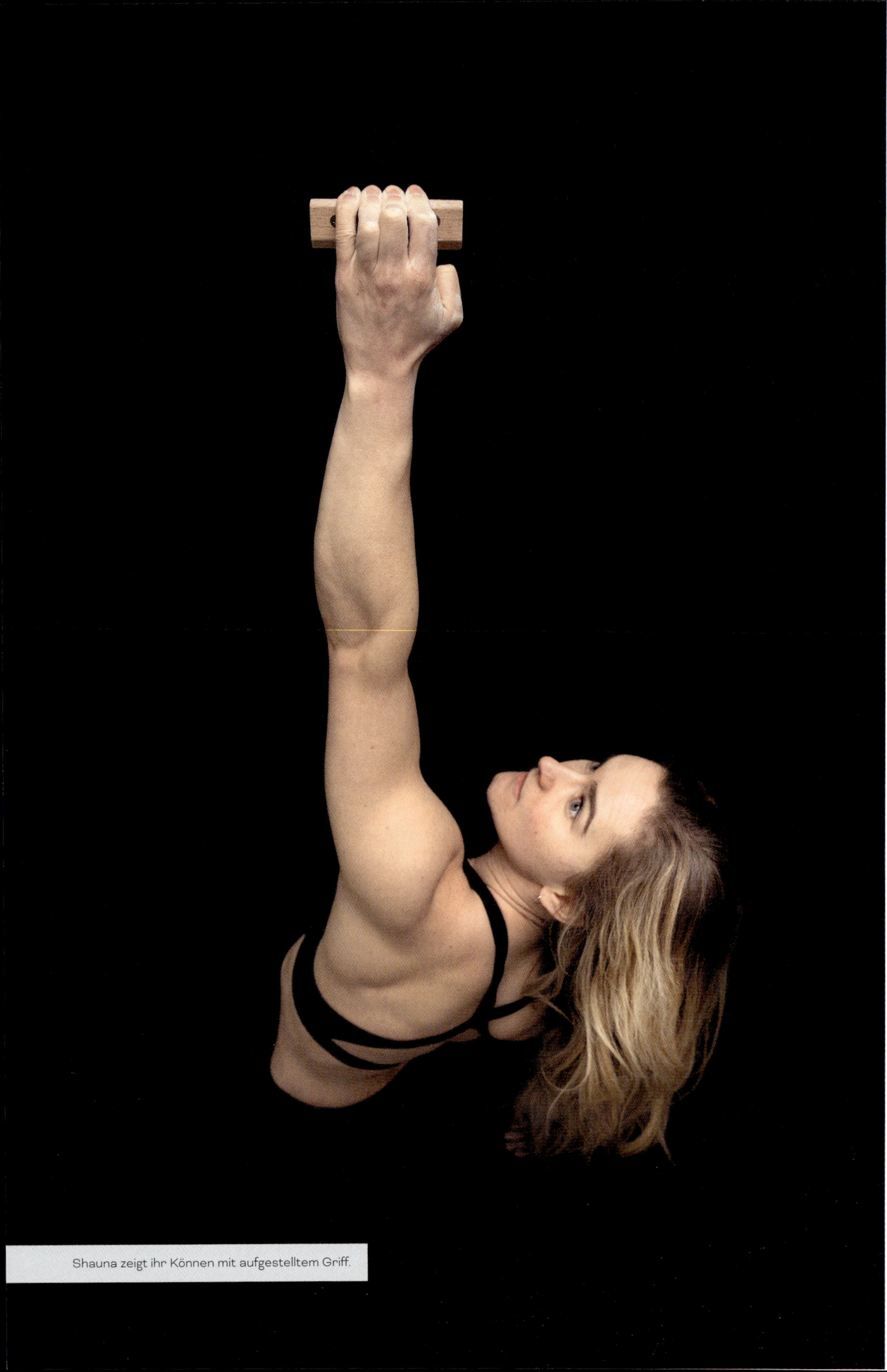

Shauna zeigt ihr Können mit aufgestelltem Griff.

Shauna hat, wie ich bereits erwähnte, kleine, starke Finger, die anscheinend ziemlich gut zu kleinen Griffen passen. Es kommt nur selten vor, dass sie die Finger voll aufstellen muss. Mit starkem Einsatz der Finger zu klettern fühlt sich für sie einfach nicht schwer an – sie kann sich meistens locker mit einem aufgestellten Griff festhalten und hat deshalb das volle Aufstellen auch nie wirklich trainieren müssen. Dass sie einen Griff offen hält, kommt auch sehr selten vor, da das für ihre Haut schmerzhafter ist als der aufgestellte Griff. Und weil es für ihr Klettern am nützlichsten ist, trainiert sie auch überwiegend mit aufgestellten Fingern.

FINGERFORMEN

Weiter oben habe ich bereits erklärt, dass jeder Mensch andere Finger hat: unterschiedliche Längen, unterschiedliche Dicke, knochig und dünn, fett und wurstig, schwitzig, trocken ...

Im Allgemeinen verwenden Menschen mit besonders kurzen Zeigefingern lieber offene Griffpositionen anstelle des aufgestellten Griffs. Menschen mit einem im Vergleich zu den anderen Fingern kurzen kleinen Finger greifen dagegen oft lieber mit drei aufgestellten Fingern, da der kleine Finger Schwierigkeiten hat mitzuarbeiten.

Wenn es um das Festhalten an Griffen geht, lohnt es sich, herauszufinden, was der Körper von Natur aus bevorzugt. Beobachte dich also selbst: Wie groß und kräftig sind deine Finger? Welche Griffe fallen dir leicht und welche nicht? Wo liegen deine Schwächen? Im Anschluss kannst du Möglichkeiten finden, die schwächeren Bereiche zu trainieren, und so die Fingerkraft insgesamt verbessern – und somit die Wahrscheinlichkeit zukünftiger Verletzungen möglicherweise verringern.

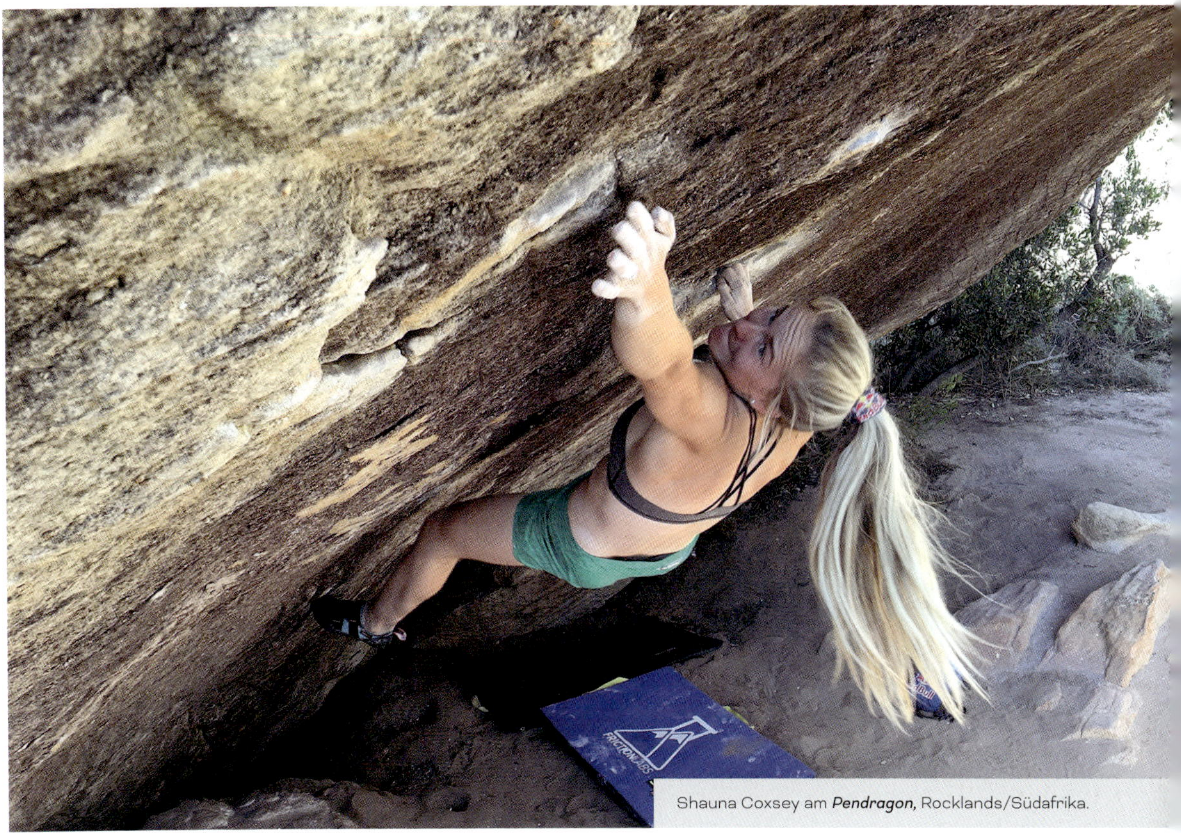

Shauna Coxsey am ***Pendragon***, Rocklands/Südafrika.

HAUT

Unsere Haut ist die Schnittstelle zwischen unserem Körper und der Kletteroberfläche aus Gestein, Harz oder Holz. Für uns ist es wichtig zu verstehen, wie sich unsere Haut beim Klettern oder Trainieren verhält. Wir müssen darauf vorbereitet sein, gut auf sie zu achten, wenn wir sie für das Klettern optimieren wollen.

Die Menschen haben unterschiedliche Hauttypen an den Fingern. Manche Menschen haben harte, trockene Haut, die leicht aufreißt und aufplatzt, sich aber oft toll zum Klettern eignet, weil sie nicht so viel schwitzt. Andere haben weiche, schwitzige Haut, die zwar selten aufreißt, beim Klettern aber oft für Frust sorgt, weil man durch den sich ansammelnden Schweiß von den Griffen rutscht und die Haut schnell abnutzt.

Frauen haben häufig kältere Hände als Männer. Es ist zwar schwieriger, sie warm zu halten, aber sie schwitzen oft auch weniger. Manche Menschen haben eine schlechte Durchblutung, die zu kalten Händen und weniger Schwitzen führt. Andere Menschen haben eine gute Durchblutung und dadurch wärmere Hände und normalerweise mehr Schweiß – Vorteil ist, dass Risse aufgrund der guten Durchblutung besser heilen. Ihre Hände bleiben auch wärmer, wenn es draußen kalt ist.

Du siehst, dass jeder anders ist. Du musst herausfinden, wie deine Haut sich unter verschiedenen Bedingungen verhält und dein Training und (möglicherweise noch wichtiger) dein Klettern und deine Hautpflege entsprechend anpassen.

Abhängig vom Material der Griffe (der Fels-, Harz- oder Holzart) kannst du mehr aus deiner Haut herausholen, wenn sie etwas weicher und feuchter ist (beispielsweise bei glatterem Material des Griffs) oder härter und trockener (bei rauerer Beschaffenheit).

In Bezug auf das Training kann es sein, dass du trockene Haut anfeuchten musst, um sie weicher zu machen, bevor du an das Fingerboard gehst – vorausgesetzt, du bist nicht verrückt und hast kein Fingerboard aus Harz. Wenn du eher schwitzt, musst du möglicherweise nach jedem einzelnen Hängen Chalk verwenden. Es ist zwar unwahrscheinlich, dass deine Haut und ihr Zustand dich vom Training abhalten (es sei denn, alle deine Finger sind aufgerissen und bluten), aber die Qualität einer Trainingseinheit kann durchaus davon abhängen. Die Haut kann fast immer in einem gewissen Rahmen die Leistung an der Wand beeinflussen, da sie derjenige Teil des Körpers ist, der dich mit den Griffen verbindet.

Zusammenfassung

Es gibt viele Möglichkeiten, sich an demselben Handgriff festzuhalten. Aufgrund des individuellen Aufbaus von Händen und Fingern zieht jeder von uns bestimmte Griffpositionen vor.

Beim Fingertraining lässt sich die Kraft nur steigern, wenn man in einem Bereich von maximal +/- 15 Grad des jeweiligen Gelenkwinkels bleibt, den man trainieren möchte.

Deshalb solltest du speziell trainieren und den ausgewählten Bereich der Fingerkraft sorgfältig ins Visier nehmen, um maximale Steigerungen zu erreichen.

Eine gute Haltung ist entscheidend.

Achte auf deine Haut (siehe auch Seite 158).

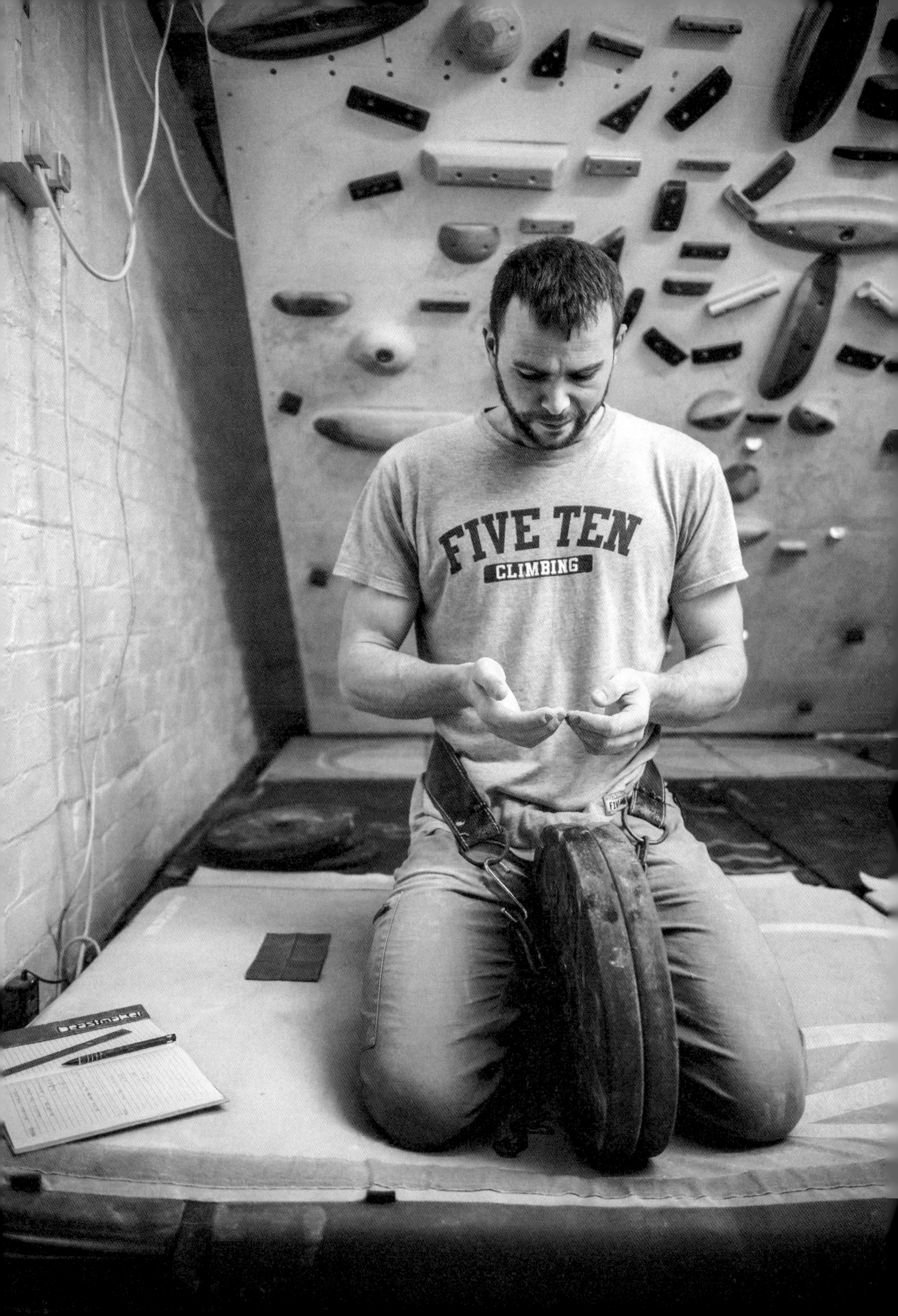
FIVE TEN
CLIMBING
beastmaker

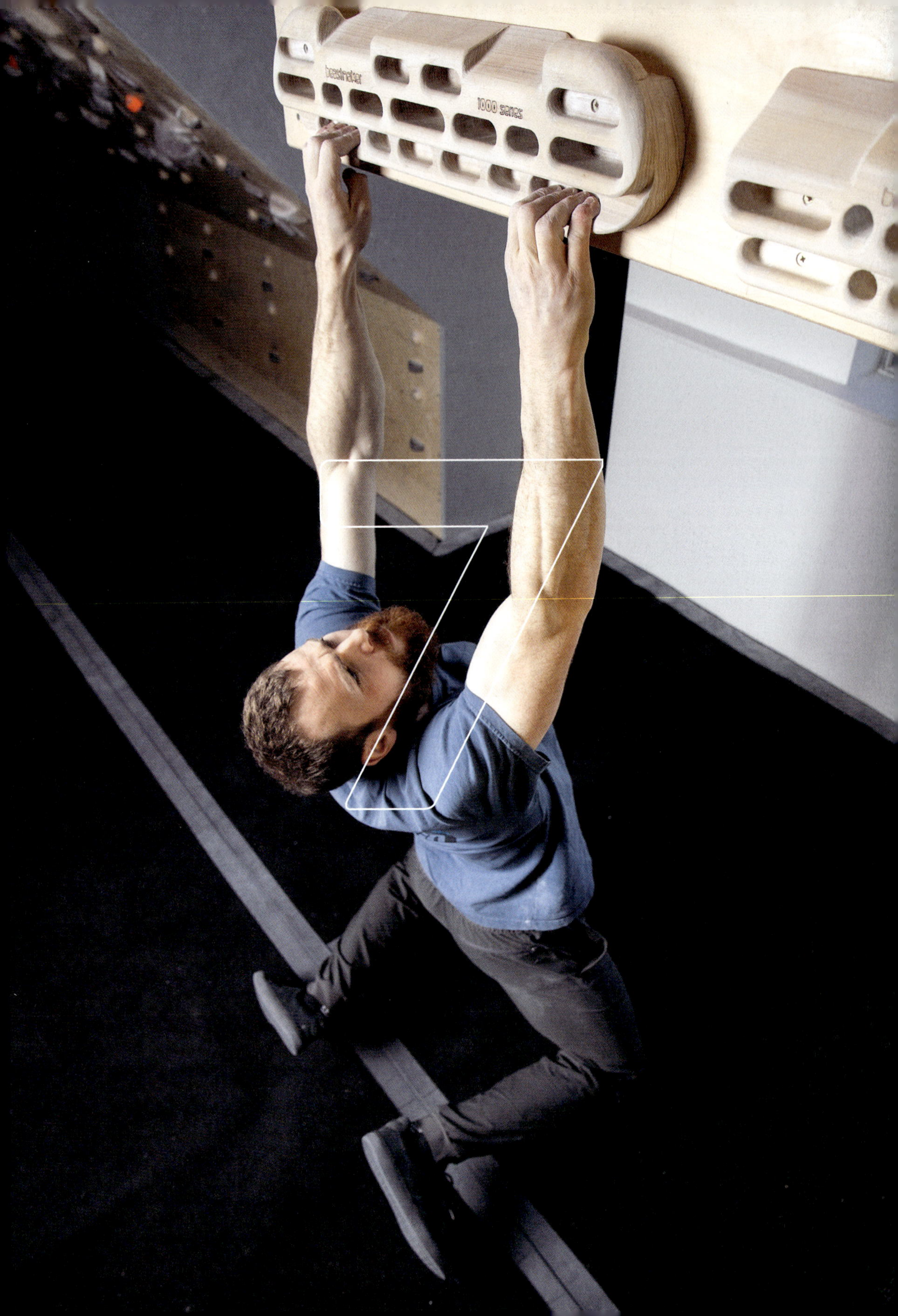

7

FINGERBOARD-
ÜBUNGEN

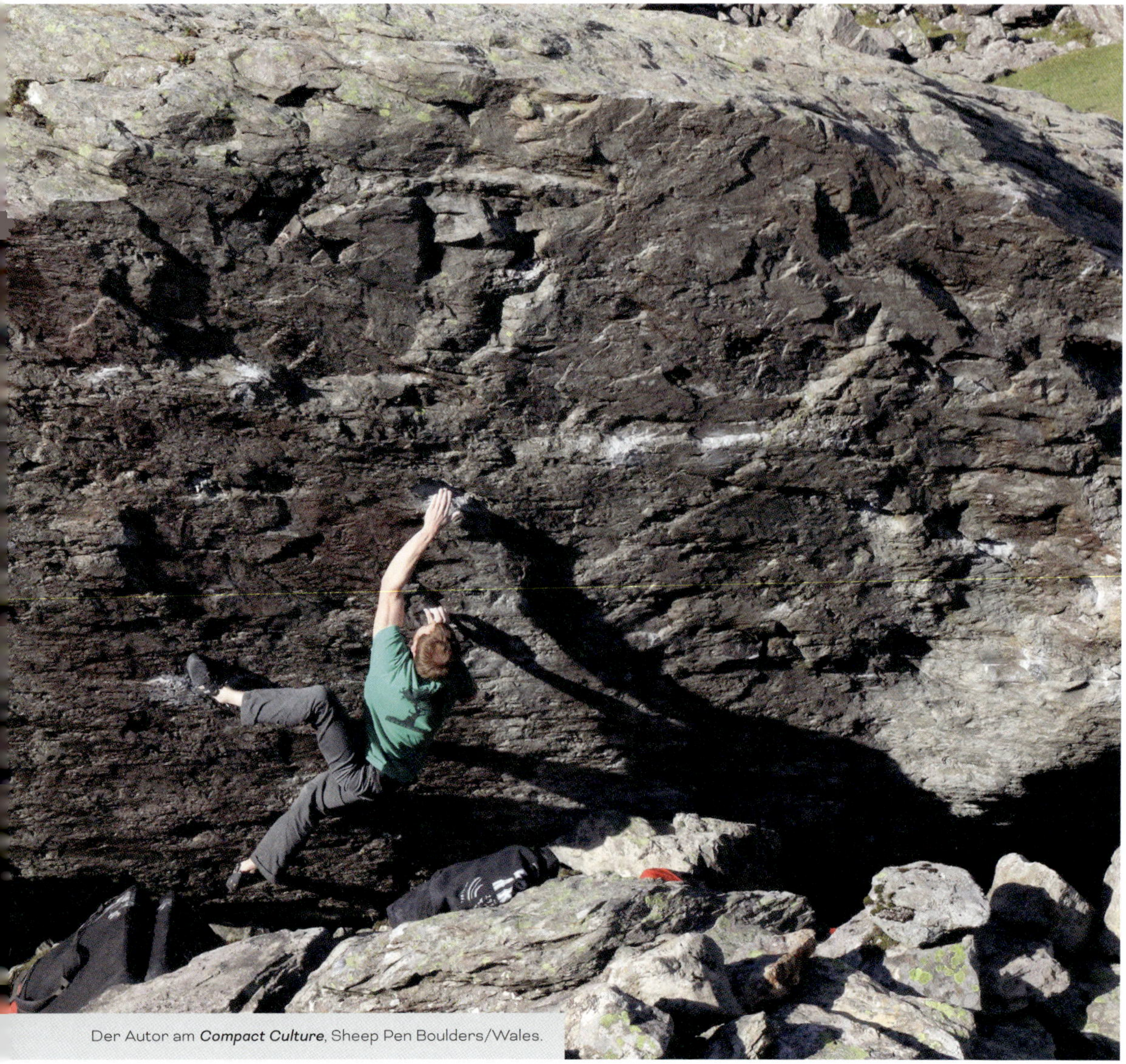

Der Autor am ***Compact Culture***, Sheep Pen Boulders/Wales.

Für das Krafttraining am Fingerboard gibt es im Grunde genommen zwei Möglichkeiten:

1. Wiederholungen (auch Reps genannt)

2. Maximales Hängen (auch Max Hangs genannt)

Bevor wir mit dem Hängen anfangen, müssen wir uns kurz anschauen, wie wir hängen sollten.

HALTUNG AM FINGERBOARD

Über die »Haltung« des Oberkörpers beim Fingerboardtraining wurde schon viel geschrieben – nicht an gestreckten Armen hängen, die Arme nicht beugen und so weiter. Es scheint, als hätte jeder seine eigene Meinung dazu. Meiner Erfahrung nach kommt es nicht so stark auf die Haltung an, solange du beim Hängen in Armen, Schultern, Rücken und Rumpfmuskulatur die Spannung hältst und stabil bist und dich nicht einfach wie ein Sack Kartoffeln hängen lässt.

Du solltest so hängen, wie du dich wohlfühlst. Hauptaugenmerk des Fingerboardtrainings ist, dass die Finger so hart wie möglich arbeiten – also sorge dafür, dass die Finger (nicht die Arme oder Schultern) der Grund dafür sind, dass du loslassen musst. Bei Schwächen in anderen Teilen des Oberkörpers solltest du separat an diesen arbeiten und dich am Fingerboard ausschließlich auf deine Finger konzentrieren.

REPEATER

Repeater sind einer der Grundpfeiler des Fingerboardtrainings. Das Design des Beastmaker 2000 basiert auf unserer Liebe zu dieser besonderen Übung. Mit den Repeatern trainiert man etwas mehr die Kraftausdauer als die reine Kraft.

Bei den Repeatern hängt man im Wesentlichen eine bestimmte Zeit lang an einem Griff, pausiert dann für eine bestimmte Zeitspanne und wiederholt dies mehrere Male.

Sie sind eine gute Basisübung, da sie aufgrund der geringeren Belastung jedes Hangs relativ sicher sind, aber sie sind anstrengend.

Achte darauf, dass du auch dann noch Haltung bewahrst, wenn du müde wirst. Die letzten paar Hangs können ein bisschen schwieriger werden – das ist die risikoreichste Zeit, in der man die Haltung verliert und sich möglicherweise verletzt. Im Zweifel lieber die Intensität reduzieren und die Qualität der Hangs steigern.

Die Intensität solltest du so anpassen, dass du bei den letzten Hangs in jedem Satz richtig kämpfen musst. Dein Ziel sollte sein, es im sechsten Satz nicht mehr zu schaffen.

Die Hänge- und Pausenzeit deiner Sätze kannst du einfach anpassen, um im Laufe der Zeit die Schwierigkeit zu erhöhen – beispielsweise sechs Sekunden hängen und vier Sekunden Pause oder sogar fünf Sekunden hängen, fünf Sekunden Pause. Du kannst auch zwischen Einheiten oder Blocks mit kürzeren Hängezeiten und solchen mit längeren Hängezeiten wechseln, um deine Finger auf Trab zu halten.

ÜBUNG	**Repeater**
GUT FÜR	Kraft/Kraftausdauer
BESCHREIBUNG	7 Sekunden hängen, 3 Sekunden ausruhen. Das ist eine Wiederholung. 6 Wiederholungen = 1 Satz mit 1 Minute Dauer.
SÄTZE	1 oder 2 Sätze pro Griffart. Bis zu 3 Griffarten pro Sitzung sind genug.
ERHOLUNG	5 Minuten Pause zwischen den Sätzen.
STEIGERUNG	Mehr/weniger Hängezeit/Erholungszeit pro Satz, zum Beispiel 6 Sekunden hängen, 4 Sekunden ausruhen. Zusatzgewicht nutzen. Mehr Sätze pro Griffart. Kleinere Griffe nutzen.
WIE LANGE	Ich denke, du solltest bis zu einem gewissen Grad immer die Fingerkraft trainieren. Wechsle das Jahr über die Methoden des Fingertrainings, damit dein Körper sich nicht an etwas gewöhnt. Wiederholungen sind recht sicher, da die Belastung gering ist.
WANN	Führe das Krafttraining immer dann durch, wenn du gut ausgeruht und frisch bist.

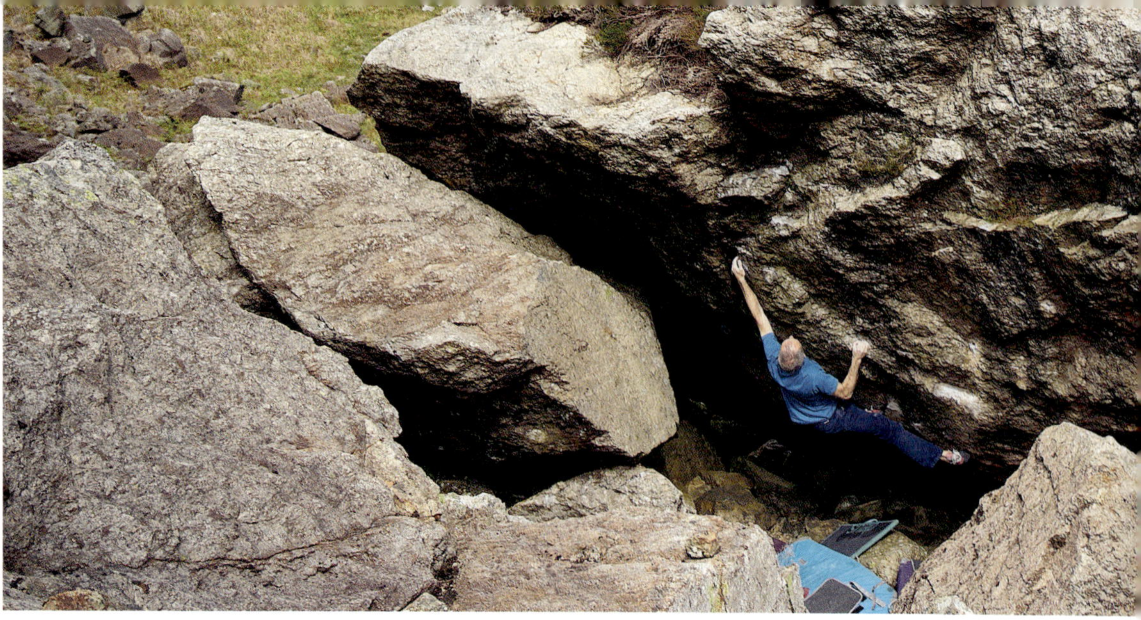

MAXIMALES HÄNGEN

Auch Maximum Hangs oder Max Hangs genannt. Sie sind eine sehr zeitsparende Methode, um die Fingerkraft zu verbessern. In Bezug auf Verletzungen sind sie ein wenig risikoreicher als Repeater, da die Intensität jedes Hangs sehr hoch ist, aber sie sind toll, um an der kurzzeitigen und sofortigen Kraft zu arbeiten. Bei den Max Hangs ist der Fortschritt leicht zu messen, weil sie so unglaublich einfach sind – auch wenn Steigerungen sich etwas langsamer zeigen als bei den Repeatern. Die Haltung ist entscheidend!

Vor dem Training der Max Hangs solltest du dich gut aufgewärmt haben. Ich steigere das Gewicht nur langsam, indem ich mit dem Körpergewicht beginne und dann Zusatzgewichte anhänge, bis ich mein maximales Gewicht erreicht habe. Bei Shauna geht es mit dem Aufwärmen für die Max Hangs scheinbar viel schneller als bei mir. Wir sind alle anders. Also achte darauf, dass du auf deinen Körper hörst. Denke daran, dass deine Einheit sich von Tag zu Tag anders anfühlen wird. Ich persönlich beende mein Aufwärmen mit einem kurzen Hängen mit meinem Maximalgewicht. Auf diese Weise weiß ich zu Beginn meines Max-Hangs-Trainings, dass ich bereit bin, mich so gut festzuhalten wie nur möglich.

Sobald du richtig aufgewärmt bist, ist es meiner Ansicht nach nicht notwendig, beim Training der Max Hangs mehr als fünf Hangs pro Griffart zu absolvieren. Auch drei Max Hangs können genug sein und sorgen dafür, dass du nicht zu kaputt bist, wenn du kurz danach klettern möchtest. Aufgrund der maximalen Belastung stimulieren sie den Körper dazu, sich anzupassen, ohne dass man ihn immer wieder belasten muss.

Das Schöne am Training der Max Hangs ist, dass es sehr schnell geht. Aufwärmen und Max Hangs an ein paar Griffarten können in 30 Minuten erledigt sein. Sobald man sich daran gewöhnt hat, ist man hinterher auch nicht mehr kaputt. Eine solche Einheit kann super vor einer Klettereinheit oder als erste Einheit des Tages absolviert werden. Bei den Max-Hangs-Einheiten ist es auch in Ordnung, sie relativ oft durchzuführen. Beim Fingertraining ist wenig und häufig immer besser als eine Marathoneinheit (oder weniger!) pro Woche.

Konzentriere dich darauf, bei deinen Hangs alles aus dir herauszuholen. Es kann sich ziemlich unangenehm anfühlen, wenn man sich an kleinen Griffen richtig anstrengt oder jede Menge Gewicht an sich hängen hat, aber denke immer daran, dass du die meiste Zeit der Einheit Pause machst. Gib absolut alles, wenn es um die eigentliche Übung geht.

Max Hangs können in Hangs mit kürzerer Dauer von 5 bis 12 Sekunden und längere Hangs von um die 20 Sekunden aufgeteilt werden. Und dann gibt es auch noch so genannte Tendon Hangs (Sehnen-Hangs), die noch länger dauern.

KURZE MAX HANGS

Das kurze Hängen sorgt eher für Anpassungen im neuromuskulären Bereich. Das bedeutet, dass deine

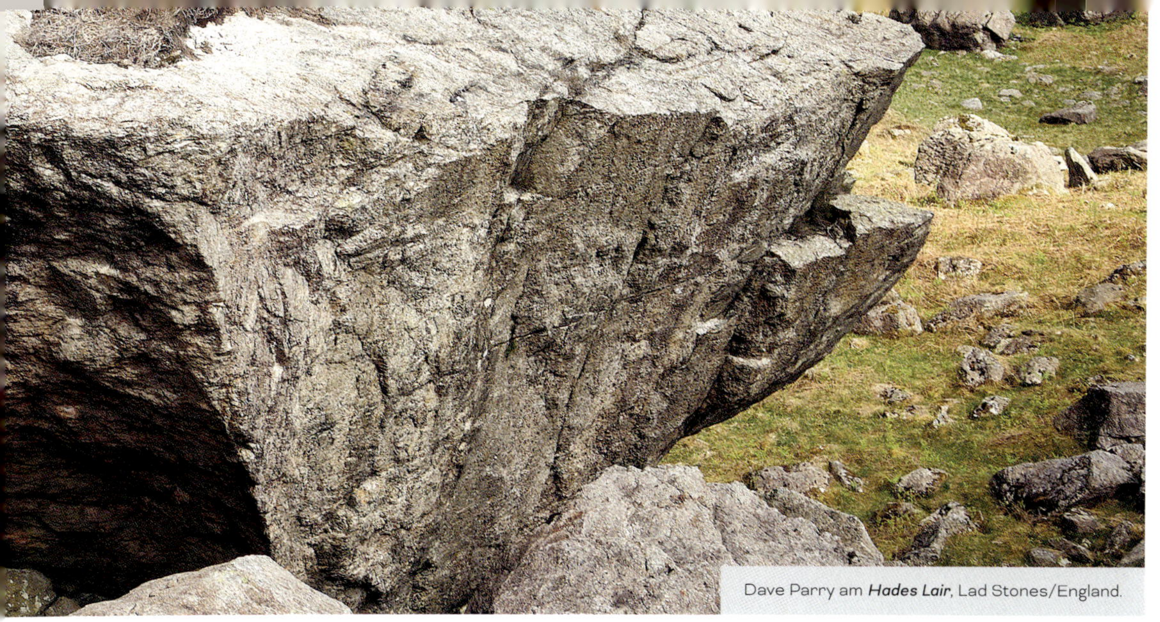

Dave Parry am ***Hades Lair***, Lad Stones/England.

Muskeln sich daran gewöhnen, mehr Muskelfasern einzusetzen, diese effizienter zu nutzen und im Ergebnis mehr Kraft zu liefern.

Hänge mindestens fünf Sekunden und bis zu zwölf Sekunden. Der Grund für diesen unbestimmten Zeitraum ist, dass du bei den Einheiten wahrscheinlich recht unterschiedlich vorgehen wirst: Es ist unrealistisch, dir vorzugeben, dass du zehn Sekunden hängen sollst, und dann zu erwarten, dass das bei jedem möglichen Gewicht dein absolutes Maximum über eine Reihe von Einheiten hinweg sein wird. Wenn du irgendwo im Bereich von 5 bis 12 Sekunden bleibst, wird es funktionieren. Es gibt keinen Grund, länger als 12 Sekunden zu hängen, da die Muskeln bis zu diesem Zeitpunkt bereits alle verfügbaren Muskelfasern zur Arbeit herangezogen haben.

Bei den kurzen Max Hangs erreiche ich zwar leicht ein Plateau, aber ich greife von Zeit zu Zeit für eine Reihe von Einheiten (um die zehn) auf sie zurück, bevor ich wieder länger hänge.

ÜBUNG	**Kurze Max Hangs**
GUT FÜR	Kraft: neuromuskuläre Steigerungen
BESCHREIBUNG	5 bis 12 Sekunden hängen. Das ist eine Wiederholung. 3 bis 5 Wiederholungen = 1 Satz.
SÄTZE	1 Satz kann ausreichen, oder die Übung für bis zu 5 Griffarten wiederholen.
BELASTUNG	Passe die Belastung so an, dass 5 bis 12 Sekunden das absolute Maximum sind, das du erreichen kannst.
ERHOLUNG	2 bis 3 Minuten nach jedem Hängen oder so lange, wie du brauchst, um wieder 100 Prozent Leistung zu geben.
STEIGERUNG	Zusatzgewicht anhängen. Kleinere Griffe nutzen. Nur an einem Arm hängen.
WIE LANGE	Ich denke, du solltest bis zu einem gewissen Grad immer die Fingerkraft trainieren. Wechsle das Jahr über die Methoden des Fingertrainings, damit dein Körper sich nicht an etwas gewöhnt.
WANN	Führe das Krafttraining immer dann durch, wenn du gut ausgeruht und frisch bist.

LANGE MAX HANGS

Das lange Hängen zielt darauf ab, die Muskelgröße und Muskelstärke im Unterarm zu steigern, was zu einer langsameren, aber wahrscheinlich länger anhaltenden Steigerung der Kraft führt.

SEHNEN-HANGS (TENDON HANGS)

Noch längeres Hängen kann die Festigkeit der Sehnen verbessern und dadurch die Kontaktkraft oder Rate der Kraftentwicklung erhöhen (die Fähigkeit, richtig schnell zuzupacken), da die Sehnen weniger dehnbar werden. Es ist auch gut für die allgemeine Gesundheit des Bindegewebes.

ÜBUNG	Lange Max Hangs
GUT FÜR	Kraft: Muskelgröße und länger anhaltende Steigerungen
BESCHREIBUNG	20 Sekunden hängen. Das ist eine Wiederholung. 3 bis 5 Wiederholungen = 1 Satz.
SÄTZE	1 Satz kann ausreichen, oder die Übung für bis zu 5 Griffarten wiederholen.
BELASTUNG	Passe die Belastung so an, dass 20 Sekunden das absolute Maximum sind, das du erreichen kannst.
ERHOLUNG	3 bis 5 Minuten nach jedem Hängen oder so lange, wie du brauchst, um wieder 100 Prozent Leistung zu geben.
STEIGERUNG	Zusatzgewicht anhängen. Mehr Hangs pro Griffart. Kleinere Griffe nutzen. Nur an einem Arm hängen.
WIE LANGE	Ich denke, du solltest bis zu einem gewissen Grad immer die Fingerkraft trainieren. Wechsle das Jahr über die Methoden des Fingertrainings, damit dein Körper sich nicht an etwas gewöhnt.
WANN	Führe das Krafttraining immer dann durch, wenn du gut ausgeruht und frisch bist.

ÜBUNG	Sehnen-Hangs
GUT FÜR	Kontaktkraft und Gesundheit der Sehnen
BESCHREIBUNG	30 bis 45 Sekunden hängen. Das ist eine Wiederholung 3 Wiederholungen = 1 Satz.
SÄTZE	1 Satz pro Griffart, bis zu 3 Sätze insgesamt.
BELASTUNG	Passe die Belastung so an, dass du bei etwa 45 Sekunden nicht mehr kannst.
ERHOLUNG	5 Minuten nach jedem Hängen.
STEIGERUNG	Zusatzgewicht anhängen. Kleinere Griffe nutzen.
WIE LANGE	Ich denke, du solltest bis zu einem gewissen Grad immer die Fingerkraft trainieren. Wechsle das Jahr über die Methoden des Fingertrainings, damit dein Körper sich nicht an etwas gewöhnt.
WANN	Führe das Krafttraining immer dann durch, wenn du gut ausgeruht und frisch bist.

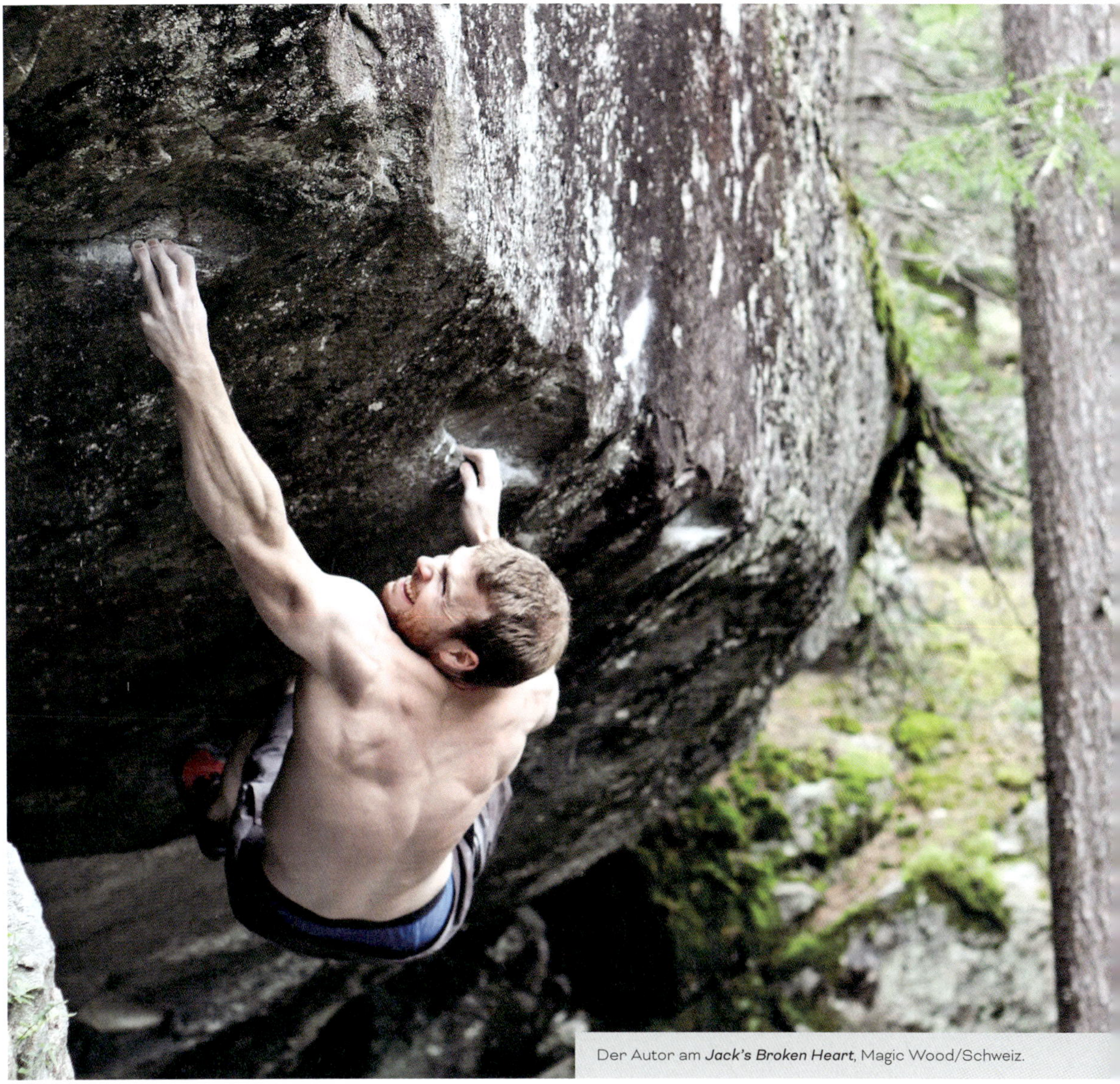

Der Autor am ***Jack's Broken Heart***, Magic Wood/Schweiz.

EIN ARM ODER ZWEI ARME?

Jede Fingerboardübung kann einarmig oder mit zwei Armen durchgeführt werden.

Das Hängen an zwei Armen ist insofern klasse, da man sich fast sicher sein kann, dass die Finger das schwächste Glied der Kette sind und nicht Arme oder Schultern. Bei einer mit beiden Armen ausgeführten Übung ist der Grund, dass man erschöpft ist oder aufhören muss, die Beanspruchung der Finger. In der Regel bereitet kein anderer Teil des Systems Probleme.

Einarmiges Hängen ist super für Kletterer, deren Arme und Schultern stark genug dafür sind. So kann man die Finger stark belasten, ohne sich an wirklich kleinen Griffen festhalten zu müssen.

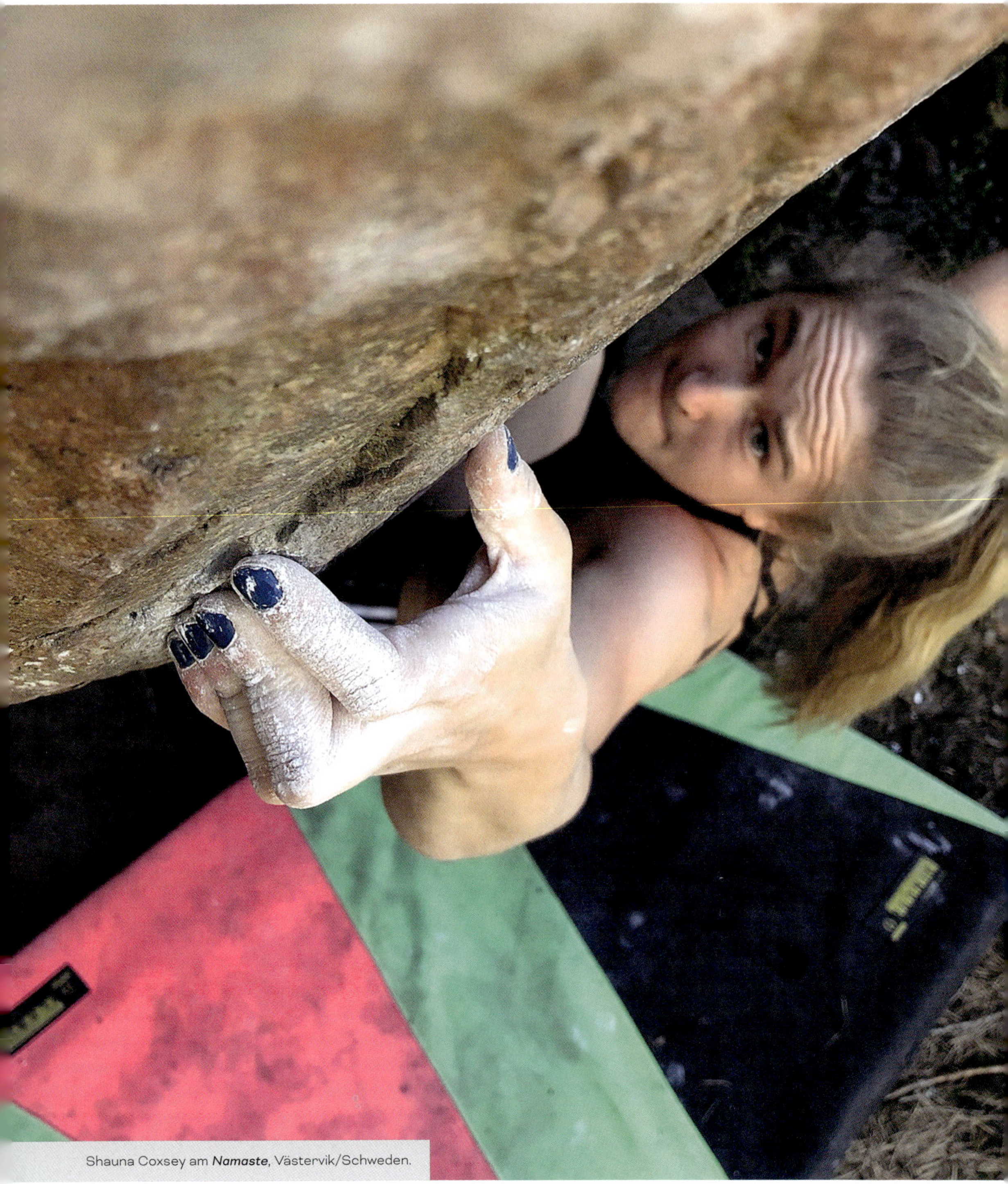

Shauna Coxsey am ***Namaste***, Västervik/Schweden.

Wichtig zu wissen ist, dass einarmiges Training nur dann nützlich ist, wenn Schultern und Arme stark und stabil genug sind, um den Körper während der Übung zu halten. Wenn du einarmiges Blockieren an einer Stange oder einem Henkel nicht genauso lange durchhältst wie deine Fingerboardübung, dann kann ich dir einarmiges Fingerboardtraining nicht empfehlen. Und zwar einfach deshalb, weil du die Übung eher aufgrund von Ermüdung in Arm oder Schulter abbrechen musst, weniger der Finger wegen – auch wenn du dich mit dem freien Arm unterstützt und so das Gewicht etwas verringerst.

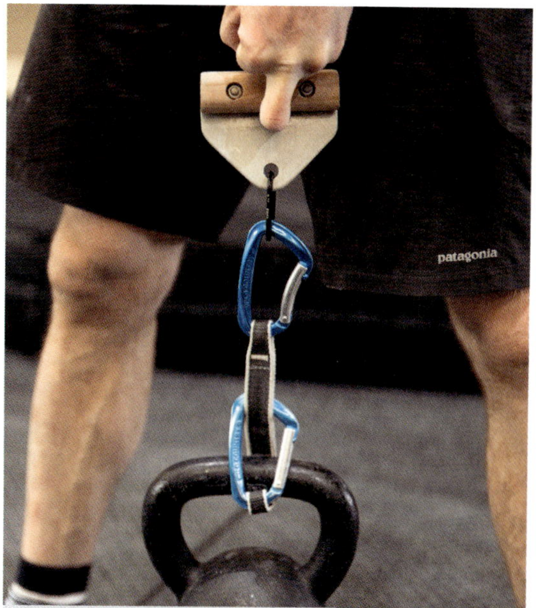

Hebe Gewichte, um Griffe mit einem oder zwei Fingern zu trainieren.

NOCH MEHR LEISTEN ...

Auf den vorherigen Seiten habe ich die wichtigsten Fingerboardübungen erläutert. Sie werden durchgeführt, indem man das eigene Körpergewicht (und manchmal zusätzliches oder weniger Gewicht) an eine Reihe von Griffen hängt. Solltest du an einer viel schwächeren Griffart arbeiten wollen oder keinen Zugang zu etwas haben, an dem du hängen kannst, liegt eine andere Möglichkeit darin, einfach etwas anzuheben.

Besorge dir eine Leiste, befestige sie an einem kleinen Stück Sperrholz – oder schau, ob du eine entsprechende Vorrichtung kaufen kannst – und nutze dieses Hilfsmittel, um mit den oben beschriebenen Trainingsmethoden für die Fingerkraft (Repeater, Max Hangs oder Sehnen-Hangs) und den Griffarten deiner Wahl Gewichte vom Fußboden hochzuheben.

Für das saubere und sanfte Training von Griffpositionen mit einem oder zwei Fingern, das Aufwärmen am Felsen oder das Training auf Reisen ohne Fingerboard kann dieses System sehr nützlich sein.

Zusammenfassung

Fingerboardtraining ist einfach. Du hast im Wesentlichen zwei Möglichkeiten:

1. Repeater: ein Satz von aufeinanderfolgendem Hängen und Ausruhen.

2. Max Hangs: eine bestimmte Zeit lang richtig stark festhalten und hängen.

Die Intensität kann durch eine Vielzahl an Variablen angepasst werden, darunter Griffgröße, Hängezeit und Ruhezeit. Weitere Optionen findest du im Kasten zu den Fingerboardvariablen (Seite 98).

Für das Fingerboardtraining gilt, dass wenig und häufig viel produktiver ist als eine gelegentliche Marathonsitzung. Trainiere deine Finger das ganze Jahr über.

Fingerboardvariablen

Es gibt eine fast unendliche Zahl an Möglichkeiten, das Workout am Fingerboard zu optimieren und dadurch genau anzupassen, wie die Unterarme belastet und ermüdet werden. Wenn du das Gefühl hast, dass die Steigerungen durch deine derzeitige Fingerboardroutine stagnieren, kannst du sie aufpeppen und neue oder andere Übungen aufnehmen. Das liefert dem Körper eine sich weiterentwickelnde Reihe an Stressfaktoren, an die er sich anpassen muss. Gleichzeitig wirst du dich nicht langweilen.

Um die Schwierigkeit eines Deadhangs (also das Hängen am nahezu gestreckten Arm) zu steigern, kannst du:

- einen kleineren Griff nutzen,
- längere Zeit hängen,
- Zusatzgewichte verwenden,
- an weniger Fingern hängen,
- nur an einem Arm statt an zwei Armen hängen,
- die Ruhezeit zwischen den Sätzen verringern.

Um die Schwierigkeit eines Deadhangs zu verringern, kannst du:

- einen größeren Griff nutzen,
- eine kürzere Zeit hängen,
- das Gewicht mit einem Seilzugsystem/Trainingsband/Fuß auf einem Stuhl und so weiter verringern,
- die Ruhezeit zwischen den Sätzen verlängern.

Im Allgemeinen kann man sagen, dass es nicht wirklich hilft, statt der Größe den Winkel einer Leiste zu verändern. Dadurch verlässt man sich stärker auf die Reibung und weniger auf die Kraft. Aufgrund der Schwankungen unserer Hautbeschaffenheit, der Bedingungen, der Temperatur und so weiter kann das zu unvorhersehbaren Einheiten führen.

Nach und nach kleinere Griffe zu verwenden ist eine gute Trainingsmethode. Damit kann man Fortschritte leicht erkennen und kontrollieren. Wenn die Griffe jedoch wirklich klein werden, sorgen die Bedingungen, die Temperatur, der Hautzustand und der Aufbau der Finger im Allgemeinen für Inkonsistenzen beim Hängen. Hat weniger Haut Kontakt zu den Griffen, reicht schon eine geringe Menge an Feuchtigkeit, um abzurutschen.

An sehr kleinen Griffen zu hängen ist oft auch ziemlich schmerzhaft. Für gelegentliche Einheiten geht das noch in Ordnung, wenn man aber eine Einheit nach der anderen an einer 6-Millimeter-Leiste versucht, kann das wirklich wehtun. Lass dich nicht durch Schmerzen und deine Haut einschränken! Verändere vielmehr die Fingerboardeinheiten regelmäßig: Variiere einarmige Einheiten mit größeren Griffen, größere Griffe mit Zusatzgewicht und kleinere Griffe ohne Zusatzgewicht (oder mit weniger Gewicht).

Du kannst bei der Übung deiner Wahl bleiben (Repeater, Max Hangs), aber änderst einfach die Vorrichtung (und passt natürlich auch die genaue Zeit, das Gewicht, die Reps und Sätze an). Auf diese Weise kannst du konsistent trainieren und sorgst für den bestmöglichen Zustand deiner Haut.

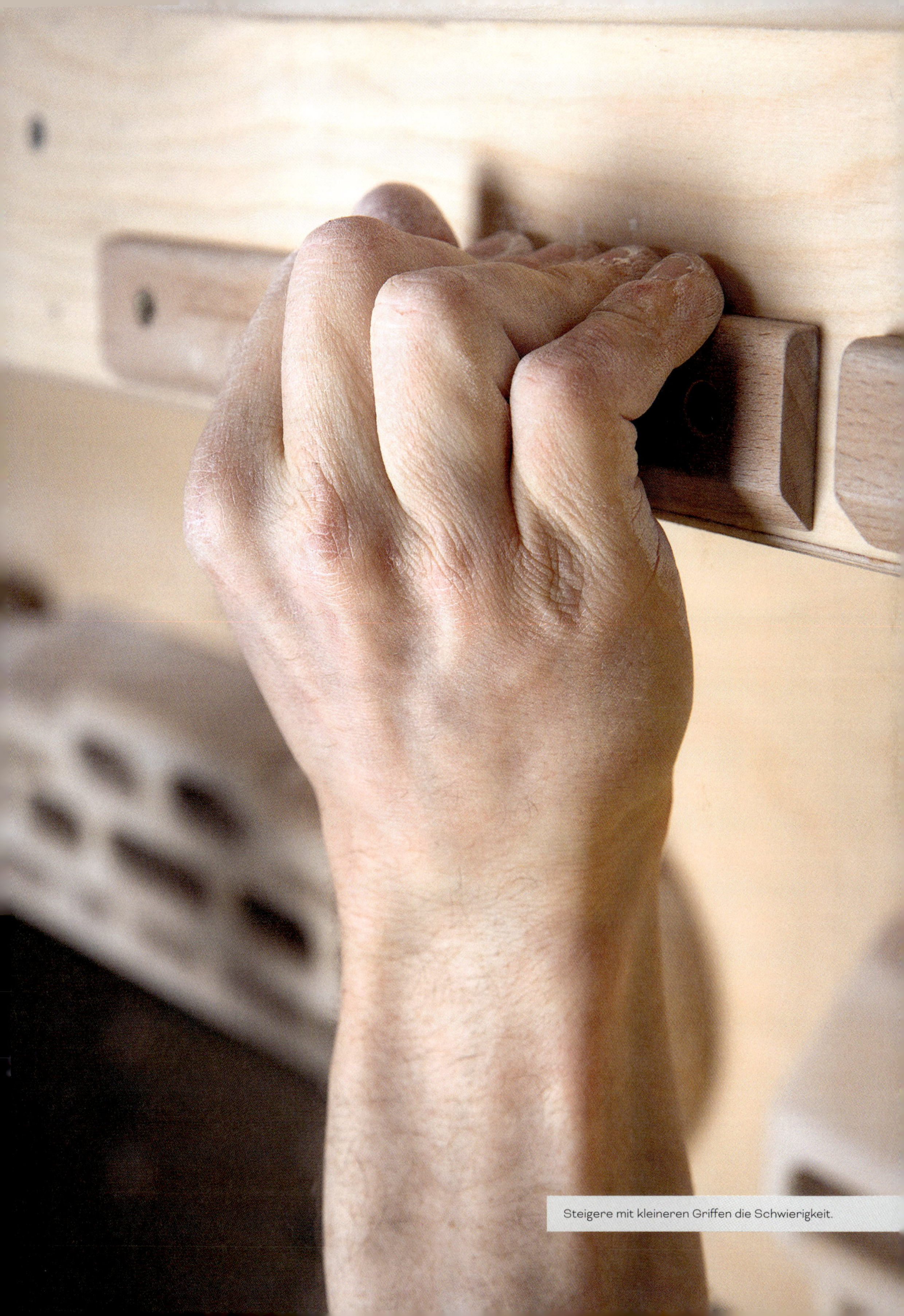

Steigere mit kleineren Griffen die Schwierigkeit.

TAKTIK TEIL II

Tipps zum Chalken sowie mehr Infos zur Pflege von Händen und Haut. Weiteres dazu findest du auch auf den Seiten 158 und 159.

CHALK

Chalk verbessert die Reibung. Wenn die Schicht aber zu dick ist, können die Chalkpartikel übereinanderrutschen und fast wie ein Gleitmittel wirken. Also: Chalk auftragen, in die Hände einreiben und den Überschuss abstreifen, bevor es losgeht. So bekommst du einen besseren Grip und musst die Griffe anschließend nicht so sorgfältig saubermachen. Achte darauf, dass sich kein Chalk auf den Griffen ansammelt. Es verstopft die Strukturen des Felsens und verringert dann meist die Reibung. Heutzutage gibt es großartige Bürsten – und keine Ausrede dafür, die Griffe nicht ordentlich zu säubern. Das gilt für den Felsen und für das Indoorklettern.

CHALKARTEN

Das Chalk von Friction Labs schätze ich sehr. Es wurde für maximale Reibung chemisch optimiert. Auf meiner Haut fühlt es sich sehr griffig an und es scheint vor allem auf glatteren Strukturen wie Kalkstein, quarzhaltigem Sandstein wie in Fontainebleau und den Rocklands, Harz und besonders Holz sehr gut zu funktionieren. Ich verwende lieber kleinere Beutel, anstatt einen großen Sack aufzumachen und stehen zu lassen, der im Laufe der Zeit die Feuchtigkeit aufnimmt. Bei der hohen Luftfeuchtigkeit im Vereinigten Königreich ist das ein größeres Problem als in anderen Teilen der Welt. Sobald der Fels eine gewisse Griffigkeit in seiner Struktur hat, wie grober Sandstein, finde ich, dass die Art des Chalks weniger Einfluss auf den Grip hat. Du solltest damit experimentieren und herausfinden, was bei deinem Hauttyp und den Bedingungen, unter denen du kletterst, am besten funktioniert. Ich habe gehört, dass Dai Koyamada drei Beutel mit unterschiedlichem Chalk mit sich trägt. Einen feuchteren Beutel für Tage mit extrem niedriger Luftfeuchtigkeit, einen sehr trockenen für hohe Luftfeuchtigkeit und einen Beutel für alles dazwischen. Das hört sich zwar lächerlich an, aber wenn du all deine Freizeit und dein Geld dafür opferst, irgendwo hinzureisen, um Felsen zu besteigen, warum solltest du dann nicht das Beste rausholen?

TAPING

Finde eine für dich gute Tapingmethode für Risse und andere Hautprobleme. Medizinischer Sekundenkleber ist hilfreich (siehe die Folgeseiten). Achte darauf, ein hochwertiges Tape zu verwenden und kein dünnes, weiches Tape, das sich abnutzt und reißt, sobald es mit den Griffen in Kontakt kommt. Alex Megos hat mir seine ultimative Tapingmethode gezeigt (siehe gegenüberliegende Seite). Ich habe Alex klettern sehen, nachdem er die meisten seiner Finger getapt hatte – vor dem Taping sahen seine Finger aus wie ein Schlachtfeld! Nach dem Einsatz (einer enormen Menge) von Tape war er einsatzbereit und hatte eine starke Trainingseinheit. Das ist nicht jedermanns Sache, aber ein gutes Taping kann eine Einheit retten.

RISSE

Bei Rissen solltest du überstehende Haut oder lose Hautfetzen abschneiden. Sobald du mit dem Klettern fertig bist, wasche gründlich die Hände, trage eine antiseptische Creme auf den Rissen auf und klebe ein Tape darüber. Wenn der Riss fast geheilt ist, solltest du ihn austrocknen lassen und raue Haut, falls vorhanden, abschmirgeln. Glätte die Haut, indem du nach dem ersten Heilen so viel der umliegenden Haut wie möglich abschmirgelst. Ich tape Risse auch dann noch für ein paar weitere Sitzungen ab, wenn sie bereits geheilt sind, weil sie dazu neigen, entlang der ursprünglichen Schwachstelle wieder aufzureißen.

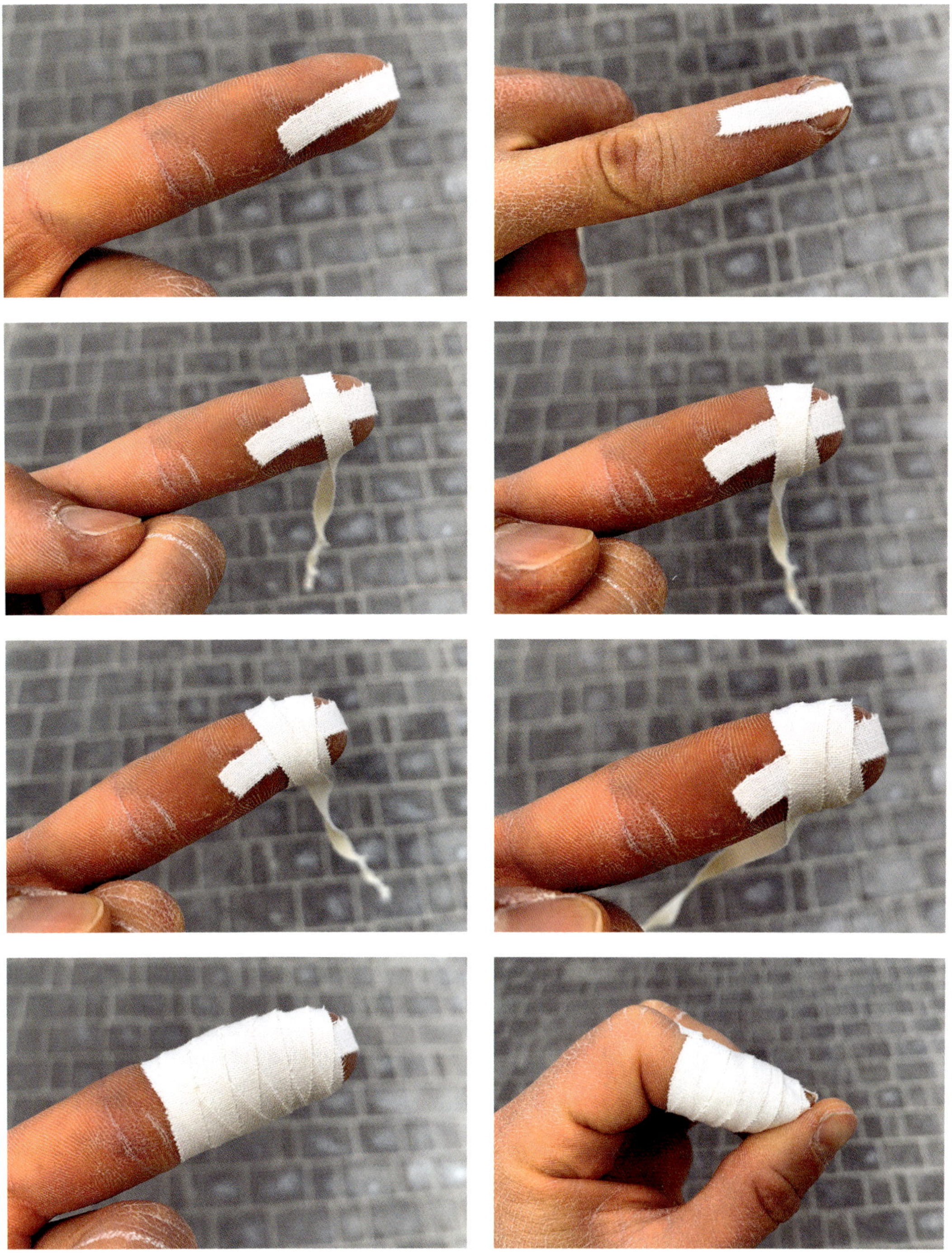

Die ultimative Tapingmethode von Alex Megos (F9c!).

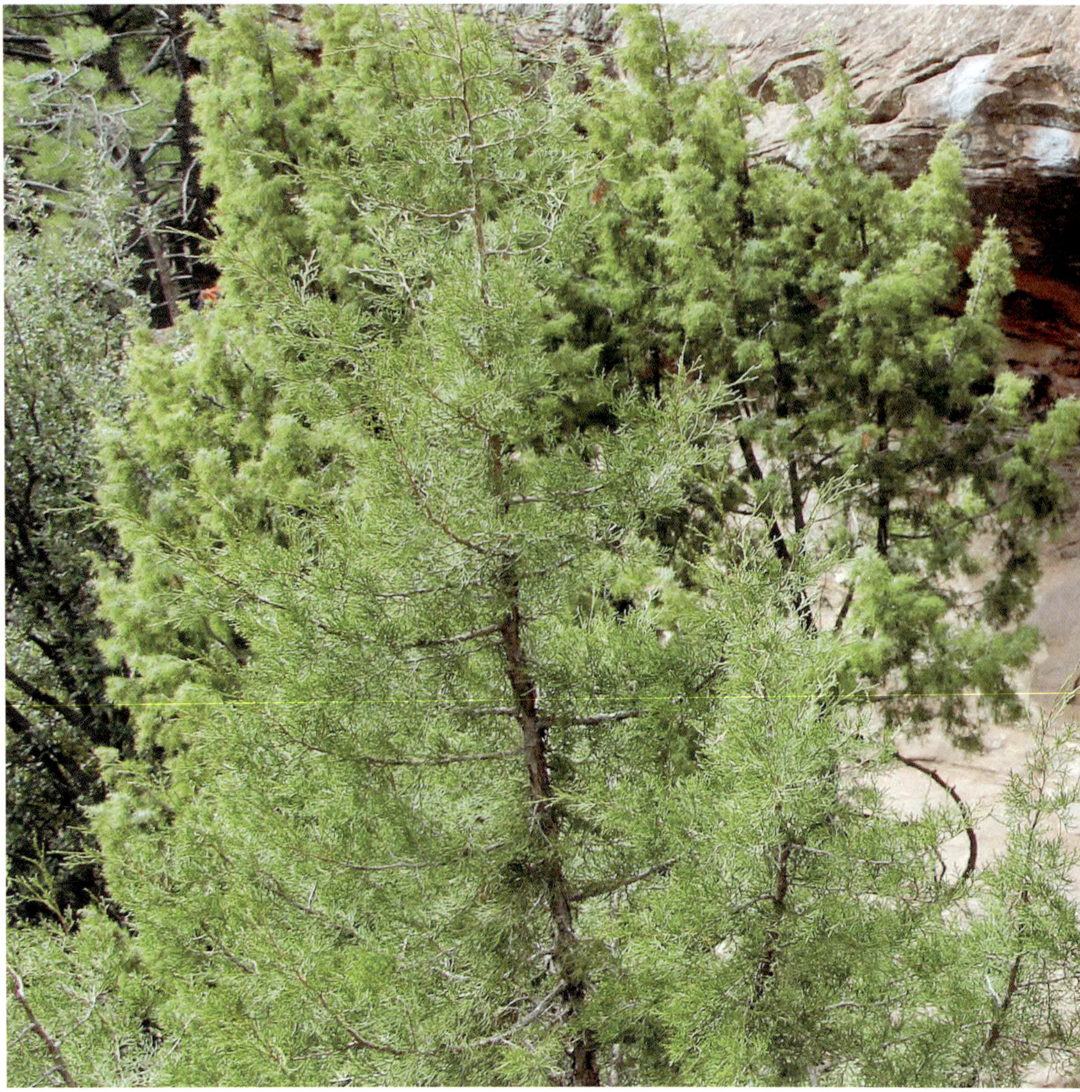

SEKUNDENKLEBER

Medizinischer Sekundenkleber (Cyanacrylat) ist seit Jahren das Hilfsmittel der Wahl für Kletterer. Er wird beispielsweise verwendet, um kleine Wunden zu schließen, statt sie zu nähen – er funktioniert also wirklich. Ich verwende ihn meistens, um Tape auf meine Finger zu kleben und auch um nervige Risse der Nagelhaut zu versiegeln oder meinen Fingernagel festzukleben, wenn er einreißt (Aua!). Neben der Standardversion, die beim Trocknen hart wird, gibt es auch eine eher gummiartige Variante, die nach dem Trocknen elastisch bleibt. Um das Tape festzukleben und Wunden zu versiegeln, verwende ich am liebsten die elastische Ausführung, da sie sich besser mit den Fingern mitbewegt und seltener einreißt. Sekundenkleber reagiert mit Wasser und ich finde, dass er sich leichter wieder lösen lässt, wenn man ihn anhaucht oder anpustet. Natürlich ist Cyanacrylat reizend und klebt die Haut in Sekundenschnelle an allem Möglichen fest, weshalb ich nicht empfehle, sich großflächig damit einzuschmieren. Und falls man eine Tube Sekundenkleber im Kletterrucksack dabeihat, sollte sie am besten in einer Büchse, Dose oder Plastiktüte aufbewahrt werden, damit sich der Sekundenkleber nicht über die Ausrüstung verteilt.

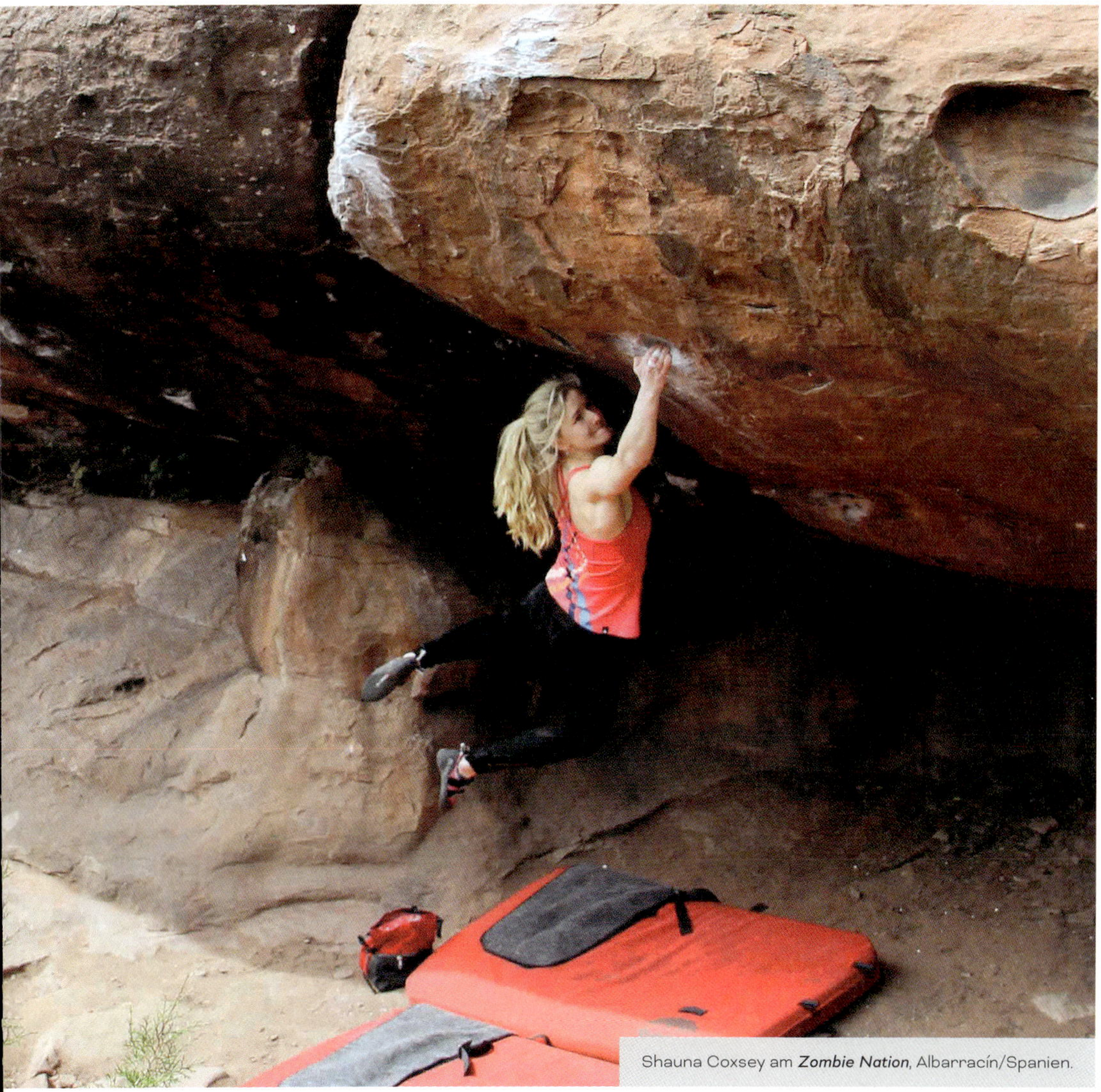

Shauna Coxsey am ***Zombie Nation***, Albarracín/Spanien.

Ein hilfreicher Trick, um Nagelhautrisse oder Risse an einem nicht greifenden Teil eines Fingers zu versiegeln, ist, Sekundenkleber auf die Wunde zu tupfen und dann eine dünne Schicht Papiertaschentuch (eine einzige Lage des Tuchs) darüberzulegen. Lass den Kleber trocknen und reibe nicht festgeklebtes überschüssiges Taschentuch ab. Das Taschentuch bietet dem Kleber eine feinfaserige Grundlage, mit der er sich verbinden kann. Diese hilft meiner Erfahrung nach dabei, den Riss länger geschlossen zu halten. Stell dich darauf ein, für optimale Leistung in einer Sitzung mehrfach neu tapen und kleben zu müssen. Tape ist nie so griffig wie die Haut, also solltest du den damit beklebten Bereich so klein wie möglich halten, damit es gerade eben nur den Riss, das Loch oder den Schnitt abdeckt.

HANDWÄRMER

Handwärmer sind an wirklich kalten Tagen super. Lege sie in deine Schuhe, während du kletterst, und stecke die Kletterschuhe in die Taschen zu den Handwärmern, wenn du eine Pause machst. Mittlerweile gibt es auch wiederaufladbare USB-Handwärmer, die ein paar Stunden lang jede Menge Wärme abgeben. Mit denen kannst du sogar dein Smartphone aufladen!

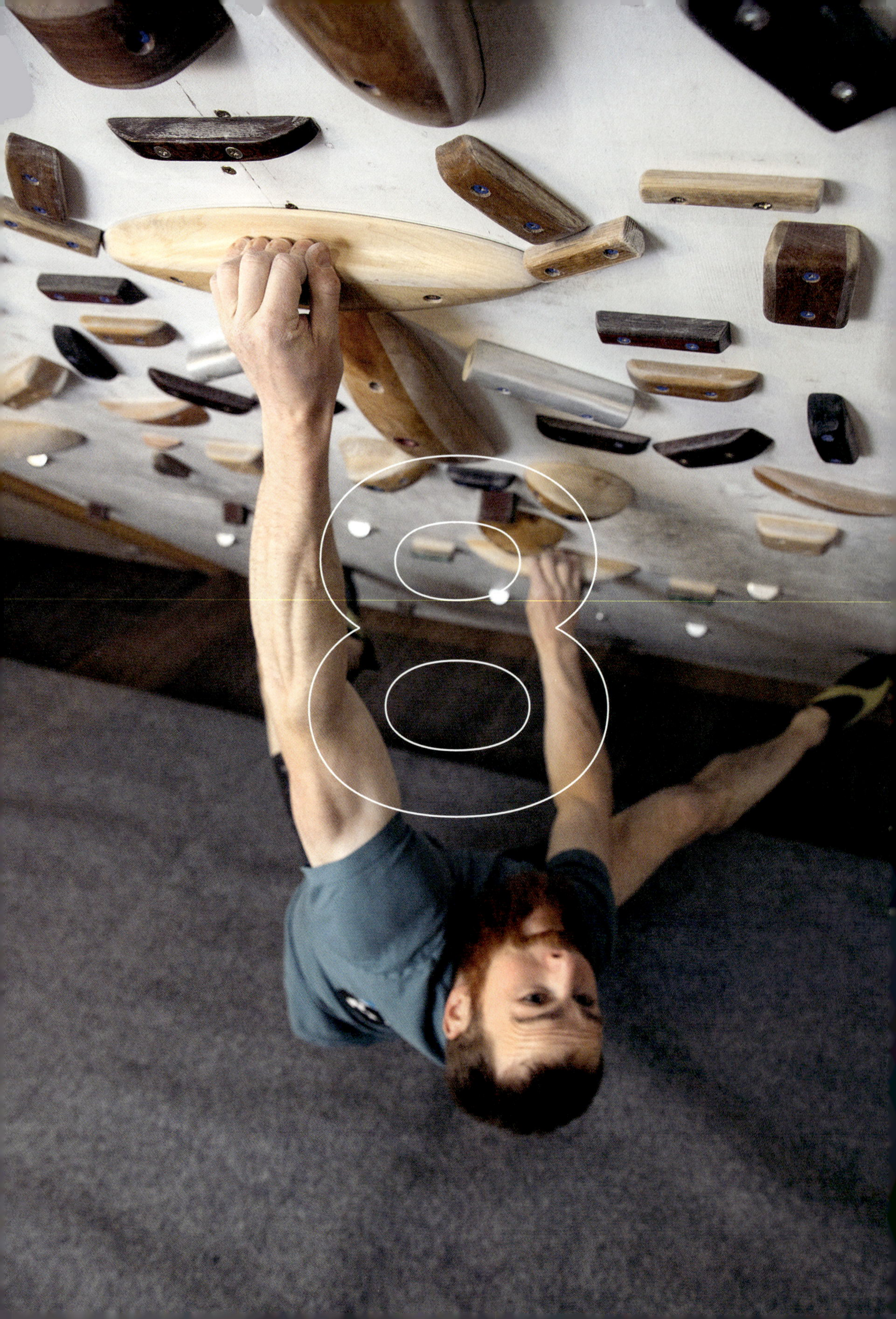

8

SOLLTE ICH DEN VOLL AUFGESTELLTEN GRIFF TRAINIEREN?

Sollte ich den voll aufgestellten Griff trainieren?

Es wird häufig behauptet, dass das Training mit voll aufgestellten Fingern »gefährlich« sei. Meiner Meinung nach ist es jedoch sehr wichtig, den voll aufgestellten Griff zu trainieren, weil es bei vielen harten Zügen am Felsen darum geht, schmale Griffe richtig hart aufgestellt zu greifen. Aus zwei Gründen solltest du beim Klettern dazu in der Lage sein: Erstens bist du dann stärker und besser daran angepasst und zweitens verringert es dein Verletzungsrisiko.

Hab keine Angst davor, aufgestellt zu greifen.

AUFGESTELLT VERSUS VOLL AUFGESTELLT

Das Training mit aufgestellten Fingern allein kann dich nicht darauf vorbereiten, dich mit aller Kraft an eine kleine Kante zu klammern. Der voll aufgestellte Griff ist ein sehr viel aktiverer Griffstil als der aufgestellte.

Wie bereits im 4. Kapitel beschrieben ist das voll aufgestellte Greifen an kleinen Griffen mechanisch stärker als das offene oder aufgestellte Greifen. Die Beugung in den DIP- und PIP-Gelenken bedeutet, dass die Finger einen vorteilhaften Winkel zum Festhalten einnehmen, da die Hebel kürzer sind. Diese Fingerposition wird teilweise durch die Beugung der MCP-Gelenke weiter unten in der Hand erreicht – und das ermöglicht einen spitzeren Winkel in den PIP-Gelenken. Für diese Bewegung und dafür, die Hand an ihrem Platz zu halten, damit die Finger arbeiten können, sind die *Musculi lumbricales* verantwortlich. Durch das Beugen dieser Gelenke wird außerdem der Daumen enger an den Zeigefinger gebracht, wodurch er sich für zusätzliche Kraft darüberlegen kann. Auch die *Musculi interossei* arbeiten durch ihre stärkere Beugung an der Stabilisierung der Finger.

Auch nicht zu vernachlässigen ist, dass das Zusammenspiel von Sehnen und Bändern unter Belastung durch die erhöhte Beugung dieser Gelenke stärker ist und so noch mehr zur Griffkraft beiträgt.

Glücklicherweise ist es relativ sicher, den voll aufgestellten Griff kontrolliert am Fingerboard zu trainieren – auch wenn es nicht zu 100 Prozent ohne Risiko geht. Es gibt dabei keine Bewegung um die Griffe herum oder außer Kontrolle geratenes Schwingen an den Fingern, was man beim Klettern einfach nicht verhindern kann.

Immer nur mit aufgestellten Fingern oder im offenen Griff zu trainieren und dann zu erwarten, an einem Projekt mit maximaler Kraft voll aufgestellt greifen zu können, ist in meinen Augen wahnsinnig.

Das Glück ist mit den darauf vorbereiteten Fingern.

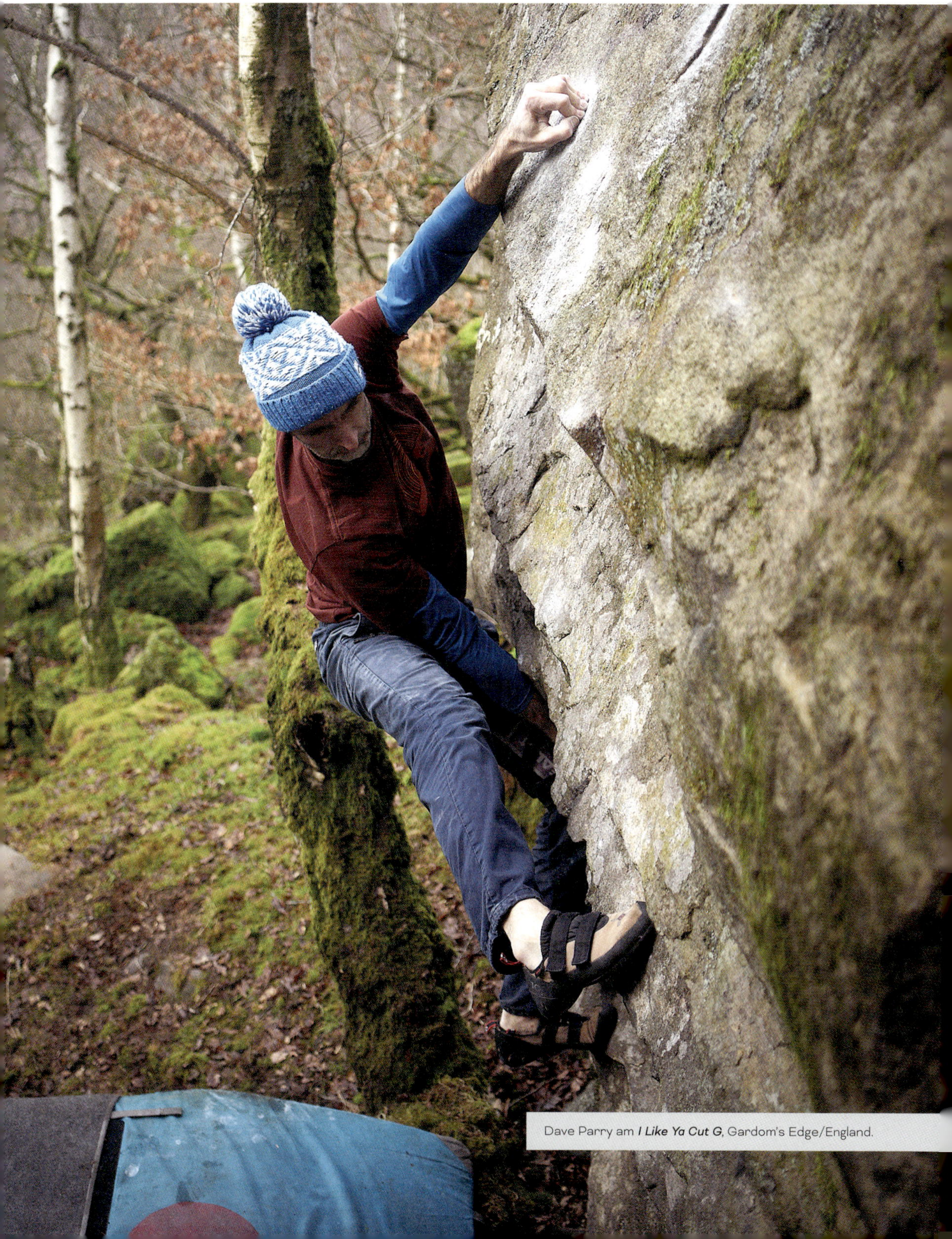

Dave Parry am ***I Like Ya Cut G***, Gardom's Edge/England.

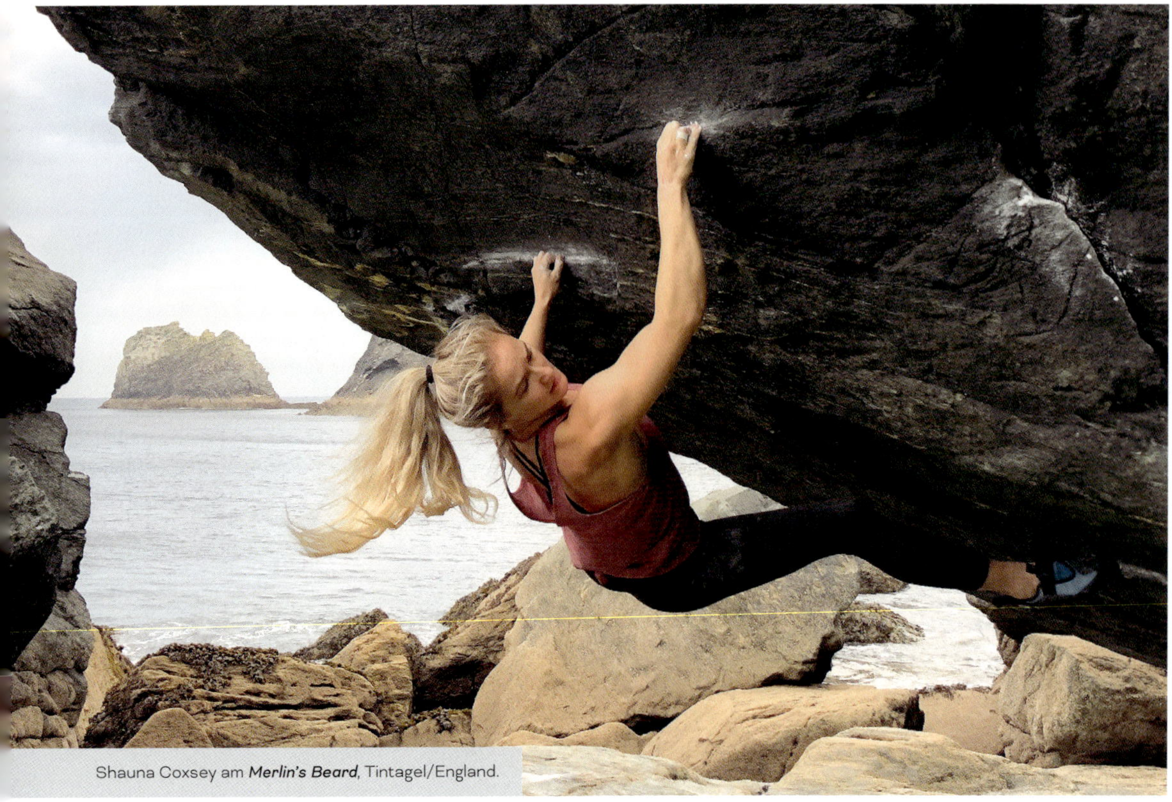

Shauna Coxsey am ***Merlin's Beard***, Tintagel/England.

VOLLE AUFSTELLER IN DEN GRIFF BEKOMMEN

Viele Kletterer haben das Gefühl, dass ihnen die Kraft zum vollen Aufstellen fehlt oder dass es so unnatürlich ist, dass sie es einfach nicht machen können. Ihre Finger biegen sich während des Kletterns einfach in eine offene Position auf. Das Aufstellen ist nicht unbedingt eine natürliche oder bequeme Methode, um sich an einem Griff festzuhalten, weshalb viele Kletterer es vermeiden und deshalb nicht vertraut damit und ungeübt darin sind.

Wenn das auch auf dich zutrifft, wird es deinem Klettern wahrscheinlich sehr helfen, wenn du dich langsam dahingehend aufbaust, dass du an einem voll aufgestellten Griff hängen kannst. Ich habe viele erfahrene Kletterer gesehen, die immer nur mit offenem Griff klettern und völlig unfähig sind, mit voll aufgestellten Fingern an einem Griff zu hängen. Ich weiß, dass es mit offener Hand meistens sehr viel angenehmer ist, aber wenn du ernsthaft so hart klettern möchtest, wie du nur kannst, dann musst du unbedingt den voll aufgestellten Griff beherrschen.

Wie bereits erwähnt, erfordert volles Aufstellen Kraft in den *Musculi lumbricales* und *interossei* in der Hand. Wenn du noch sehr ungeübt mit dem voll aufgestellten Griff bist, kann es sein, dass diese Muskeln bei dir schwächer ausgeprägt sind. Der erste wichtige Schritt muss somit sein, hier Kraft aufzubauen. Um ehrlich zu sein, glaube ich, dass die meisten Kletterer – egal mit wie viel Erfahrung und ob sie lieber aufgestellt oder offen greifen – ein wenig an diesen Muskeln arbeiten sollten, um die Hände gesund zu halten und das Verletzungsrisiko zu minimieren. Die Gesundheit und der Zustand der Hände von Kletterern werden häufig unter-

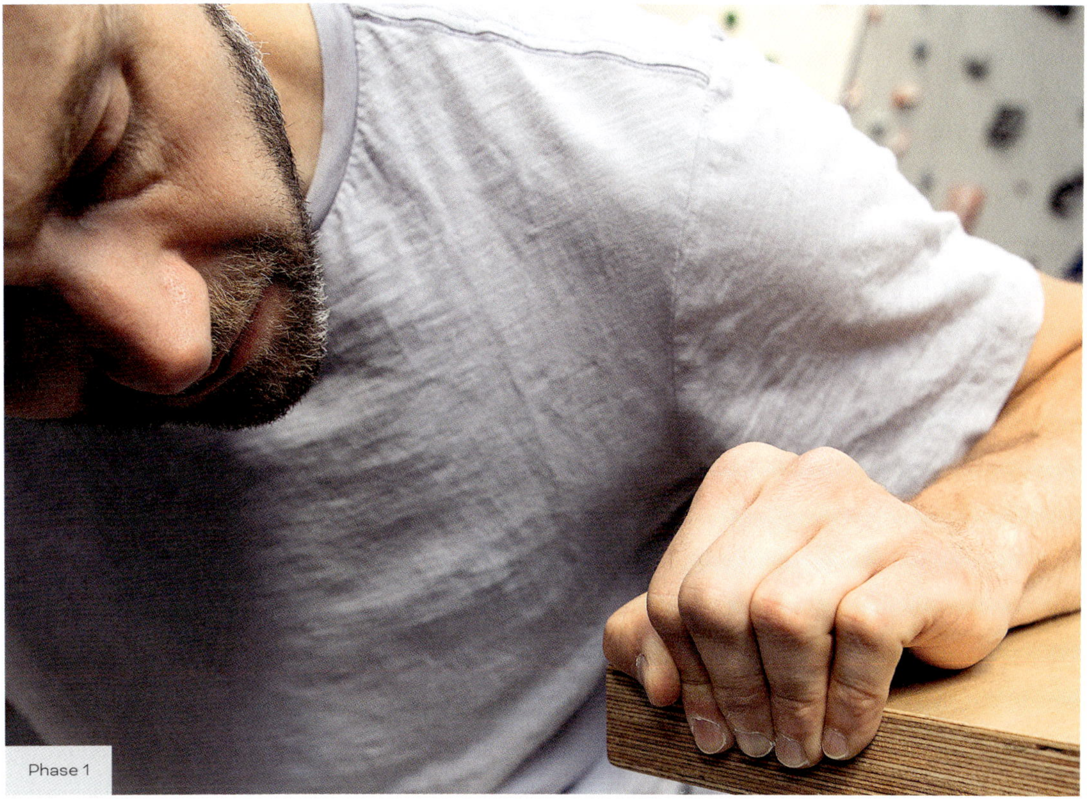

Phase 1

schätzt, was verrückt ist, wenn man über die Quälerei nachdenkt, die man den Händen antut!

Im Abschnitt »Hände und Oberkörper gesund erhalten« (Kapitel 16) findest du Übungen, mit denen du deine Hände unterstützen kannst. Die Übungen sollten dir auch dabei helfen, deine Hände in eine vorteilhaftere Position für das Aufstellen zu bringen und sie beim Aufstellen dort zu halten.

Das Nächste ist dann, deinen Körper stärker an die aufgestellte Position der Hände zu gewöhnen. Ich empfehle, das in drei Phasen zu tun.

PHASE 1

Halte dich an einer Kante fest (beispielsweise an einer Tischkante, dem Türrahmen oder einem Stuhl) und versuche, die Hand in eine aufgestellte Position zu bringen. Achte dabei auf die Haltung, die deine Finger auf natürliche Weise einnehmen.

Nimm dann die andere Hand zu Hilfe, um die aufgestellten Finger in die voll aufgestellte Position zu bewegen (alle PIP-Gelenke einschließlich des kleinen Fingers sind im 90-Grad-Winkel gebeugt), während du gleichzeitig leicht an der Kante ziehst, an der du dich festhältst. Am Anfang fühlt sich das wahrscheinlich sehr fremd und eventuell auch etwas unangenehm an.

Wiederhole dies über einen Zeitraum von ein paar Tagen oder Wochen, bis dein Körper sich an diese Position gewöhnt hat und die gekrümmten Finger sich ganz natürlich in die richtige Position bewegen.

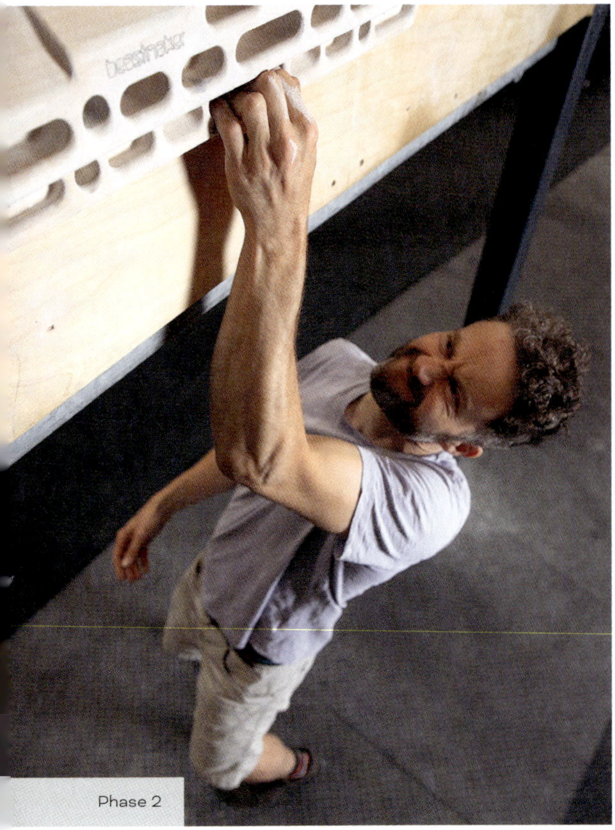

Phase 2

PHASE 2

Jetzt fangen wir an, uns an die Belastung heranzutasten – aber vorher ist ein gutes Warm-up am Fingerboard Pflicht, damit du bereit bist, hart zu ziehen!

Stelle dich unter ein Fingerboard oder eine Leiste. Greife die Leiste mit voll aufgestellten Fingern und fange an, zunehmend daran zu ziehen. **Die Füße bleiben dabei auf dem Boden!** Achte sorgfältig darauf, die Finger in der gewünschten Beugung zu halten. Bleibe einfach stehen und ziehe pro Hand jeweils 10 Sekunden so stark, wie du kannst, während die Fingerposition unverändert bleibt. Führe das Ganze etwa fünf Sätze pro Hand aus, mit reichlich Erholungspausen dazwischen.

Nach ein paar Sitzungen solltest du eine ziemlich große Verbesserung darin feststellen, wie stark du unter Beibehaltung eines stabilen aufgestellten Griffs ziehen kannst.

Nutze eine flache oder leicht hinterschnittene Leiste, um die aufgestellte Position zu unterstützen; bei einer schrägen Leiste können sich die Finger hingegen leicht zu einer offeneren Position aufrollen. Der Winkel im Arm ist nicht wirklich wichtig, die Position sollte einfach bequem sein, der Ellbogen nicht völlig durchgestreckt und nicht stark gebeugt und blockiert, sondern irgendwo gemütlich dazwischen.

PHASE 3

Mittlerweile solltest du dich mit dem voll aufgestellten Griff recht wohlfühlen und auch ohne ständig auf die Finger zu sehen bemerken, wann die Haltung der Finger gut ist. Jetzt ist es an der Zeit, mit beiden Händen gleichzeitig zu arbeiten.

Verringere die Belastung entsprechend und arbeite dich langsam bis an den Punkt vor, an dem du dein Körpergewicht an beiden Händen in der voll aufgestellten Position halten kannst.

Beim Klettern solltest du nun feststellen, dass du dich bei aufgestellten Griffen wohler fühlst und hoffentlich auch viel stärker bist.

Ab diesem Punkt kannst du anfangen, deine Griffkraft für Aufsteller mit den üblichen Fingerboard-Übungen zu trainieren – Max Hangs und so weiter.

Zusammenfassung

Keine Angst vor aufgestellten Griffen – du kannst sie packen.

Sind aufgestellte Finger neu für dich oder bist du unerfahren in dieser Griffart, sei vorsichtig und baue die Fingerkraft langsam auf.

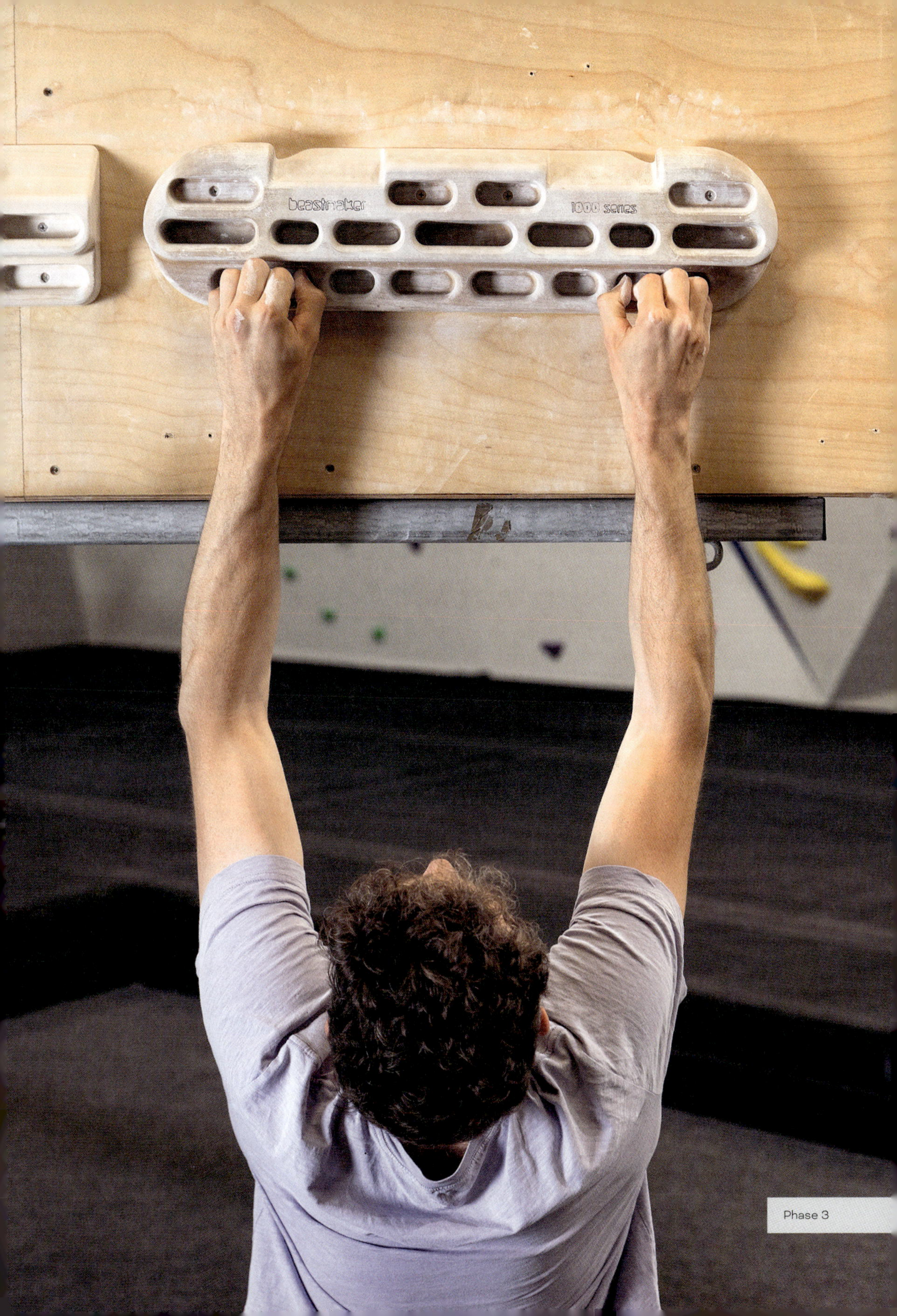
beastmaker
1000 series

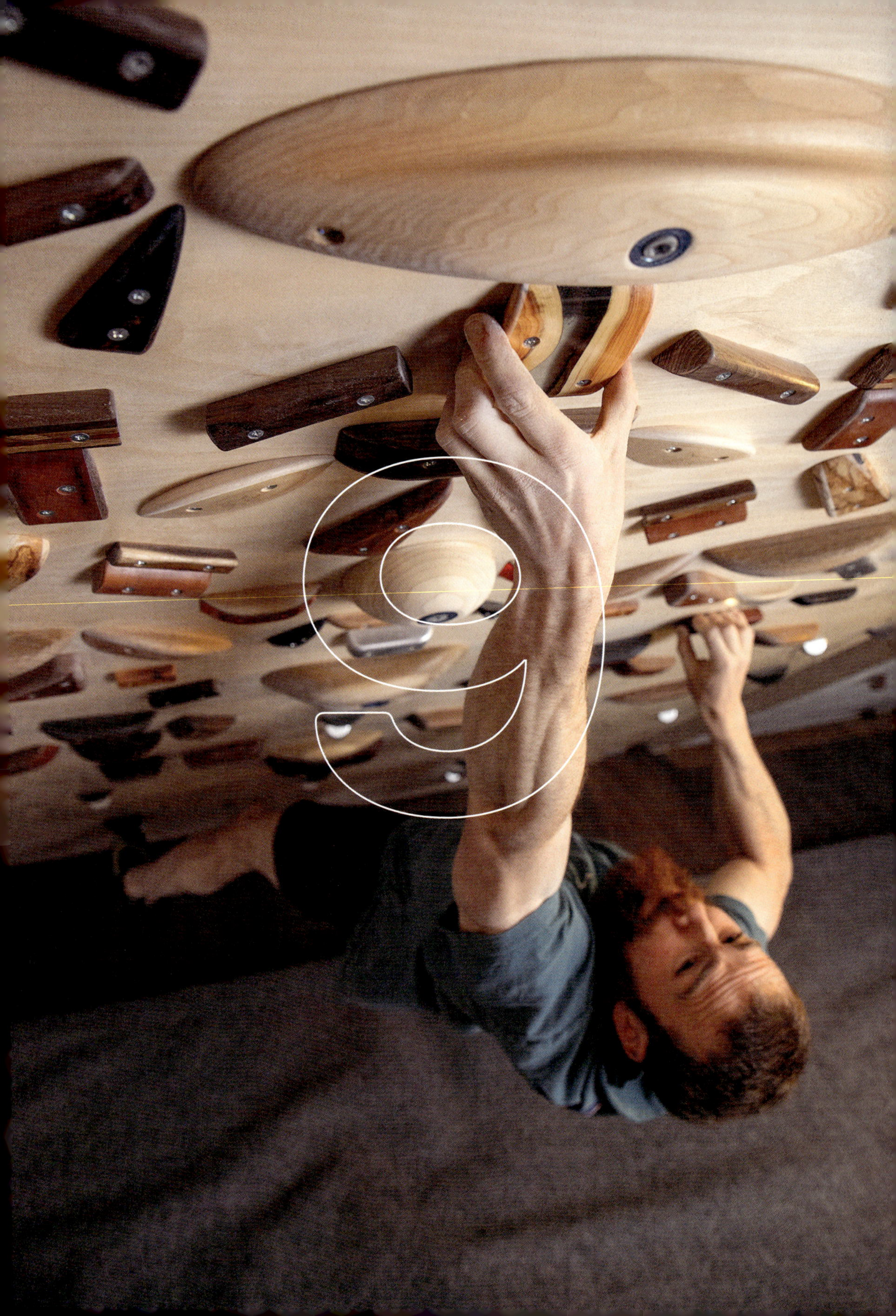

ZANGEN

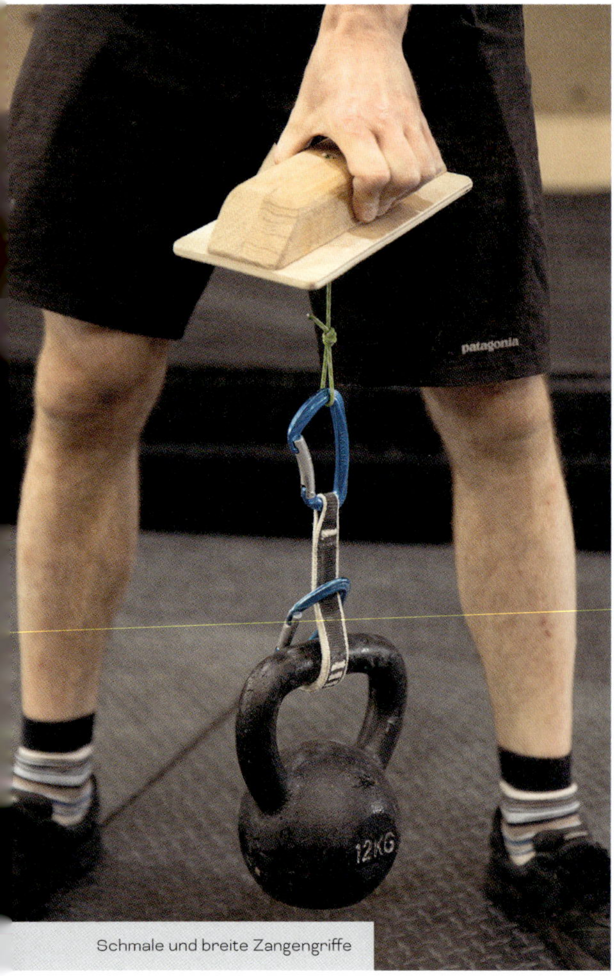

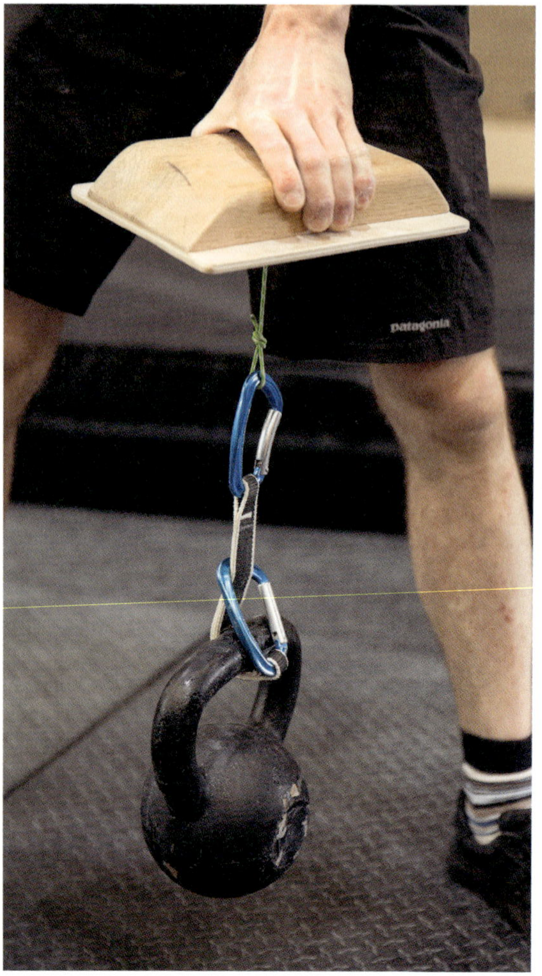

Schmale und breite Zangengriffe

Je nach Klettergewohnheiten kann sich die Zangenkraft (Pinch Power) von Kletterer zu Kletterer stark unterscheiden. Und das bei gleichem Leistungslevel. Eine gute Zangenkraft lässt sich in vielen Indoortrainingsbereichen aufbauen, da die meisten angeschraubten Griffe, mit Einschlagmuttern verschraubten Griffe und Holzgriffe aus der Wand ragen und so normalerweise dem Daumen gegenüber von den Fingern einen Platz bieten. Das ist super, denn es kann nur gut sein, wenn man im Zangengriff so richtig hart zupacken kann.

Allerdings habe ich festgestellt, dass Zangen als Griffart draußen nicht so oft vorkommen wie Leisten. Ich selbst war in Zangen nie so besonders gut, und weil mir nicht viele Klettereien einfallen, die ich wirklich machen will und bei denen es hauptsächlich um Zangen geht, verschwende ich nicht so große Gedanken daran, meine Zangenkraft zu trainieren. Ich sehe jedoch ein, dass eine großartige Zangenkraft in bestimmten Situationen sehr hilfreich sein kann – beispielsweise beim Wettkampfklettern an Volumen, bei hartem Sinterklettern und wenn man viel im Granit bouldert.

»

Beim Zangengriff kommt es oft auf die Handgröße an.

Eine Sache, die mir bei Zangen und insbesondere bei weiteren Zangen auffällt, ist, dass es bei ihnen sehr oft auf die Handgröße ankommt. Wenn eine Zange gut in deine Hand passt, kann sie sich ähnlich wie ein Henkel anfühlen, wohingegen sie für eine andere Person, die ihren Daumen nicht an die richtige Stelle bekommt, möglicherweise nicht zu halten ist.

Ein Bereich, an dem ich selbst viel gearbeitet habe, sind schmale und kleine aufgestellte Zangen. Ich habe festgestellt, dass es meine Fingerkraft bei Aufstellern wirklich verbessert hat, diesen Griffstil zu trainieren, da die Finger in der aufgestellten Position sind und der Daumen gegenüber. Dieser Griffstil kann am Felsen, bei geschlossenen Rissen oder Aufstellern an Dächern, wo der Daumen nicht auf den Zeigefinger gelegt werden kann, hilfreich sein.

Shauna hat winzige Hände. An kleinen Zangen fühlt sie sich wohl, aber große Zangen können für sie etwas schwieriger sein. Deshalb hat sie viel Zeit damit verbracht, ihre Daumen zu dehnen, um ihre Griffweite zu steigern – und das hat es ihr ermöglicht, mit ihren Händen auch größere Zangen zu greifen.

DIE ZANGENKRAFT TRAINIEREN

Es ist ziemlich schwierig, die Zangenkraft beim Klettern isoliert anzuwenden, da man sich oft um Zangen drücken kann, anstelle einfach den Daumen hinzuzunehmen und zuzudrücken. Eine Zange in einen Seitgriff zu verwandeln ist die klassische Methode, um das Problem zu vermeiden.

ZANGENBLÖCKE (PINCH BLOCKS)

Hebe Gewichte mit der Zange an. Das ist eine tolle Methode, um die Muskeln in Hand und Unterarm isoliert einzusetzen, da man keinen anderen Weg hat, den Block festzuhalten außer durch Daumendruck. Ob die Handposition die Wirksamkeit beeinflusst, muss man dann sehen, denn beim Klettern greift man die Zange üblicherweise oberhalb der Schulter und beim Aufheben mit dem Zangengriff bleibt sie unterhalb der Schulterhöhe.

Das Training mit dem Zangenblock ist definitiv eine nützliche Methode, um die Zangenkraft aufzubauen, denn es ist einfach und messbar. Gehe beim Zangenblock vor wie bei einer Standardübung am Fingerboard: Hebe den Block hoch und halte das Gewicht für eine bestimmte Zeitspanne.

Verwende einen Zangenblock, der die entsprechende Größe für die Zangengröße hat, die du trainieren möchtest. Denke an die 15-Grad-Regel für den Gelenkwinkel (siehe Seite 82). Die Kraft kannst du nur innerhalb eines Bereichs von +/- 15 Grad um den Gelenkwinkel steigern, an dem du arbeitest. Mit einer riesig fetten, abschüssigen Zange zu trainieren wird dir nicht helfen, wenn es bei deinem Projekt darum geht, eine richtig dünne Zange greifen zu können, bei der alle Finger aufgestellt sind.

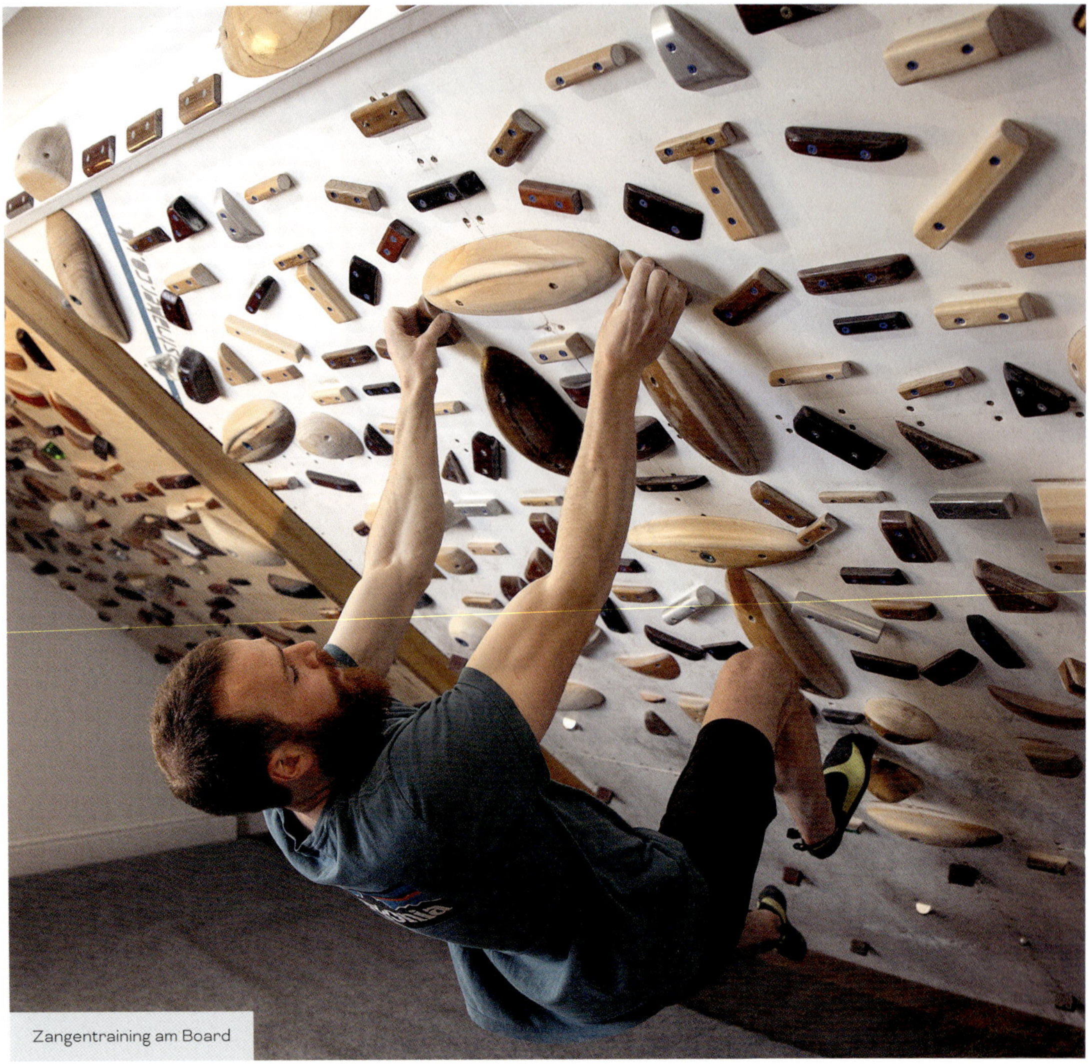
Zangentraining am Board

ZANGENGRIFF AM BOARD

Mir Boulderprobleme auszudenken, bei denen Zangen an einem Board genutzt werden, war schon immer meine Lieblingsmethode, um die Zangenkraft zu trainieren – vorausgesetzt, man nutzt Fußtritte, wodurch man nicht jede Zange zu einem Seitgriff abwandeln kann! Und ebenfalls vorausgesetzt, dass du dir Probleme ausdenkst, bei denen du die Griffe tatsächlich in die Zange nehmen musst, um das Problem zu klettern. Du wirst es bemerken, wenn du dich selbst beschummelst. Denke daran, dass Training nicht leicht sein soll.

Enge Züge zwingen dich in der Regel dazu, die Daumen stärker einzusetzen, wohingegen weite Züge mit Zangen eher dazu einladen, einen Seitgriff zu verwenden, statt mit dem Daumen gegenzudrücken. Auch der Winkel unterschiedlicher Zangen kann einen Einfluss darauf haben, wie gut oder schlecht sie sich anfühlen. Solltest du für eine bestimmte Route oder ein Boulderproblem trainieren, bei dem es eine Zange oder mehrere Zangen gibt, richte dein Training auf Zangen aus, die diesen in Größe, Form und Winkel so ähnlich wie möglich sind.

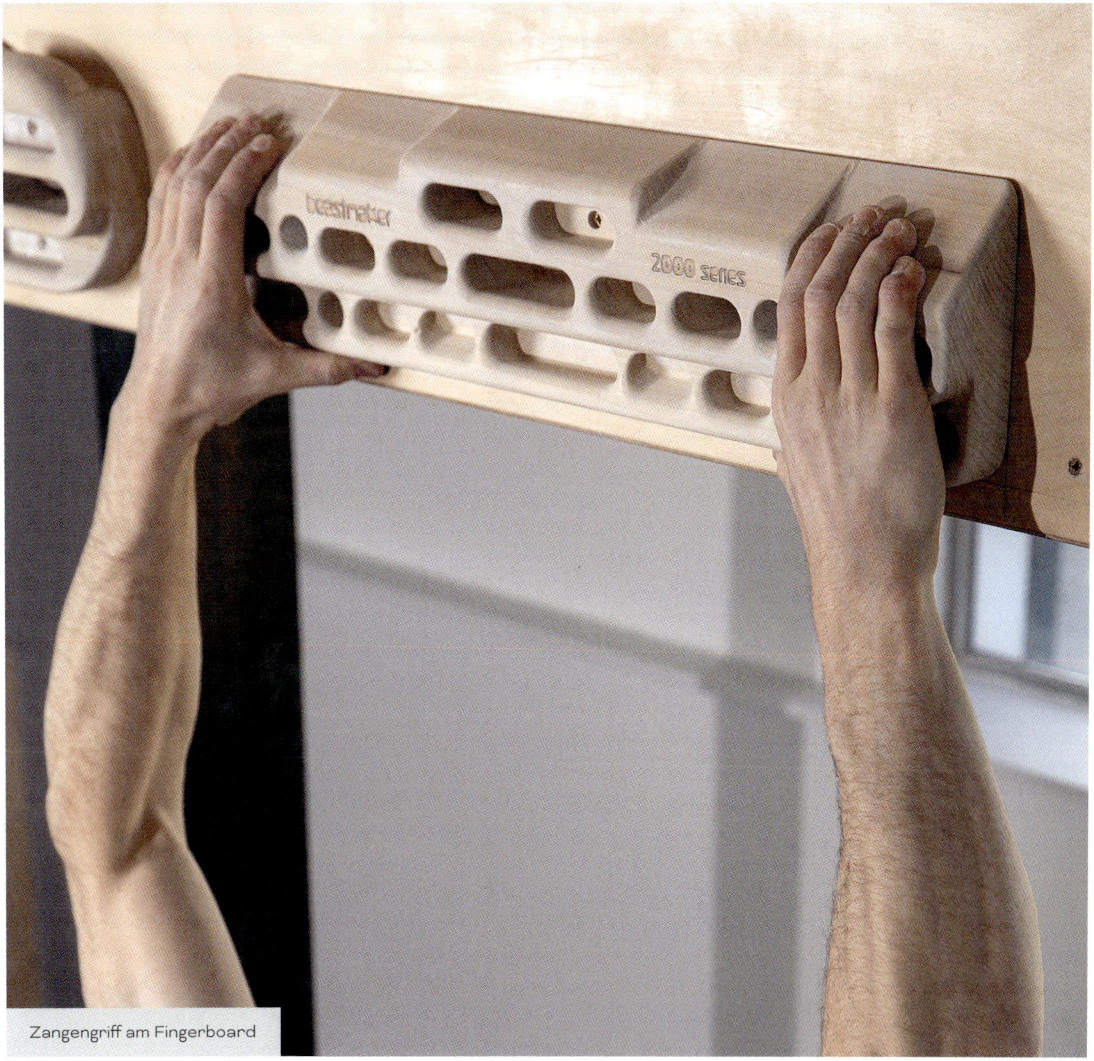

Zangengriff am Fingerboard

ZANGEN AM FINGERBOARD

Sofern sich die Zangen eines Fingerboards dazu eignen, kann dieses ein guter Ort sein, um Zangen zu trainieren. Dies hängt natürlich auch von der Größe deiner Hände ab. Bei parallelen Zangen, bei denen der Daumen zum Körper gerichtet ist, kann man statt der Daumenkraft gut den Druck zum Festhalten nutzen. Die Griffflächen der Zangen sollten daher eher vertikal und nicht horizontal angeordnet sein, um diesen Effekt zu vermeiden und sicherzustellen, dass die Daumen zudrücken müssen, damit du Grip hast.

Zusammenfassung

Das Training der Zangenkraft sollte spezifisch sein – gibt es bei deinem Projekt dünne, mit aufgestellten Fingern zu greifende Zangen, solltest du dafür nicht mit weiten Zangen trainieren.

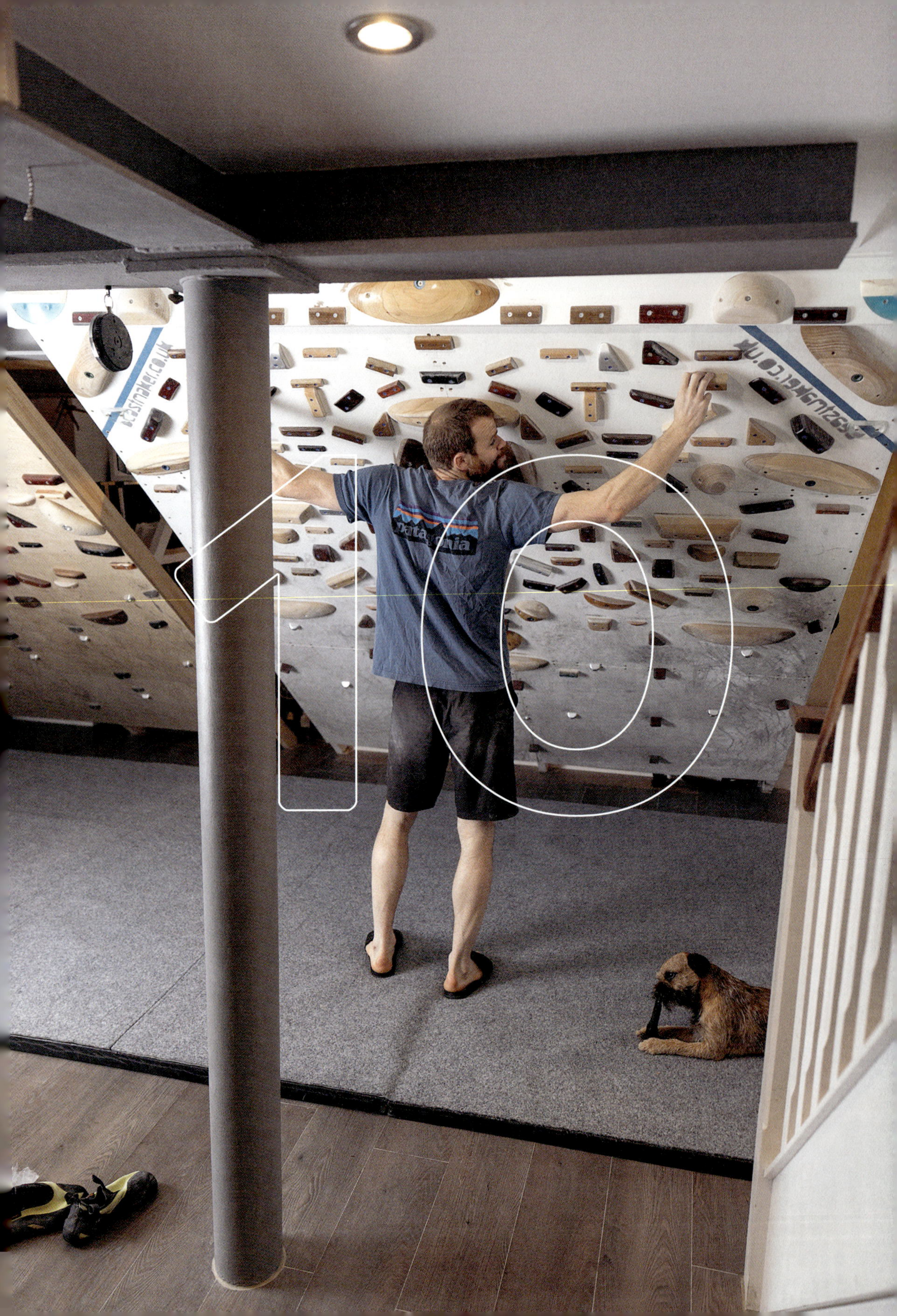
10
patagonia

TRAINING AM BOARD

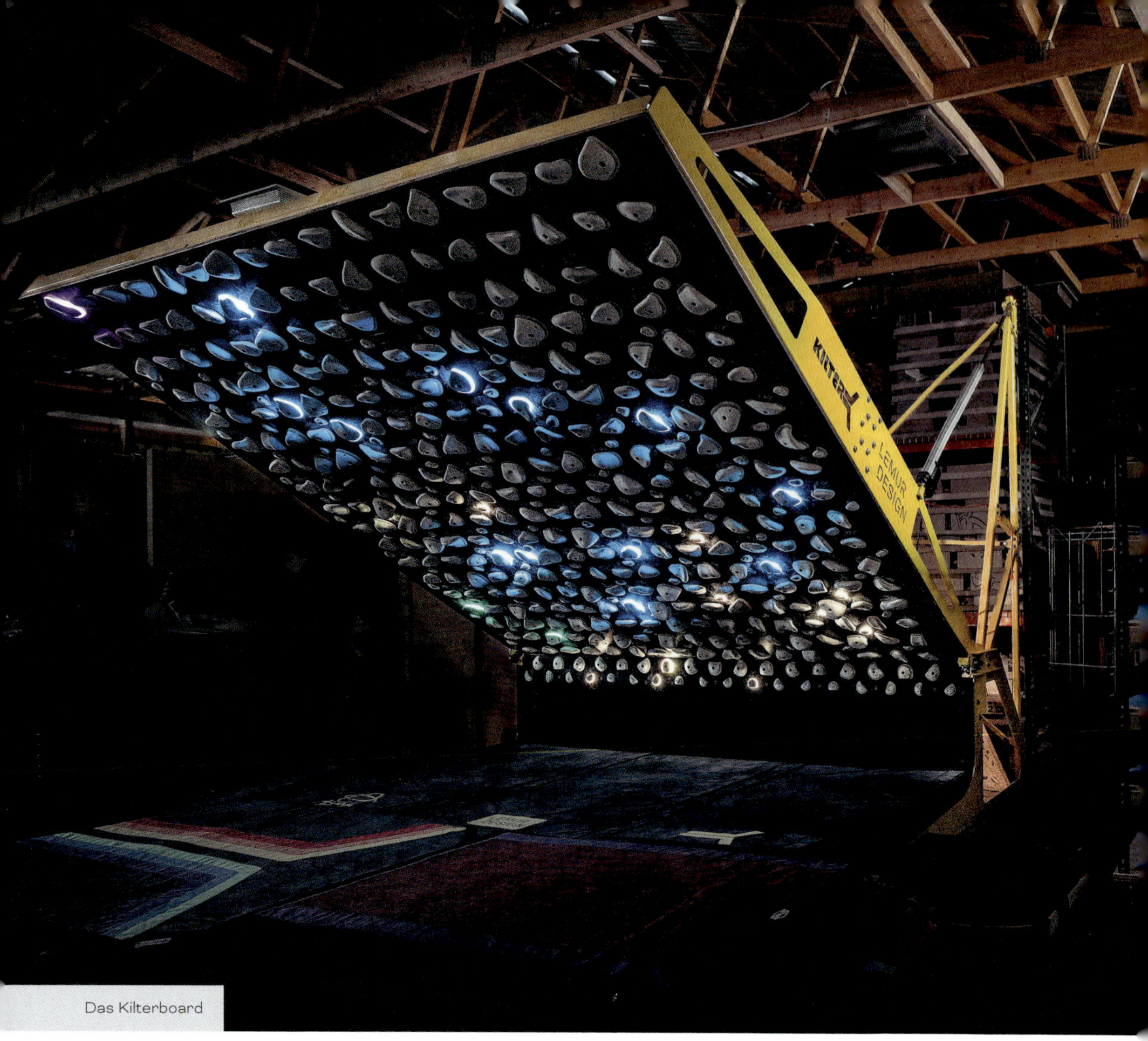

Das Kilterboard

WAS IST EIN BOARD?

Und warum ist ein Board keine Kletterwand und umgekehrt? Ein Board ist ein hochwertiges Krafttrainingsgerät, wohingegen eine Kletterwand eine Oberfläche ist, an der man in einer Vielzahl von Stilen und mit einer Vielzahl an Schwierigkeitsgraden klettern kann.

Die ersten Trainingsboards wurden in den 1980er-Jahren in kleinen Räumen (beispielsweise winzigen britischen Kellern) gebaut – zu einer Zeit, in der Kletterwände noch nicht wirklich existierten. Sie wurden vor allem von den eifrigsten Kletterern gebaut, für die es zu der Zeit noch keine anderen Trainingsmöglichkeiten gab, als draußen klettern zu gehen oder am Türrahmen ein paar Klimmzüge zu machen.

Die Kletterer bauten eine kurze, steile Kletterfläche und überzogen sie mit unglaublichen Mengen an richtig schlechten Handgriffen. Der Kerngedanke eines Boards war, dass es steil und hart sein musste und so tatsächlich jede Menge Schwierigkeiten auf engstem Raum unterbrachte. Auf diese Weise war es sehr hilfreich für seine Nutzer, die auf einer winzigen Kletterfläche viele harte Züge ausprobieren konnten.

Seitdem entstanden immer mehr kommerzielle Kletterwände, und heute verfügen Kletterhallen in der Regel über eine überwältigende Vielzahl an Kletterflächen, Griffarten und Arten von Zügen.

Zwischen diesen vielen Möglichkeiten hat auch das einfache Trainingsboard immer noch seinen Platz. Unsere Trainingsboards zu Hause spielen bei Shaunas und meinem Training eine große Rolle, ebenso wie sie einen großen Anteil daran haben, das heutige Kletterniveau weiter anzuheben.

TRAINING AM BOARD – WESHALB?

Beim Klettern geht es normalerweise darum, von einem Handgriff zu einem anderen zu greifen und dabei die Füße am Felsen zu haben. Deshalb ergibt es auch einen Sinn, dies im Training nachzubilden, um die Bewegung zu verbessern und somit ein besserer Kletterer zu werden. Sie sollte jedoch auf die schwierigste und gezielteste Weise nachgeahmt werden, die uns möglich ist. Boards sind dafür super geeignet, weil wir kletterbezogene Bewegungen durchführen können, aber Neigung, Größe der Handgriffe und Fußtritte sowie die Länge der Züge alle kontrolliert und verändert werden können, um die Intensität hoch zu halten. Dabei schaffen wir fast eine Karikatur harten Kletterns, bei der die Elemente, die eine normale Kletterei schwierig machen, betont werden. An Boards lässt es sich großartig an den Schwächen arbeiten, da wir uns leicht auf die Griffarten oder Züge konzentrieren können, mit denen wir Schwierigkeiten haben, und bei jedem Zug die Intensität angemessen justieren können.

Einige Glückliche von euch besitzen vielleicht bereits ein eigenes Board – insbesondere nach dem Chaos durch den Covid-19-Lockdown 2020 und den dadurch ausgelösten Hype ums Selberbauen von Boards. Falls ja, ist das eine gute Sache, aber ich weiß auch, dass ein eigenes Board nicht für jeden möglich ist. Wenn du Zugang zu einem Board in einer Kletterhalle hast, ist das auch super. Und wenn du Einfluss darauf nehmen kannst, wie das Board aussieht, ist das noch besser.

Jetzt überlegst du vielleicht, dir ein eigenes Board anzuschaffen. Eine Möglichkeit wäre, sich ein fertig gestaltetes und bereits vorgegebenes Board von der Stange zu kaufen wie ein Kilterboard. Diese Boards sind sehr beliebt geworden. Sie bieten dem Kletterer eine große Auswahl an Problemen und eine virtuelle Community, mit der man klettern kann. Wenn du nur wenig Zeit oder eine geringe Motivation oder keinen anständigen Trainingsort hast, könnte es das Richtige für dich sein.

Es bietet definitiv einen Nutzen, wenn du versuchst, die Probleme anderer Leute zu klettern und Züge auszuprobieren, die du wahrscheinlich nicht für dich selbst zusammengestellt hättest. Allerdings kannst du dich auch erheblich verbessern, wenn du dich dazu zwingst, Probleme und Züge zu klettern, die du festgelegt hast, um besonders deine schwächeren Bereiche anzusprechen und an diesen zu arbeiten. Das ist zwar hart für das Ego, aber gut für dein Klettern!

In diesem Abschnitt geht es darum, das Beste aus dem Board, zu dem du Zugang hast, herauszuholen. Dabei gehe ich stets von der Annahme aus, dass du ein vielseitiger Kletterer werden möchtest, da das etwas ist, auf das ich immer hintrainiere. Viele meiner Tipps gehen von dieser Annahme aus. Solltest du aber auf ein sehr spezifisches Ziel hintrainieren oder kein Interesse daran haben, beispielsweise an kleinen Leisten zu klettern, kannst du dir natürlich die Abschnitte heraussuchen und auswählen, die auf dich zutreffen.

WESHALB SOLLTE ICH LIEBER EIN BOARD STATT EINER STANDARDKLETTERWAND NUTZEN?

Heutzutage geben die Kletterwände so viele interessante und inspirierende Boulderprobleme vor, dass wir sicherlich nur daran trainieren müssen, oder? Mein Einwand wäre, dass das Training am Board viel mehr darauf abzielt, die kletterspezifische Kraft zu steigern (kleine Griffe, große Züge, steile Winkel, gleichmäßige Schwierigkeit und so weiter), als die Standardprobleme in den Hallen es tun, bei denen es sich einzig um große kugelige Griffe, ungewöhnliche Züge oder einen rutschigen Fußtritt drehen kann.

Das Boardtraining hilft auch dabei, die Kreativität weiterzuentwickeln. Um uns Probleme auszudenken, müssen wir wirklich über die Züge nachdenken und auch darüber, wie unterschiedliche Griffe im Verhältnis zueinander funktionieren. Uns dazu zu zwingen, das zu berücksichtigen, ist sehr hilfreich für die Entwicklung unseres Verständnisses vom Klettern und ein Trainingselement, von dem ich das Gefühl habe, dass es heutzutage möglicherweise zu kurz kommt. Die Menschen bekommen alles mundgerecht serviert und entwickeln kein kreatives und analytisches Klettergehirn, wie die Leute es getan haben, als die Trainingseinrichtungen noch nicht so gut waren.

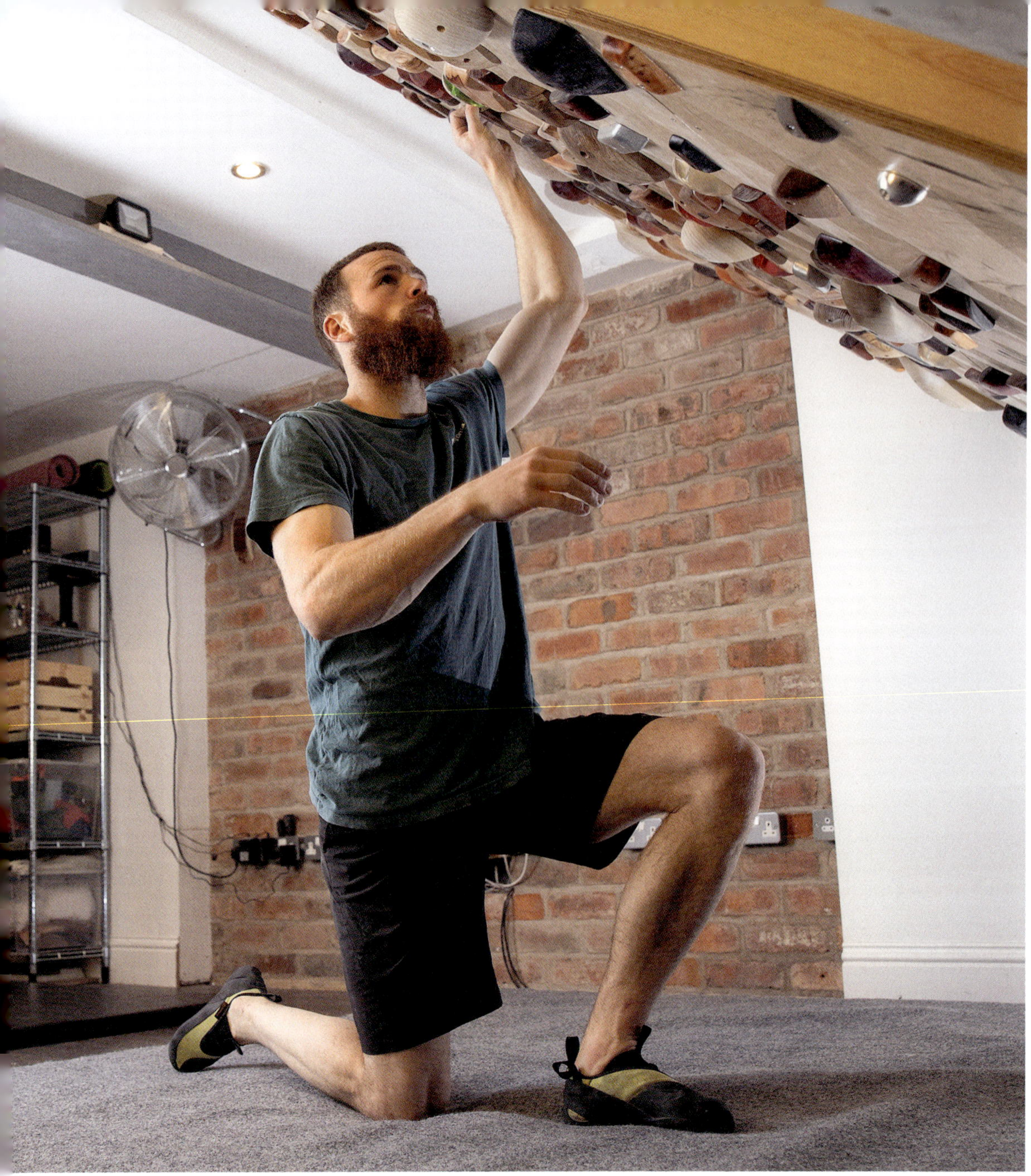

BOARDDESIGN

Wenn du also in der glücklichen Lage bist, dein eigenes Board bauen zu können, frage dich, wie es gestaltet sein sollte oder wie du aus einem bereits vorhandenen Board das meiste herausholen kannst. Solltest du bereits Zugang zu einem Board haben, kannst du auf Seite 131 vorblättern.

GRÖSSE

Es kommt nicht auf die Größe an, sondern wie man damit umgeht ... Ein riesiges Board mag zwar beeindruckend aussehen, aber wird der Raum auch wirklich effizient genutzt?

Ich finde, dass die Boards in den kommerziellen Kletterhallen häufig zu groß sind, um hilfreich zu sein. Wenn

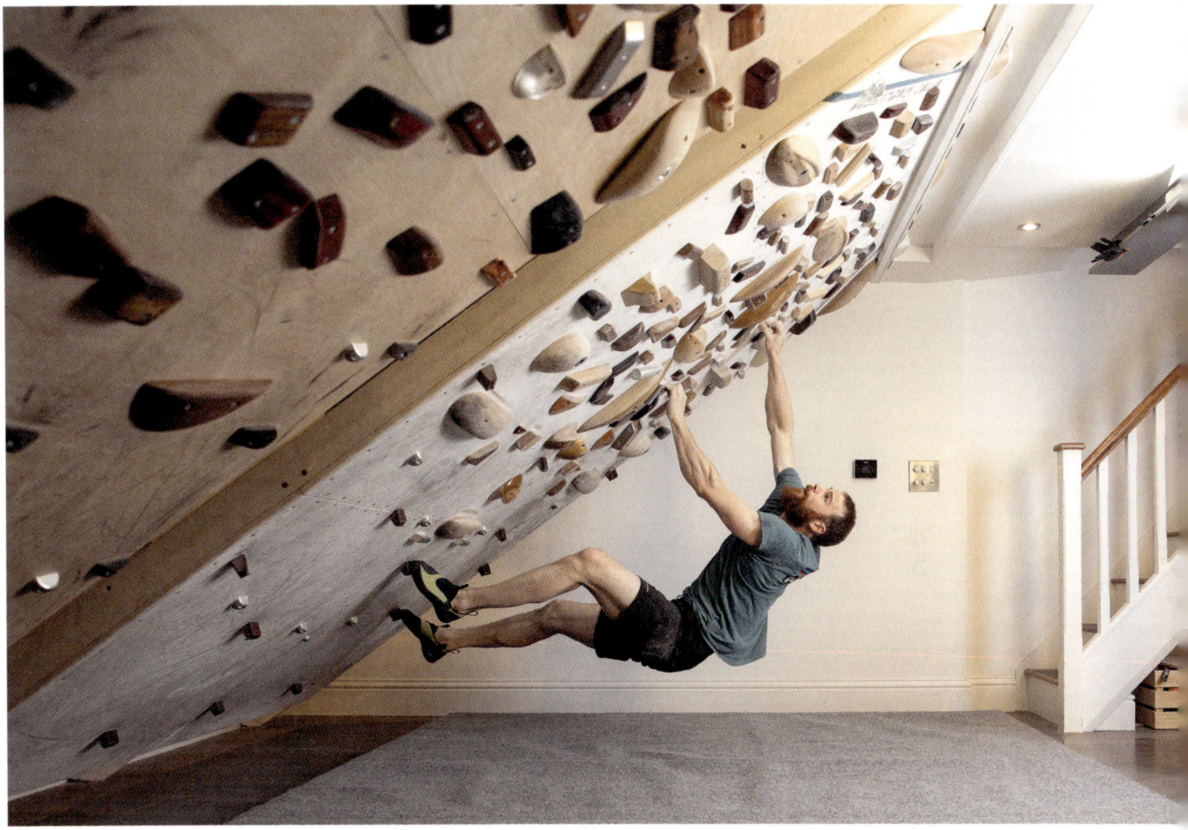

man nicht alle Griffe erreichen kann, um sie zu reinigen oder sich in jedweder Position daran festzuhalten, dann ist der Nutzen des Boards beschränkt. Warum sollte man ein großes Board haben, wenn alle deine Probleme in Stehhöhe beginnen und an einem großen Griff in einer Höhe von nur zwei Dritteln der Gesamthöhe enden?

Bei den Boards geht es im Allgemeinen nur um das Training der Maximalkraft. Bei diesem Trainingsstil solltest du dich auf fünf oder weniger Züge beschränken. Ist ein Board zu groß und du machst am Ende sechs bis zehn Züge pro Problem (oder mehr, Gott bewahre!), dann kannst du dich nicht allein auf die Kraft konzentrieren, da die Intensität jedes einzelnen Zugs unmöglich stark genug sein kann.

Natürlich haben große Boards ihre Berechtigung für das Zirkel- und Kraftausdauertraining, aber ich denke, du wirst besser damit fahren, ein Board entweder für heftiges Krafttraining oder für Ausdauertraining zu gestalten, anstelle beides zu kombinieren und damit eher schlecht als recht trainieren zu können.

NEIGUNG

Die Neigung deines Boards kann von deinen Zielen und dem Raum abhängen, der dir zur Verfügung steht – aber im Allgemeinen gilt, dass die Griffe umso größer sein müssen, je steiler das Board geneigt ist. Boards mit mehr oder weniger Neigung haben jeweils ihre entsprechenden Merkmale und Vorzüge.

Steilere Boards (≥ 45 Grad)

- geringere Raumhöhe für den Einbau nötig
- im Allgemeinen größere Griffe
- mehr Gewicht am Oberkörper
- mehr Spannung erforderlich, um mit den Füßen am Board zu bleiben
- Züge sind oft eher ein Hangeln als ein Ziehen

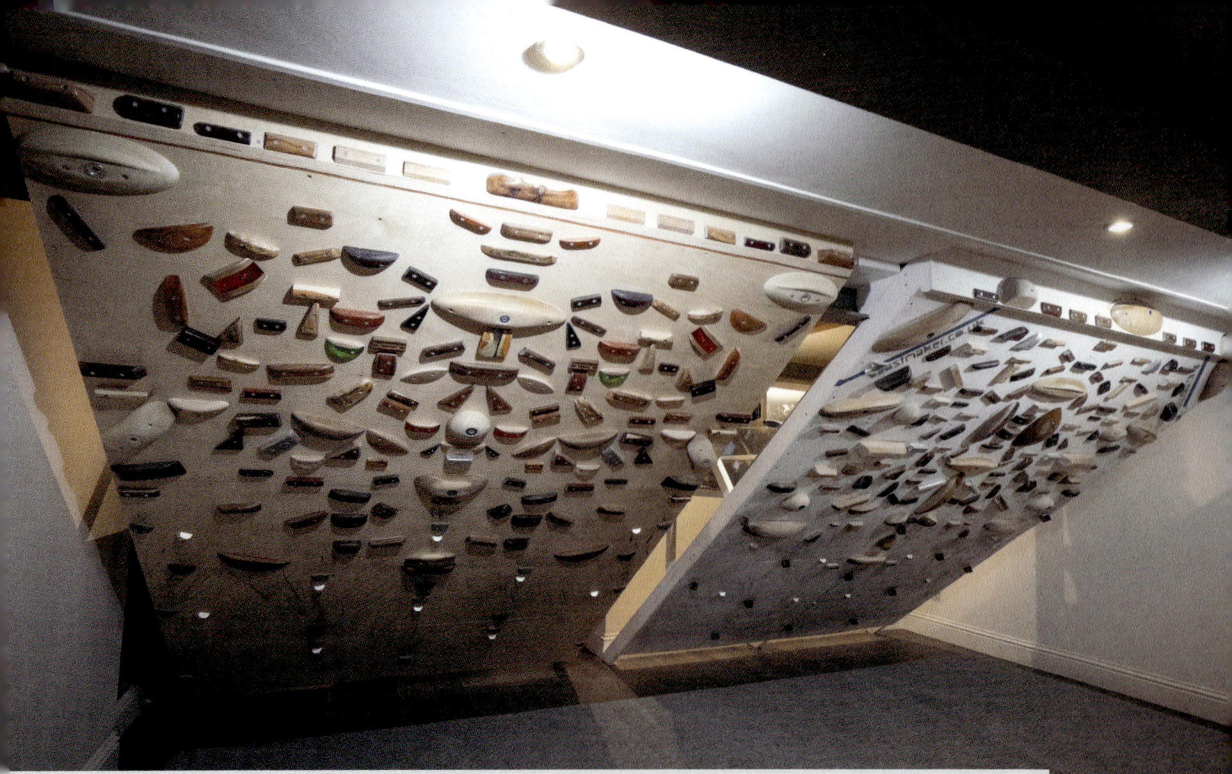

Unsere nebeneinander angebrachten Boards sind so gestaltet, dass sie unsere speziellen Anforderungen trainieren.

Weniger steile Boards (30 bis 40 Grad)

- haben eine kleinere Grundfläche als ein steiles Board, passen also möglicherweise besser in einen kleinen Raum
- kommen mit kleineren Handgriffen aus, was eventuell eher felsspezifisch ist
- erfordern stärkeres Ziehen mit den Armen
- machen längere Zirkel einfacher, sollte das dein Wunsch sein

Entscheidend für viele private Boardbauer ist, dass Boards mit weniger Neigung mehr Raumhöhe benötigen, weshalb sie manchmal zu Hause einfach nicht in ein normales Zimmer oder in die Garage passen. Ein drei Meter langes Kletterpaneel mit einer Neigung von 45 Grad wäre beispielsweise etwas über zwei Meter hoch, wohingegen dasselbe Paneel bei einer Neigung von nur 30 Grad nach oben einen halben Meter zusätzlich benötigt.

Der größte Nachteil von weniger steil geneigten Boards für das Krafttraining ist, dass die Füße einen großen Teil der Arbeit übernehmen können, auch bei kleinen oder schlechten Fußtritten. Außerdem bräuchte man unglaublich kleine Griffe, um die Züge hart genug zu gestalten – und das kann nach einer Weile ziemlich unangenehm werden. Wenn man es vermeiden kann, sollte die Haut beim Training nie zum limitierenden Faktor werden. Hat das Board eine noch geringere Neigung als 30 Grad, wirst du vermutlich an derart winzigen Griffen ziehen, dass es der Horror ist! Wenn du deine Haut auch nur ein bisschen schätzt, solltest du das vermeiden.

In einer perfekten Welt hättest du Zugang zu einer Reihe von Boards mit verschiedenen Neigungen, mit unterschiedlichen Arten von Griffen. Aber das ist für die meisten von uns nicht realistisch. Solltest du dein eigenes Board bauen, musst du dich für eine Neigung entscheiden. Und die wird teilweise von den Maßen des Raumes bestimmt, der dir zur Verfügung steht.

Mein erstes Board habe ich mit einer Neigung von 56 Grad gebaut. Das lag hauptsächlich daran, dass es so in einen Keller mit einer niedrigen Deckenhöhe passte. Glücklicherweise ist das meiner Ansicht nach eine super Neigung für mein Training. Die Griffe sind überwiegend (aber nicht ausschließlich) ziemlich groß – im Allgemeinen so tief wie das erste Fingergelenk oder noch tiefer –, wodurch sie bequem zum Klettern sind. Allerdings sind sie nicht besonders stark eingeschnitten und haben kaum Struktur – das bedeutet, dass ich eine gute Körperspannung halten und viel mit den

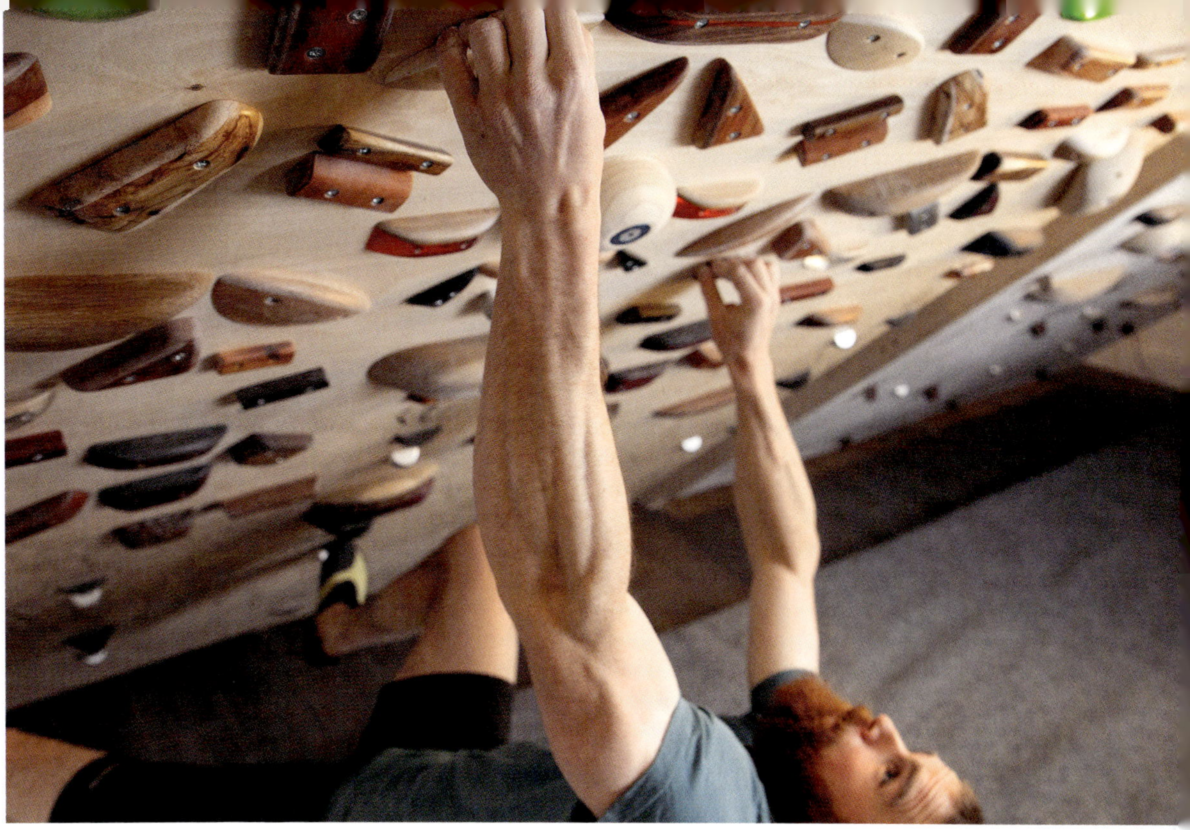

Händen drücken muss, um Züge miteinander verbinden zu können. Mein Board ist ein erstklassiges Krafttrainingsgerät. Für weniger intensives Training gehe ich an eine Kletterwand in einer Halle. Für Züge mit höchster Intensität in einem Style, der mein Klettern wirklich voranbringt, ist mein Board für mich perfekt geeignet. Mein Rat wäre, dass du dir überlegst, was dein Board für dein Klettern bringen soll.

Nach dem Bau meines ersten Boards konnte ich noch ein weiteres Board direkt daneben bauen. Dieses zweite Board war mehr auf Shaunas Training ausgerichtet. Es hat größere, aber weniger positive Handgriffe und gleichzeitig stärker positive Fußtritte. Die Idee dahinter ist, dass Shauna so an längeren, weiter auseinandergezogenen Zügen arbeiten, sich mit den Füßen festkrallen und das Krafttraining bei maximaler Streckung durchführen kann. Wenn die Griffe hinterschnitten sind, findet sie sie im Allgemeinen zu leicht! Also habe ich eine Reihe abschüssiger Griffe angebracht, bei denen man eine gute Körperspannung braucht, um sich festzuhalten und sich um sie herum zu bewegen. Jetzt haben wir zwei Boards in derselben Neigung, die sich aber völlig unterschiedlich klettern und völlig unterschiedliche Fähigkeiten fördern.

HANDGRIFFE

Solltest du den Luxus eines eigenen Boards haben oder Zugang zu einem Board haben, über das du bestimmen kannst, dann ist das toll für dich. Mache das Beste daraus. Hier ein paar Überlegungen zu Handgriffen am Board:

- Schmerzende Haut aufgrund von unbequemen Griffen sollte vermieden werden.
- Begrenze die Anzahl scharfer und schlechter Griffe. Ein paar davon können hilfreich sein, insbesondere wenn deine Ziele kleine, scharfe Crimps beinhalten. Wo es möglich ist, solltest du allerdings auf bequeme Griffe ausweichen. Es sei denn, du gehörst zu den Spinnern, die es mögen, an rasiermesserscharfen Leisten zu ziehen.
- Bequem bedeutet nicht unbedingt henkelartig. Auch ein schwieriger Griff kann bequem sein.
- Keine übermäßig hinterschnittenen Griffe. Griffe sind viel schöner, wenn sie größer und weniger positiv sind und nicht winzig und stark hinterschnitten.
- Bei Griffen ist ein großer Radius fast immer besser.
- Abgerundet ist gut, allerdings können runde Formen die Finger seitlich sehr belasten.
- Verwende Holzgriffe. Solltest du Kunstharz verwenden müssen, achte darauf, dass die Griffe eher glatt

sind. Wenn du es vermeiden kannst, sollte deine Haut keinen Einfluss auf deine Trainingseinheiten haben. Ich finde die meisten Kunstharzgriffe einfach zu rau, um für längere Zeit an ihnen zu trainieren. Und wenn sie glatt sind, fühlen sie sich oft rutschig an.

- Holz ist ein poröses Material und saugt den Schweiß etwas auf, wohingegen Kunstharzgriffe nicht porös sind und man sich darauf verlassen muss, dass das Chalk in der Struktur den Fingerschweiß absorbiert.
- Halte die Griffe sauber! Mit der Zeit kann sich Chalk ansammeln und die Griffe rutschig werden lassen. Nutze die Erholungspausen, um das Chalk von deinem vorherigen Versuch abzubürsten.
- Versuche, viele der Griffe anzubringen, die du beim Klettern hart findest. Wähle nicht nur die Griffe aus, die du magst, weil du dich an ihnen stark fühlst.

FUSSTRITTE

Verschiedene Fußtritte können die Art und Weise, wie sich ein Board klettern lässt, vollkommen verändern. Du hast im Wesentlichen drei Alternativen:

- Die Füße folgen den Händen.
- separate positive/hinterschnittene Fußtritte
- separate abschüssige Fußtritte

Jede Alternative hat ihre Vorteile. Das Motto **»Die Füße folgen den Händen«** bietet einige interessante Züge und erlaubt es dir, eine große Anzahl an Zugarten zu trainieren. Im Allgemeinen wird bei diesem Ansatz an Körperkraft und Koordination sowie an der Fingerkraft gearbeitet. Außerdem kannst du an Heelhooks und Toehooks arbeiten und lernst, aus den verfügbaren Griffen das Beste zu machen. Dieser Ansatz funktioniert häufig besser mit organisch geformten Kunstharzgriffen als mit Holzgriffen und ist eine tolle Trainingsmethode. Allerdings musst du aufpassen, dir Probleme auszudenken, mit denen du an deinen Schwächen arbeiten kannst, da Kletterer häufig in ihren üblichen oder stärksten Stil verfallen, wenn sie sich Probleme ausdenken.

Das ist der klassische »Spray Wall«-Kletterstil. Ich finde ihn toll, aber im Allgemeinen braucht man dafür ein größeres Board in einer großen Halle. Die meisten Heimboards sind einfach zu klein, als dass dieser Ansatz gut an ihnen funktioniert. Wer außerdem ein Board mit Handgriffen aus Holz hat, der sollte lieber spezielle Fußtritte nutzen, um die wunderbaren Holzgriffe nicht durch das Darauftreten zu ruinieren!

Separate positive/hinterschnittene Fußtritte erlauben es dir, dich festzukrallen und mit den Beinen zu ziehen. Sie trainieren so den gesamten Körper und helfen, Kraft von den Zehen bis zu den Fingerspitzen aufzubauen. Mit dieser Art von Fußtritt kannst du weitere Züge machen und an der Kraft bis ganz unten am Körper arbeiten. Die Beinkraft ist beim Klettern unglaublich nützlich, wird jedoch häufig übergangen. Bei Zügen am Felsen geht es oft darum, die Füße nicht zu hoch zu nehmen und sich lang zu strecken, weshalb es sich lohnt, diesen Style zu trainieren.

Abschüssige Fußtritte legen den Trainingsreiz schwerpunktmäßig auf die Finger, den Oberkörper und die aktive Kraft im Core – weil man bei schlechten Fußtritten stark drücken muss. Die wichtigsten Fußtritte an meinem Board sind ziemlich groß, aber abschüssig und nicht wirklich hilfreich.

Für den überwiegenden Teil meines Boardtrainings ziehe ich abschüssige Fußtritte vor. Das regt mich dazu an, mit den Füßen Druck auszuüben, damit sie auf den Tritten bleiben, und fördert so die kletterspezifische Körperspannung. Das bedeutet auch, dass ich mir Boulderprobleme setzen kann, bei denen es stark darauf ankommt, die Füße an der Wand zu lassen – die Crux ist also fast immer, die Füße mitzubewegen und auf den Tritten zu halten. Das fühlt sich sehr felsspezifisch an.

Ein zweiter Vorteil abschüssiger Fußtritte ist, dass man sich beim Kletterschuh nicht auf eine anständige Kante verlassen muss, um sich auf kleinen positiven Fußtritten zu halten. Das bedeutet, dass man in alten lappigen, ausgelatscht-bequemen Schuhen trainieren kann und nicht die brandneuen, teuren, die Zehen zerquetschenden Kletterschuhe tragen muss.

Shauna trainiert lieber auf positiven Fußtritten und insbesondere solchen, die weit weg von den Handgriffen liegen. Sie ist relativ klein (164,5 Zentimeter), weshalb Klettern für sie häufig bedeutet, weit zwischen den Griffen und Fußtritten zu greifen und sich zu strecken. Sie trainiert viel bei maximaler Streckung, damit sie das Beste aus ihrer

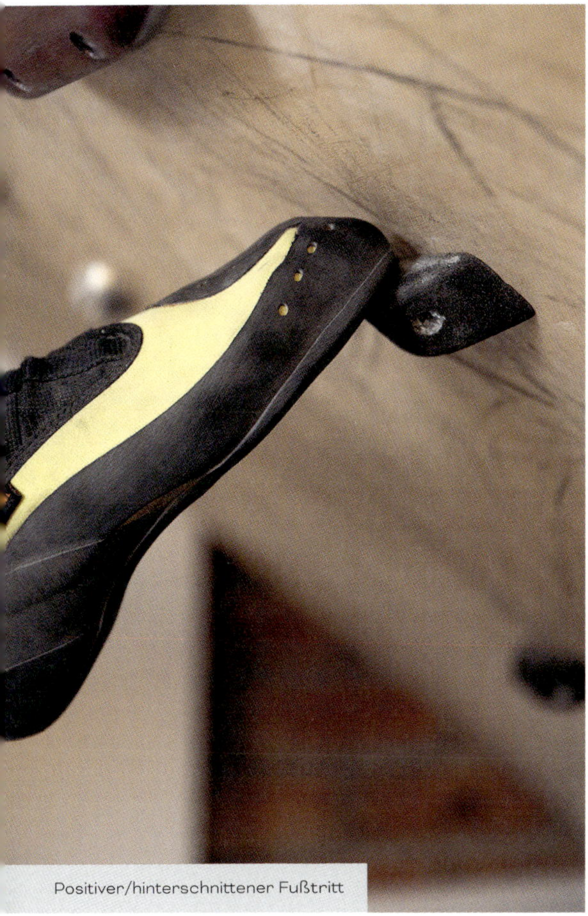

Positiver/hinterschnittener Fußtritt

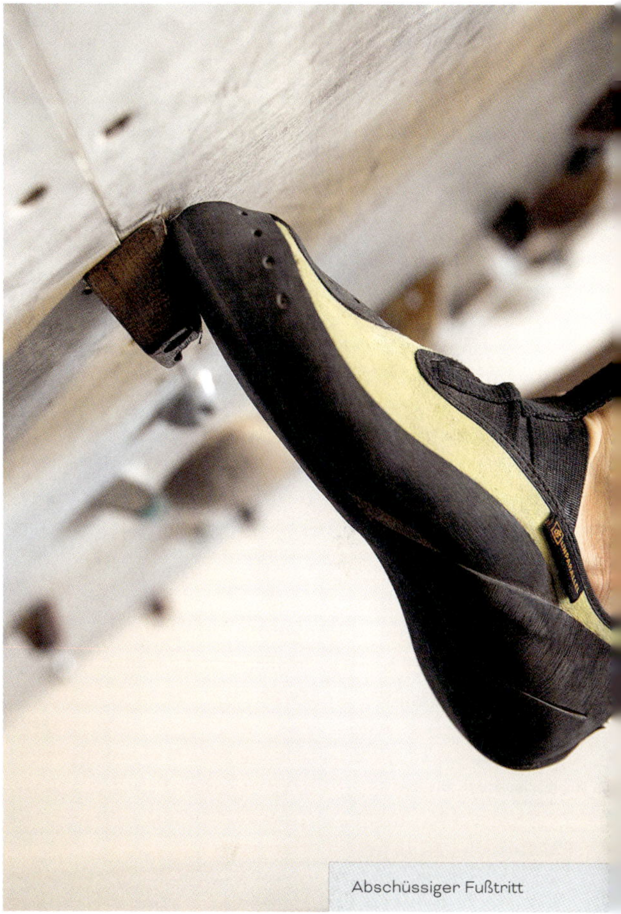

Abschüssiger Fußtritt

Größe herausholen kann. Wie bereits erwähnt, ist ihr Board mit abschüssigen Handgriffen mit positiven Fußtritten ausgestattet.

Idealerweise sollte man zwei oder drei spezifische Sätze an Fußtritten an seinem Board haben (zusätzlich zu den möglicherweise vorhandenen Problemen, bei denen die Füße den Händen folgen): abschüssige Fußtritte, positive Fußtritte und eine kleine Auswahl an großen henkelartigen Fußtritten. Die henkelartigen Fußtritte sind gut zum Aufwärmen geeignet und um Züge zu trainieren, bei denen man sich festkrallen und stark strecken muss – tief unten oder zu den Seiten.

Unterschiedliche Alternativen bei den Fußtritten ermöglichen dir, noch mehr aus deinem Board herauszuholen. Dieselbe Handgriffsequenz klettert sich völlig anders, je nachdem, welche Fußtritte man benutzt – so hast du auch auf begrenztem Raum viel mehr Trainingsoptionen.

ANORDNUNG DER GRIFFE

Es gibt im Wesentlichen zwei Ansätze für die Anordnung der Griffe an Boards. Du kannst eine Auswahl an Griffen zufällig anordnen. Das sorgt für eine Vielzahl an Optionen bei den Zügen. Oder du ordnest die Griffe in einem symmetrischen Muster an und erstellst ein gespiegeltes Board. Das bietet dir die Möglichkeit, auf einer Seite ein Boulderproblem zu klettern und es auf der anderen Seite spiegelbildlich zu wiederholen. Die folgenden Punkte solltest du aber bei jedem der Ansätze beachten.

- Lass dich bei der ersten Gestaltung des Boards nicht dazu hinreißen, es sofort mit all deinen Griffen vollzuhängen. Das ist ein häufiger Fehler. Langfristig kannst du viel mehr aus dem Board rausholen, wenn du eine minimale Anzahl an Griffen anbringst, an ihnen kletterst und weitere Griffe später dort anbringst, wann und wo du sie brauchst. Mit diesem System stellst du sicher, dass du die richtige Verteilung von Griffarten und -größen über das Board erreichst. Ich empfehle, mit etwa 25 Prozent der Gesamtanzahl an Griffen, die du letztendlich am Board haben wirst, zu beginnen und dann nach und nach mehr Griffe hinzuzufügen.
- Ein paar größere Griffe für den Anfang sind sinnvoll (es müssen keine richtigen Henkel sein, da du dich größtenteils abseits des Boards aufwärmen kannst) und eine gute Auswahl an mittleren und kleineren Griffen in den Lücken. Eine gute Idee ist es, die größeren Griffe zum Aufwärmen am Rand des Boards zu positionieren und sie so aus dem Hauptabschnitt herauszuhalten – damit verringerst du die Wahrscheinlichkeit, mit ihnen zu kollidieren.
- Abhängig von deinen Zielen solltest du eine Reihe unterschiedlich großer Leisten, Seitgriffe und Gastons, Untergriffe, Zangen und ein paar Fingerlöcher haben.
- Füge ein paar Griffe hinzu, die groß genug sind, um mit den Händen nebeneinander zu greifen (auch matchen genannt) oder sogar bequem einen Griffwechsel durchzuführen (aber nicht überkreuzen, wie am Klavier!). Matchen ist nichts Schlimmes. Eng an einem Griff zu matchen ist am Felsen ein häufiger Zug, man sollte ihn also nicht vermeiden, bloß weil er nicht cool ist. Bei einem Problem zu matchen ist eine gute Methode, um sich weiterzuentwickeln, denn in der Folge kann man daran arbeiten, es ohne Matching zu lösen.
- Ziel sollte eine gute Verteilung der Griffe über das gesamte Board hinweg sein. Es ist nicht sinnvoll, alle Crimps in einer kleinen Ecke des Boards zu platzieren oder einen Haufen Untergriffe am oberen Ende des Boards. Sei geduldig und gestalte dein Board langsam, über mehrere Einheiten, Wochen und sogar Monate hinweg, damit du herausfinden kannst, was wo platziert sein muss. Und habe keine Angst davor, die Griffe im Laufe der Zeit wieder zu versetzen.
- Denke an die Dichte der Handgriffe: Um die Nutzbarkeit des Boards zu maximieren, solltest du eine gute Anzahl an Griffen hinzufügen. Sobald ein Board jedoch zu überfrachtet ist, lässt es sich nicht mehr so gut daran klettern. Mein Hauptboard ist 244 x 366 Zentimeter groß und hat etwa 130 Handgriffe. Wären noch mehr Handgriffe daran befestigt, würden sie mir im Weg stehen, glaube ich. Es gibt zwei Gründe, aus denen ich sich berührende Griffe möglichst vermeide: hauptsächlich, weil ich die Optik so lieber mag, aber

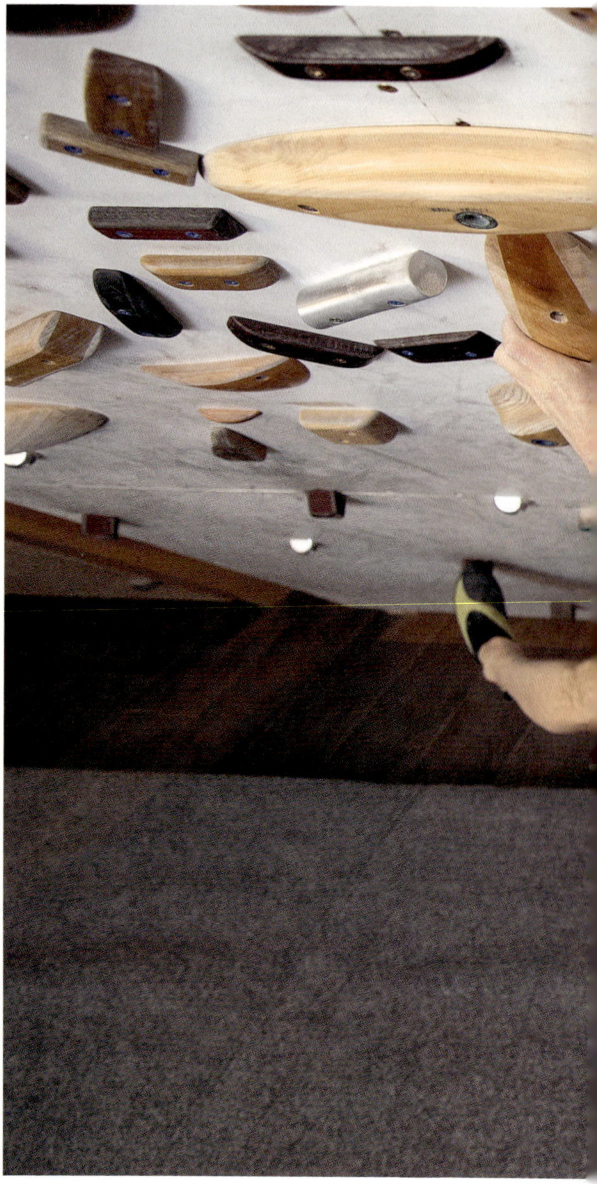

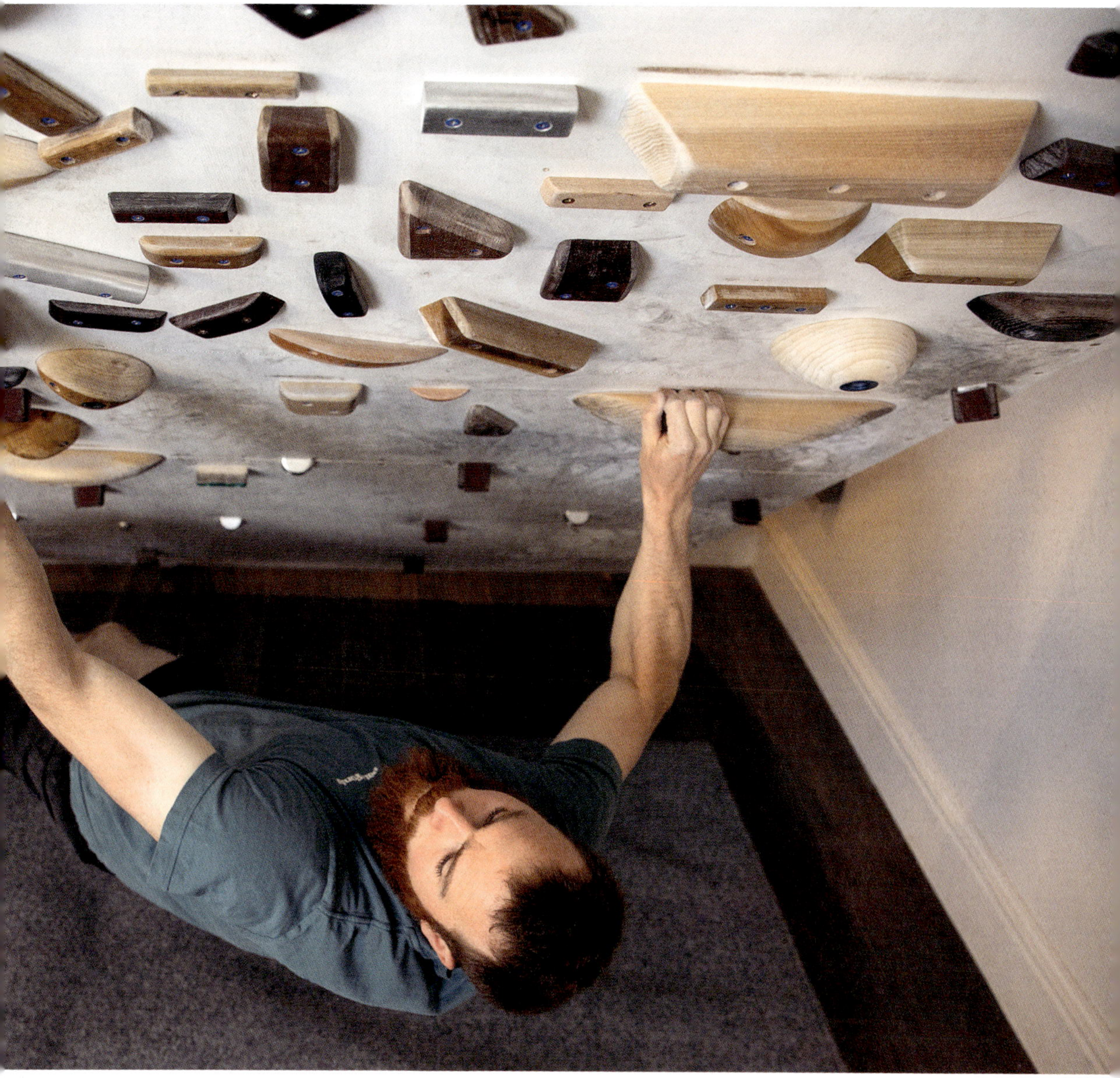

auch, weil ich so die Wahrscheinlichkeit verringere, beim Klettern mit den Griffen zu kollidieren.

- Überprüfe die Dichte an Fußtritten – übertreib es nicht. Verteile ein paar Fußtritte unterschiedlicher Art über die unterschiedlichen Bereiche des Boards. Mein Hauptboard hat 24 Fußtritte: 12 Beastmaker Chrome Domes und 12 abfallende Fußtritte aus Holz, die ich selbst gebaut habe. Zu viele Fußtritte bedeuten zu viele Optionen und zu viele Züge mit den Füßen pro Boulderproblem, wohingegen zu wenige Fußtritte zu viele sprungähnliche Züge zur Folge haben. Auch hier solltest du Geduld haben, langsam Fußtritte hinzufügen und eine ausgewogene Menge finden.

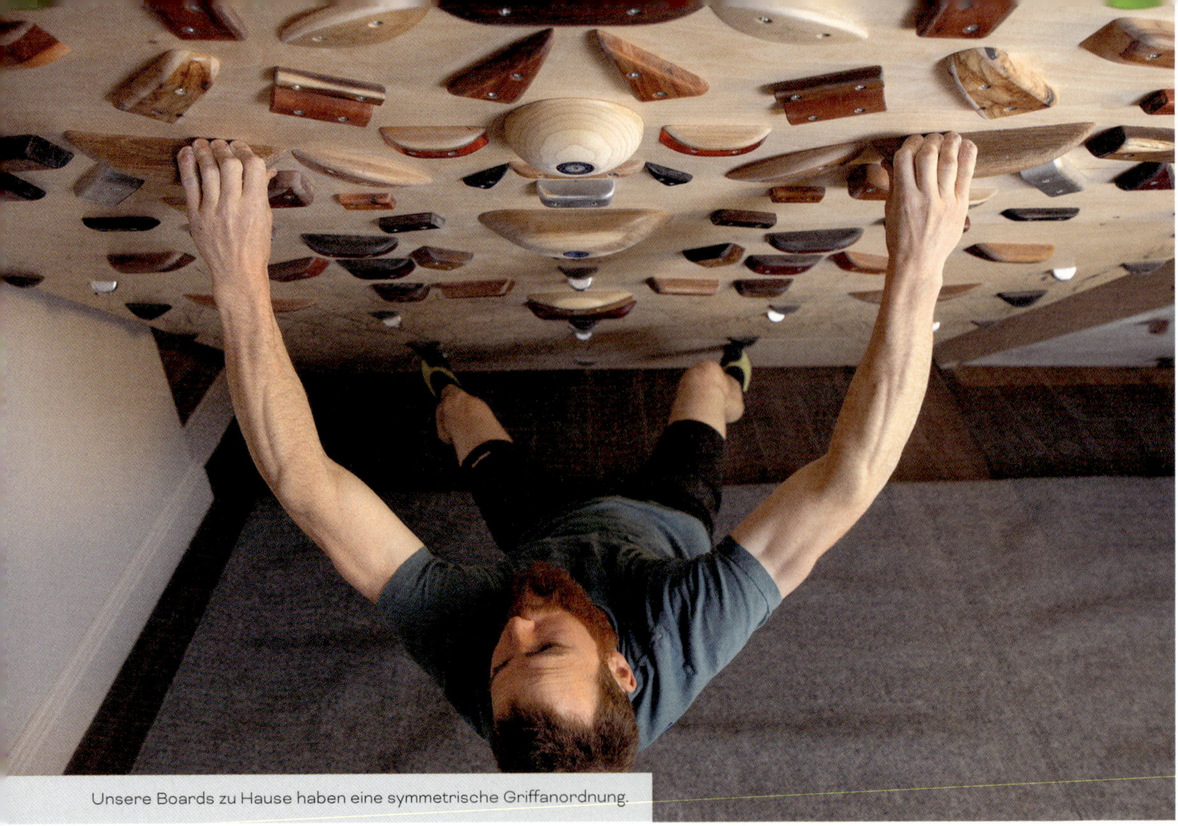

Unsere Boards zu Hause haben eine symmetrische Griffanordnung.

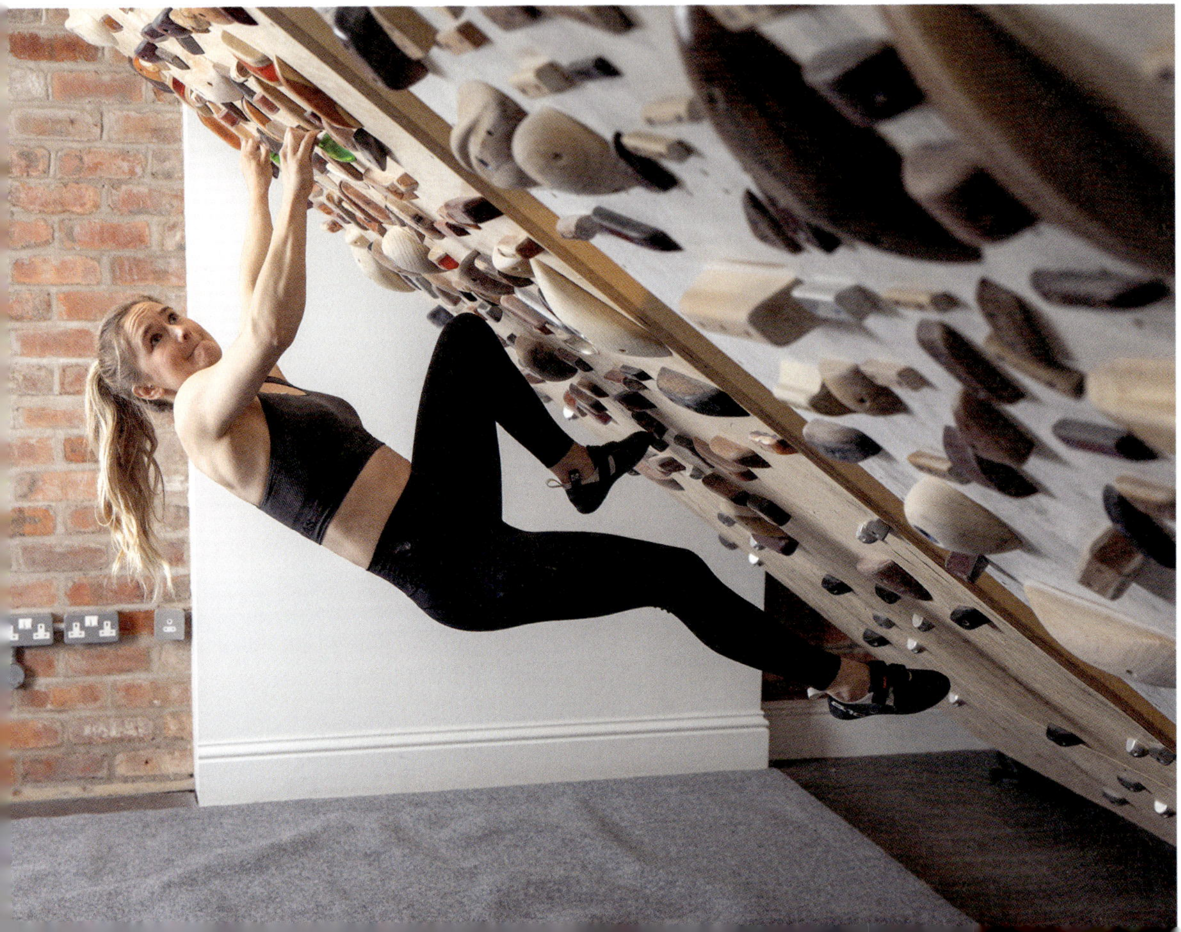

SYMMETRIE?
Das Konzept der symmetrischen Boards gibt es schon seit Längerem. Ursprünglich waren sie totale *System Boards*, mit sich wiederholenden Reihen von Griffen von unten bis oben. Heutzutage sind gespiegelte Boards mit einer guten Vielfalt an Griffarten üblich. Die Anordnung der Boards ist von der Mitte aus gespiegelt, damit auf jeder Seite der gleiche Satz an Zügen geklettert und jede Körperseite gleich trainiert werden kann. Ich mag diesen gespiegelten Boardstil lieber als ein konventionelles Board mit zufällig angeordneten Griffen. Die Routen und Boulderprobleme am Felsen oder in der Halle sind zwar nicht symmetrisch, weshalb es auch nicht unbedingt notwendig ist, diesen Stil zu trainieren – es kann jedoch aus mehreren Gründen sinnvoll sein:

- Die Züge werden auf beiden Seiten nachgebildet, um beide Seiten des Körpers gleich zu trainieren: Das fühlt sich mehr nach Training als nach Klettern an, was eine gute Sache sein kann.
- Es ist eine tolle Methode, um möglicherweise vorhandene einseitige Schwachpunkte zu erkennen und auszumerzen.
- Es eignet sich gut für die Reha nach Verletzungen, um zu sehen, wie sich die wieder erholende Seite im Vergleich zur gesunden Seite schlägt.
- Jedes Problem, das du dir ausdenkst, kannst du sogar zweimal klettern.
- Symmetrische Boards sehen sauber und ordentlich aus – das ist sehr wichtig!

Ich versuche immer, jedes Boulderproblem auf beiden Seiten zu klettern. Und ich zähle es nicht als Begehung, solange ich nicht beide Seiten in einer Einheit abgearbeitet habe.

TRAINING AM BOARD

Auch wenn du kein eigenes Board hast, aber an einem bestehenden Board trainieren kannst, solltest du Folgendes beachten:

DENKE DARAN: ES IST TRAINING
Vergiss nicht, dass das Training am Board Training ist. Es geht nicht darum, irgendwie bis nach oben zu kommen; es geht vielmehr darum, an den Bereichen zu arbeiten, an denen du arbeiten musst. Solltest du das Gefühl haben, von mehr Körperspannung profitieren zu können, solltest du Probleme am Board nicht einfach durch campussen lösen. Solltest du von einer besseren Crimpkraft profitieren, dann greife nicht nur nach Zangen, weil du an denen besonders gut bist.

Dasselbe gilt für den Stil, in dem du kletterst. Ist es für dich einfacher, schnell zwischen den Griffen zu springen und mit den Füßen nur minimalen Kontakt zum Board zu haben, solltest du vielleicht versuchen, langsamer zu klettern und pro Zug oder Problem maximalen Kontakt zwischen den Füßen und den Fußtritten zu halten.

Das mag sich nach dem einfachsten aller Konzepte anhören, aber viele Kletterer verstehen es falsch. Beim Training geht es darum, sich zu verbessern, indem man etwas, das sich schwierig anfühlt, so lange wiederholt, bis es einfach wird. Es geht nicht darum, die Sachen vorzuführen, die man gut kann.

EINFACH, ...
Das Klettern am Board soll tatsächlich elementar sein. Durch die verringerte Komplexität der Kletterbewegungen benötigen wir die reine Maximalkraft für das, was wir tun. Den Körper hart arbeiten zu lassen, ist das Ziel des Kletterns am Board – es soll wirklich eine physische Herausforderung sein.

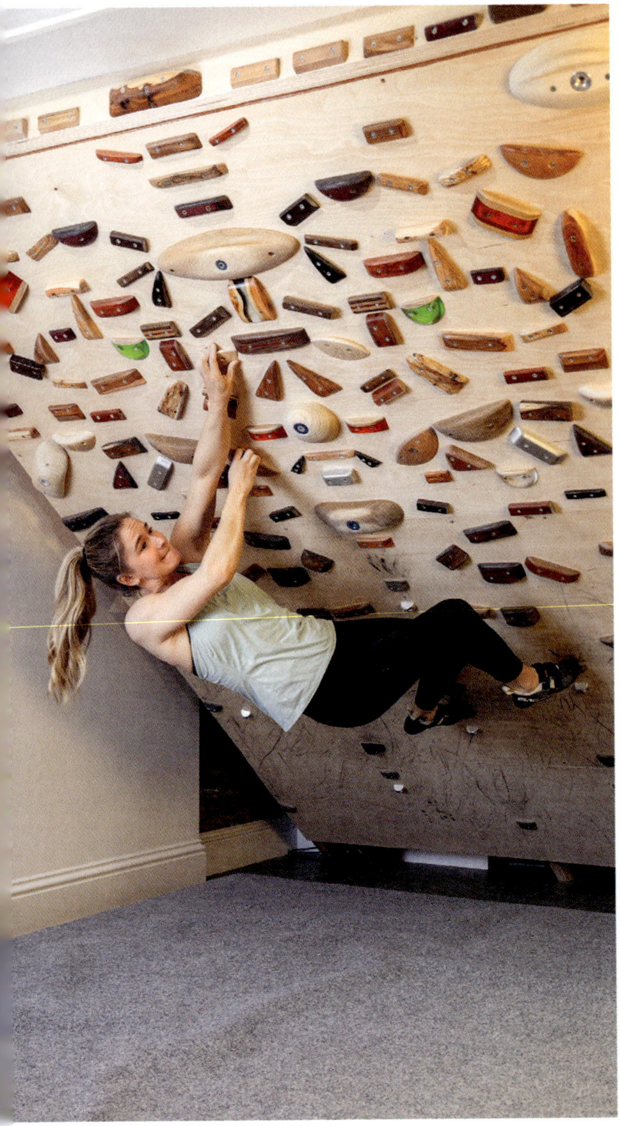

Im Großen und Ganzen heißt das, dass du versuchen solltest, einfach am Board zu klettern. Vermeide Heelhooks, Toehooks und tiefe Dropknees, die das Gewicht von den Armen und Fingern nehmen. Diese komplexeren Züge solltest du lieber in einer Kletterhalle oder draußen üben, wo du mehr Platz, eine dreidimensionale Kletterfläche und eine größere Vielfalt an Griffen hast. Das Board solltest du für eher einfaches Krafttraining nutzen.

Wie bei jedem anderen Trainingsaspekt sollte auch das Klettern am Board den Schwerpunkt genau auf die Bereiche legen, die du verbessern musst. Jeder von uns kennt ein Monster im Boardklettern, das am Felsen allerdings ständig hinter den Erwartungen zurückbleibt. Trainiere immer mit dem Blick aufs große Ganze und lass nicht zu, dass dir dein Ego bei einer guten Session im Weg steht.

... ABER GUT KLETTERN

Das Klettern am Board ist zwar von Natur aus nicht technisch, aber das heißt nicht, dass du am Board schlecht klettern musst. Ist die Crux beispielsweise ein Zug mit den Füßen, dann spring nicht einfach darüber hinweg: Zelebriere ihn! Du kannst auch Regeln für deine Probleme festlegen – bestimmte Fußtritte ausschließen, keine Daumen, nur drei Finger bei einem bestimmten Griff, einen anderen Fußtritt als normal nutzen –, um die Schwierigkeit dessen, was du normalerweise kletterst, zu steigern. Konzentriere dich jedoch immer darauf, gut zu klettern – versuche nicht einfach, gewaltsam nach oben zu kommen, um die Sache abhaken zu können.

ARTEN VON HANDGRIFFEN UND ZÜGEN

Das Tolle am Klettern an Boards ist, dass man auf sehr kleinem Raum an einer großen Vielzahl von Zügen und Arten von Griffen arbeiten kann – sofern das Board relativ gut angeordnet ist. Für das Aufwärmen braucht man eine Auswahl an größeren Griffen, aber für den Rest solltest du die Anzahl an kleinen/harten Griffen maximieren. Passe das Board genau auf deine Schwächen an und akzeptiere, dass du völlig verzweifeln wirst. Deine Kumpel kommen vielleicht vorbei und fliegen nur so durch deine härtesten Probleme, aber du bist die Person, die sich langfristig verbessert. Du lernst beim Klettern viel mehr aus Problemen, die deine Schwächen ansprechen, als davon, dass dir etwas leicht von der Hand geht, weil es zu deinen Stärken gehört.

PROBLEMSTILE

Kletterer bevorzugen häufig ziemlich große Griffe an Boards, zwischen denen sie weite Züge ausführen können. Das macht zwar Spaß und ich bin mir sicher, dass es ihr Klettern bis zu einem bestimmten Punkt verbessert, aber realistisch gesehen: Bei wie vielen Klettereien am Felsen geht es nur um riesige Züge an hinterschnittenen Griffen? (Ok, bei einigen

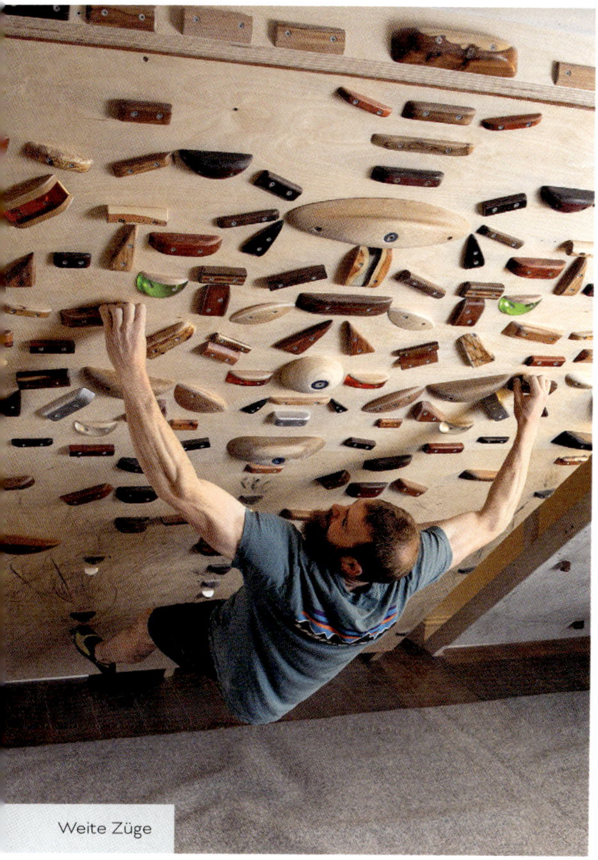

Weite Züge

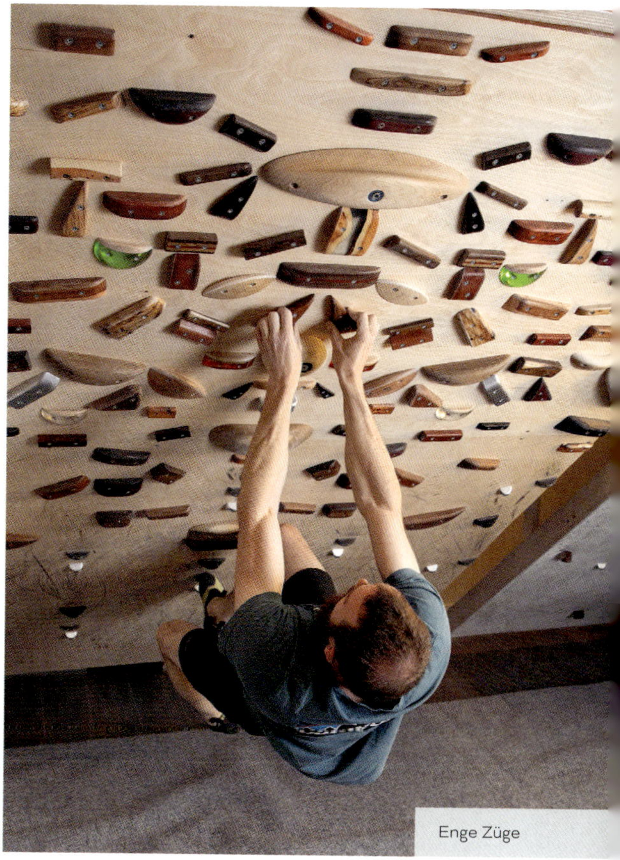

Enge Züge

schon, aber insgesamt betrachtet ist das meist nicht der Fall.)

Ich finde es viel hilfreicher, an Problemen mit kleinen und/oder nicht hinterschnittenen/positiven Griffen zu trainieren und mich darauf zu konzentrieren, kleinere Züge zwischen den Griffen zu machen und den Schwerpunkt auf die Bewegung des gesamten Körpers zu legen. Meiner Ansicht nach hat man mehr davon, wenn man das Klettern an schlechten Griffen lernt und die Spannung halten muss, anstelle die größtmöglichen Züge an ziemlich großen oder hinterschnittenen Griffen zu versuchen. Natürlich ist von allem ein bisschen hilfreich, aber es scheint heutzutage Mode zu sein, riesige Züge zu machen, bei denen die Füße nur so durch die Gegend fliegen. Ich bin nicht davon überzeugt, dass das für das Felsklettern großen Nutzen hat, so cool es auch aussehen mag.

WEIT VERSUS ENG

Aufgrund meiner Statur finde ich enge Züge sehr viel schwieriger auszuführen als weite Züge. Deshalb verbringe ich viel Zeit an meinem Board, um daran zu arbeiten, mich in kleinen Zügen zu winden. Im Umkehrschluss solltest du dich Problemen mit weiten oder gestreckten Zügen stellen, wenn diese für dich schwierig sind. Wie immer gilt, dass du entscheiden solltest, was genau du trainieren musst – und dann die Probleme und Einheiten entsprechend anpassen.

Shauna verbringt am Board viel Zeit damit, beim Klettern ihre komplette Reichweite auszunutzen. Sie findet kleine, gebündelte Züge leicht, aber aufgrund ihrer kurzen Statur profitiert sie davon, viel bei maximaler Streckung zu klettern.

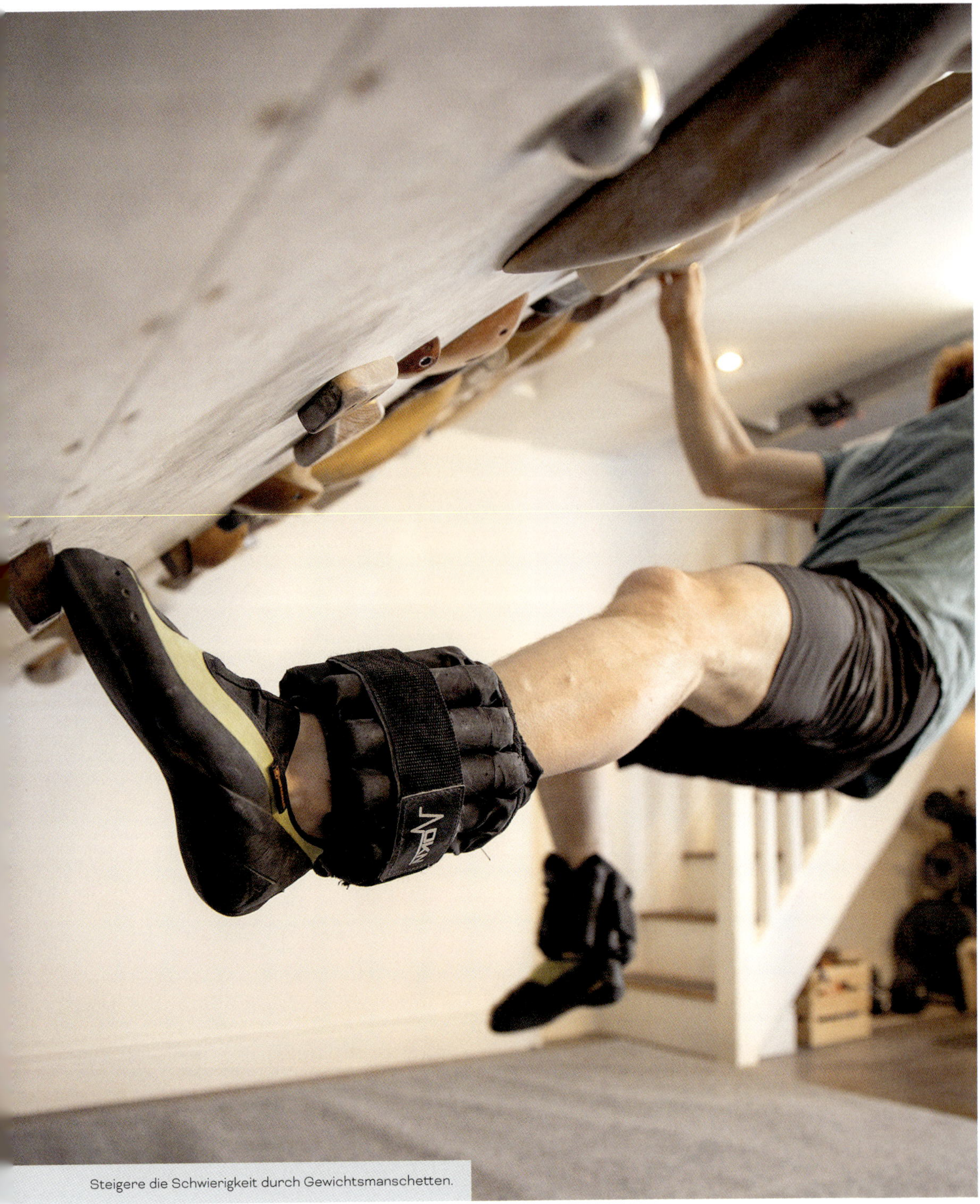

Steigere die Schwierigkeit durch Gewichtsmanschetten.

PROBLEMLÄNGE

Wenn du Gewichte hebst, solltest du die einzelnen Bewegungen als Wiederholungen betrachten und das Boulderproblem als Satz. Bezogen auf die Anstrengung bedeutet das, dass sich ein kurzes Boulderproblem mit drei Zügen wie drei maximale Wiederholungen mit einem schweren Gewicht anfühlen sollte. Solange die von dir ausgeführten Züge hart sind, arbeitest du:

- mit 1 bis 5 Zügen an der Maximalkraft,
- mit 5 bis 15 Zügen an der Kraftausdauer,
- mit mehr als 15 Zügen rein an der Ausdauer.

GEWICHTE UND GEWICHTSMANSCHETTEN

Das Training mit Gewichtsmanschetten an den Knöcheln war bei mir über die Jahre hinweg sehr erfolgreich. Sie sind eine tolle Methode, um die Schwierigkeit von Problemen beim Klettern am Board zu steigern. Wenn man ein paar Manschetten zur Auswahl hat, kann man mit ihrer Hilfe für Abwechslung sorgen und die Einheiten variieren. Ich habe mit Gewichten mit einem halben Kilogramm (pro Bein) angefangen und mich so weit gesteigert, dass ich einige Probleme an meinem Board jetzt mit fünf Kilogramm Gewicht (pro Bein) klettern kann. Ich glaube, dass Gewichte an den Knöcheln sehr, sehr viel besser funktionieren, wenn man an den richtigen Arten von Fußtritten klettert – abschüssigen oder schlechten Tritten. Sind die Fußtritte zu stark hinterschnitten, ist der Nutzen begrenzt, wenn auch immer noch vorhanden.

Meiner Meinung nach haben Gewichte an den Knöcheln, verglichen mit einem Gurt mit Gewichten oder einer Gewichtsweste, diese Vorteile:

- Es kann weniger Gewicht hinzugefügt werden und trotzdem fühlt sich das Klettern härter an.
- Sie trainieren die Präzision, da man die Füße sehr viel sorgfältiger setzen muss.
- Sie bauen die Körperspannung auf und bestrafen einen, wenn man die Füße baumeln lässt.
- Sie sind einem nicht so sehr im Weg wie Weste oder Gurt.
- Sie sind leicht genug, um sie zwischen Trainingsanlagen einfach zu transportieren.
- Man kann sie heimlich unter der Hose tragen.

Manche Menschen argumentieren, dass Zusatzgewichte beim Klettern den Körperschwerpunkt verändern und zu schlechten Angewohnheiten bei den Zügen führen können. Darin mag ein Funken Wahrheit stecken, aber ich glaube: Wenn du an dem Punkt bist, beim Training am Board über Zusatzgewichte nachzudenken, dann bist du wahrscheinlich ein ziemlich erfahrener Kletterer. Du hast schon viel über Bewegungen gelernt und es bräuchte viele Stunden des Kletterns mit Zusatzgewicht, um die sorgfältig erlernten Bewegungsmuster deines Körpers durcheinanderzubringen. Solltest du ein paar Einheiten mit Zusatzgewicht klettern und dann sofort vergessen, wie man ohne das Gewicht klettert, ist Klettern vielleicht nicht der richtige Sport für dich!

Im Allgemeinen sorgen Zusatzgewichte dafür, dass du dich sehr anstrengst und somit lernst, dich wirklich anzustrengen. Eine gute Methode für eine wirklich harte Einheit ist, dir eine Handvoll an Problemen am Board auszusuchen, die normalerweise 75 bis 95 Prozent deines Maximums betragen. Dann nimmst du ein paar Kilogramm Gewicht (idealerweise an den Knöcheln oder Weste oder Gurt) und versuchst dann, diese Probleme erneut zu bewältigen – eines nach dem anderen. Du weißt ja schon, dass du sie klettern kannst, aber du wirst dich deutlich anstrengen müssen, um mit den Zusatzgewichten nach oben zu kommen.

Ein bisschen Gewicht hinzuzufügen ist eine tolle Methode, um eine Einheit aufzulockern, wenn man etwas verändern will, aber sich keine neuen Probleme ausdenken möchte. Nimm ein paar Gewichte, schalte dein Gehirn aus und klettere den normalen Zirkel. Es wird sich sofort viel härter anfühlen.

Im Großen und Ganzen denke ich, dass Zusatzgewichte eine sehr einfache und hilfreiche Methode sind, um den Trainingsreiz zu verändern. Übertreibe es aber nicht, denn für den Körper kann es sehr intensiv sein.

AUFBAU DER EINHEITEN

Beim Training am Board geht es nicht darum, immer die härtesten Probleme bis zum Ende durchzuziehen.

AUFWÄRMEN

Das Klettern am Board ist naturgemäß sehr intensiv. Auch relativ einfache Boardprobleme sind im Vergleich mit dem Felsklettern und normalen Problemen an der Kletterwand harte Arbeit für den Körper.

Eine gute Idee ist es, am Board Klettermeter zu machen und nicht nur dann daran zu klettern, wenn man sich ohnehin super fühlt und dadurch ein Projekt einfach abhaken kann.

Dein Ziel sollte sein, dir einen Aufwärmzirkel aus fünf bis zehn Problemen aufzubauen (an einem symmetrischen Board solltest du jedes Problem auf beiden Seiten klettern) und dann eine Auswahl an Projekten in verschiedenen Stilen zu haben, an denen du dich nach dem Aufwärmen versuchst. Wenn du deine Aufwärmprobleme bei jeder Einheit kletterst, dann machst du jedes Mal Klettermeter.

Natürlich ist die Bezeichnung Aufwärmen hier nicht exakt zutreffend. Ich wärme mich abseits des Boards auf – beispielsweise am Fingerboard und mit Klimmzügen oder vielleicht auch mit einer Einheit an der Kletterwand. Anschließend mache ich meinen Aufwärmzirkel am Board. Er beginnt mit den einfachsten Problemen und steigert sich bis zu ein paar harten Problemen, die bei etwa 80 Prozent meines Maximums liegen. Mein Ziel ist ein Aufwärmzirkel mit einem Schwierigkeitsniveau, bei dem ich an einem guten Tag jedes Problem im ersten Anlauf klettern kann, aber an einem durchschnittlichen Tag bei ein paar Problemen mehrfach herunterfalle. Es müssen nicht alle komplett geklettert werden! Ich weiß zwar, dass ich sie schaffe, aber ich muss mich wirklich anstrengen, um sie bewältigen zu können.

Dieser Ansatz beim Aufwärmen ist eine tolle Methode, um den Körper zu überprüfen und festzustellen, wo man zu Beginn der Einheit steht. Er kann dir bei der Entscheidung helfen, was du in dieser Einheit tun solltest. Hattest du eine harte Einheit geplant, fällst beim Aufwärmzirkel aber häufiger als normal herunter, solltest du an dem Tag vielleicht nicht versuchen, am absoluten Maximum zu klettern. Mit der Zeit gewöhnst du dich an deine Warm-ups und kannst den Rest der Einheit daran anpassen, wie du dich fühlst. Um den Schwierigkeitsgrad des Aufwärmens anzupassen, kannst du:

- die Pausenzeit zwischen den Problemen verkürzen,
- schlechtere Fußtritte nutzen oder die Füße einfach anders positionieren als normal,
- Zusatzgewicht nutzen (jeweils ein paar Kilogramm) oder Gewichtsmanschetten mit jeweils 0,5 Kilogramm,
- in der Aufwärmphase mehr Probleme unterbringen,
- dir härtere Aufwärmprobleme ausdenken.

Am Anfang fühlen sich die Warm-ups extrem an, aber mit der Zeit werden sie leichter und leichter, bis du die leichtesten von ihnen aussortieren und härtere Probleme in deinen Zirkel aufnehmen musst.

INTENSITÄT DER EINHEITEN

Für eine harte Einheit am Board versuche ich, mit einem Verhältnis von bewältigten zu nicht bewältigten Problemen von 50:50 zu arbeiten. Beim Aufwärmzirkel und der Arbeit an ein paar schwierigen Projekten verbringe ich etwa 50 Prozent meiner Kletterzeit damit, nach oben zu kommen, und 50 Prozent damit, mich wirklich hart an Projekten zu versuchen. Eine einfachere Einheit am Board hat ein Verhältnis von Erfolg zu Misserfolg von 75:25 – ich verbringe mehr Zeit damit, nach oben zu kommen und toppe das Ganze mit ein paar Projekten.

Der Vorteil daran, während einer Einheit am Board Klettermeter zu machen, liegt meiner Meinung nach darin, dass der Körper sich daran gewöhnt, physisch anstrengende Züge zu klettern. Wer sich immer nur an Projekten versucht, die bei 100 Prozent der maximalen Anstrengung oder darüber liegen, der verbringt letztendlich viel Zeit damit, auf der Matte zu sitzen, und sehr wenig Zeit damit, tatsächlich zu klettern und die Muskeln arbeiten zu lassen. Diese Arbeit an Projekten macht zwar Spaß, hat aber so ihre Grenzen, befürchte

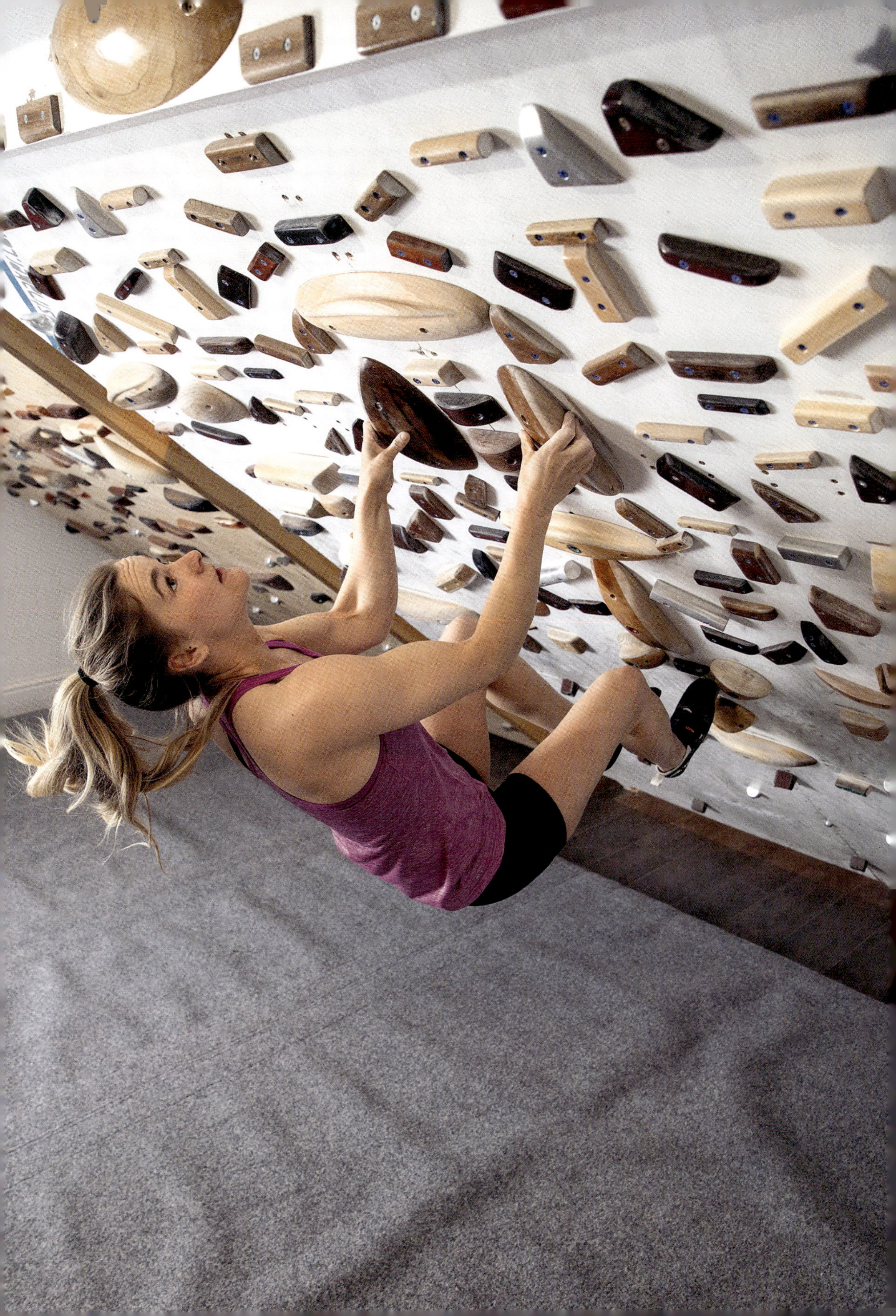

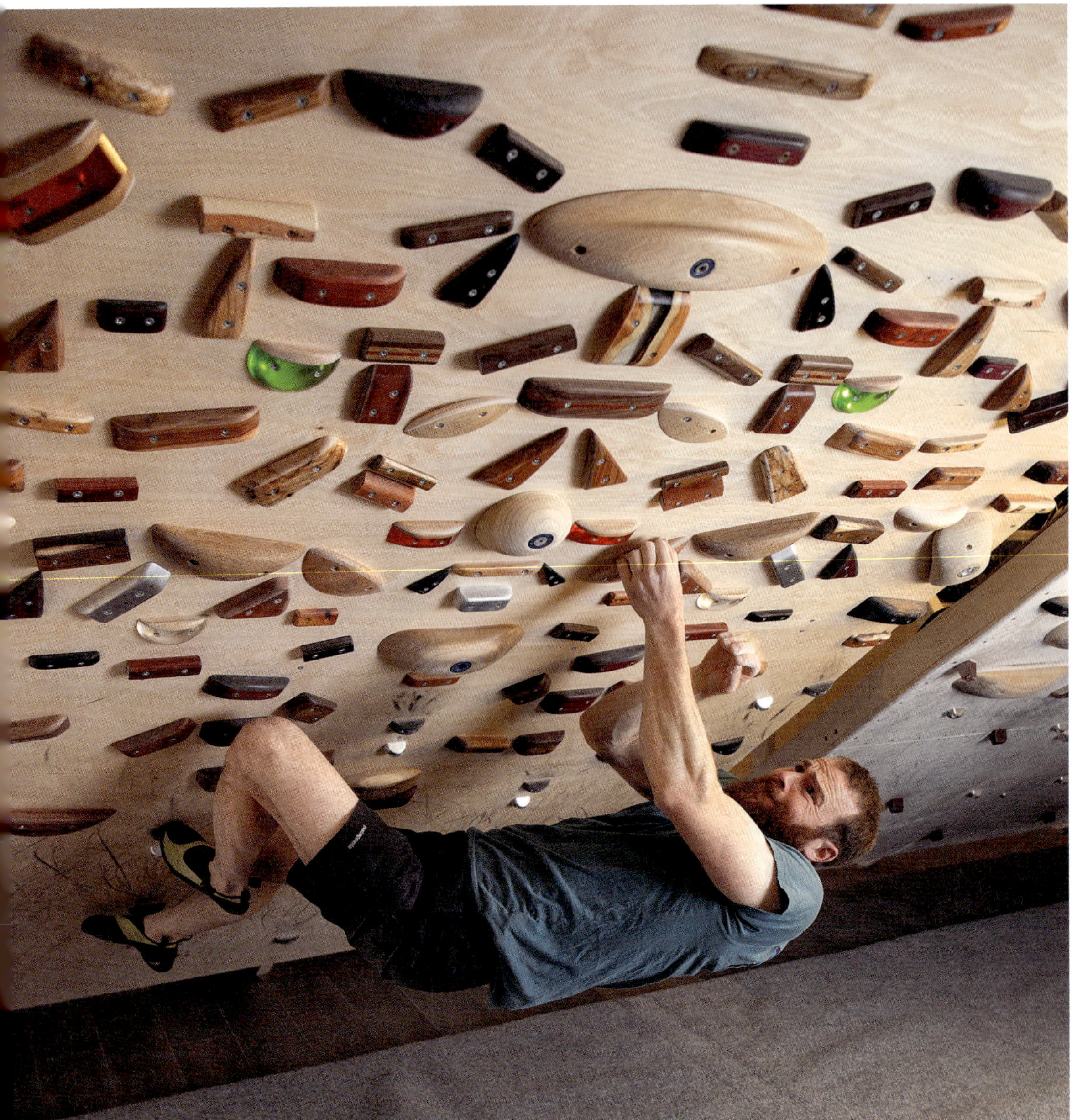

ich. Natürlich ist es gut, gelegentlich eine Einheit mit Projekten mit maximaler Anstrengung und darüber hinaus einzuplanen, aber meiner Ansicht nach sollte deine durchschnittliche Boardeinheit auch beinhalten, wenigstens ein paar Klettermeter zu machen.

Manchmal lege ich auch einfache Einheiten ein, bei denen ich nur einen Aufwärmzirkel absolviere und dann aufhöre. Das ist im Grunde die einfachste Einheit, die ich am Board machen kann. Wenn ich nicht viel Zeit habe, aber in Bewegung kommen möchte, dann ist es so einfacher für mich, als an die Wand zu gehen und dort eine Einheit zu machen.

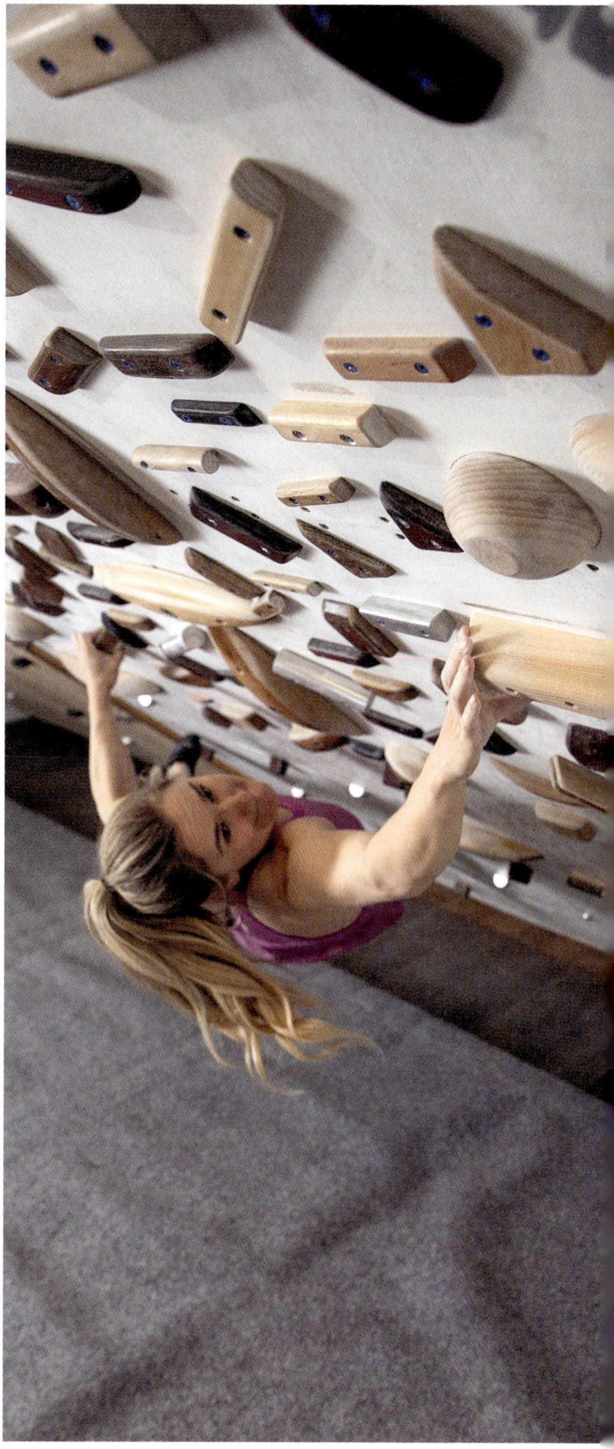

DER AUFBAU MEINER TYPISCHEN BOARDEINHEIT

Normalerweise absolviere ich meine typische Boardeinheit zwei- oder dreimal pro Woche, aber das hängt davon ab, wie viel ich beispielsweise draußen geklettert bin, ob ich viel arbeiten musste, ob ich für etwas Bestimmtes trainiere, ob ich Verletzungen habe oder etwas zwickt und ich das Training daran anpassen muss und so weiter. Meine typische Trainingseinheit folgt in der Regel folgendem Muster:

- Aufwärmen am Fingerboard, aufbauend bis zu drei oder vier Max Hangs, damit die Finger wirklich warm sind.
- Mit den einfachsten Problemen beginnen und zehn Aufwärmprobleme klettern (an einem symmetrischen Board auf beiden Seiten), den Stil der Fußtritte zwischen den Einheiten abwechseln, damit Schwung hineinkommt.
- Sich etwa eine Stunde lang an ein paar Problemen versuchen und dabei auf einen oder zwei Bereiche konzentrieren – Crimps, Zangen, Spannung, schulterlastige Züge und so weiter.
- Mit ein paar einfacheren Problemen mit Griffen in anständiger Größe und Gewichten an den Knöcheln abschließen.
- Aufhören, essen und dehnen.

Shaunas klassische Einheiten sind im Allgemeinen viel entspannter als meine – ich glaube, sie findet das Klettern am Board einfacher als ich und muss sich deshalb nicht so stark anstrengen. Normalerweise beginnt sie das Warm-up am Fingerboard und klettert dann zum Aufwärmen einen Zirkel aus fünf Boulderproblemen mit großen Fußtritten, gefolgt von fünf Boulderproblemen mit kleinen Fußtritten. So beurteilt sie für sich, wie sie sich fühlt. Wenn sie sich gut fühlt, klettert sie anschließend harte Projekte. Wenn sie sich nicht so gut fühlt, macht sie aus der Einheit eine Klettermetereinheit und klettert jede Menge Probleme bei etwa 50 bis 70 Prozent ihres Maximums. Ihre Einheiten dauern ein bis zwei Stunden, was hauptsächlich davon abhängt, welches andere Training sie bereits absolviert hat oder später am Tag noch vor sich hat.

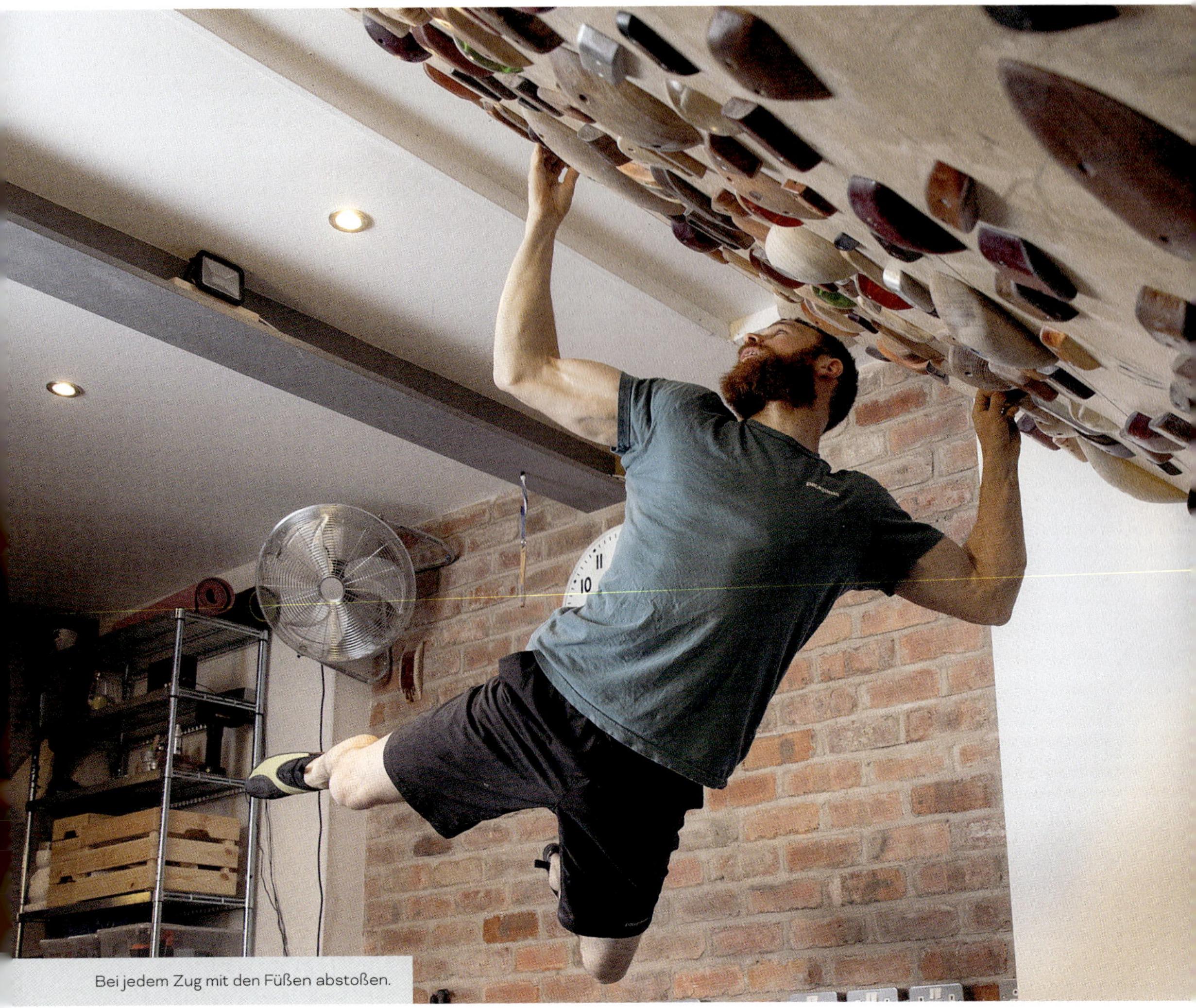

Bei jedem Zug mit den Füßen abstoßen.

BOARDEINHEITEN SCHWIERIGER GESTALTEN

Im Folgenden findest du ein paar Ideen, wie du deine Boardeinheiten auflockern sowie abwechslungsreich und interessant gestalten kannst, damit du immer wieder zurück ans Board kommst.

- Nutze andere Fußtritte als die üblichen: Zwinge dich dazu, bei Standardproblemen mit wackligen Füßen zu arbeiten.
- Nimm Zusatzgewichte (an den Knöcheln oder anderswo).
- Passe das Verhältnis von Erfolg/Misserfolg an, indem du für eine Klettermetereinheit ein paar einfachere Probleme in den Aufwärmzirkel aufnimmst oder für eine härtere Einheit ein paar wirklich anstrengende Projekte.
- Denke daran, dass ein Verhältnis von Erfolg zu Misserfolg von 50:50 ein gutes Verhältnis für eine harte Einheit am Board ist, aber beschränke dich nicht nur darauf.
- Verbinde zwei einfache Probleme miteinander, entweder hoch und runter oder indem du loslässt, wenn du oben bist, und sofort ohne Pause mit dem zweiten Problem beginnst.

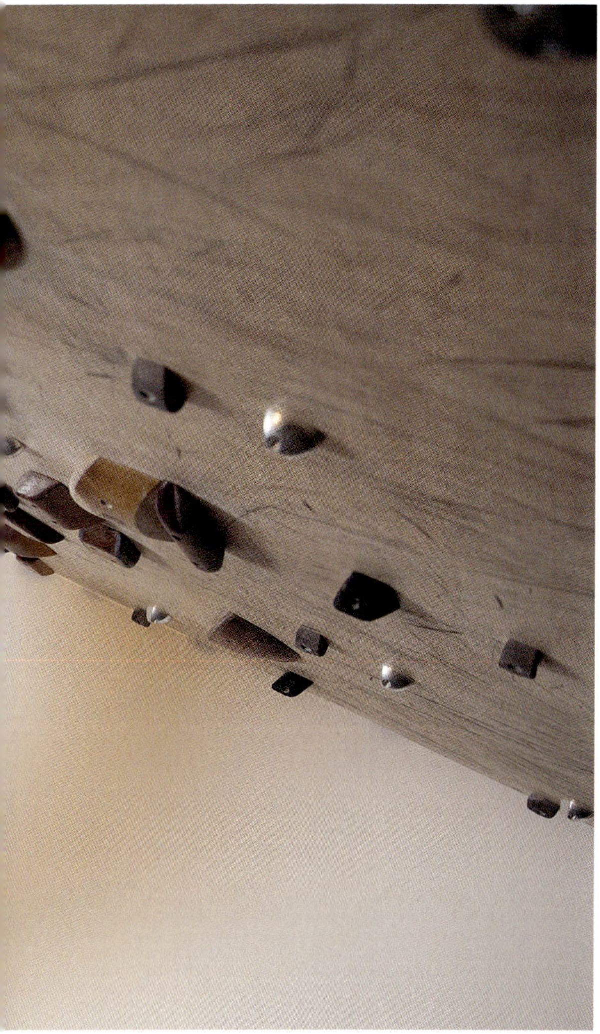

- Kürze die Pausen.
- Halte die Füße ständig auf den Fußtritten.
- Stoße dich bei jedem Zug einmal mit beiden Füßen von den Fußtritten ab.
- Nimm bei jedem Zug die Füße von den Fußtritten weg und lass dich anschließend mindestens drei Sekunden lang hängen.
- Versuche auch einmal ganz ohne den Einsatz deines Daumens mit bestehenden Problemen zurechtzukommen.
- Blockiere bei jedem Zug: Greife nach dem nächsten Griff und lass die Hand drei Sekunden lang über dem Griff schweben, bevor du zugreifst und dich weiterbewegst. Das zwingt dich dazu, das Klettertempo zu verringern. Probleme am Board werden häufig sehr schnell geklettert und die Züge zu blockieren oder einzufrieren kann dabei helfen, das Tempo zu reduzieren und so das »normale« Klettern genauer nachzubilden.

Zusammenfassung

Am Board zu klettern ist ein tolles Training. Es macht fast so viel Spaß wie normales Klettern, aber es ist körperlich anstrengender und fördert die Steigerung deiner Kraft in den drei wichtigen Bereichen – Fingerkraft, Körperspannung und Zugkraft.

Das Klettern am Board beinhaltet Bewegungen. Im Gegensatz zu den grundlegenderen Krafttrainingsmethoden (wie Fingerboardtraining oder andere Trainingsaktivitäten abseits der Wand) hat dieses Element der Bewegung einen starken Bezug zum Klettern und lässt sich gut darauf übertragen.

Am Board zu klettern fördert die Kreativität, da man über Züge reflektiert und sich Probleme ausdenkt. Dieses Trainingselement ist ungeheuer wichtig und wird leicht vergessen, da das Nachdenken dank heutiger Kletterwände nicht mehr Teil des Trainings der Menschen ist.

Betrachte das Boardtraining als die perfekte Mischung aus Klettern und Training.

Das Klettern am Board soll sich körperlich wirklich hart und anstrengend anfühlen! Genau das macht den Spaß aus.

Was kann ich tun?

Am Board zu klettern ist intensiver als eine Standardklettereinheit. Ist das Board für dich etwas Neues, dann lass es langsam angehen.

Versuche, dir Züge und Probleme auszudenken, die deine Schwächen ansprechen – die Punkte, in denen du dich verbessern willst.

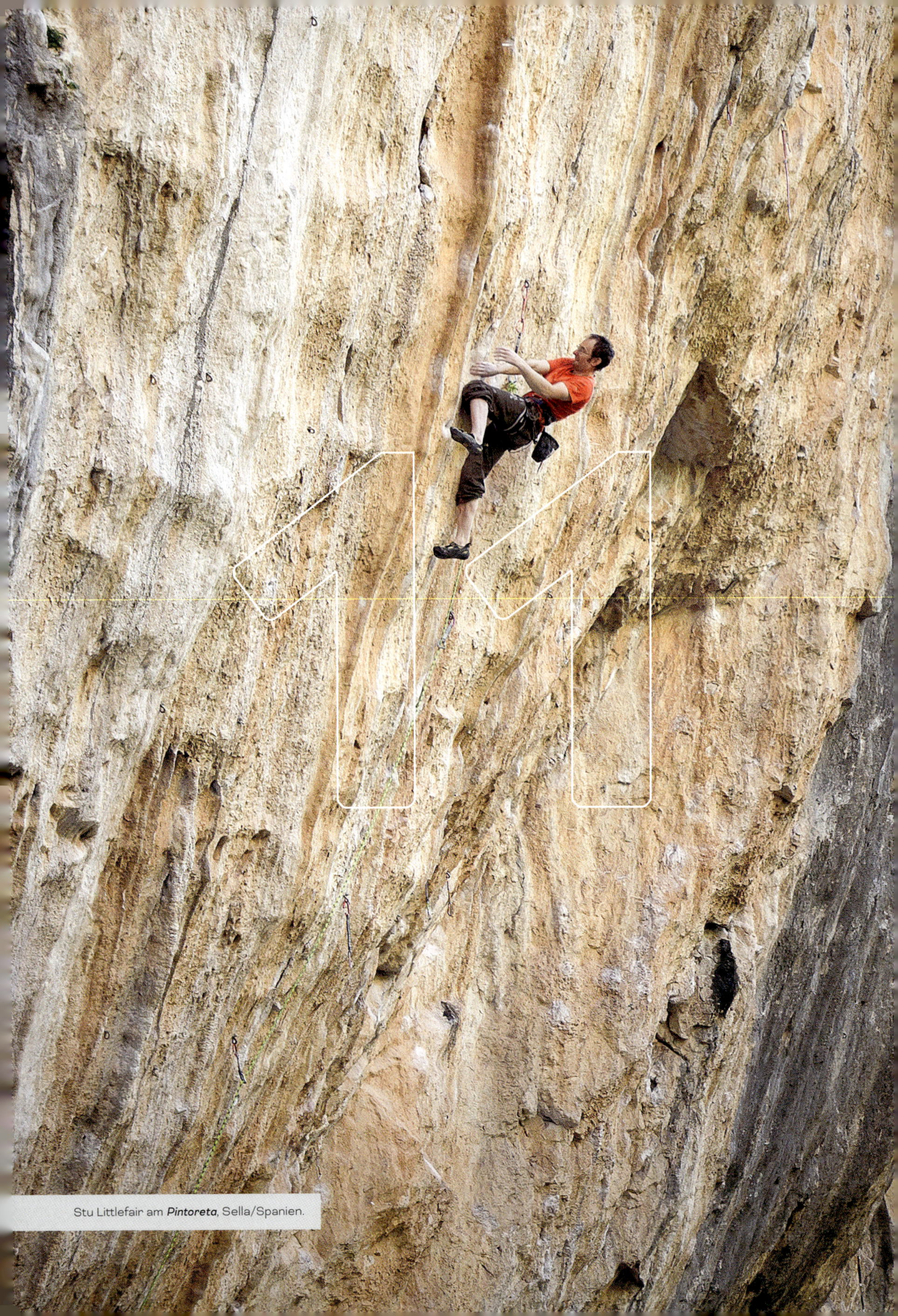

Stu Littlefair am *Pintoreta*, Sella/Spanien.

AUSDAUER-
TRAINING

In den letzten paar Jahren wurde wahnsinnig viel über Ausdauertraining geschrieben. Es ist leicht, die Erkenntnisse aus klassischen Ausdauersportarten wie Laufen und Radfahren zu nehmen und sie auf das Klettern anzuwenden – sie lassen sich nämlich ziemlich gut übertragen. Trotz der Ähnlichkeiten hat das Training fürs Klettern jedoch zwangsweise ein paar Unterschiede.

Klettern ist kein linearer Sport – es verlangt zeitweise anfallsartige Anstrengungen, zwischen denen Zeiträume mit weniger großer Anstrengung liegen. Beim Klettern werden außerdem kleinere Muskelgruppen als beim Laufen und Radfahren genutzt, weshalb das Herz-Kreislauf-System im Allgemeinen viel weniger beansprucht wird.

Wer sich sehr für das Sportklettern oder Ausdauertraining im Allgemeinen interessiert, der weiß wahrscheinlich schon viel mehr, als in diesem Kapitel steht. Ich war mir nicht sicher, ob ich überhaupt einen Abschnitt zur Ausdauer ins Buch aufnehmen sollte. Im Grunde genommen ist Ausdauertraining etwas langweilig, aber es ist sehr wichtig – auch für Kletterer, deren Schwerpunkt überwiegend auf dem Kraftaspekt des Sports liegt. Mehr Ausdauer bedeutet, bei Boulderproblemen schneller zwischen den Versuchen zu regenerieren und härter für die Dinge trainieren zu können, die einem wirklich wichtig sind. Für deinen Einstieg findest du hier eine sehr gestraffte Version, die dich hoffentlich nicht zu Tode langweilt ...

ENERGIESYSTEME

Je nach Intensität stellt das Klettern unterschiedliche Anforderungen an den Körper. Wenn wir viele einfache Züge hintereinander ausführen, verbrauchen unsere Unterarme Sauerstoff, um Energie (aus Kohlenhydraten, Fett und Eiweiß) bereitzustellen. Sauerstoff und Nährstoffe werden dabei vom Blutkreislauf geliefert, der auch die Abfallprodukte abtransportiert, die unsere Muskeln produzieren.

Dieses aerobe Energiesystem (»mit Sauerstoff«) stellt unseren Unterarmmuskeln nahezu unbegrenzt anhaltend eine kleine Menge an Energie zur Verfügung. Wenn wir also in einfachem Gelände klettern, können wir so lange weitermachen, wie wir wollen, ohne zu ermüden. Wenn wir uns zudem zwischen den Klettereien oder Kletterversuchen ausruhen, hilft dieses System dabei, unsere Muskeln wieder mit Treibstoff zu versorgen und Abfallprodukte abzutransportieren.

Allerdings versuchen Kletterer es gern hart und verbinden viele schwierige Züge miteinander. Während die Intensität der Züge steigt und wir dazu gezwungen sind, uns intensiver festzuhalten, drücken die kontrahierten Unterarmmuskeln die Kapillargefäße zu und begrenzen so den Blutfluss. In diesem Fall kann kein Sauerstoff für die Energieversorgung der Muskeln genutzt werden, weil er einfach nicht in die Unterarme gelangt. Die Muskeln müssen ihre Energie dann aus anderen internen Quellen gewinnen – ihren Adenosintriphosphatspeichern (ATP, ein Molekül, das den Zellen Energie liefert) und Glukose.

Dieses anaerobe Energiesystem (»ohne Sauerstoff«) kann zwar eine große Menge Energie liefern, aber nur für einen begrenzten Zeitraum. Weshalb, ist nicht völlig geklärt, aber aus irgendeinem Grund kann das anaerobe Energiesystem nur kurzfristig Energie zur Verfügung stellen, weshalb wir uns nach einigen aufeinanderfolgenden harten Zügen kaputt fühlen und uns schließlich nicht länger festhalten können.

Sehen wir uns für einen kurzen Einblick in die Kletterausdauer zwei Teile des anaeroben Energiesystems genauer an:

- Das anaerob-laktazide System nutzt Glukose als Treibstoff und produziert Laktat. Dieses Energiesystem kann uns etwa 10 bis 30 aufeinanderfolgende harte Züge lang mit Energie versorgen, bevor unsere Muskeln ermüden.
- Das anaerob-alaktazide System nutzt ATP als Treibstoff. Wird dieses System genutzt, können unsere Muskeln zwar maximale Kraft ausüben, aber nur für einen sehr begrenzten Zeitraum von 1 bis 5 aufeinanderfolgenden sehr harten Zügen. Das ist im Prinzip unsere Maximalkraft.

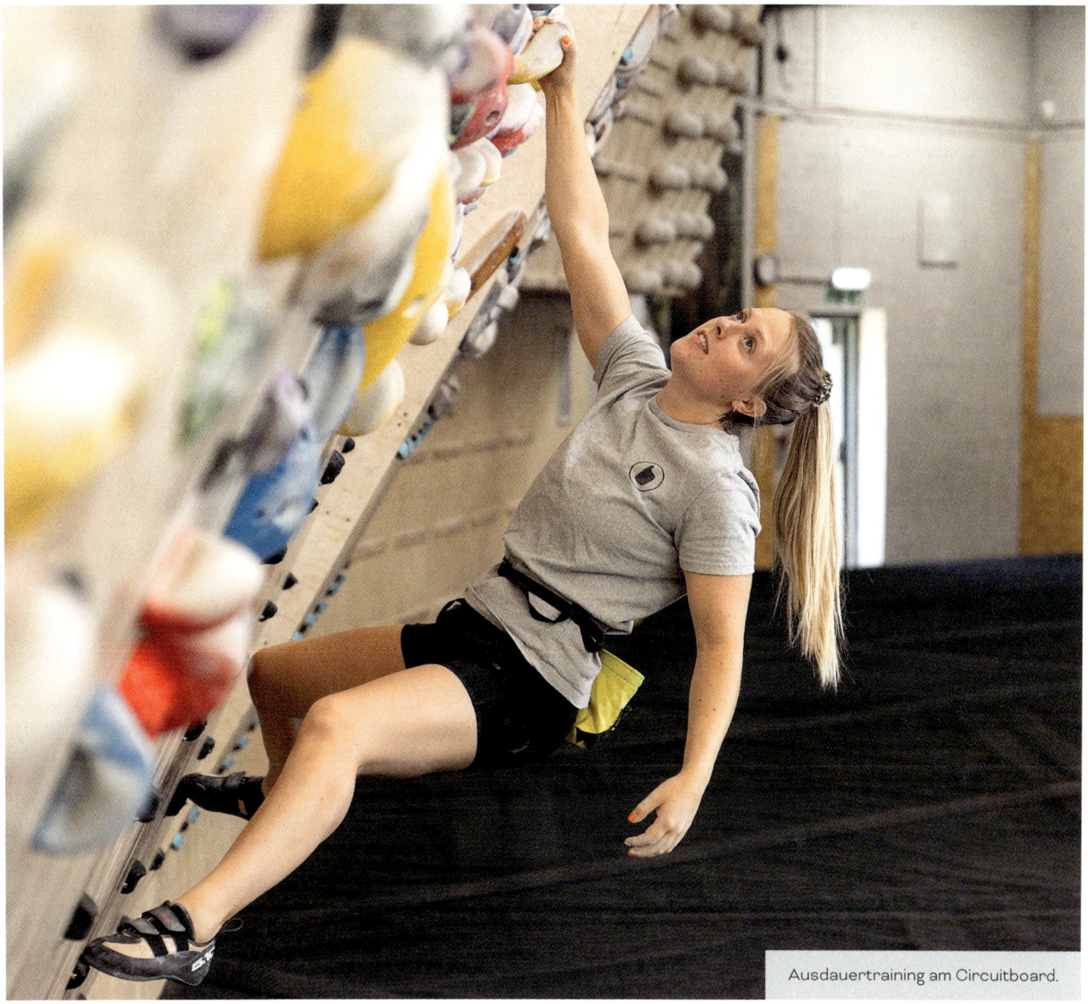

Ausdauertraining am Circuitboard.

ENERGIE-SYSTEM	TEMPO DER ENERGIE-LIEFERUNG	ENERGIE-QUELLE	ZEITRAUM	EINSATZ	KLETTERBEISPIEL	ZUSAMMEN-FASSUNG
Aerob	Langsam	Sauerstoff plus Kohlenhydrate/Fett/Eiweiß	Den ganzen Tag	Züge mit geringer Intensität über einen langen Zeitraum und Wiederaufladen der Muskeln in Pausen	Einfaches, den ganzen Tag dauerndes Mehrseillängenklettern	Langzeitausdauer
Anaerob-laktazid	Schnell	Glukose	20 Sekunden bis 2 Minuten	Hochintensive Züge für eine kurze Zeit	Ein zehn Meter langer Abschnitt mit ununterbrochenem hartem Klettern	Kurzzeitausdauer
Anaerob-alaktazid	Sofort	ATP	< 10 Sekunden	Die härtesten Züge, die du machen kannst	Ein steiles, drei Züge langes Boulderproblem	Kraft

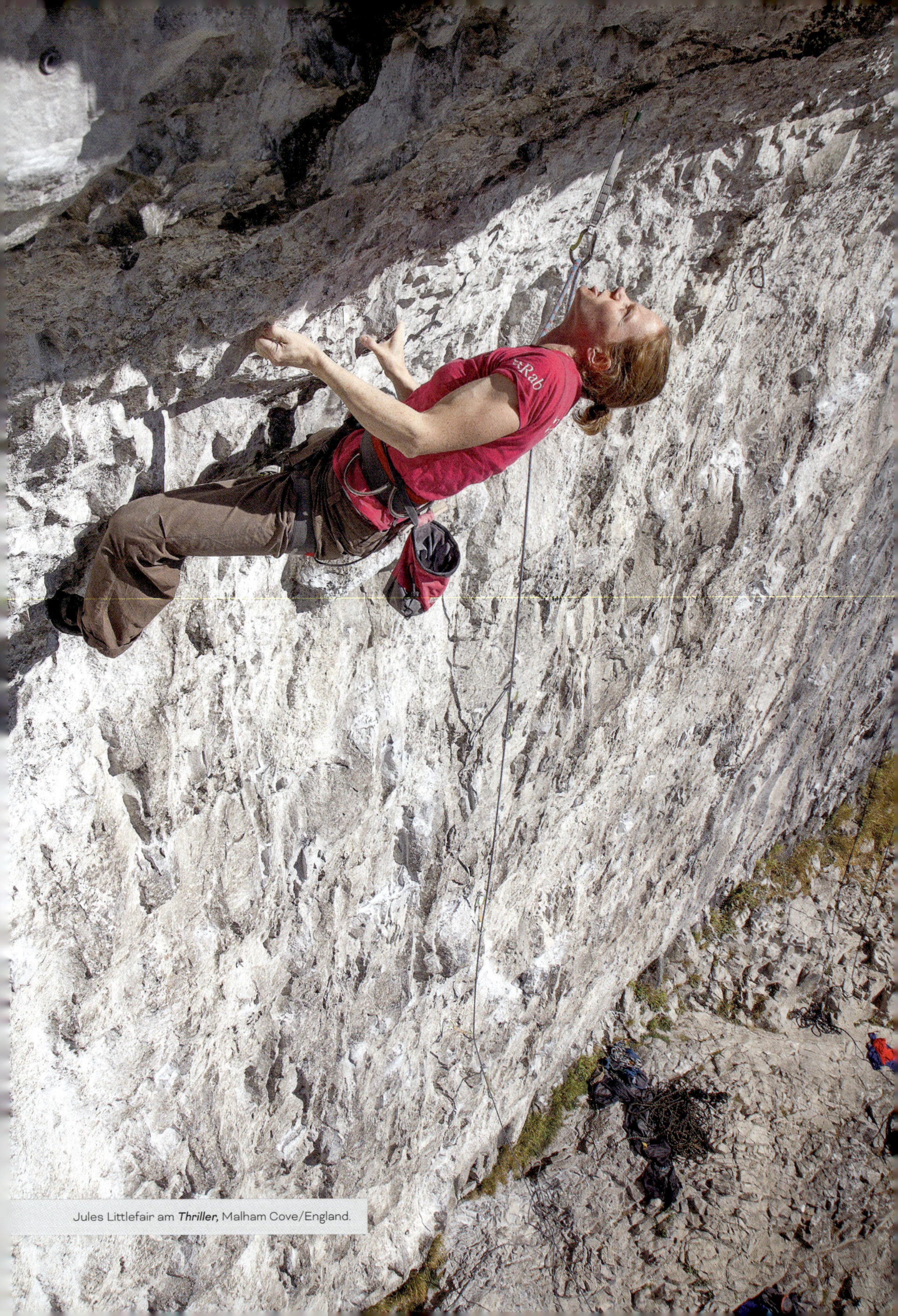

Jules Littlefair am *Thriller*, Malham Cove/England.

Natürlich gibt es Überschneidungen zwischen diesen Energiesystemen – während einer normalen Klettereinheit erhalten unsere Muskeln Energie aus allen drei Systemen und unterschiedliche Klettereien belasten die Energiesysteme jeweils mehr oder weniger.

Entscheidend und ziemlich einfach zu verstehen ist, dass unsere Energievorräte umso schneller zur Neige gehen, je mehr Energie wir pro Zug nutzen – und umso schneller ermüden wir auch. Wenn wir also stärker, fitter oder beides werden können, sind wir dazu in der Lage, mehr harte Züge hintereinander zu machen.

PRIORITÄTEN

Unterschiedliche Kletterziele erfordern unterschiedliche Fähigkeiten. Als Boulderer brauche ich persönlich ein hohes Maß an Kraft und ein anständiges Maß an Kurzzeitausdauer für längere Boulderprobleme. Diese längeren Probleme sind dennoch realistischerweise nur bis zu 20 Züge lang – wären sie länger, würde ich vermutlich gar nicht auf die Idee kommen, sie auszuprobieren! Es ist unglaublich, wie fit Sportkletterer sind. Der Gedanke, eine 30 Meter lange Route (oder länger) bis nach oben mit harten Zügen zu klettern und sich nur in winzigen Pausen zu regenerieren, ist für mich unvorstellbar. Sehr beeindruckend.

Ein relativ gut entwickeltes aerobes Energiesystem für Langzeitausdauer ist jedoch auch für mich nützlich, da es mir dabei helfen kann, mich zwischen den Versuchen an Boulderproblemen zu regenerieren. Natürlich stecke ich nicht so viel Zeit ins Ausdauertraining, wie ich könnte oder sollte, aber ich lege normalerweise einen Block mit Langzeitausdauertraining einmal im Jahr ein – entweder weil ich das Gefühl habe, eine Abwechslung zum hochintensiven Klettern und Training zu brauchen, oder weil ich einen Klettertrip plane, von dem ich weiß, dass ich den ganzen Tag lang klettern werde und ich zwischen den Boulderproblemen effizient regenerieren möchte.

Shaunas Training für das kombinierte Format bei Olympia beinhaltete die Vorbereitung auf Wettkämpfe in der Bouldern-, Lead- und der Speeddisziplin. Im Ergebnis musste sie so stark wie möglich für das Bouldern sein und gleichzeitig ein ziemlich hohes Maß an Kurzzeitausdauer besitzen, da das Leadklettern in Wettkämpfen im Allgemeinen 30 bis 40 Züge mit wenigen Pausen umfasst. Zudem musste sie zwischen den Wettkämpfen schnell regenerieren, weshalb auch ein hohes Maß an Langzeitausdauer entscheidend war. Daher verbrachte sie unzählige Stunden an der Wand oder am Fingerboard damit, ihre Kurzzeit- und Langzeitausdauer zu trainieren. Das war unglaublich öde, aber sie ist sehr stur. Entschuldigung, ich wollte sagen, sie ist eine Sportlerin, und deshalb ist sie so gut!

Du musst herausfinden, wo deine Ausdauerprioritäten liegen, und entsprechend trainieren.

- Boulderprobleme mit 1 bis 5 Zügen erfordern nur wenig Ausdauer.
- Boulderprobleme mit 5 bis 20 Zügen oder kurze Routen erfordern jede Menge Kurzzeitausdauer.
- Routen mit 60 und mehr Zügen erfordern im Allgemeinen überwiegend Langzeitausdauer.

Natürlich gibt es Klettereien mit allen möglichen Längen, die sich alle in einem Spektrum zwischen Maximalkraft oder endloser aerober Ausdauer bewegen. Auf Sportrouten kommt es tendenziell häufiger vor, dass von beidem etwas gebraucht wird, da es dort unterschiedliche Cruxabschnitte gibt, die durch Erholungspausen getrennt sind.

WIE TRAINIERE ICH DIE AUSDAUER?

In der Praxis hast du vier Möglichkeiten, um fitter zu werden:

1. Klettere effizienter/schneller, um so pro Zug weniger Energie zu verbrauchen. Das macht dich natürlich nicht wirklich fitter, aber du ermüdest beim Klettern langsamer.

2. Werde stärker. Wenn jeder Zug eine geringere Prozentzahl deiner Maximalkraft erfordert, bist du dazu in der Lage, mehr Züge hintereinander zu machen.

3. Steigere deine Langzeitausdauer.

4. Steigere deine Kurzzeitausdauer.

Dieses Buch ist nicht dazu gedacht, dir beizubringen, wie du dich effizienter bewegst – tut mir leid! Der Rest des Buchs zielt darauf ab, dir dabei zu helfen, stärker zu werden. Also bleiben das Training der Langzeit- und der Kurzzeitausdauer.

LANGZEITAUSDAUER

Um die Langzeitausdauer zu trainieren, solltest du im großen Umfang bei geringer Intensität klettern – nicht mehr als 40 Prozent deiner maximalen Intensität. Das bedeutet, in sehr leichtem Gelände 15 bis 20 Minuten ohne Unterbrechung zu klettern und zwischen den Kletterrunden lange Pausen einzulegen.

Arbeite mit einem Verhältnis von Arbeit zu Pause von 1:1. Wenn du also 15 Minuten klettern warst, bedeutet das, sich danach eine Pause von 15 Minuten zu gönnen. Arbeite zudem mit einem Pumpniveau von 3/10, wobei 0/10 bedeutet, gar keinen Pump in den Armen zu spüren, und 10/10 bedeutet, zu scheitern. Versuche, bis zu drei Runden dieser Art pro Klettereinheit zu absolvieren. Die Langzeitausdauer auf diese Weise zu trainieren ist recht einfach, aber auch ziemlich öde. Im Grunde genommen arbeitest du einfache Züge ab, ohne jemals etwas Spannendes wie einen Cruxzug zu machen.

Diese Trainingsmethode sorgt für eine Reihe von Anpassungen in den Unterarmen, von denen die wichtigste ist, Kapillargefäße entstehen zu lassen, die wiederum mehr Wege bieten, um Sauerstoff und Energie zu den Muskeln zu transportieren.

Weil ein solches Training der Langzeitausdauer bei relativ geringer Intensität ausgeführt wird, kannst du es in das restliche Training integrieren. Ich absolviere es nach einer anderen Art von Trainingseinheit, beispielsweise nach einer Boulder- oder Fingerboardeinheit. Aber definitiv nicht vor irgendeiner Art von Krafttraining. Du kannst es mehrmals pro Woche einplanen, ohne dass es einen Einfluss auf das restliche Training hat.

Damit du bei deiner Langzeitausdauer anständige Verbesserungen bemerkst, musst du einen Block von mindestens acht Wochen Training absolvieren. Setze dir etwa zwei Stunden Langzeitausdauertraining pro Woche zum Ziel – entweder beide zusammen ausgeführt in einer Marathoneinheit (sehr öde) oder teile sie auf eine Reihe kürzerer Einheiten auf (emotional sehr viel besser zu verkraften). Ist Ausdauer deine Priorität, kannst du auch mehr als zwei Stunden pro Woche trainieren, aber dann wird dies wahrscheinlich Auswirkungen auf dein restliches Klettern oder Training haben.

KURZZEITAUSDAUER

Für das Training der Kurzzeitausdauer hast du ein paar Auswahlmöglichkeiten, aber generell ist der Trainingsumfang viel geringer als beim Langzeitausdauertraining und hat dafür eine sehr viel höhere Intensität – etwa 70 Prozent deiner maximalen Intensität.

Auf das Klettern bezogen bedeutet das, dass du dir 10 bis 30 harte Züge zum Ziel setzen solltest und diese an die Länge der Route oder das Boulderproblem anpassen kannst, das du anvisiert hast. Arbeite an einem Verhältnis von Arbeit zu Erholung von 1:3, also eine Minute klettern und drei Minuten Pause zwischen den Klettereien. Ziel sollten vier bis fünf Kletterrunden sein. Du musst es wirklich sehr intensiv versuchen und die Schwierigkeit idealerweise so abstimmen, dass du jeweils zum Ende der letzten paar Kletterrunden herunterfällst.

Eine klassische Übung zum Training der anaeroben Fitness an einer Boulderwand ist »4x4«. Suche dir vier Boulderprobleme aus, die du mit etwa 70 Prozent deiner maximalen Anstrengung absolvieren kannst. Klettere das erste Problem viermal direkt hintereinander. Nimm die Kletterzeit mal drei und ruhe dich so lange aus, dann wiederholst du dieses Vorgehen mit den Problemen Nummer zwei, drei und vier.

Idealerweise solltest du dafür Probleme mit etwa zehn Zügen und mit einem gleichbleibenden Schwierigkeitsniveau von Anfang bis Ende auswählen. Es ist also eine gute Idee, vier Probleme mit unterschiedlichem Stil zu finden, statt nur vier Crimpprobleme mit Überhang zu klettern. Suche etwas steiles und mit großen Griffen aus, etwas mit Auflegern, etwas, für das man eine gute Körperspannung braucht, und so weiter.

Das Training der Kurzzeitausdauer ist sehr intensiv. Anschließend brauchst du definitiv einen Ruhetag – und vielleicht sogar einen Ruhetag vorher, um sicherzustellen, dass du dich ausgeruht und stark genug fühlst, um derart viele harte Züge auszuführen.

Um deine Kurzzeitausdauer zu steigern, musst du mindestens sechs Wochen lang ein paarmal pro Woche trainieren.

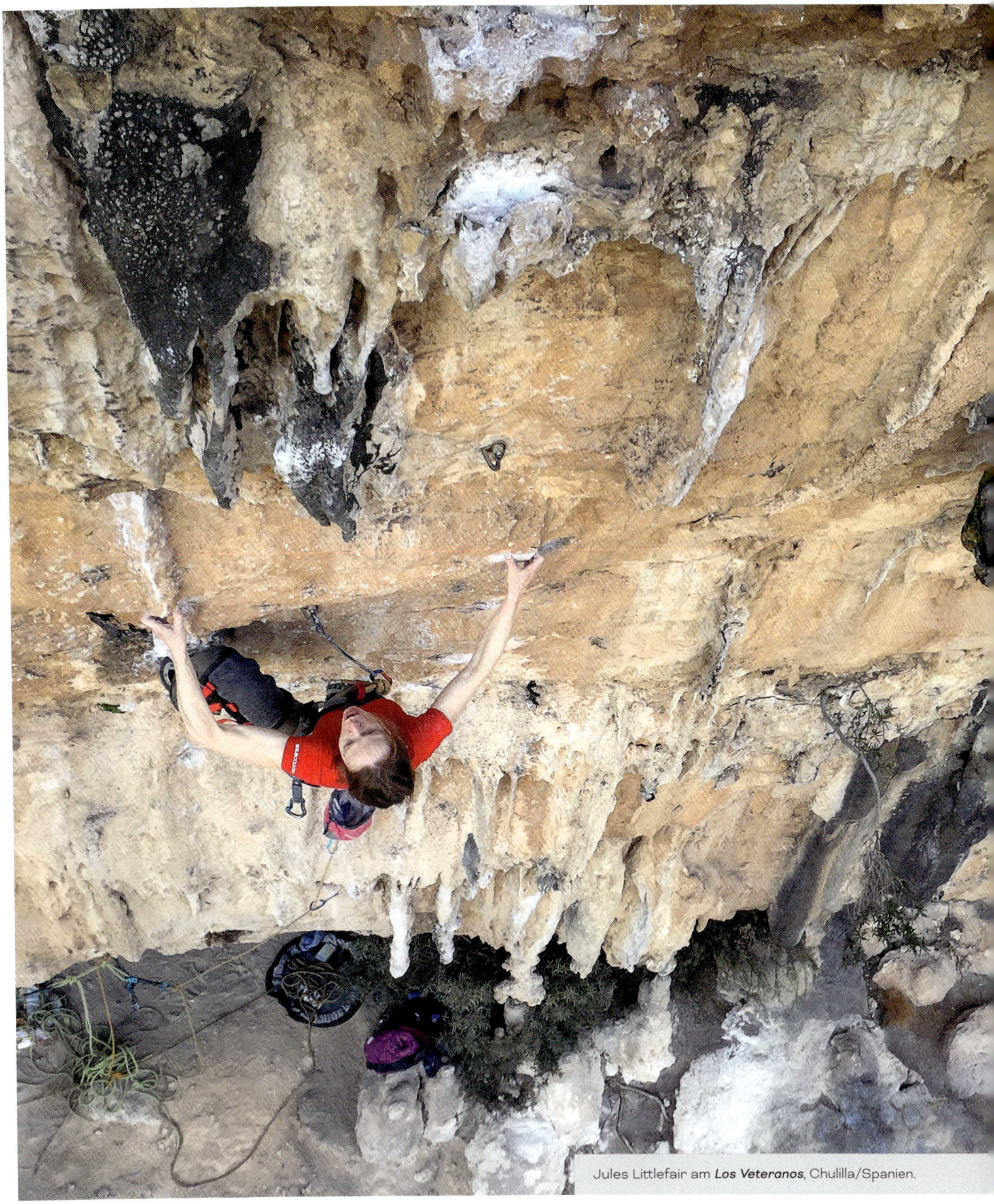

Jules Littlefair am ***Los Veteranos***, Chulilla/Spanien.

ÜBUNG	**Fingerboardtraining für Langzeitausdauer**
GUT FÜR	Trainiert die Regeneration beim Klettern oder zwischen Versuchen und Einheiten
BESCHREIBUNG	6 x 7:3-Repeater an einer bequemen Kante. 1 Minuten Pause. Das ist 1 Satz.
SÄTZE	10 Sätze durchführen, um 10 Minuten Hängezeit zu erreichen. 10 Minuten Pause. Das ist 1 Runde.
RUNDEN	3 Runden, um eine Gesamthängezeit von 30 Minuten zu erreichen.
BELASTUNG	Verwende ein Seilzugsystem, um die Belastung auf 30 bis 40 Prozent deines maximalen Hängegewichts an der Leiste, an der du trainierst, zu verringern. Ziel ist es, eine lange Zeit auf einem Niveau zu verbringen, auf dem der Pump sehr gering ist.
ERHOLUNG	Nutze ein Verhältnis von Arbeit zu Erholung von 1:1. Also 1 Minute Pause zwischen den Sätzen und 10 Minuten zwischen den Runden.
STEIGERUNG	Reduziere die Unterstützung, um die Belastung zu erhöhen.
HÄUFIGKEIT	2 Einheiten pro Woche.
WIE LANGE	Mindestens 8 Wochen und bis zu 16 Wochen.
WANN	Diese Übung hat eine geringe Intensität und kann daher einfach neben anderem Training durchgeführt werden – versuche, sie nach dem Klettern sonstiger Art durchzuführen und niemals vor dem Krafttraining.

ÜBUNG	**Fingerboardtraining für Kurzzeitausdauer**
GUT FÜR	Trainiert die Fähigkeit, mehr harte Züge hintereinander ausführen zu können, ohne dass die Kraft ausgeht
BESCHREIBUNG	6 x 7:3-Repeater an einer bequemen Leiste. 3 Minuten Pause. Das ist 1 Satz.
SÄTZE	6 Sätze durchführen, um 6 Minuten Hängezeit zu erreichen. Das ist 1 Runde.
RUNDEN	1 Runde hiervon reicht, da die Intensität sehr hoch ist.
BELASTUNG	Verwende ein Seilzugsystem oder Zusatzgewicht, um die Belastung auf 70 bis 80 Prozent deines Maximums an der Leiste, an der du trainierst, anzupassen. Du solltest sehr hart kämpfen müssen, um dich festzuhalten, und bei den letzten paar Sätzen an den letzten Hangs möglicherweise scheitern.
ERHOLUNG	Arbeite mit einem Verhältnis von Arbeit zu Erholung von 1:3. Also 3 Minuten Pause zwischen den Sätzen.
STEIGERUNG	Steigere die Belastung, indem du weniger Unterstützung nutzt oder Zusatzgewicht hinzufügst.
HÄUFIGKEIT	2-mal pro Woche, wenn die Kurzzeitausdauer deine Trainingspriorität ist. 1-mal pro Woche, wenn du neben der Kurzzeitausdauer auch die Kraft trainierst.
WIE LANGE	Mindestens 6 Wochen.
WANN	Plane immer, wenn du diese Übung trainierst, einen anschließenden Ruhetag ein.

AUSDAUERTRAINING AM FINGERBOARD

Die Langzeit- und die Kurzzeitausdauer können auch am Fingerboard trainiert werden, was hilfreich ist, wenn einem nicht regelmäßig eine Kletterwand zur Verfügung steht. Es ist zwar unglaublich langweilig, aber wirkungsvoll: Die Unterarme erkennen den Unterschied zwischen dem Fingerboard und dem Klettern nicht und reagieren auf beides gleich.

Training der Langzeitausdauer am Fingerboard

Während dieser aeroben Ausdauereinheit solltest du die gesamte Zeit über einen leichten Pump in den Unterarmen spüren, nicht mehr als 3/10 auf der Pumpskala. Du solltest nicht in die Nähe des Bereichs kommen, in dem du nicht mehr kannst. Falls doch, solltest du die Intensität verringern. Es kann eine Weile dauern, bis du die richtige Intensität für dich gefunden hast – füge dafür einfach entsprechend Zusatzgewichte hinzu oder verringere das Gewicht.

Beim Training der aeroben Ausdauer fährst du besser damit, die Intensität zu reduzieren und alle Sätze abzuschließen, anstatt die Intensität zu hoch zu drehen und die Sätze nicht beenden zu können.

Training der Kurzzeitausdauer am Fingerboard

Diese Übung ist hart und du musst wirklich beißen, um alle Sätze zu absolvieren. Anschließend wirst du einen Tag zur Regeneration benötigen, da sie ziemlich intensiv ist.

PEAKPHASE

Die oben empfohlenen Trainingsmethoden helfen dir dabei, eine gute Ausdauerbasis aufzubauen. In der Grundlagenphase des Trainings solltest du etwa acht Wochen lang versuchen, etwa zwei Stunden pro Woche die Langzeitausdauer und zwei Einheiten pro Woche die Kurzzeitausdauer zu trainieren.

Möchtest du deine Bestleistung abrufen, solltest du es dir für eine optimale Leistungsfähigkeit zum Ziel setzen, vorher die Grundlagenphase um eine sechs Wochen dauernde Peakphase mit Ausdauertraining bei hoher Intensität zu ergänzen. Das Training der Peakphase sollte so spezifisch auf deine Ziele ausgerichtet sein, wie es nur geht.

Das mag respekteinflößend und komplex klingen, aber es bedeutet im Wesentlichen, dass du an etwas trainieren solltest, das in Schwierigkeit, Länge und Stil deinem Ziel so ähnlich wie möglich ist. Das kann heißen, sich einen Zirkel in der richtigen Länge mit ähnlichen Cruxzügen auszudenken oder ähnliche Routen an der Kletterwand im richtigen Winkel oder mit den richtigen Griffarten zu klettern. Je mehr das Training der Peakphase deinem Ziel ähnelt, umso gewinnbringender wird das Training sein.

Zusammenfassung

Die Langzeit-/aerobe Ausdauer stellt für einen langen Zeitraum ein niedriges Niveau an Energie bereit. Ein gutes aerobes Fitnessniveau hilft dir dabei, während einer Pause beim Klettern, zwischen den Kletterversuchen und sogar zwischen den Einheiten zu regenerieren. Die Langzeitausdauer zu trainieren ist einfach, aber langweilig.

Die Kurzzeit-/anaerobe Ausdauer stellt für einen kürzeren und begrenzten Zeitraum ein hohes Niveau an Energie bereit. Ein gutes Niveau an Kurzzeitausdauer bedeutet, dass du mehr harte Züge hintereinander absolvieren kannst, ohne dass der Pump einsetzt oder du ausgepowert bist. Die Kurzzeitausdauer zu trainieren ist hart und schmerzhaft, es kann aber ziemlich befriedigend sein.

Nach dem Aufbau einer guten Ausdauerbasis kannst du deine Ausdauer mit einer sechs Wochen langen Peaktrainingsphase spezifischer an deine Ziele angepasst verfeinern.

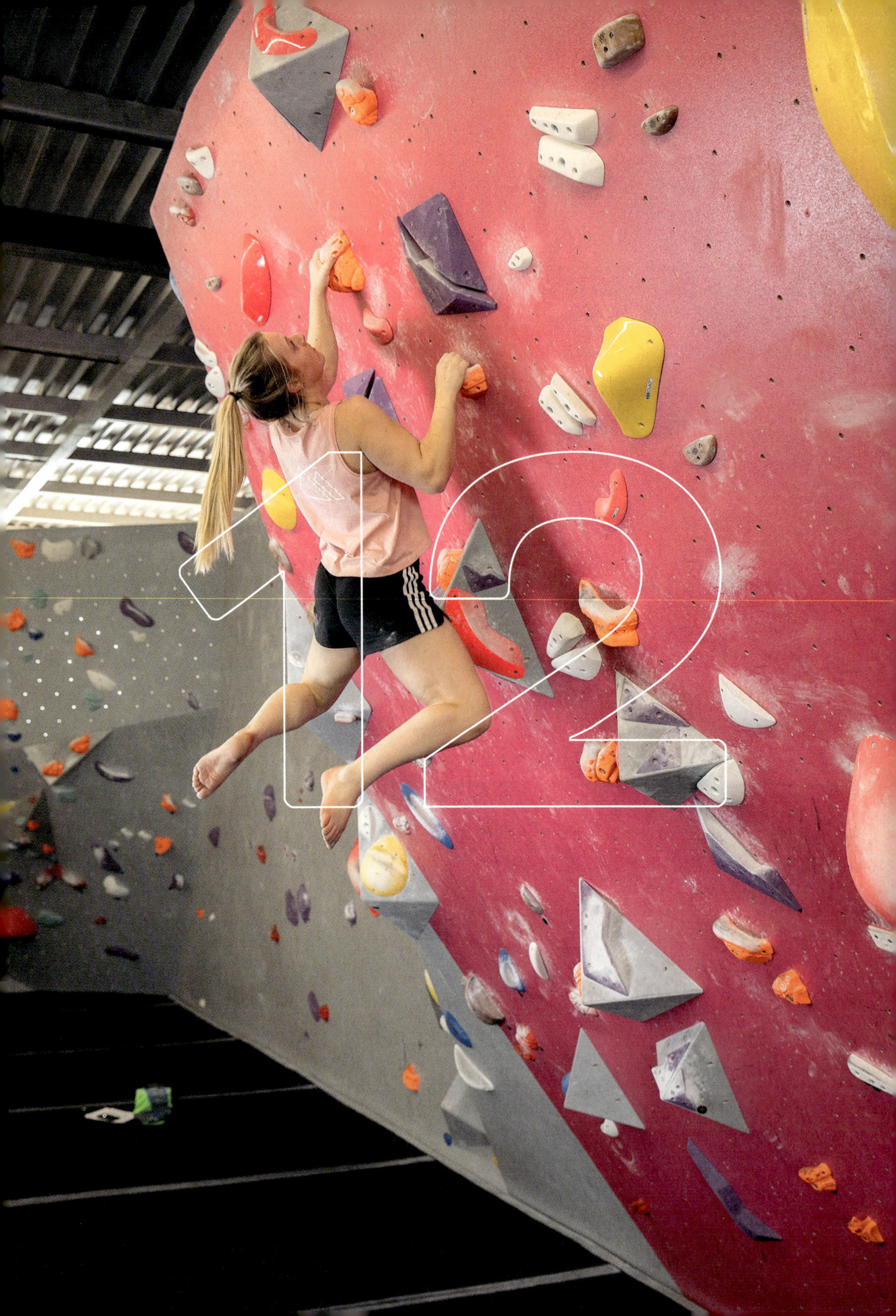
12

TRAINING OHNE FUSSEINSATZ

In Bezug auf Krafttraining und Leistungsfähigkeit war früher das Standardvorgehen, das Campusboard zu nutzen. In den 1980er- und 1990er-Jahren war es ein innovatives Gerät und buchstäblich einschneidend – Leisten, die ohne Einsatz der Füße geklettert wurden. Zu dieser Zeit war das Campusboard eine sehr gute Idee, denn die meisten Kletterwände waren vertikale Mauern, heutzutage aber setzt das gute alte Campusboard mehr Grenzen, als es Nutzen hat. Die modernen Kletterwände haben sich so stark weiterentwickelt und sind so gut geworden, dass das Campusboard unglaublich veraltet erscheint. Campusboards haben ihre Grenzen:

- Die Abstände zwischen den Reihen sind sehr groß: Der Schritt des Ziehens von einer Reihe zur anderen ist zu groß für gleichmäßigen, messbaren Fortschritt.
- Im Allgemeinen sind die Reihen am Campusboard für das Training von Kraft und Leistungsfähigkeit der Finger einfach zu groß. Wie viele wirklich harte Boulderprobleme kommen dir in den Sinn, die einen Griff in der Größe einer Campusboardleiste haben? Okay, vielleicht ein paar, aber bei ihnen gehört viel mehr dazu, als einfach kurz einarmig an einem ziemlich großen Griff zu hängen. Normalerweise wirst du deinen Körper auch ziemlich stark einbeziehen müssen.
- Am Campusboard neigen Kletterer dazu, halb offen oder offen zu greifen, da die Reihen sich besonders gut für diese Griffart eignen. Das ist zwar nicht unbedingt schlecht, aber es schränkt das Ganze ziemlich ein.
- Die Haut des kleinen Fingers hat unter den wiederholten, schleifenden Bewegungen im selben Radius am immer gleichen Griff stark zu leiden.
- Am Campusboard wird die Zugmuskulatur immer nur in einer Ebene bearbeitet – gerade nach oben und unten. Es gibt kaum oder gar keine Seitwärtsbewegungen.
- Große leiterartige Züge wie 1-4-7 oder 1-5-9 lassen sich ziemlich leicht erlernen: Man muss einfach die Bewegungen verinnerlichen und es wird von Mal zu Mal einfacher. Tatsächliche Kraftzuwächse sind hingegen minimal.
- Auf den ersten Blick sind Campusboards zwar standardisierte Trainingsgeräte, aber nur wenige von ihnen sind gleich. Es gibt unterschiedliche Neigungen, unterschiedliche Reihen und unterschiedliche Abstände zwischen den Reihen. Zu versuchen, eine Einheit an verschiedenen Campusboards genau nachzubilden, ist normalerweise problematisch.

Campusboards haben für einfache Krafttests, Kraftausdauerübungen und kompromissloses Ausdauertraining (mit Fußeinsatz) ihre Berechtigung, aber eine viel bessere Methode, das Klettern ohne Füße zu trainieren, ist, ohne Fußeinsatz an der Kletterwand oder am Board zu klettern. Vorteile des Kletterns ohne Füße an Boards oder Boulderproblemen:

- Griffstil und Griffgröße variieren: Manchmal muss man sie in die Zange nehmen, manchmal aufgestellt oder offen greifen. Außerdem haben die Griffe unterschiedliche Neigungen und verlaufen nicht nur horizontal.
- Größe und Richtung der Züge variieren: Man kann sich seitwärts, nach oben und unten bewegen, kreuzen, sich eng heranziehen und so weiter. Das bedeutet, dass durch die große Bandbreite an Bewegungen nicht nur die größeren ziehenden Muskeln trainiert werden, sondern auch die kleineren stabilisierenden Muskeln.
- Es ist viel interessanter und macht viel mehr Spaß, eine Auswahl von Problemstilen zu trainieren, als nur wie an einer Leiter hoch- und runterzuklettern.
- Es ist viel einfacher, einen bestimmten Zug oder einen Zugstil nachzubilden und daran zu arbeiten.
- Es lässt sich viel besser auf das echte Klettern anwenden, wenn man verschiedene Griffformen und -größen und Zugarten nutzen kann.

KLETTERANLAGEN

Im Allgemeinen ist jede Kletterwandfläche, die eine Neigung von mehr als 20 Grad hat, für das Klettern ohne Fußeinsatz geeignet – es sei denn, sie ist voll mit riesigen brockenähnlichen Griffen oder Volumen, die einem im Weg sein könnten. Horizontale Dächer funktionieren nicht so gut, da die Griffe normalerweise ziemlich groß sein müssen und man nicht wirklich zieht, weil der Großteil des Schwungs parallel zum Dach verläuft und man dazu neigt, daran entlangzubaumeln.

Solltest in der glücklichen Lage sein, ein anständiges Board für das Training ohne Fußeinsatz zu haben, dann ist das ausgezeichnet. Solltest du noch mehr Glück haben und einen Standort oder den Platz dafür

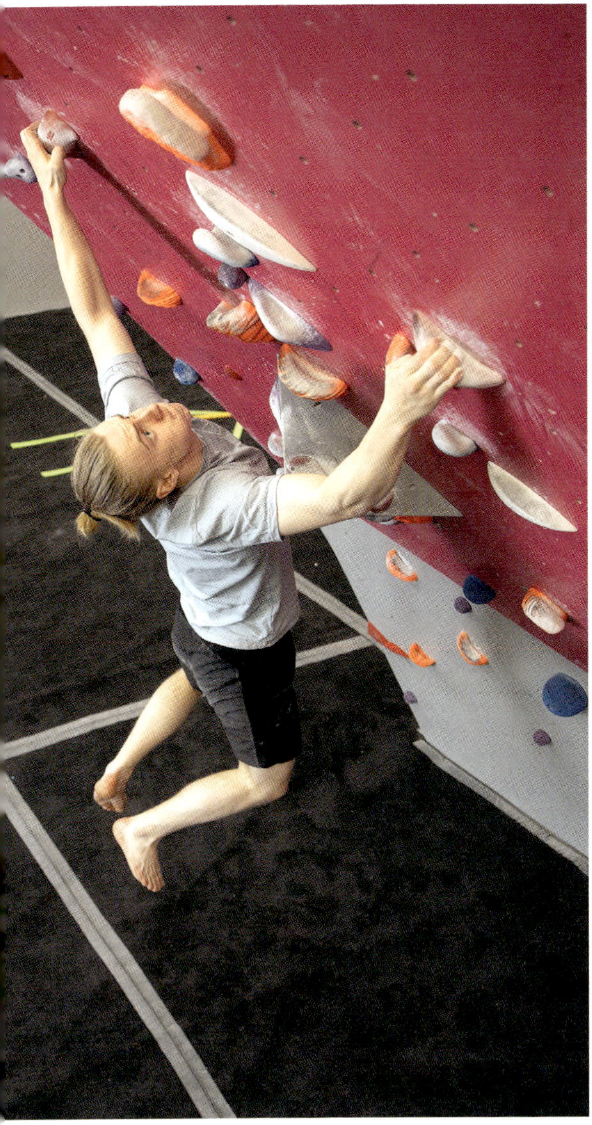

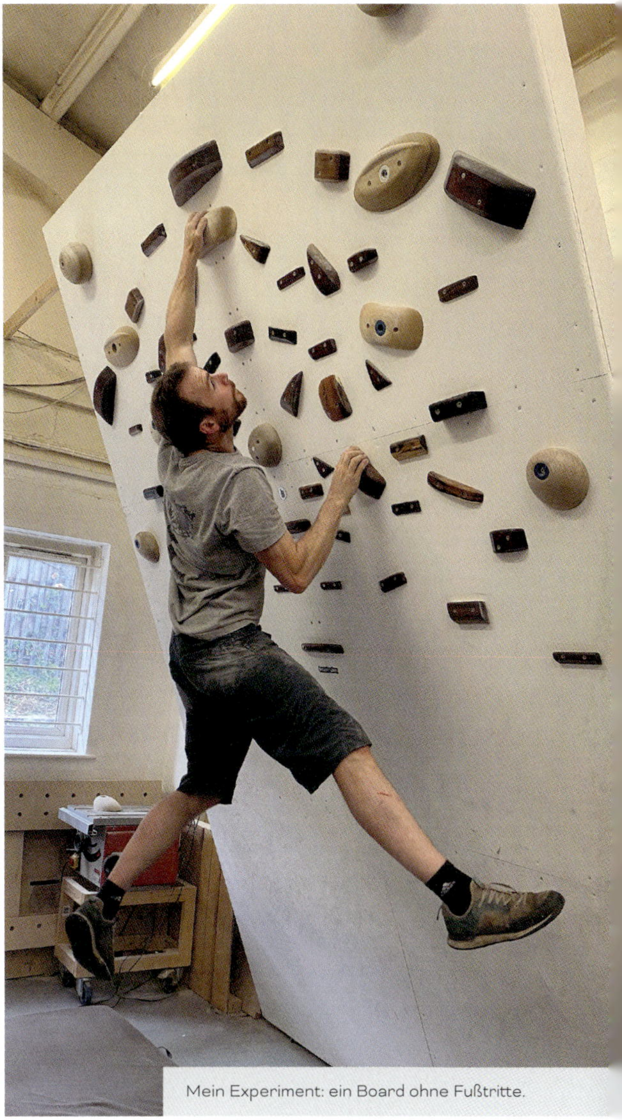

Mein Experiment: ein Board ohne Fußtritte.

haben, dir ein spezielles Board für das Training ohne Fußeinsatz selbst zu bauen, dann lege los. Ich habe vor ein paar Jahren als Experiment eines gebaut. Ich liebe es! Insbesondere für kurze, effiziente Powereinheiten ist es prima geeignet. Gestalte es komplett symmetrisch, mit einer Auswahl an Griffformen und -größen, die alle ohne Fußeinsatz funktionieren – es ist beispielsweise wenig sinnvoll, jede Menge Untergriffe anzuschrauben.

Denke jedoch daran, dass das Klettern ohne Fußeinsatz nichts für den Unterkörper tut. Außerdem bewegst du dich völlig anders, wenn du ohne Füße kletterst. Immer nur ohne Fußeinsatz zu trainieren und dann gelegentlich klettern zu gehen, liefert für den Felsen wahrscheinlich nicht die besten Ergebnisse. Wenn du bereits gut ohne Füße klettern kannst, dann solltest du deine Aufmerksamkeit möglicherweise auf andere Dinge richten – vielleicht auf Platten.

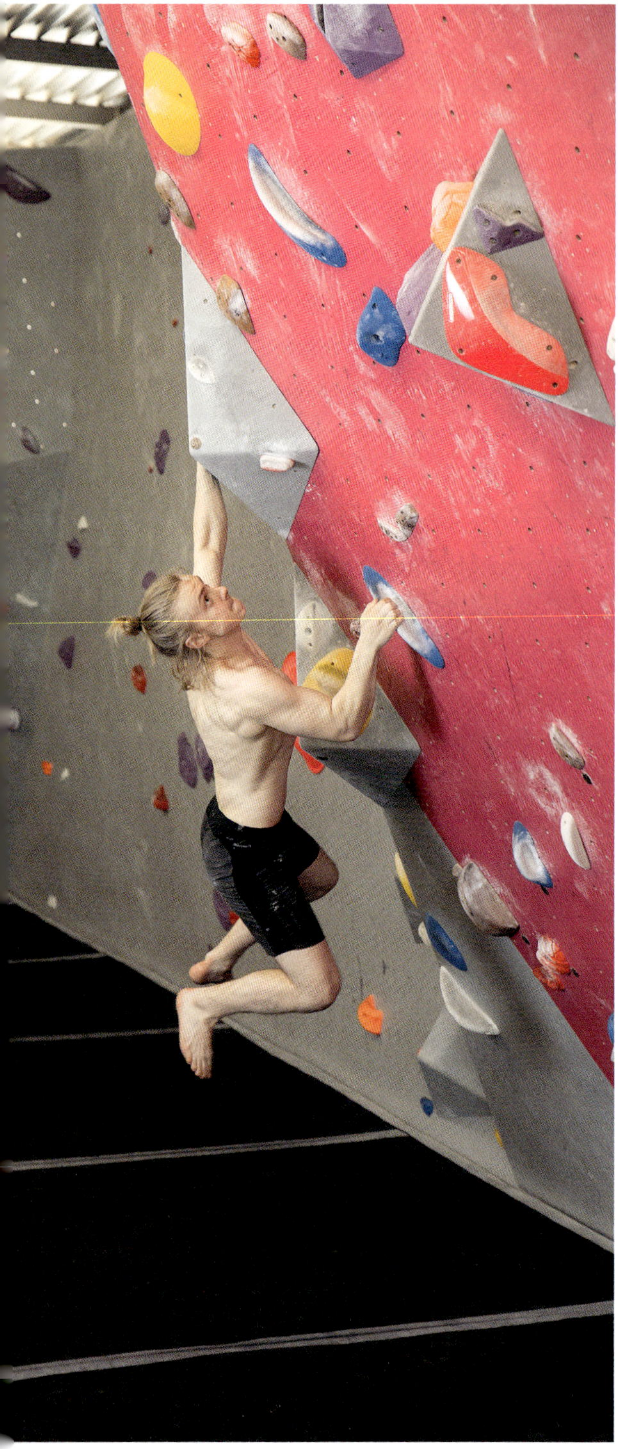

EINHEITEN OHNE FUSSEINSATZ

Die allgemeine Regel lautet: Wenn du keine zehn Klimmzüge schaffst, dann klettere am besten nicht ohne Fußeinsatz, weil die Intensität sehr viel höher ist als das, was du gewohnt bist. Sei vorsichtig.

Wähle ein steiles Problem aus (mehr als 20 Grad Neigung, um zu verhindern, dass dein Körper an der Wand entlangschleift) und klettere es ohne Fußeinsatz. Versuche, Probleme mit verschiedenen Zügen zu finden, beispielsweise weit greifen und eng heranziehen oder große Kreuzzüge. Wähle Probleme aus, die dich auf die Art und Weise herausfordern, von der du am meisten profitieren wirst. Wenn es dir an Fingerkraft mangelt, wirst du nicht viel davon haben, an Henkeln zu campussen.

Wenn du dir eigene Probleme ausdenkst, lege den Schwerpunkt auf Griffe, die schwer zu halten sind – nicht nur auf Henkel und horizontale Kanten. Das ist super, um eine gute Griffkraft aufzubauen und die Fähigkeit zu entwickeln, Schwung in unterschiedliche Richtungen zu erzeugen.

Passe die Problemlänge und den Stil auf die Bereiche an, die du deiner Meinung nach verbessern musst.

SPEEDCAMPUSSEN

Wähle ein Problem aus und klettere es ohne Fußeinsatz, so schnell du kannst. Diese Möglichkeit hast du auch an einem normalen Campusboard. Der Plan ist, die ganze Zeit über den Schwung nach oben – oder den Schwung in die jeweilige Bewegungsrichtung – aufrechtzuerhalten. Wenn du einen Griff erreichst, ziehe sofort daran. Lass dich nicht hängen. Spanne nach, schwinge den Körper in die richtige Richtung und ziehe dich zum nächsten Griff hoch.

Das Speedcampussen ist eine rudimentäre Form des plyometrischen Trainings, bei dem es darum geht, Explosivkraft aufzubauen. Gleichzeitig lässt es sich sehr gut auf das Klettern anwenden, da man sich dabei oft schnell zwischen den Handgriffen bewegt. Sich aus zwei Zügen bestehende Campusprobleme auszudenken, die in diesem Stil geklettert werden, ist ein guter Ausgangspunkt. Mit steigendem Tempo kannst du dann Züge hinzufügen.

Hänge dich an einen Griff, schieße nach oben zum nächsten Griff und ziehe dich, sobald du ihn greifst, hoch zum letzten Griff. Wenn du das kannst, probiere es weiter, bis du das Gefühl hast, die Bewegungen verinnerlicht zu haben und fließend zu beherrschen.

Diese Übung kann mit leiterartigen Problemen (links, rechts, links und so weiter) oder mit Double-Dynos (beide Hände bewegen sich gleichzeitig) ausgeführt werden.

Im Prinzip solltest du versuchen, so wenig Zeit wie möglich am Zwischengriff zu verbringen. Im Laufe der Zeit kannst du die Züge aneinanderreihen.

DOUBLE-DYNOS

Die sind etwas für Fortgeschrittene! Um Kraft und Koordination zu trainieren, kannst du dir wilde Double-Dynos ohne Fußeinsatz oder eine Reihe an aufeinanderfolgenden Double-Dynos ausdenken.

Versuche, dich auf Griffe zu konzentrieren, die nicht unbedingt leicht zu halten sind. Von einem Henkel zum anderen zu springen hat zwar auch seinen Wert, aber es wird dir mehr bringen, wenn du dich an den schlimmsten, abschüssigsten Griffen versuchst.

Die Double-Dynos können auch durch ein Speed- oder plyometrisches Element erweitert werden. Sobald du die Griffe gepackt hast, beginnst du sofort damit, die Bewegung in Richtung der nächsten Griffe einzuleiten. Im Prinzip solltest du versuchen, so wenig Zeit wie möglich an den Zwischengriffen zu verbringen.

DENK DARAN

Klettertraining ohne Fußeinsatz ist für den Oberkörper und insbesondere die Finger sehr intensiv. Außerdem ist es nicht gerade hautfreundlich, da die gesamte Zeit über 100 Prozent des Körpergewichts durch die Finger gehen. Ich habe für mich festgestellt, dass ich die Länge meiner Einheiten ohne Fußeinsatz viel stärker begrenzen muss als die normaler Boardeinheiten. Eine Stunde klettern ohne Fußeinsatz ist normalerweise genug für mich. Diese Einheiten strukturiere ich ähnlich wie meine normalen Boardeinheiten: ein Zirkel mit Aufwärmproblemen, gefolgt von Versuchen an einigen Projekten in einer Reihe von Stilen.

Zusammenfassung

Klettern ohne Fußeinsatz ist super, um sich stärker festhalten und hart ziehen zu können.

Die klassischen Campusboards sind nur eingeschränkt geeignet. Alles, was man für eine gute Einheit ohne Fußeinsatz braucht, ist ein Stück leicht überhängende Wand (mindestens 20 Grad) mit ein paar Griffen daran.

Klettern ohne Fußeinsatz eignet sich großartig, um den Oberkörper hart arbeiten zu lassen und kräftiger zu werden, aber man darf nicht vergessen, dass beim Klettern so viel mehr mitspielt als nur die Finger und Arme. Wer nur ohne Fußeinsatz trainiert, darf sich nicht wundern, wenn sich sein eigentliches Kletterkönnen nicht verbessert. Ergänze das normale Klettern mit ein paar Einheiten ohne Fußeinsatz, wenn du noch einen Tick kräftiger werden möchtest.

Was kann ich tun?

Nimm bereits vorhandene Klettereien oder denke dir selbst welche aus und klettere sie ohne Fußeinsatz. Lege den Schwerpunkt auf Griffe, die schwierig zu halten sind, und schaukle nicht nur an Henkeln hin und her.

Variiere den Stil der Probleme, an denen du dich versuchst. Arbeite nicht nur an Problemen mit winzigen Crimps oder führe nicht nur große Züge aus.

TAKTIK TEIL III

Im Folgenden findest du Ratschläge zum Umgang mit deiner Haut und ihrer Pflege. Mehr taktische Maßnahmen findest du auf den Seiten 100 und 101.

WENIGER SCHWITZEN
Sorge dafür, dass die Luft um deine Hände weht. Nutze dafür einen Ventilator oder wedle die Hände durch die Luft.

Halte deine Hände kühl. Stecke sie zwischen den Klettereien oder Versuchen nicht in die Taschen und halte eine heiße Tasse Tee nicht zu lange in den Händen.

Gehe klettern, wenn es kühler ist! Es ist zwar normalerweise angenehmer, in der Sonne zu klettern, aber für schweißfreie Bedingungen sorgt das nicht unbedingt.

ANTIHYDRAL®
Antihydral® ist das Mittel zur Schweißhemmung schlechthin. Das Zeug ist großartig. Es trocknet die Haut und macht sie fester. Beim Klettern an scharfkantigen Griffen halte ich es für eine gute Sache, da es die Widerstandsfähigkeit meiner Haut steigert. Ich habe es auch bei der Vorbereitung zum Klettern an ein paar Projekten mit grobem Sandstein eingesetzt, bei denen es sehr kleine, scharfkantige Haltepunkte gibt, wie beispielsweise *Voyager Sitzstart* in Burbage/England.

Die festere Schicht neigt jedoch dazu, nach ein paar Tagen einzureißen oder sich abzuschälen, weshalb ich finde, dass Antihydral® am besten als kurzfristige Lösung für das Problem schwitziger Hände geeignet ist – wenn ich es ein paarmal angewendet habe, nutze ich es eine Weile lang nicht mehr. Wichtig zu wissen ist auch, dass es erst nach 12 bis 24 Stunden seine volle Wirkung entfaltet. Es ist also eher wenig effektiv, es auf der Fahrt zum Felsen wie wild aufzutragen und das Lenkrad damit vollzuschmieren.

Beim Auftragen von Antihydral® solltest du darauf achten, dass es auf der Haut wirklich gut trocknet. Wenn es auf schwitzigen Fingerspitzen nicht richtig trocknet, verringert sich seine Wirkung um einiges. Ich empfehle, es abends aufzutragen und einziehen zu lassen.

Sei vorsichtig, dass das Antihydral® nicht unter die Fingernägel oder in/auf bestehende Risse oder dünnere Hautbereiche gelangt. Ich hatte noch nie ein Problem damit, wenn es in die Ränder unter den Fingernägeln gelangt, aber ich kenne Leute mit trockenen Händen, die damit große Schwierigkeiten hatten. Hautrisse an den Rändern unter den Nägeln sind ein echter Albtraum, weil man sie schwer wieder loswird.

ALKOHOL
Alkohol ist sehr hilfreich, um die Hände vor dem Chalken zu säubern. Er entfernt Fett und Dreck, der möglicherweise auf der Haut sitzt, und kühlt die Haut. Ich habe immer eine kleine Flasche dabei, damit ich vor dem ersten Chalken meine Hände saubermachen kann.

LIQUID CHALK
Liquid Chalk mit Alkohol benutze ich nicht sehr oft. Ich nutze beides lieber getrennt voneinander. An sehr trockenen Tagen oder beim Klettern an Holzgriffen oder glattem Stein kann auf Wasser basierendes Liquid Chalk jedoch eine gute Methode sein, um die Haut ein bisschen zu befeuchten und so den Grip zu verbessern.

RHINO SKIN SOLUTIONS
Rhino Skin Solutions ist für mich persönlich eine bahnbrechende Entwicklung. Es hat dieselbe hauttrocknende Wirkung wie Antihydral®, aber ohne den festigenden Effekt. Für mich ist es perfekt: Meine Haut bleibt trocken, aber gleichzeitig geschmeidig und ziemlich widerstandsfähig gegenüber Rissen.

Ich habe von Natur aus sehr schwitzige Finger. Mit Rhino Skin kann ich längere Einheiten einlegen, da die trockenere Haut dafür sorgt, dass die Griffe nicht so schmierig werden und meine Haut im Ergebnis weniger stark beansprucht wird. Die Haut und die Luftverhältnisse haben einen großen Einfluss auf das Klettern an meinem Limit. Mit Rhino Skin habe ich in

Bezug auf die Luftverhältnisse häufig einen größeren Spielraum. Ich habe festgestellt, dass ich bei etwas höheren Temperaturen oder höherer Luftfeuchtigkeit klettern kann, ohne dass meine Haut sofort schweißgebadet ist.

Wie bei Antihydral® habe ich auch bei Rhino Skin die Erfahrung gemacht, dass die volle Wirkung erst nach 12 bis 24 Stunden einsetzt. Ich sehe Leute, die sich die Hände damit am Felsen einsprühen und dann jammern, dass sie immer noch schwitzen. Trage es am besten abends auf und lass es über Nacht einwirken, damit es Zeit hat, zu arbeiten und die nervigen Schweißdrüsen zu blockieren. Ich benutze es ein paar Wochen lang mehrmals pro Woche und brauche es dann ein paar Wochen gar nicht. Es gibt noch mehr Produkte von Rhino Skin. Performance ist bei der Hauttrocknung am schwächsten, Dry ist mittelstark und der Tip Juice ist am stärksten. Ich verwende den Tip Juice, aber es lohnt sich, mit den anderen Produkten zu experimentieren. Auch bei Rhino Skin solltest du wie bei Antihydral® darauf achten, dass es nicht unter die Fingernägel und in Risse gelangt oder auf dünnere Haut aufgetragen wird.

RHINO SKIN SOLUTIONS SPIT

Ich habe es erst vor Kurzem für mich entdeckt und seitdem ist es das Produkt meiner Wahl, wenn ich indoor an Holzgriffen oder glatten Griffen trainiere. Es ist für Menschen mit sehr trockener Haut gedacht, um dieser etwas Feuchtigkeit zu geben und so mehr Grip zu bekommen. Shauna hat trockene Haut und verbraucht bei Training, Wettkämpfen oder beim Klettern am Fels Unmengen von Spit. Ich persönlich habe keine trockene Haut, aber ich trainiere sehr gern an sehr glatten Holzgriffen. Spit macht meine Hände ein bisschen klebriger, was an Holzgriffen einen großen Unterschied ausmacht. Dadurch habe ich das Gefühl, beständiger trainieren zu können, da die Schwankungen im Hautzustand scheinbar weniger Einfluss haben. Ausprobieren lohnt sich, auch wenn du keine trockene Haut hast. Auch bei glatten Gesteinsarten wie poliertem Kalk, Quarzit und poliertem Granit und bei sehr trockenem Klima funktioniert Spit sehr gut. Aufsprühen, trocknen lassen und dann normal chalken – und das während einer Einheit so oft wie nötig wiederholen.

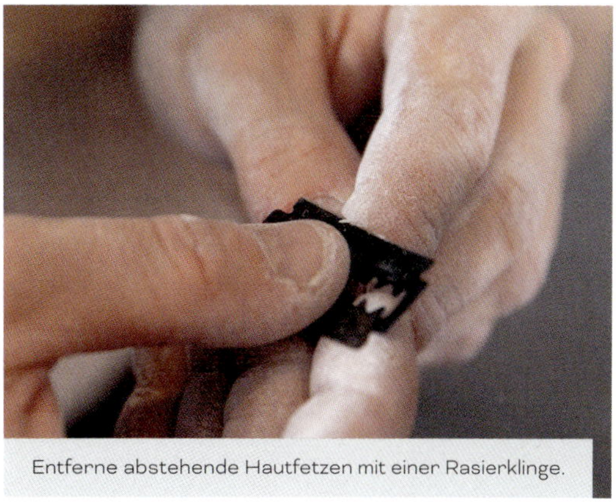

Entferne abstehende Hautfetzen mit einer Rasierklinge.

SCHMIRGELPAPIER

Schmirgelpapier eignet sich hervorragend, um die Haut zu glätten und so die Wahrscheinlichkeit von Rissen zu reduzieren. Verwende Schmirgelpapier, um raue Stellen zwischen den Kletterversuchen (leicht) abzuschleifen. Ich sehe Leute, die ihre Hände nach jedem Versuch an einem Problem wie wild abschmirgeln. Das erscheint mir ziemlich dumm. Schleife nur das ab, was unbedingt wegmuss, denn deine Haut ist ein wertvolles Gut. Ich schleife meine Haut manchmal nach dem Klettern ab, wenn sie trocken ist oder sogar, wenn sie feucht ist, um unebene Stellen zu entfernen. Ich verwende Schmirgelpapier mit einer 120er-Körnung. Schleifleinen hält meist etwas länger als herkömmliches Schleifpapier.

MESSER/RASIERKLINGE

Ich nutze ein Messer oder eine Rasierklinge, um abstehende Hautfetzen abzuschneiden, die sonst ab- oder einreißen und zu blutenden Stellen führen könnten. Eine Rasierklinge ist hilfreich in Situationen, in denen Schmirgelpapier nicht so gut funktioniert. Auch hier gilt: Entferne nur die Stückchen, die wirklich ein Problem verursachen könnten. Sei vorsichtig, damit du nicht abrutschst und deinem Klettertag ein Ende setzt!

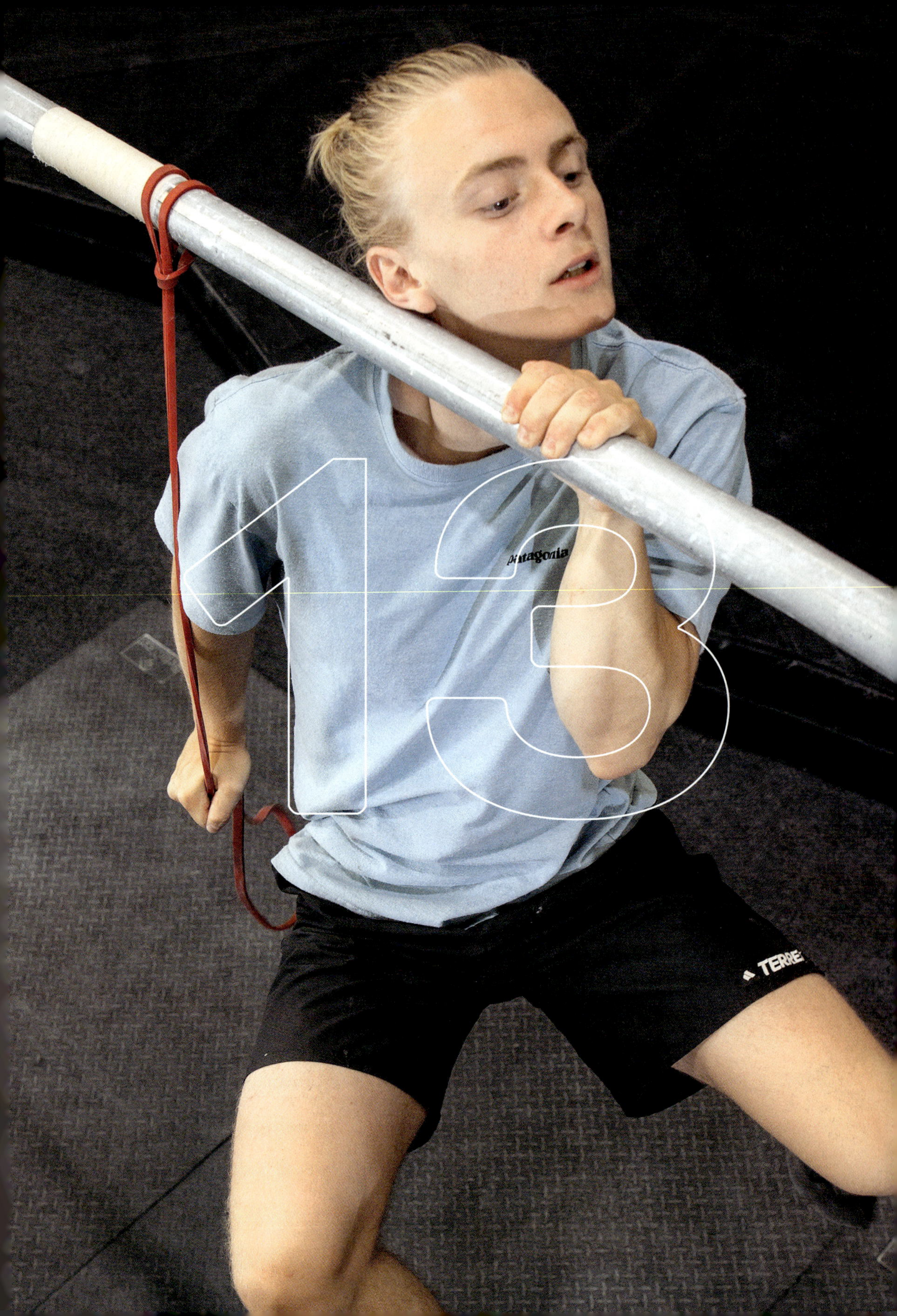

13

ARMÜBUNGEN

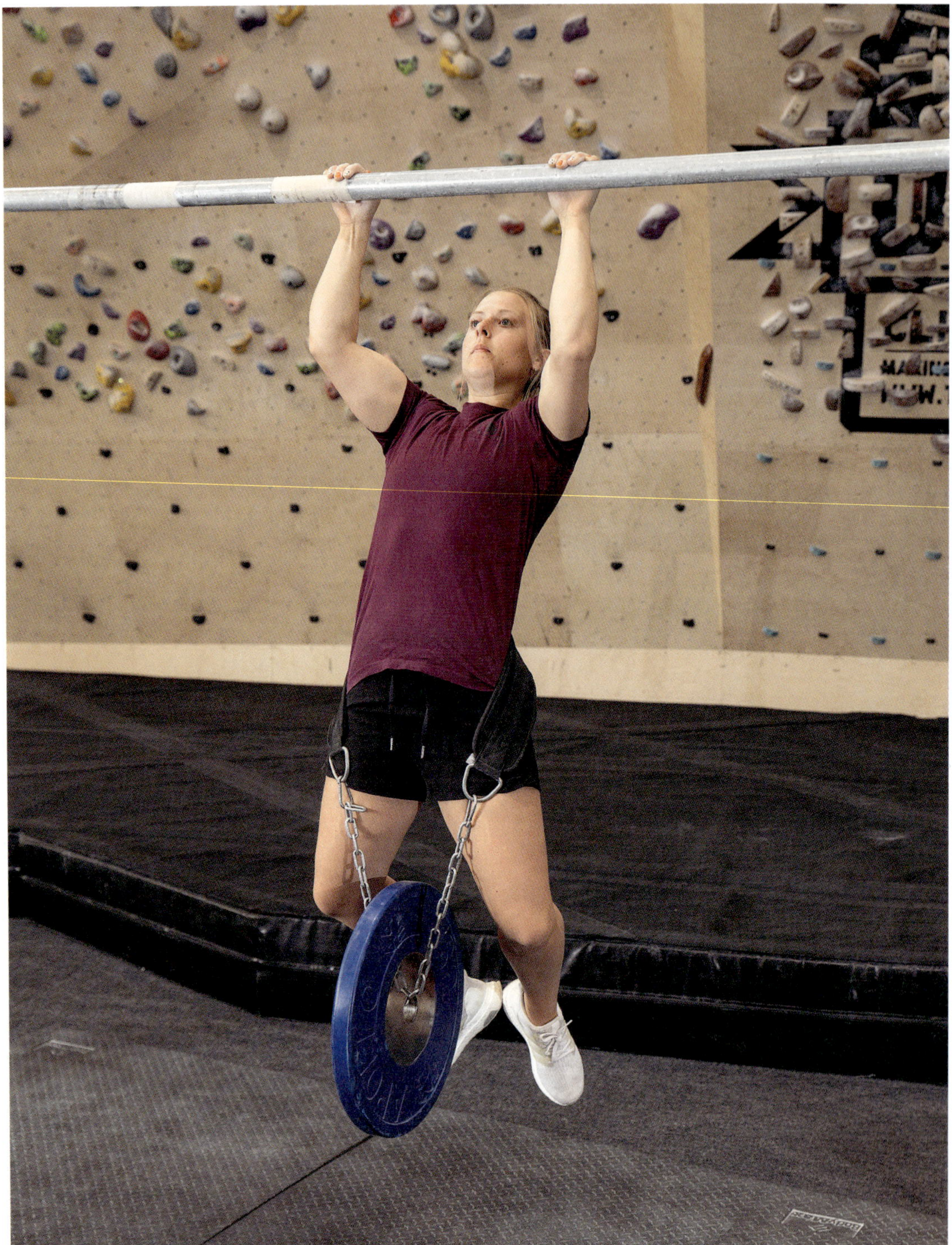

Ein starker Oberkörper ist hilfreich fürs Klettern, er ist aber nicht alles. Letztendlich sind es unsere Finger, die uns mit dem Felsen, Kunstharz oder Holz verbinden. Das vorausgesetzt, ist es natürlich wichtig, die Arme beugen zu können. Darüber hinaus ist es einfach und ziemlich befriedigend, die Arme zu trainieren.

Die Armkraft lässt sich viel schneller steigern als die Fingerkraft, weil sie auf großen Muskelgruppen basiert, die sich schnell an Trainingsreize anpassen. Das Armtraining kann man immer mal wieder nach Bedarf einplanen oder weglassen und muss es nicht wie das Fingerkrafttraining konsequent und regelmäßig durchführen. Wenn du das Gefühl hast, mehr Zugkraft zu brauchen, dann absolviere fünf oder sechs Wochen lang acht bis zehn Einheiten der entsprechenden Übungen und du wirst eine Verbesserung feststellen. Anschließend solltest du jedoch eine kleine Pause einlegen oder zumindest das Trainingsvolumen reduzieren, denn du brauchst nur eine bestimmte Menge Kraft in den Armen und man kann es leicht übertreiben und sich eine Verletzung zuziehen.

Tipps

Beim Krafttraining kommt es auf die Qualität an – also ruhe dich aus, bis du dich vollständig regeneriert fühlst.

Trainiere immer durch den gesamten Bewegungsumfang hindurch und lass dich langsam und kontrolliert herunter. Eine Wiederholung ist die komplette Bewegung nach oben und unten, nicht nur der Teil nach oben.

Du kannst die Übungen einfach abwandeln, indem du etwa eine Stange weiter oder enger greifst.

Führe die Übung mit beiden Armen oder einarmig durch.

1-MINUTE-ÜBUNG

Eine sehr einfache Übung, die man so gut wie überall dort durchführen kann, wo man sich an etwas dranhängen kann. Für Shauna ist die 1-Minute-Übung bei fast jeder Einheit Teil ihres Aufwärmens.

Wähle eine entsprechende Wiederholungszahl an Klimmzügen anhand deiner Fähigkeiten – es kann ein Klimmzug sein, es können aber auch zehn sein. Starte die Stoppuhr und absolviere die Klimmzüge. Den Rest der Minute ruhst du dich aus und wiederholst das Ganze bei Beginn der nächsten Minute – wiederhole dies insgesamt zehnmal. Mit der Zeit kannst du die Anzahl der Klimmzüge pro Minute steigern. Führe zusätzlich Liegestütze aus, wenn du die Übung aufpeppen willst.

Im Gegensatz zu dieser Übung, die auch die Kraftausdauer trainiert, sind die folgenden Übungen reine Kraftübungen – deshalb ist es wichtig, sich zwischen den Sätzen mindestens drei Minuten auszuruhen und so sicherzustellen, dass die Qualität jedes Satzes so gut wie möglich ist.

MAXIMALE KLIMMZÜGE

Füge deinem eigenen Körpergewicht durch einen Klettergurt oder eine Gewichtsweste eine entsprechende Menge an Gewicht hinzu oder reduziere es mithilfe eines Seilzugsystems (Seite 74), um genau den richtigen Punkt zu finden, an dem einer bis drei Klimmzüge dein absolutes Maximum sind, das du schaffst. Ein bis drei Klimmzüge hintereinander ausgeführt trainieren deine Maximalkraft. Setze dir insgesamt fünf Sätze mit deiner maximalen Gesamtlast zum Ziel. Zwischen den Sätzen machst du drei bis fünf Minuten Pause, um die Ausführungsqualität so hoch wie möglich zu halten.

PYRAMIDEN

Pyramiden sind Klimmzüge mit Gewicht, bei denen das Gewicht schrittweise gesteigert und dann wieder verringert wird: Mit steigendem Gewicht reduziert sich die Anzahl an Wiederholungen und umgekehrt. Führe die Sätze wie folgt durch und lege zwischen den Sätzen jeweils drei Minuten Pause ein.

- 1. Satz: sechs Klimmzüge
- 2. Satz: vier Klimmzüge
- 3. Satz: zwei Klimmzüge
- 4. Satz: ein Klimmzug
- 5. Satz: zwei Klimmzüge
- 6. Satz: vier Klimmzüge
- 7. Satz: sechs Klimmzüge

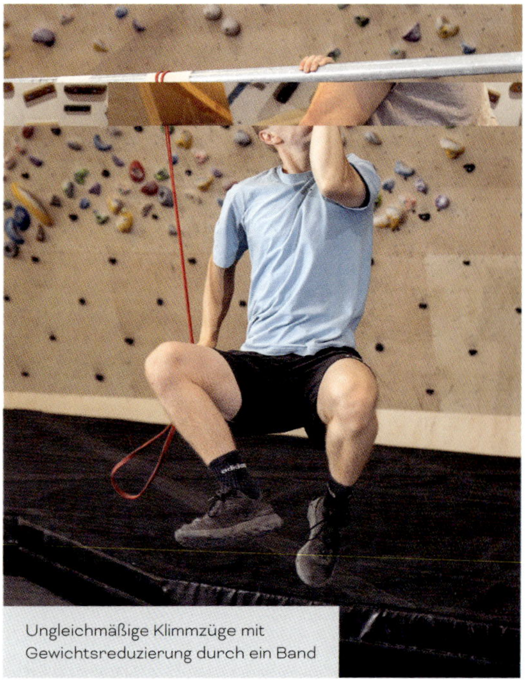

Ungleichmäßige Klimmzüge mit Gewichtsreduzierung durch ein Band

UNGLEICHMÄSSIGE KLIMMZÜGE

Wenn du noch keine einarmigen Klimmzüge durchführen kannst, sind ungleichmäßige Klimmzüge eine tolle Möglichkeit, einen Arm stärker zu belasten als den anderen. Nimm ein Seilzugsystem, ein Seil oder ein Widerstandsband und greife es mit dem unteren Arm, um so für Entlastung zu sorgen.

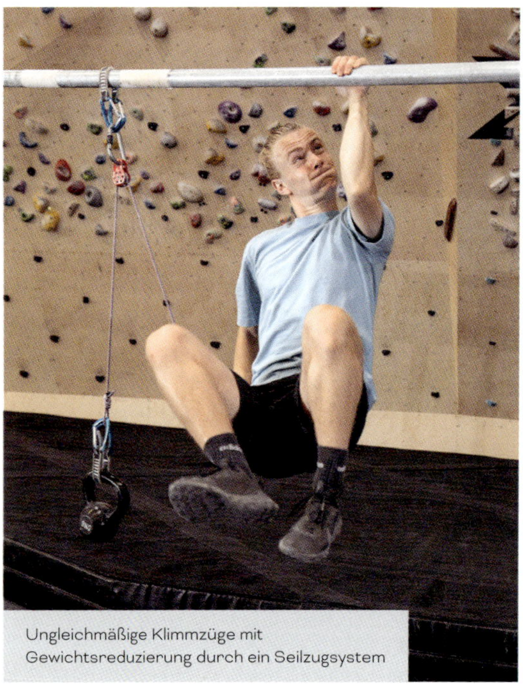

Ungleichmäßige Klimmzüge mit Gewichtsreduzierung durch ein Seilzugsystem

EINARMIGE KLIMMZÜGE

Bei der Ausführung der einarmigen Klimmzüge kannst du das Gewicht wie bereits beschrieben mit einem Seilzugsystem oder einem Widerstandsband verringern oder Gewicht drauflegen, wenn du ein Held bist!

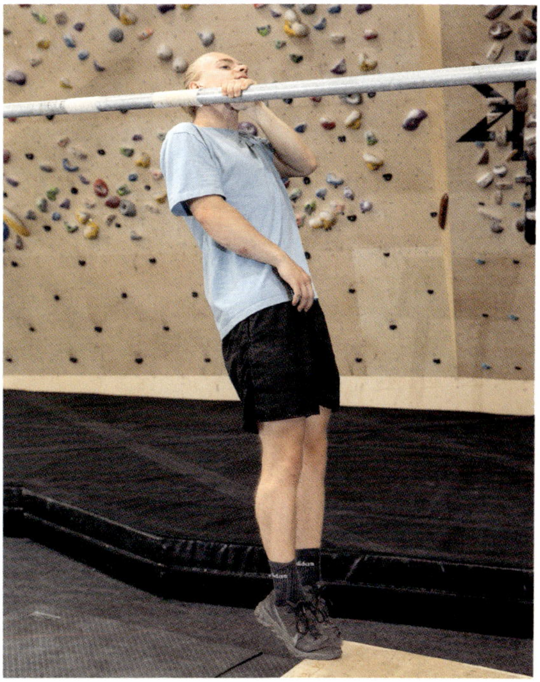

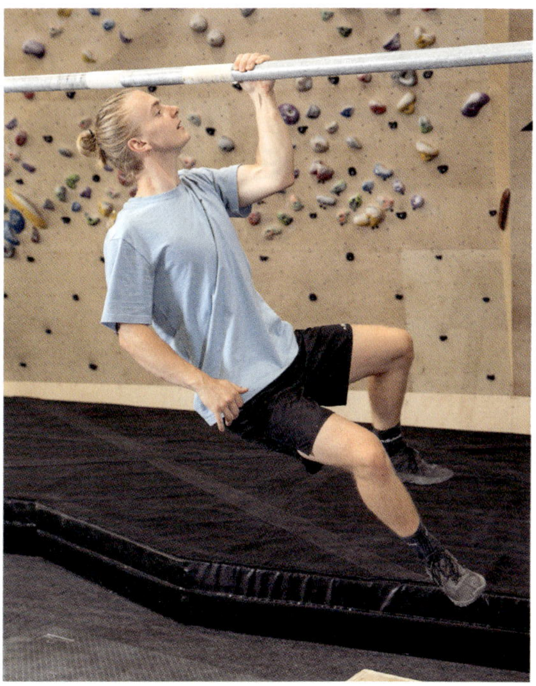

NEGATIVE KLIMMZÜGE

Negative Klimmzüge sind eine tolle Übung, um eine Stagnationsphase zu überwinden. Die Muskeln entfalten mehr Kraft, wenn sie einer Belastung Widerstand entgegensetzen müssen (exzentrische Bewegung), als wenn sie sich gegen eine Belastung zusammenziehen müssen (konzentrische Bewegung). Deshalb kann man die Muskeln auch mit negativen Klimmzügen trainieren.

- Suche dir Unterstützung, wie einen Spotter, der dich hält, oder einen Stuhl, auf dem du stehen kannst, damit du die Übung in der oberen, blockierten Position beginnen kannst. Dann lass dich so langsam wie möglich ab.
- Füge so viel Gewicht hinzu oder reduziere so viel Gewicht, dass das Ablassen nicht viel länger dauert als 8 Sekunden.
- Übe dies mit beiden Armen oder einarmig und führe fünf Sätze mit 3 Minuten Pause nach den Sätzen durch.

Zusammenfassung

Bei Armübungen solltest du im Block trainieren, es aber nicht übertreiben.

Lege den Schwerpunkt auf die Qualität der Ausführung und achte darauf, dass du vor Beginn des Krafttrainings gut ausgeruht bist.

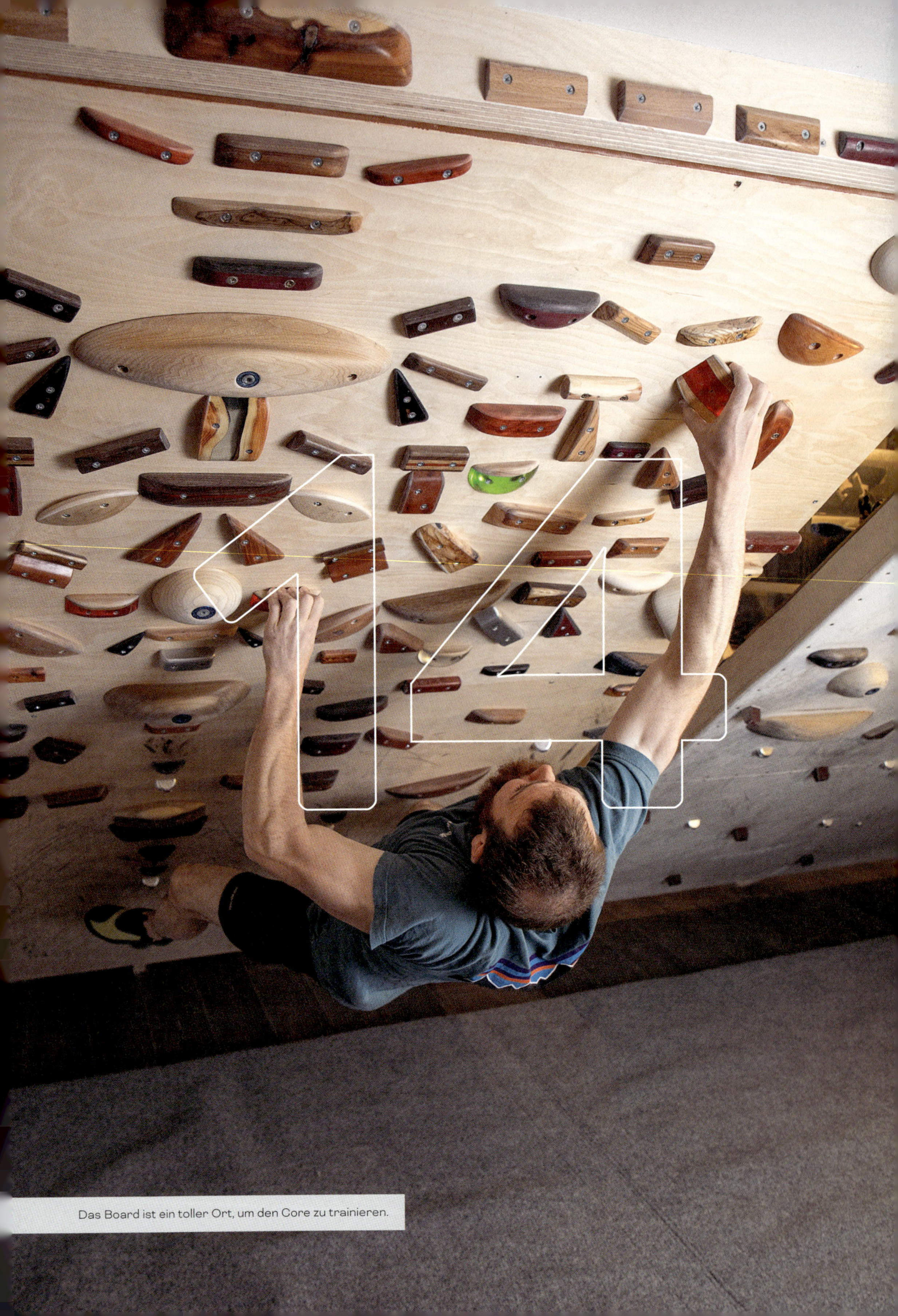

Das Board ist ein toller Ort, um den Core zu trainieren.

CORE

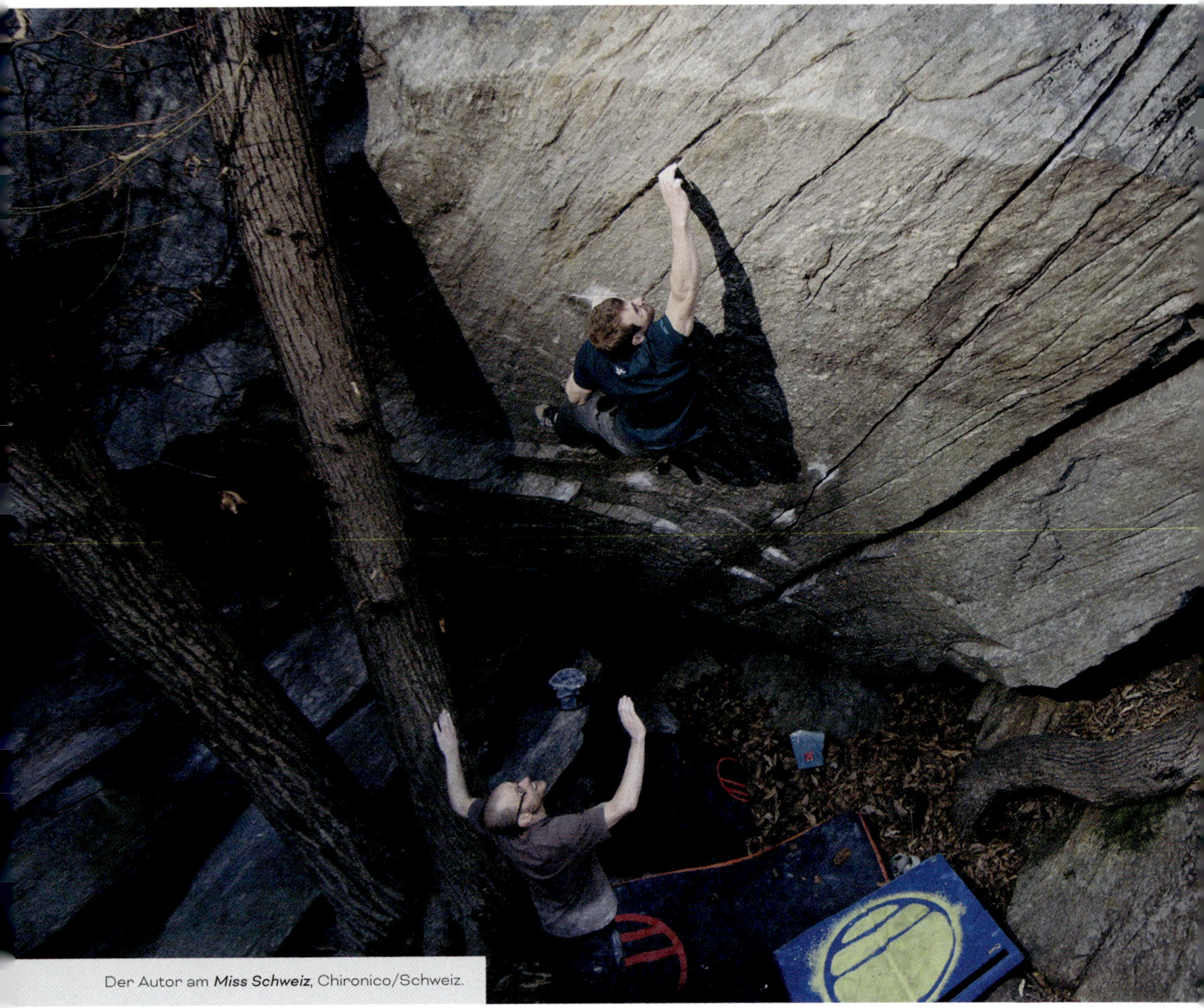

Der Autor am *Miss Schweiz*, Chironico/Schweiz.

WAS IST EINE »STABILE KÖRPERMITTE« ODER »KÖRPERSPANNUNG«?

Die Körperspannung beim Klettern würde ich als die Fähigkeit definieren, von den Fingern bis zu den Zehenspitzen ein stabiles Gerüst aufrechtzuerhalten, während man sich zwischen den Griffen fortbewegt. Sie beinhaltet unsere Fähigkeit, die Hände und Füße dorthin zu setzen, wo wir sie brauchen, und die gesamte Kletterbewegung über in Kontakt mit den Griffen und Tritten zu bleiben.

Ich höre oft, dass die Körperspannung die Fähigkeit ist, den Schwung zu halten, wenn unsere Füße den Halt verlieren. Das Problem damit ist, dass es leicht ist, sich nach dem Schwingen wieder zu stabilisieren und sich festzuhalten, wenn die Griffe sich groß anfühlen – wenn die Griffe schlecht sind, ist es viel schwieriger. Die Fähigkeit, das Schwingen zu unterbrechen, ist deshalb überwiegend eine Aufgabe der Fingerkraft und nicht der Körperspannung. Nachdem wir das Schwingen gestoppt haben, ist die Körperspannung jedoch hilfreich, um die Füße wieder an die Wand zu bekommen – genau dahin, wo sie sein sollten.

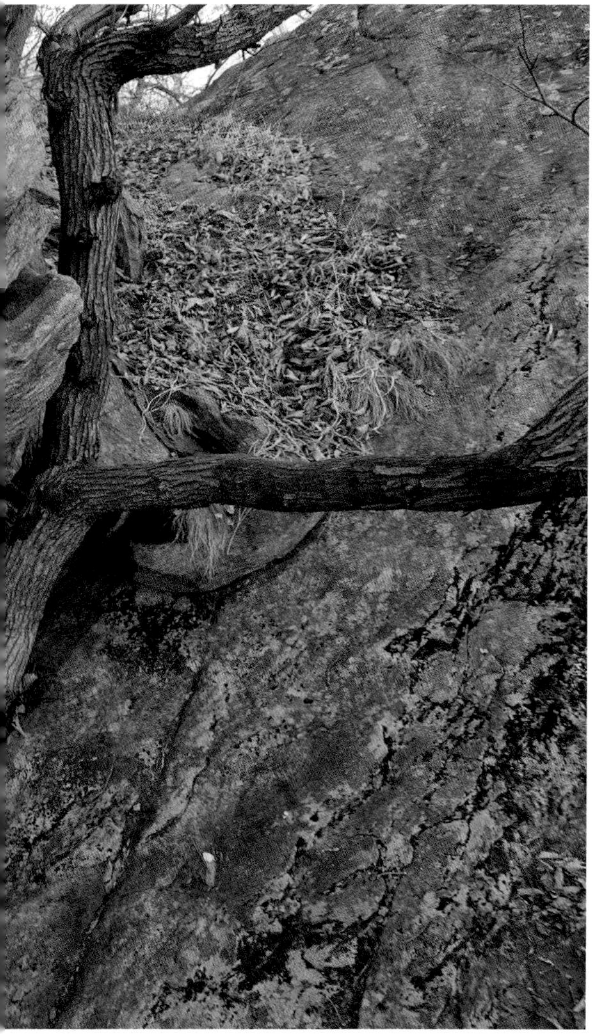

Stelle dir vor, du kletterst an einer steilen Wand mit abschüssigen Fußtritten. Sind die Handgriffe dabei Henkel, wird es dir im Allgemeinen möglich sein, die Füße auf den Tritten zu halten. Sind die Handgriffe jedoch klein und schlecht, wirst du eher zwischen den Handgriffen springen und mit den Füßen hin- und herschwingen. Sofern du kein Klettereinsteiger bist oder steiles Klettern nicht wie die Pest vermeidest, liegt es weniger an einer schwachen Körpermitte (Core), sondern vielmehr daran, dass deine Finger nicht stark genug sind, um es dem Körper zu ermöglichen, richtig zu arbeiten und die Füße auf den Tritten zu halten.

Die Finger sind der obere Befestigungspunkt des Körpers. Die Füße sind der untere Befestigungspunkt. Sind die Handgriffe oder Fußtritte positiv oder hinterschnitten, müssen wir weniger Spannung zwischen den Händen und den Füßen erzeugen, um die Füße an der Wand zu halten. Werden die Griffe oder Tritte schlechter, muss der Körper einspringen und sicherstellen, dass alles schön stabil bleibt, während wir uns bewegen.

Die Körperspannung ist in steilem Gelände im Grunde ebenso ein Ergebnis der Fingerkraft wie auch der Körperkraft. Auch bei maximaler Fingerkraft stellen manche Kletterer jedoch fest, dass sie in steilem Gelände einen schlaffen Körper haben. Vielen Kletterern können ergänzende Kraftübungen deshalb helfen, ihre Körperspannung zu verbessern.

WO KOMMT DIE KÖRPERSPANNUNG HER?

Das Konzept der Körperspannung sorgt oft für Verwirrung. Die Corekraft entstammt nicht nur der Coremuskulatur, also den Bauchmuskeln und dem unteren Rücken. Scheinbar glauben manche Kletterer, dass sie nach ein paar Sit-ups dazu in der Lage seien, die Füße beim Klettern auf den Tritten zu halten oder sich festhalten zu können, wenn die Füße den Halt verlieren.

Die kletterspezifische Körperspannung entsteht durch Kraft in Beinen, Gesäßmuskulatur, unterem Rücken und Schultern ebenso wie durch die Bauchmuskulatur. Außerdem entsteht sie auch durch die Koordination des Körpers, also seine Fähigkeit, alles im richtigen Moment abzuliefern. Beim Klettern muss man entspannt und im Fluss bleiben, gleichzeitig aber auch dazu in der Lage sein, die maximale Kraft genau an dem Punkt freizusetzen, an dem man sie braucht. Man sollte beim Klettern nicht stocksteif sein, aber man sollte sich für einen Sekundenbruchteil steif machen können, während sich die Hand von einem Griff zum nächsten bewegt, um mit den verbleibenden Kontaktpunkten eine stabile Position aufrechtzuerhalten.

Häufig bedeutet die Körperspannung zu halten, sowohl mit dem Körper zu schieben und gleichzeitig mit den Händen zu ziehen als auch sich mit den Füßen festzukrallen. Ein stahlharter Sixpack hilft da nur bedingt weiter!

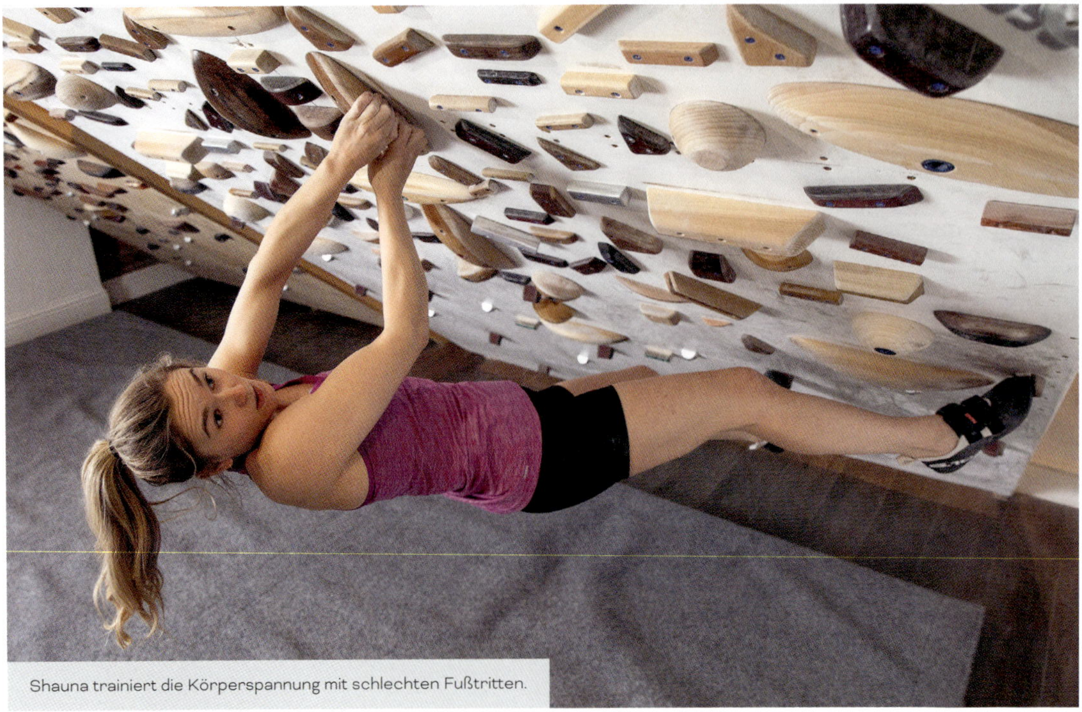

Shauna trainiert die Körperspannung mit schlechten Fußtritten.

KLETTERSPEZIFISCHE ÜBUNGEN FÜR DEN CORE

Die beste Methode, um die kletterspezifische Stärke der Rumpfmuskulatur aufzubauen, ist, viel in steilem Gelände zu klettern.

Idealerweise klettert man dafür bei einer Neigung von über 45 Grad, damit man sich anstrengen muss, um die Füße an der Wand zu halten. Je geringer die Neigung ist, desto einfacher ist es, die Füße zu belasten.

Wenn du die Fähigkeit trainierst, die Füße auf den Tritten zu halten, solltest du nicht einfach die Füße lockerlassen, damit der Zug einfacher wird. Ziel ist es ja, die Füße beim Klettern am Kontaktpunkt zu lassen.

Durch das Klettern an abschüssigen Fußtritten trainierst du die Fähigkeiten, dich auch von schlechten Tritten abdrücken zu können und beim Bewegen die Füße an der Wand zu halten. Mit dem Klettern an positiven Fußtritten trainierst du die Fähigkeit, dich mit den Füßen heranzuziehen und festzukrallen.

Bei beiden Methoden geht es darum, über den Fußtritt Druck auszuüben, um so den Kontakt mit dem Fuß zu halten. Diese aktive Einbeziehung des Körpers während des gesamten Zugs ist das, worauf du dich konzentrieren solltest. Betrachte einen Fußtritt nicht nur als Startpunkt des Zugs: Du solltest ihn am Anfang, in der Mitte und am Ende des Zuges nutzen.

Wenn du in der Lage bist, steile Anstiege mit richtig schlechten Fußtritten zu klettern, kannst du letztendlich herzlich lachen, wenn du einen großen positiven Tritt erreichst oder Gelände mit einfacherer Neigung.

TRAININGSPROBLEME FÜR DIE KÖRPERSPANNUNG ENTWERFEN

In einer idealen Welt würdest du dir die Probleme an einem Board ausdenken. Solltest du keinen Zugang zu einem Board haben, kannst du jedoch auch jede andere steile Kletterfläche dafür nutzen. Wie bei allen Methoden des Klettertrainings gilt auch hier: Wenn du wirklich kletterst, hast du mehr Spaß und kannst mehr aus deiner Einheit herausholen.

Denke dir Züge mit schlechten Fußtritten aus und versuche, einen großen Abstand zwischen Tritten und Händen zu halten – entweder weit nach unten oder zu den Seiten. Sobald du die Füße hochbringst, kannst du mehr Druck über die Fußtritte ausüben, da sie enger an deinem Körper positioniert sind – und das macht den Sinn der Übung zunichte.

Ein gutes Trainingssystem ist, eine Auswahl an Standardproblemen zu haben, die du normalerweise bewältigen kannst, aber zu versuchen, diese dann mit schlechteren Tritten oder mit Fußtritten in anderen Positionen zu klettern. Wenn du dir das als Teil deines Aufwärmzirkels zur Routine machst, kannst du es bei jeder Einheit trainieren.

SPAZIERGÄNGE

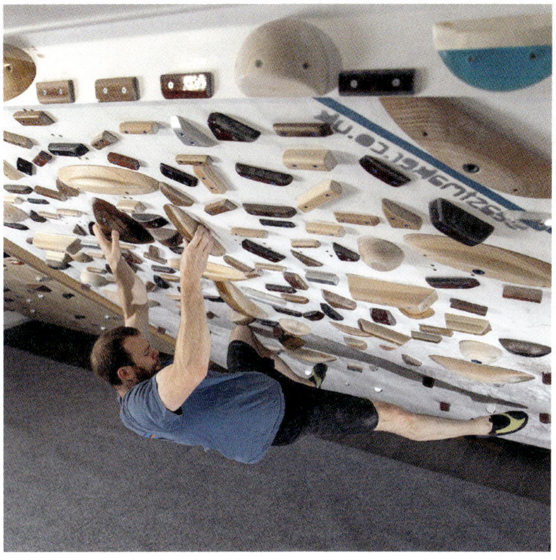

Ziehe dich an einem Paar guter Handgriffe an die Wand (das Festhalten sollte sich relativ einfach anfühlen) und gehe mit den Füßen an einer Auswahl schlechter Fußtritte spazieren, ohne mit ihnen den Halt zu verlieren. Versuche dich so weit wie möglich von den Handgriffen wegzustrecken, sowohl direkt nach unten als auch zu den Seiten.

FÜSSE AN DER WAND LASSEN

Klettere eine Auswahl einfacherer Probleme, halte dabei die Spannung und bei jedem einzelnen Zug die Füße an der Wand. An deinem Board oder einer Kletterwand kannst du sogar eine ganze Einheit mit diesem Schwerpunkt gestalten. Oft ist das zwar eine unnatürliche Art zu klettern und in steilem Gelände können manche Züge dadurch etwas härter erscheinen, aber es ist eine tolle Methode, um Körperspannung und Fußarbeit zu trainieren.

FÜSSE LÖSEN UND BEI JEDEM ZUG HÄNGEN LASSEN

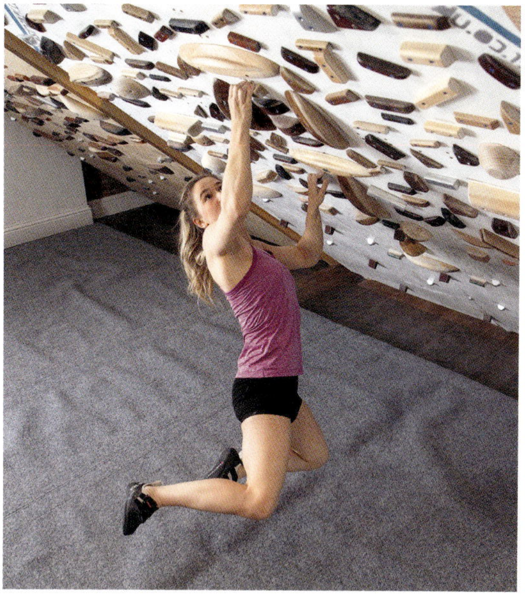

Löse nach jedem Zug die Füße, stoppe etwaiges Schaukeln, setze die Füße wieder auf die Tritte und klettere weiter. Bei dieser Übung geht es natürlich nicht darum, die Füße an der Wand zu lassen, aber sie ist ein gutes Training, um die Füße wieder auf die Tritte zu bekommen. Die Übung verringert zudem das Klettertempo, was an einem Board oft sinnvoll ist. Am Board neigt man häufig dazu, unnatürlich schnell zu klettern, aber am Felsen oder an modernen Boulderproblemen im Wettkampfstil verbringen wir viel mehr Zeit damit, uns zwischen den Zügen festzuhalten und die Füße oder den Körper zu bewegen.

ÜBUNGEN AN DER STANGE

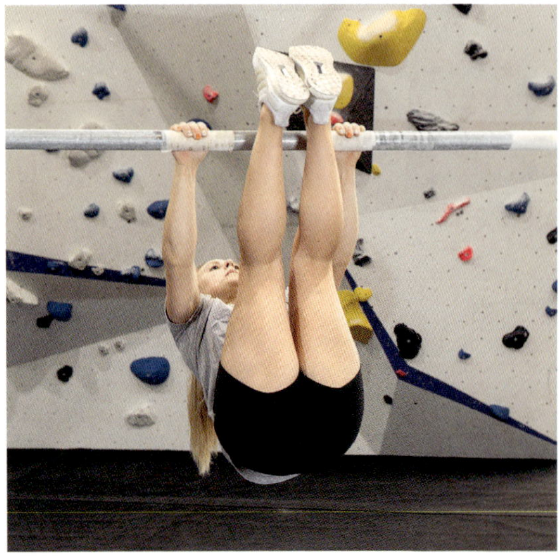

Ich bin zwar der Meinung, dass Übungen für die Körpermitte auf dem Boden wenig Nutzen für das Klettern haben, aber es gibt viele Möglichkeiten, die Corekraft mit Übungen ähnlich der Hangwaage an einer Stange hängend zu trainieren. Sie können durchaus hilfreich sein, wenn du keinen leichten Zugang zu einer steilen Wand hast oder wenn du deine Körperspannung trainieren, die Finger aber gleichzeitig schonen möchtest. Hier folgen ein paar Ideen.

SCHEIBENWISCHER

- Hänge dich an die Stange. Hebe den Rücken parallel zum Boden an und strecke die Beine Richtung Decke, sodass die Hüfte im 90-Grad-Winkel gebeugt ist.
- Rotiere Beine und Hüfte nun zur ersten Seite, bis die Beine parallel zum Boden positioniert sind. Bringe dann die Beine wieder zur Mitte bringen und senke sie zur anderen Seite ab.
- Fahre so wechselseitig fort. Die Beine sollten währenddessen durchgestreckt sein. Wenn du sie nicht durchstrecken kannst, hilft es vielleicht, die rückseitige Oberschenkelmuskulatur zu dehnen (Seite 184).

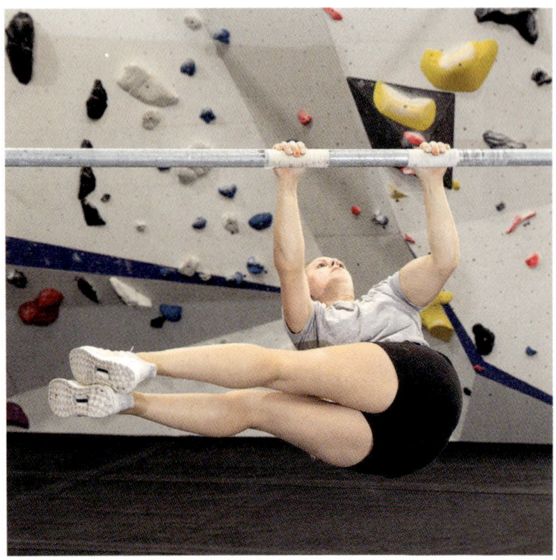

HANGWAAGE MIT ANGEZOGENEN KNIEN

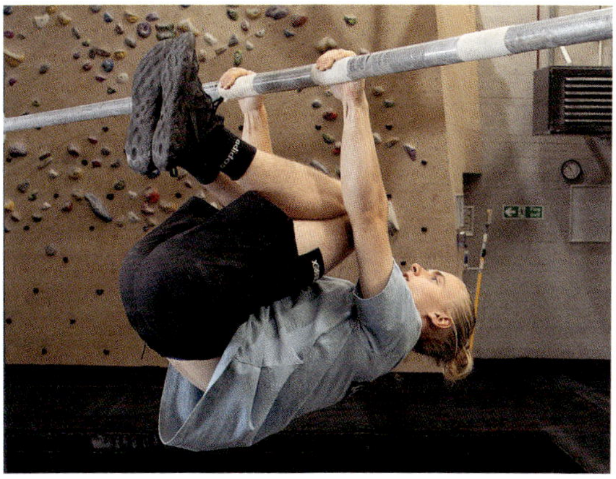

Hänge dich an die Stange. Ziehe die Knie zur Brust und hebe Beine und Hüfte an, bis der Rücken parallel zum Boden positioniert ist. Die Knie bleiben dabei angewinkelt. Der untere Rücken bleibt gerade und rollt nicht nach oben ein. Konzentriere dich darauf, die Schulterblätter zurückzuziehen, damit du nicht in den Schultern hängst.

Zur Steigerung der Schwierigkeit kannst du die Beine Richtung Decke strecken, sodass in der Hüfte ein 90-Grad-Winkel entsteht.

EINBEINIGE HANGWAAGE

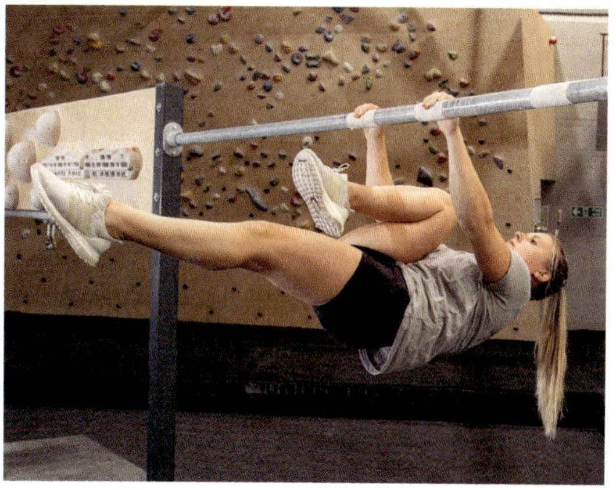

Nimm die Ausgangsposition der Hangwaage mit angezogenen Knien ein, aber strecke ein Bein nach vorn aus (parallel zum Boden), um die Hebelwirkung und die Schwierigkeit der Übung zu erhöhen. Wechsle die Beine.

HANGWAAGE

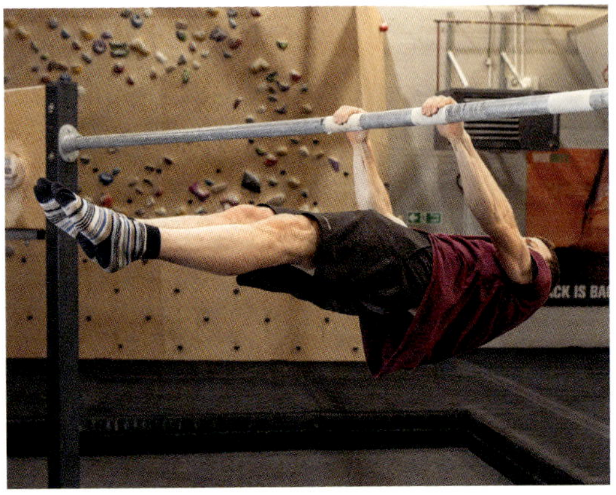

Strecke dieses Mal aus der Ausgangsposition der Hangwaage mit angezogenen Knien beide Beine aus. Hänge so lange du kannst mit perfekter Haltung an der Stange. Denke daran, die Beine und den Rücken gerade zu strecken und parallel zum Boden zu halten. Mit Gewichtsmanschetten an den Knöcheln kannst du die Übung härter machen.

- In die Hangwaage ziehen
- Hänge an der Stange, ziehe deinen Körper nach oben in die Hangwaage und senke ihn dann langsam (und kontrolliert) wieder nach unten ab.
- Wenn das alles zu leicht ist, befestige Gewichtsmanschetten an deinen Knöcheln. Diese Übungen können auch an Handgriffen oder Henkeln an einem Fingerboard statt an der Stange ausgeführt werden.

Zusammenfassung

Die Corekraft oder Körperspannung kommt aus dem ganzen Körper, nicht nur aus den Bauchmuskeln! Ein großer Teil der Klettertechnik besteht darin zu lernen, wann genau die Rumpfmuskulatur mitarbeiten muss und wann sie entspannt bleiben kann.

Die Körperspannung lässt sich leicht durch das Klettern an steilen Oberflächen trainieren, indem man versucht, die Füße beim Fortbewegen an der Wand zu halten. Je abschüssiger die Fußtritte sind, umso härter wird das.

Es gibt verschiedene Übungen, die du durchführen kannst, um das Training deiner kletterspezifischen Körperspannung zu ergänzen.

Was kann ich tun?

Übe das Klettern in steilem Gelände mit schlechten Fußtritten und konzentriere dich darauf, die Füße an der Wand zu halten, auch wenn es sich einfacher anfühlen würde, sie zu lösen und zwischen den Griffen zu springen.

Sich an einer steilen Wand an guten Handgriffen festzuhalten und mit den Füßen auf schlechten Tritten um diese herumzulaufen, ist ein tolles Training dafür, die Füße an der Wand zu halten.

Wenn du nicht einfach so Zugang zu einer steilen Wand hast oder wenn du die Körperspannung trainieren willst, ohne die Finger zu belasten, können verschiedene auf der Hangwaage basierende Übungen hilfreich sein.

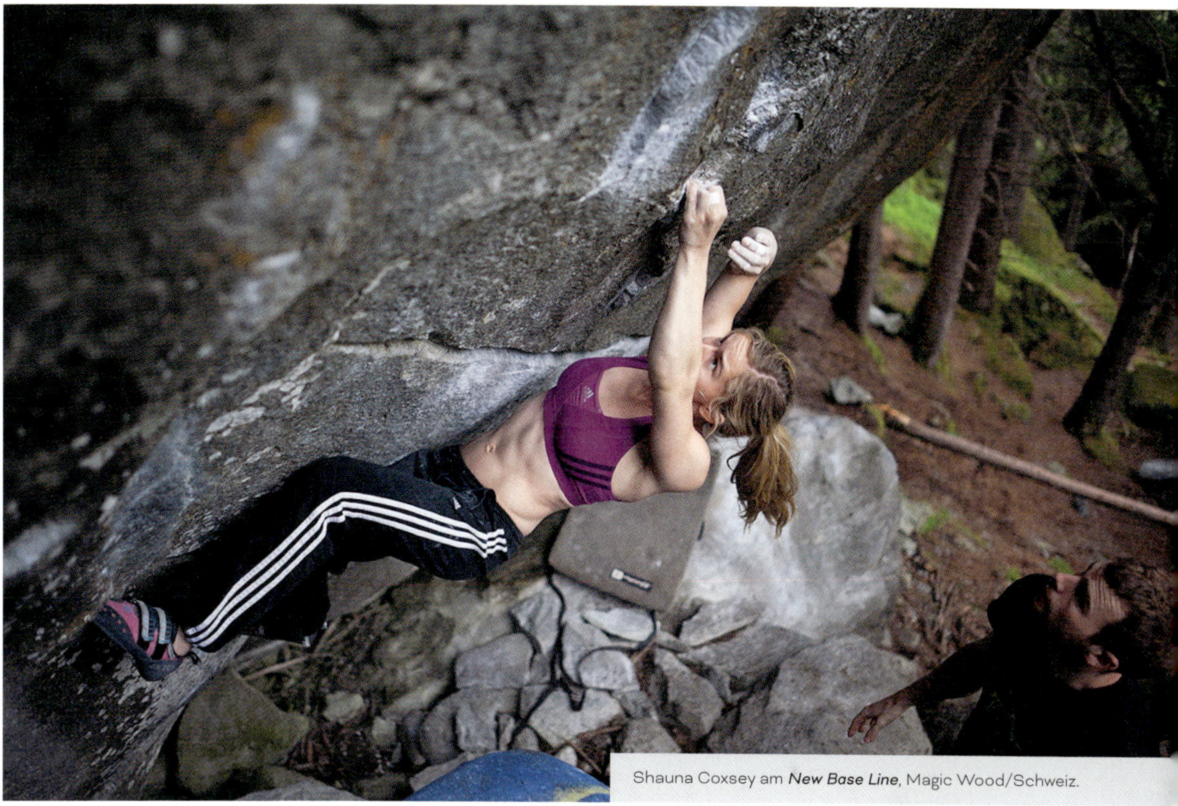

Shauna Coxsey am ***New Base Line***, Magic Wood/Schweiz.

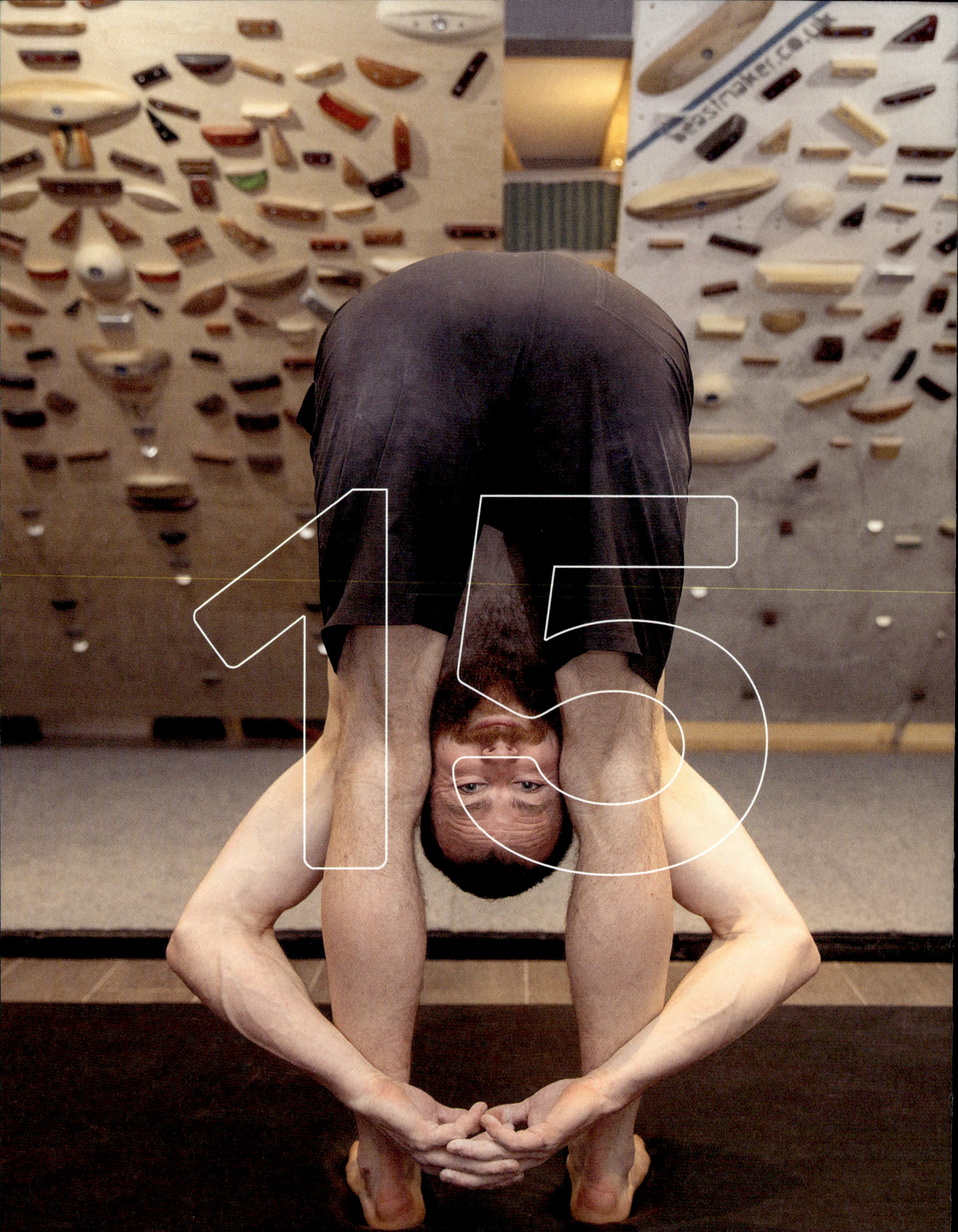

15

FLEXIBILITÄT UND BEWEGLICHKEIT

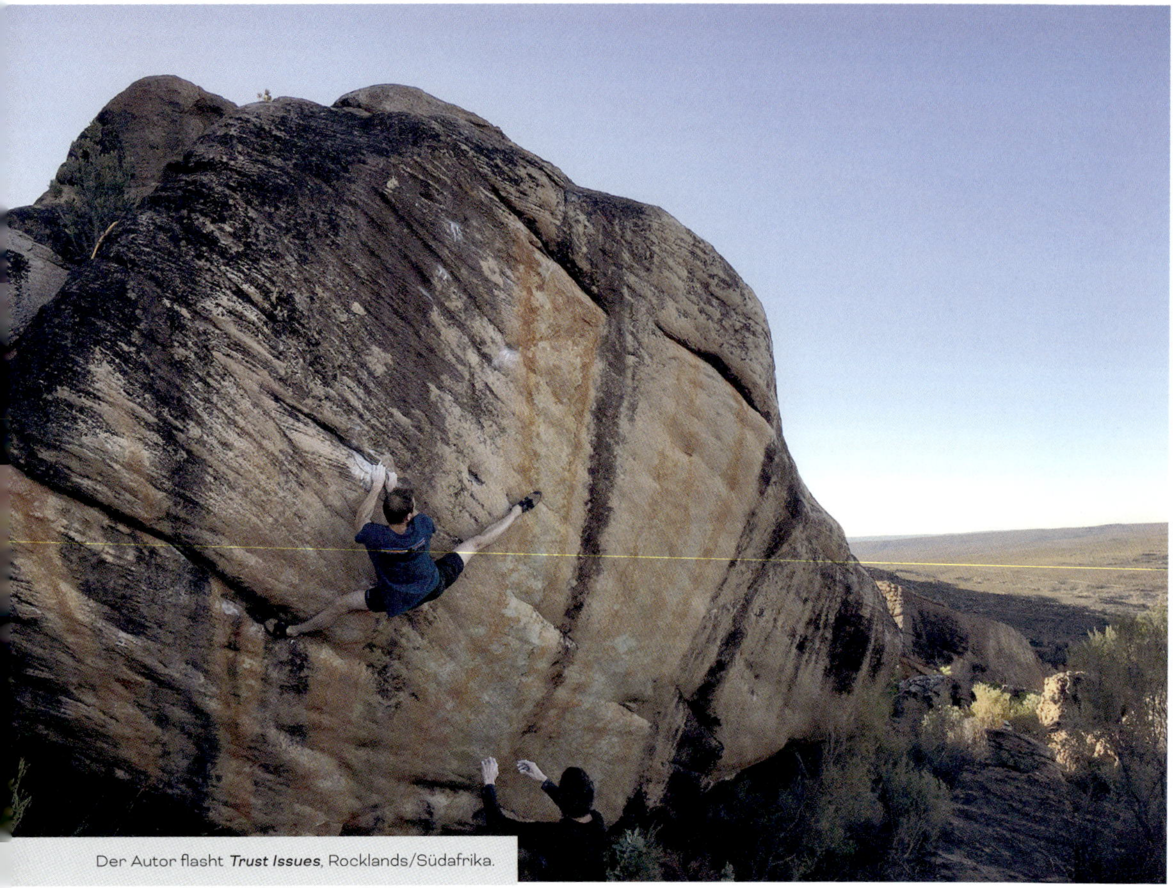
Der Autor flasht ***Trust Issues***, Rocklands/Südafrika.

Ich finde es merkwürdig und ziemlich frustrierend, dass manche Kletterer so unflexibel sind. Sie sind glücklich damit, stundenlang an einem Fingerboard zu hängen oder sich an einem Board von Griff zu Griff zu hangeln, aber scheinen äußerst ungern auch nur ein klein wenig Zeit darauf zu verwenden, ihre Flexibilität und Mobility zu verbessern. Flexibel und beweglich zu sein ist für gutes Klettern absolut unverzichtbar. Alle Kletterer können davon profitieren, wenn sie sich dehnen oder an ihrer Beweglichkeit arbeiten.

FLEXIBILITÄT VERSUS BEWEGLICHKEIT

Flexibilität ist die Fähigkeit, den Körper in eine Form biegen zu können. Beweglichkeit ist die Fähigkeit, ihn durch die Steuerung der eigenen Muskeln in eine Form zu biegen – im Fall des Kletterers, während er klettert. Ein Beispiel: Du kannst dein Knie vielleicht mithilfe der Hände an den Brustkorb heranziehen (Flexibilität), aber wie hoch kannst du dein Knie ohne Zuhilfenahme der Hände anheben (Mobilität)?

Flexibilität an sich ist zwar vorteilhaft für das Klettern, aber wir brauchen auch die Kraft, sie nutzen zu können – und die bietet die Beweglichkeit.

Flexibilität + Kraft = Beweglichkeit

Für das Klettern kann man nie zu biegsam sein, insbesondere in Bezug auf den unteren Teil des Körpers. Solange der Oberkörper ziemlich stabil bleibt, ist Beweglichkeit allerdings auch dort von Vorteil. Sie hilft uns, Verletzungen zu vermeiden, da der Körper sich leichter zwischen den Positionen bewegen kann, und wir haben eine größere Bandbreite an Positionen, die wir einnehmen können.

DEHNEN

Dehnen ist die klassische Methode zur Verbesserung der Flexibilität. Halte eine Position für eine längere Zeit und mit jedem wiederholten Versuch wird es einfacher, die Position einzunehmen.

Heutzutage gibt es alle möglichen Übungen, die wir für mehr Beweglichkeit absolvieren können und bei denen wir mit einem Gelenk (oder ein paar Gelenken auf einmal) gegen etwas Widerstand eine Reihe an Bewegungen durchführen können. Diese Art des Beweglichkeitstrainings ist sehr hilfreich, um an schwächeren Bereichen zu arbeiten, da sie nicht nur den Bewegungsumfang vergrößert, sondern auch Kraft ins System bringt.

Ich ziehe das gute alte Dehnen vor. Ich finde es ziemlich entspannend und ich kann es ohne irgendwelche Gegenstände oder Ausrüstung überall machen. In den letzten 20 Jahren habe ich mich jeden Tag gedehnt.

Shauna hingegen führt lieber eine Auswahl an Beweglichkeitsübungen mehrmals pro Woche durch, statt sich zu dehnen. Aber auch an der Kletterwand arbeitet sie beim Aufwärmen für jede Klettereinheit viel an ihrer Flexibilität – sie tritt hoch an, spreizt sich und hält ungewohnte Positionen für einen längeren Zeitraum, während sie sich an der Wand bewegt.

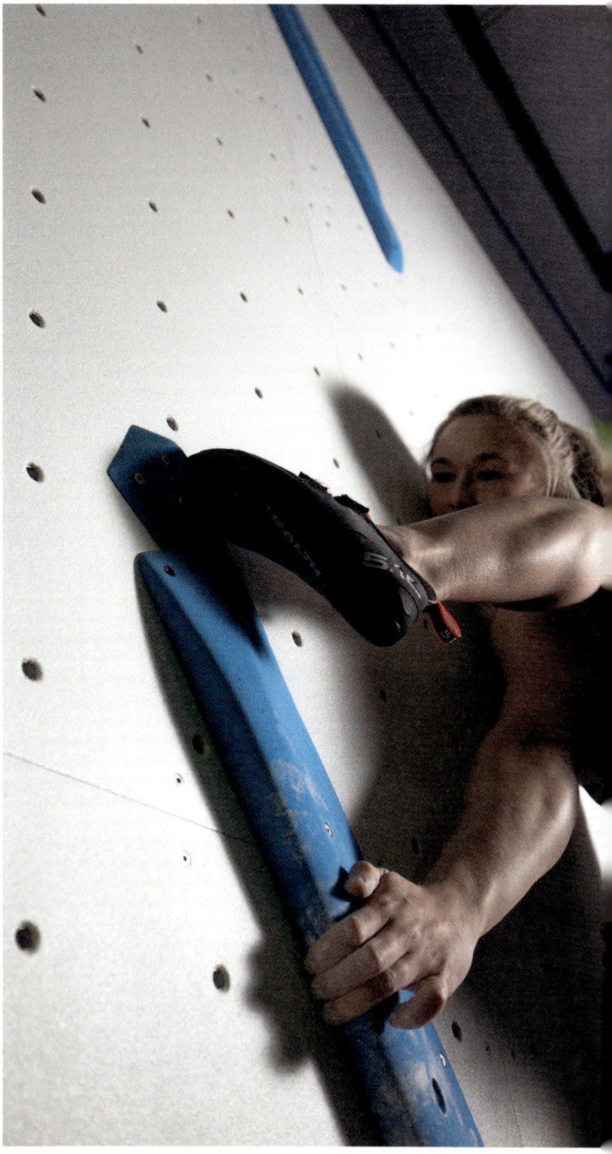

Mache dir keine Sorgen, zwar flexibel zu werden, aber womöglich keine Kraft zu haben, um die Flexibilität nutzen zu können. Wenn sich dein Bewegungsumfang erweitert, kannst du dein Klettern entsprechend anpassen und so die neue Spannbreite nutzen und innerhalb dieser Kraft aufbauen. Die Flexibilität entwickelt sich zudem eher langsam, weshalb du dein Klettern leicht an die verbesserte Flexibilität anpassen kannst.

Dies funktioniert natürlich nicht, wenn du dich dehnst und sehr biegsam wirst, aber weiterhin nur in frontaler Position kletterst und nicht lernst, die Vorteile des biegsamen Körpers zu nutzen, an dem du so hart gearbeitet hast. Mir fallen da beispielhaft viele Kletterer ein, die zwar sehr flexibel sind, aber es beim Klettern nicht nutzen können. Wenn du deine Flexibilität nicht auf das Klettern anwendest, kannst du auch nicht lernen, sie dafür zu nutzen, oder die Kraft entwickeln, die du für die Nutzung der Flexibilität brauchst – und so schränkst du letztendlich deine Beweglichkeit ein.

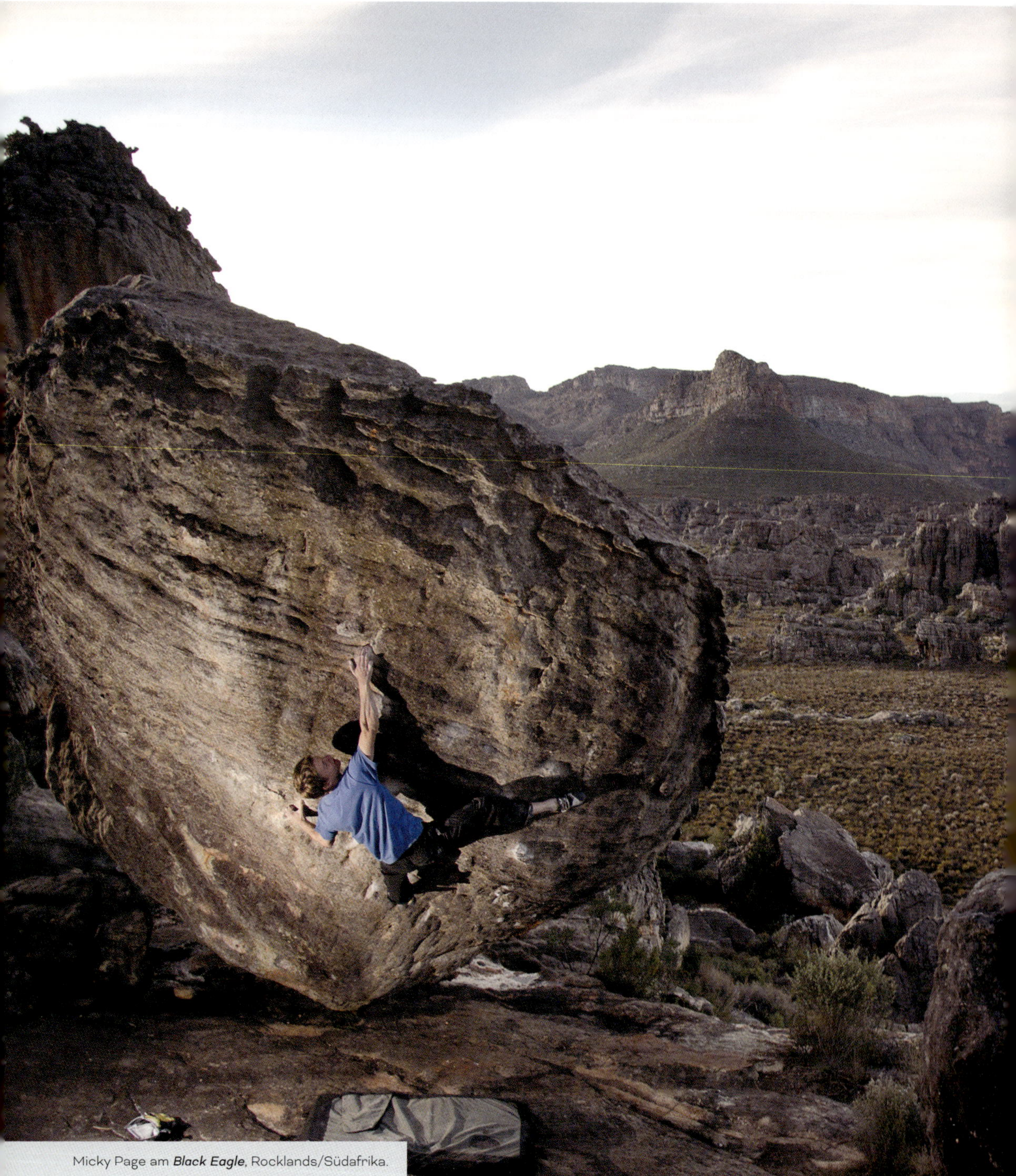

Micky Page am ***Black Eagle***, Rocklands/Südafrika.

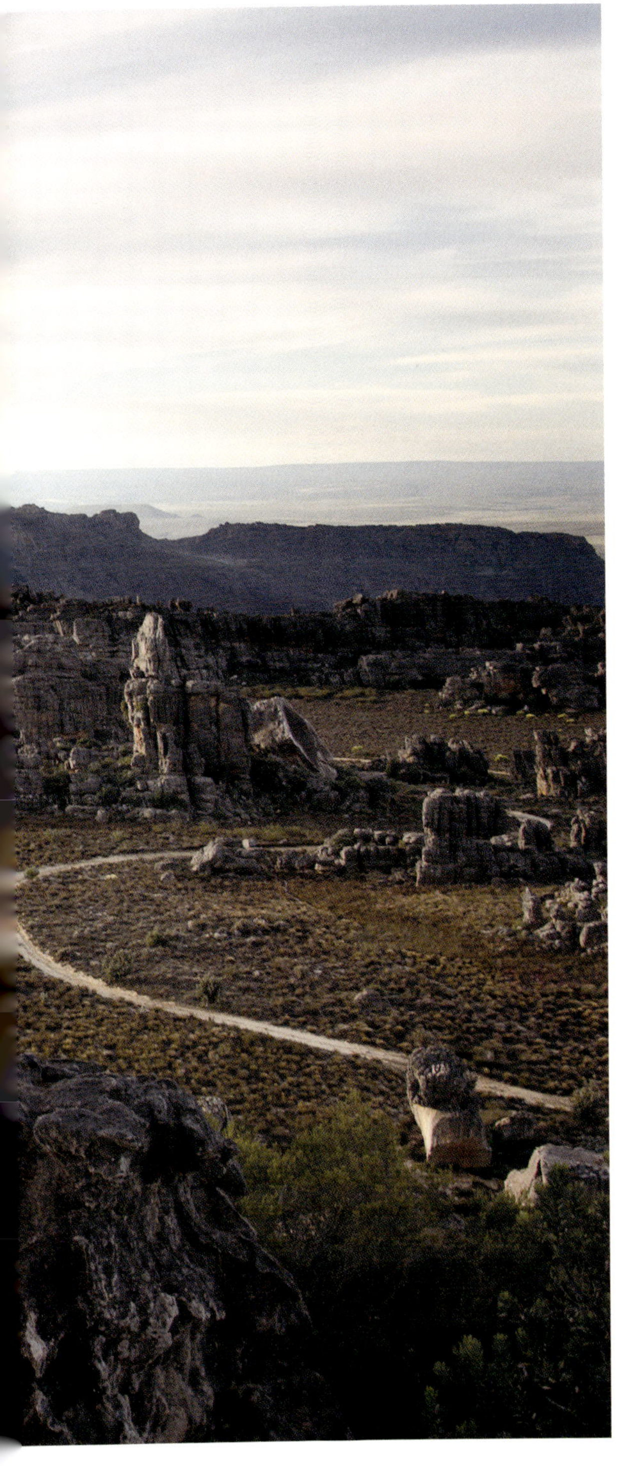

Es ist leicht, das Dehnen zu vermeiden oder es auf Eis zu legen und sich aufs Krafttraining zu konzentrieren. Wenn man flexibel ist, hat das jedoch fast unendliche Vorteile. Sieh dir ein Video von Adam Ondra beim Klettern an. Er ist offensichtlich unglaublich stark und fit, aber was wirklich auffällt, ist die Art, wie er sich bewegt. Er ist sehr, sehr biegsam und schlängelt sich den Felsen hinauf, häufig mit riesigen Dropknees, Gewichtsverlagerung mit Heelhooks oder schon fast unanständigen Froschmanövern.

Heutzutage läuft man keinem sehr guten, vielseitigen Kletterer über den Weg, der nicht relativ biegsam ist.

Es gibt keine Ausreden.

VORTEILE DES DEHNENS

Die eigene Flexibilität zu steigern hilft dir dabei, besser zu klettern, da du deine Füße viel leichter dort platzieren kannst, wo du sie brauchst – und auch viel mehr Gewicht auf die Füße bringen kannst, sobald sie dort sind.

Bei erhöhter Flexibilität werden sich bestimmte Züge, die sich einmal sehr schwierig angefühlt haben, schon fast gewöhnlich anfühlen – wie beispielsweise ein hoher Tritt bei einer Kletterei, die du schon immer machen wolltest.

Eine bessere Flexibilität bemerkst du sehr schnell und nur zehn Minuten dehnen täglich lassen sich einfach integrieren und können schon ausreichen. Mehr ist besser, aber der Schlüssel liegt in der Beständigkeit. Ich empfehle jedem, sich das regelmäßige Dehnen anzugewöhnen. Baue es in deine Morgenroutine oder Zubettgehroutine ein, ins Aufwärmen vor oder ins Cool-down nach einer Einheit oder mache es in den Pausenzeiten beim Fingerboardtraining.

Im Gegensatz zum Krafttraining benötigen die Muskeln nach dem Dehnen kaum Erholung. Daher kannst du mehr oder weniger so viel dehnen, wie du möchtest oder Zeit hast, und dann die positiven Effekte bestaunen.

Eine größere Beweglichkeit kann dabei helfen, das Verletzungsrisiko zu verringern. Klettern beinhaltet heutzutage alle möglichen Arten von Verdrehungen des Unterkörpers – Knieklemmen, Heelhooks, Toehooks und so weiter –, und ohne eine anständige Beweglichkeit im Unterkörper setzt du deine Gelenke einem Risiko aus.

NACHTEILE DES DEHNENS

Tatsächlich hat Dehnen keine Nachteile, außer dem Zeitaufwand vielleicht – du hast dann weniger Zeit, vor anderen Leuten mit einarmigem Hängen anzugeben!

SOLLTE ICH VOR DEM KLETTERN DEHNEN?

Es gibt ein paar Studien, die darauf hindeuten, dass statisches Dehnen vor dem Sport die von den Muskeln leistbare Kraft zeitweise verringern kann. Realistisch betrachtet wird es für dich jedoch keine negativen Auswirkungen haben, sofern du deine Unterarmmuskeln nicht stundenlang dehnst, bevor du direkt mit ihnen ziehst (denn die Unterarmmuskeln sind im Grunde genommen die einzige Muskelgruppe, die beim Klettern zu 100 Prozent arbeitet).

Erfordert ein bestimmter Zug, eine besondere Muskelgruppe zu dehnen, damit du leichter in die Position kommst, dann tue es einfach. Im Allgemeinen finde ich jedoch dynamisches Dehnen und Aufwärmübungen hilfreicher zum Aufwärmen für das Klettern als statisches Dehnen.

Achte jedoch darauf, dies wiederum vorsichtig anzugehen. Die Windmühle mit fliegenden Armen im Stil der 1990er ist nicht empfehlenswert für deine armen Schultern!

LASS ES ZUR GEWOHNHEIT WERDEN

Wenn du Verbesserungen deiner Flexibilität feststellst, solltest du sie auf das Klettern anwenden und auf eine Weise klettern, mit der du sie ausnutzen kannst. Das hilft dir dabei, besser zu klettern, und motiviert dich zusätzlich, mit dem Dehnen weiterzumachen.

Einen geringen Prozentsatz der Kletter- oder Trainingszeit für das Dehnen freizumachen ist möglicherweise eines der hilfreichsten Dinge, die du machen kannst, um dein Klettern zu verbessern.

Versuche das Dehnen zur Gewohnheit werden zu lassen. Das können 10 Minuten jeden Morgen, 15 Minuten am Ende jeder Einheit, 20 Minuten jeden Abend vor dem Fernseher oder eine einstündige Einheit pro Woche sein. Es ist deine Entscheidung, aber wenig und häufig ist hilfreicher als viel und dann nichts mehr.

EMPFOHLENE DEHNUNGEN

Wie oben erklärt, ist dehnen wirklich wichtig und die meisten von uns profitieren davon, wenn sie sich mehr dehnen – und für die überwiegende Mehrheit der Kletterer wäre es ein guter Anfang, einfach überhaupt zu dehnen. Es geht aber nicht nur darum, biegsam zu sein. Wenn wir klettern, müssen wir dazu in der Lage sein, aus vielen Positionen heraus zu ziehen oder zu drücken. Idealerweise sind wir biegsam, stark und beweglich.

Die folgenden Übungen sind meine zehn Lieblingsübungen zum Dehnen und für eine gute Mobility. Sie sind seit vielen Jahren Teil meiner tagtäglichen Routine.

Ich halte die Dehnungen mindestens 30 Sekunden oder 10 langsame Atemzüge lang. Aber sie können jeweils auch ein paar Minuten gehalten werden. Ich wiederhole jede Dehnung mindestens dreimal. Erzwinge die Dehnung nicht zu stark. In der Ruhe liegt die Kraft. Das Dehnen sollte sich leicht unangenehm anfühlen, aber nicht schmerzhaft sein.

UNTERARMDEHNUNGEN

Die meisten Kletterer haben ziemlich mitgenommene Unterarmmuskeln, da diese beim Klettern stark beansprucht werden. Beide Gruppen an Unterarmmuskeln (Strecker und Beuger) zu dehnen, hilft dir dabei, dass sich Ellenbogen, Handgelenke und Finger deutlich gesünder anfühlen, und minimiert das Verletzungsrisiko.

DEHNUNG DER HANDBEUGER

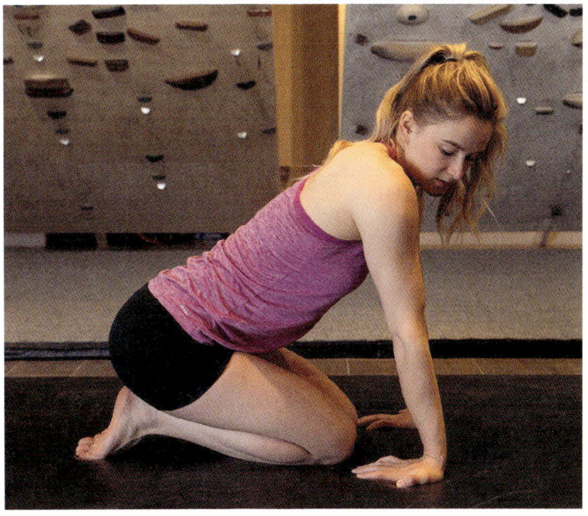

Lege die Handflächen auf einer geraden Oberfläche ab, die Fingerspitzen zeigen zum Körper. Strecke die Ellenbogen durch und lehne dich sanft zurück.

DEHNUNG DER HANDSTRECKER

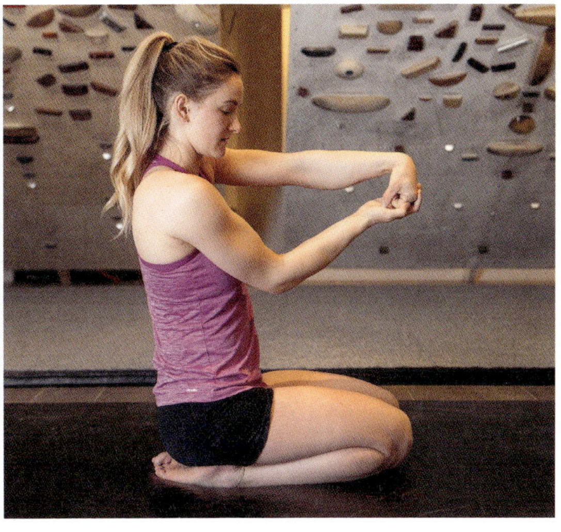

Rolle die Finger ein und beuge die Faust. Strecke den Arm nach vorn, drücke den Ellenbogen durch und ziehe die Faust mit der anderen Hand weiter Richtung Körper heran. Wechsle den Arm und wiederhole die Übung.

RÜCKENDEHNUNGEN

Viele Kletterer bekommen einen ziemlich steifen Rücken. Relativ viele Muskeln aufzubauen und sich nicht viel zu dehnen, diese Kombination ist ein Garant für mangelnde Beweglichkeit. Auch Menschen, die am Schreibtisch arbeiten oder große Teile des Tages nahezu unbeweglich verbringen, können einen steifen Rücken bekommen. Der Rücken soll von Natur aus dazu in der Lage sein, sich zu beugen und zu bewegen, und es hilft dem gesamten Oberkörper dabei, effizienter zu arbeiten, wenn der Rücken mobil bleibt.

Es ist hilfreich, während der Dehnübungen sehr tief einzuatmen. Das Weiten der Rippen und des Brustkorbs hilft dabei, eine große Anzahl an Muskeln um den Oberkörper herum zu dehnen, und ermöglicht den Gelenken so hoffentlich, sich leichter zu bewegen.

KATZE-KUH-DEHNUNG

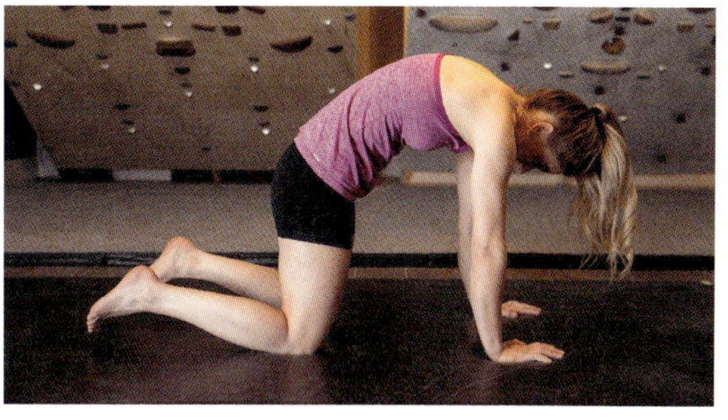

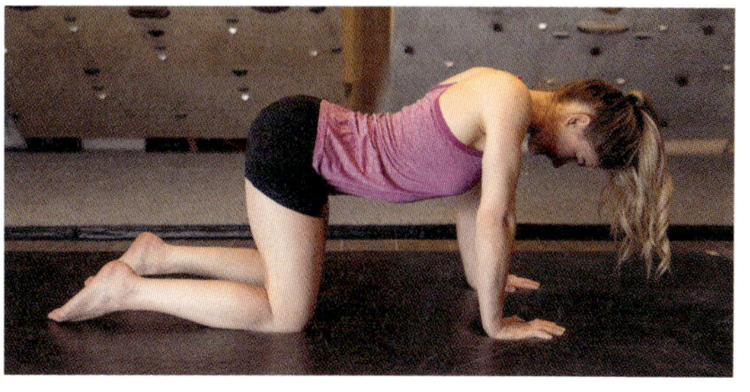

Diese Dehnung/Übung soll der Wirbelsäule dabei helfen, sich so bewegen zu können, wie es schon immer gedacht war. Sie wird im Vierfüßlerstand durchgeführt. Halte die obere und die untere Position jeweils ein paar Sekunden. Wiederhole die Übung fünfmal nach oben und fünfmal nach unten.

WIRBELSÄULENDREHUNG IN RÜCKENLAGE

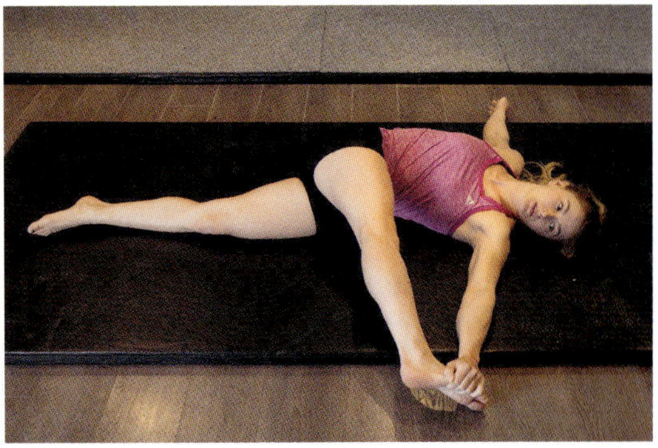

Lege dich auf den Rücken und strecke die Arme auf Schulterhöhe zu den Seiten aus, um die Balance zu halten. Das linke Bein bleibt gerade am Boden liegen, das rechte Bein hebst du bis zum 90-Grad-Winkel in der Hüfte an und legst es auf der linken Seite des Körpers ab. Halte diese Position zehn tiefe Atemzüge lang und wiederhole sie auf der anderen Seite.

ROADKILLDEHNUNG

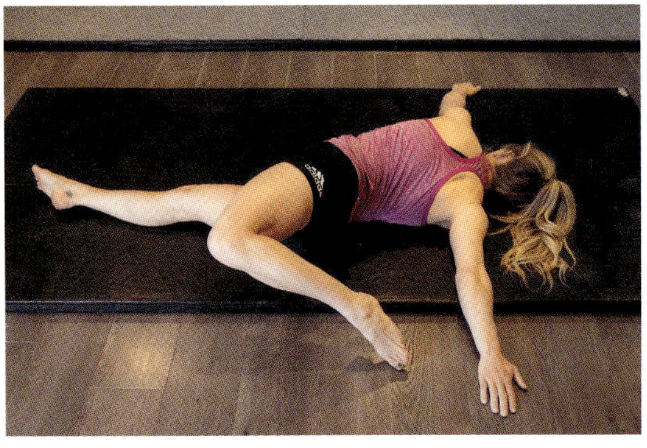

Diese Übung ist eine weitere gute Dehnung für einen beweglichen Rücken. Lege dich mit gestreckten Beinen auf den Bauch und strecke die Arme auf Schulterhöhe zu den Seiten aus, um die Balance zu halten. Hebe jetzt das linke Bein an und führe es nach hinten über dein rechtes Bein, mit dem Ziel, dass der linke Fuß nahe an die rechte Hand herankommt. Halte diese Position zehn tiefe Atemzüge lang und wechsle dann die Seite.

UNTERKÖRPER

SQUAT

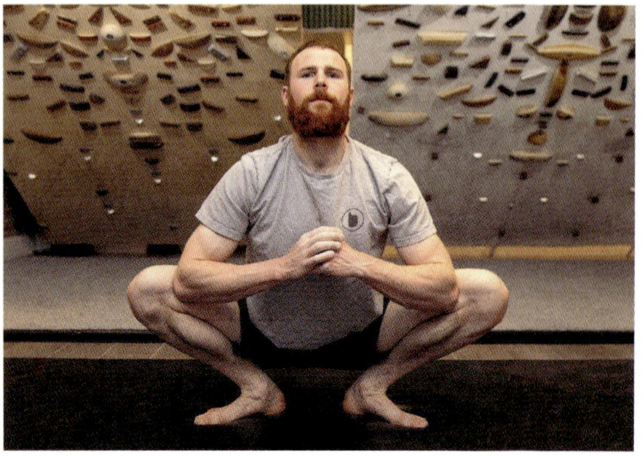

Der Squat ist super und dehnt Gesäßmuskeln, Waden, Quadrizeps und Hüfte. Gehe so tief du kannst in die Hocke (wie es dir bei korrekter Haltung möglich ist), halte die Fersen dabei am Boden und den Rücken gerade aufgerichtet. Ziehe die Schultern zurück, halte den Kopf oben. Drücke die Knie mit den Ellenbogen nach außen.

DEHNUNG DER RÜCKSEITIGEN OBERSCHENKELMUSKULATUR

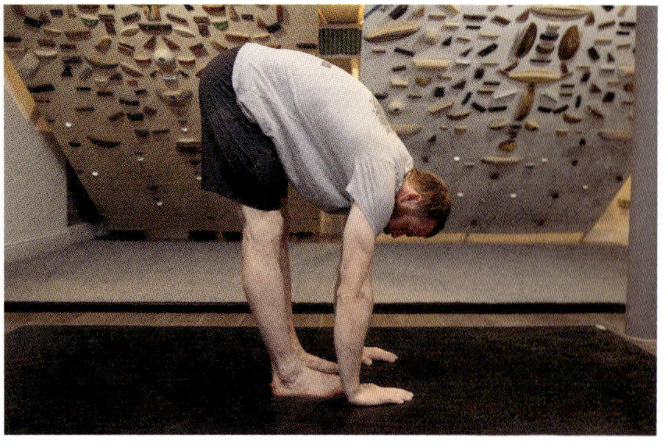

Flexible Oberschenkelrückseiten sind für Heelhooks entscheidend, aber auch dafür, die Füße weit nach oben zu bekommen. Beuge dich einfach aus dem Stand nach vorn und berühre deine Zehen. Die Fersen bleiben auf dem Boden und die Knie sind durchgedrückt. Halte diese Position.

HÜFTBEUGERDEHNUNG

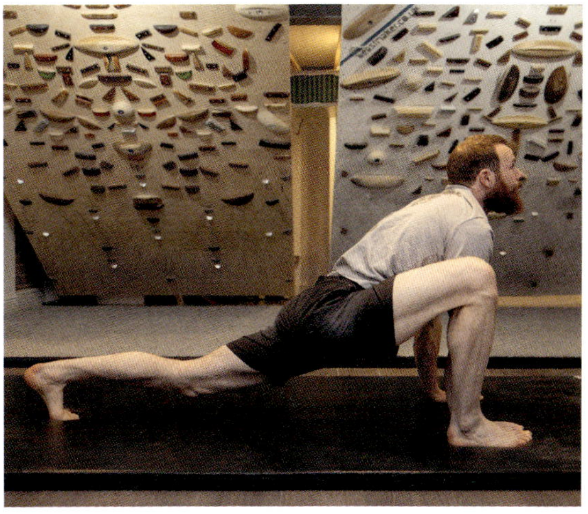

Klettern beinhaltet im Allgemeinen, die Füße auf Fußtritte zu setzen und daraufzusteigen. Je höher du deine Füße setzen kannst, umso leichter wird sich der Antritt anfühlen. Wenn es für dich einfacher wird, die Füße in diese hohen Positionen zu bekommen, musst du dich außerdem weniger von der Wand zurücklehnen, um die Füße hoch zu bekommen, und verringerst so die Wahrscheinlichkeit herunterzufallen. Steige mit einem Fuß auf einen Stuhl oder einen Tisch oder mache einen weiten Ausfallschritt am Boden und lehne dich in die Dehnung hinein.

WADENDEHNUNG

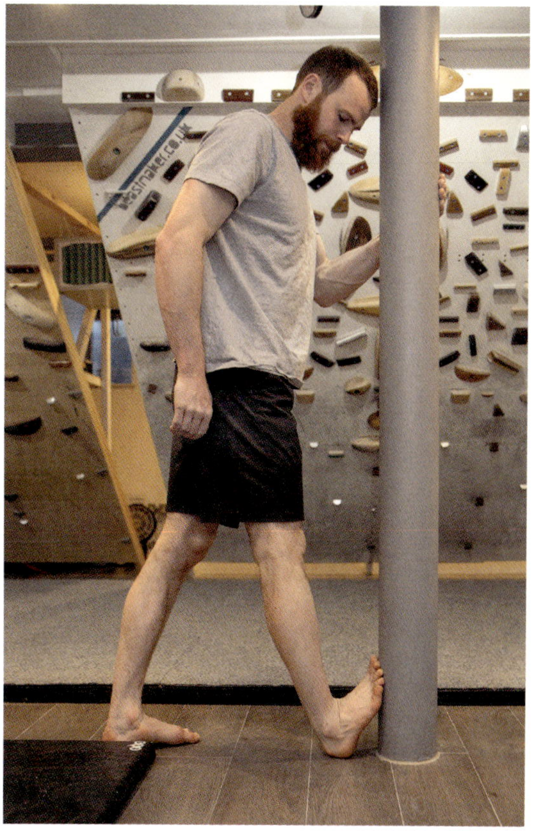

Abschüssige Fußtritte, insbesondere in einem Gelände mit wenig Neigung, erfordern eine gute Flexibilität der Knöchel. Je tiefer du deine Fersen nach unten fallen lassen kannst, umso mehr Fußoberfläche bringst du auf die Fußtritte. Diese Art von Zug ist einer der Hauptbestandteile im modernen Wettkampfklettern – zu versuchen, so viel Fußfläche wie möglich auf ein Volumen zu bekommen. Auch bei Toehooks müssen die Zehen angezogen werden und wenn die Waden fest sind, verringert das eben diese Fähigkeit.

Stelle die Ferse nah vor einer Wand oder einem Pfeiler auf, die Zehen zeigen nach oben, und lehne dich in die Dehnung. Alternative: Stehe mit den Fußballen auf einer Stufe und lass deine Fersen einfach nach unten sinken, entweder eine Ferse nach der anderen oder beide gleichzeitig.

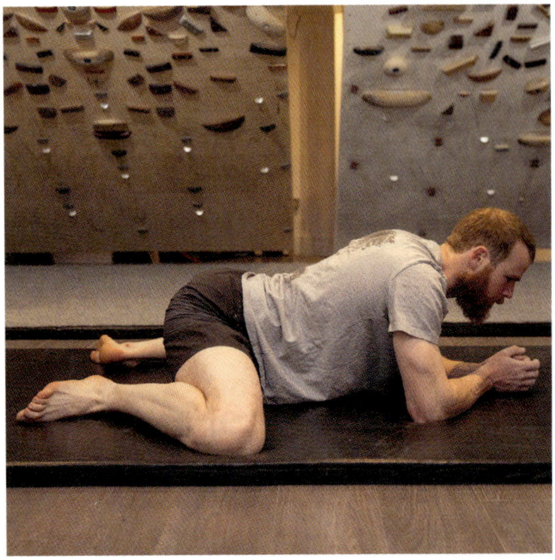

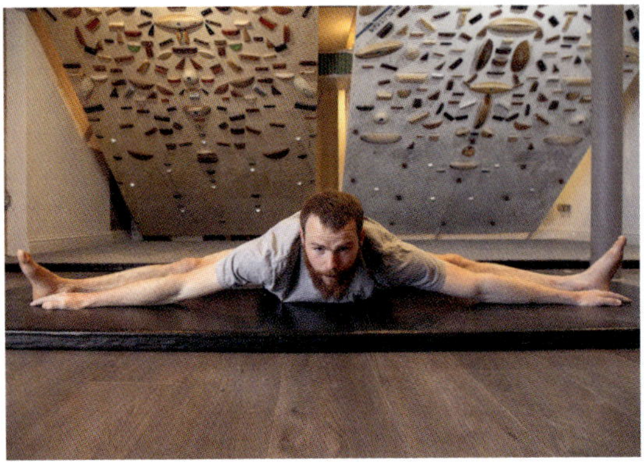

HÜFTDEHNUNG IN DER FROSCHPOSITION

Um das Gewicht nahe an die Wand zu bringen, muss man dazu in der Lage sein, die Hüfte zu öffnen und die Knie nach außen zu drehen. Für effizientes Klettern sind flexible Hüften unbedingt erforderlich.

Lege dich bäuchlings auf den Boden und schiebe die Knie, so weit du kannst, zu den Seiten. Wenn du das einfach findest, kannst du mit der Grätsche oder dem Seitspagat weitermachen.

Zusammenfassung

Flexibel und beweglich zu sein ist absolut unerlässlich, um gut zu klettern. Alle Kletterer können vom Dehnen oder der Arbeit an ihrer Beweglichkeit profitieren.

Mehr Beweglichkeit ermöglicht es dir, den Körper beim Klettern effizienter zu bewegen, sodass sich alles viel leichter anfühlt. Dehnen kann außerdem dabei helfen, den Körper besser in Schuss zu halten und das Verletzungsrisiko zu verringern.

Was kann ich tun?

Lass das Dehnen zu einer regelmäßigen Gewohnheit werden. Die Vorteile wirst du schnell beim Klettern bemerken und das wird dich ermutigen dranzubleiben.

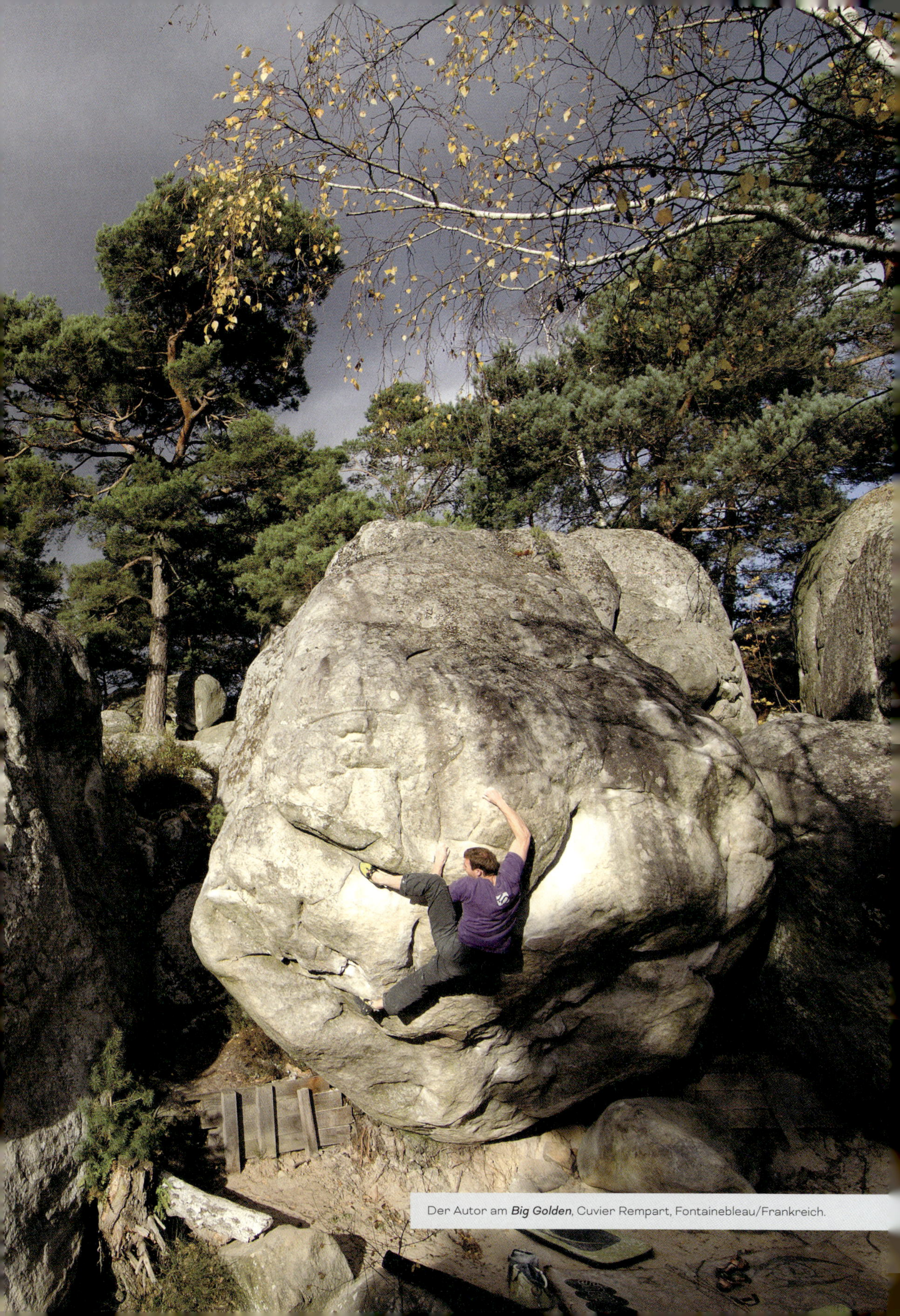

Der Autor am ***Big Golden***, Cuvier Rempart, Fontainebleau/Frankreich.

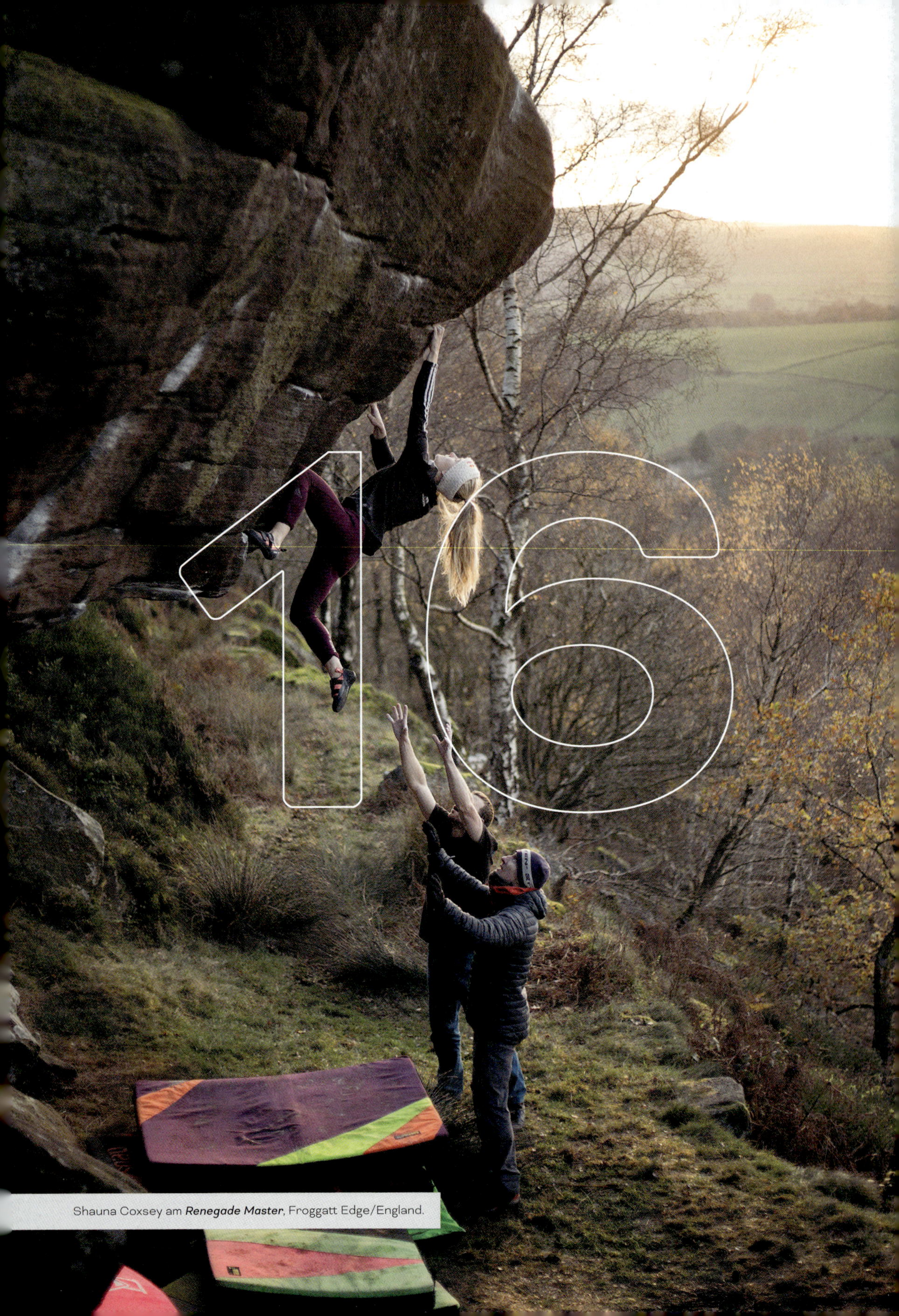

16

Shauna Coxsey am ***Renegade Master***, Froggatt Edge/England.

HÄNDE UND OBERKÖRPER GESUND ERHALTEN

Als Kletterer setzen wir den Körper jeder Menge Misshandlungen aus. Wir ziehen so hart wir können an kleinen Griffen, oft in der Kälte und normalerweise ohne ein größeres Aufwärmen. Wir alle sollten daher ein bisschen mehr Aufwand in ein paar Übungen investieren, die den Körper dabei unterstützen, gesund und verletzungsfrei zu bleiben.

HÄNDE

Den wenigsten Kletterern kommt es in den Sinn, mit den Fingern etwas anderes zu machen, als wirklich hart zu ziehen und sie dann gelegentlich zu dehnen oder an einem Bierglas zu kühlen. Unsere Hände sind unser Hauptkontakt zur Wand und wir verlangen ihnen viel ab. Also sollten wir uns etwas Zeit für liebevolle Zuwendung nehmen, um die Hände zu kräftigen, gesund zu halten und Verletzungen vorzubeugen.

KRÄFTIGUNG DER *MUSCULI INTEROSSEI*

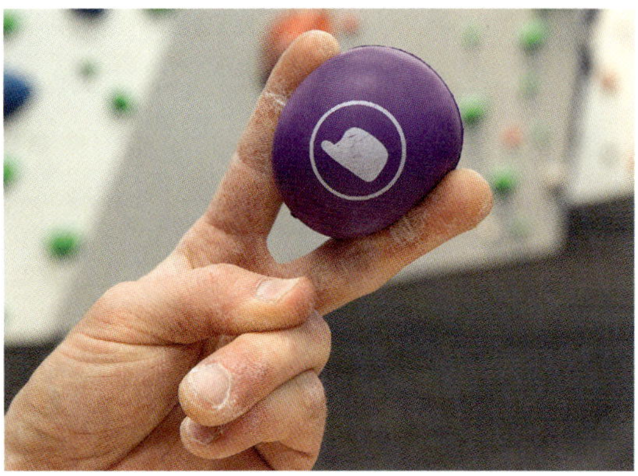

Die *Musculi interossei* ziehen die Finger zusammen, spreizen und stabilisieren sie, wenn wir uns festhalten, besonders in der aufgestellten Position. Da Schwächen zu schmerzenden Fingerknöcheln führen können, lohnt es sich, die *Musculi interossei* zu trainieren. Drücke einen weichen Ball mit einer Scherenbewegung zwischen den Fingern zusammen. Halte die Finger dabei gestreckt und arbeite nach und nach mit allen Fingern. Beginne mit 15 bis 20 Wiederholungen. Sobald du eine Kraftsteigerung bemerkst, kannst du den Widerstand mit einem härteren Ball erhöhen.

SEHNENGLEITÜBUNG

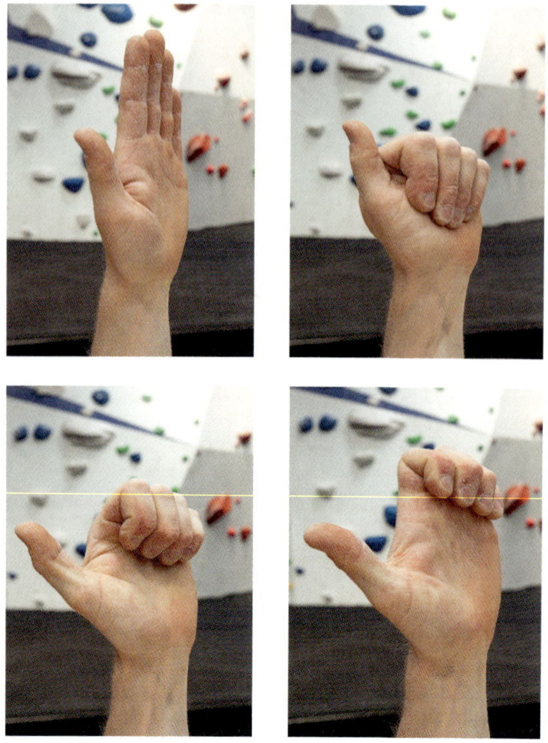

Viele Kletterer haben tatsächlich Schwierigkeiten damit, den gesamten Bewegungsspielraum ihrer Finger auszunutzen!

Die Finger in Bewegung und komplett beweglich zu halten ist unerlässlich, damit sie gesund bleiben. Es lohnt sich, die Finger regelmäßig im gesamten Bewegungsspektrum durchzubewegen, von durchgestreckt bis vollständig eingerollt, wobei die Fingerspitzen bei gebeugten Fingern ständig Kontakt zur Handfläche haben sollten. Dabei geht es nicht um Wiederholungen und Sätze, sondern darum, diese Übung in den täglichen Ablauf zu integrieren. Ich mache sie unglaublich oft, insbesondere an Ruhetagen, wenn meine Finger sich steif oder durch eine Einheit beansprucht anfühlen.

KRÄFTIGUNG DER *MUSCULI LUMBRICALES*

Die *Musculi lumbricales* helfen dabei, die Finger zu bewegen und in Positionen zu halten, die für das Aufstellen hilfreich sind. Sind diese Muskeln zu schwach, kann das zu instabilen Fingern bei aufgestellten Positionen führen und Schmerzen in den Händen verursachen. Wenn du zwischen die Mittelhandknochen auf der Handfläche drückst, spürst du vielleicht weiche Stellen. Das sind wahrscheinlich deine *Musculi lumbricales*.

BALLDRÜCKEN

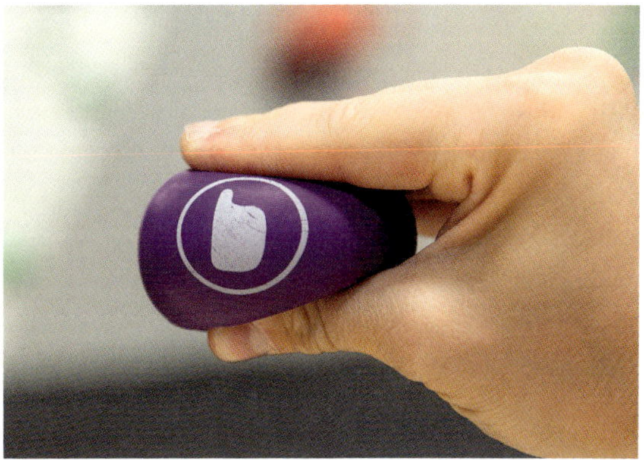

Besorge dir einen Schaumstoffball und quetsche ihn zwischen den gestreckten Fingern und dem Daumen zusammen, entweder mit allen vier Fingern gleichzeitig oder mit einzelnen Fingern. Die Finger bleiben dabei gestreckt! Für den Anfang machst du 15 bis 20 Wiederholungen, um die Muskeln zu aktivieren, im Laufe der Zeit kannst du jedoch die Intensität mit einem härteren Ball steigern und weniger Wiederholungen durchführen.

GLEITENDE FINGER

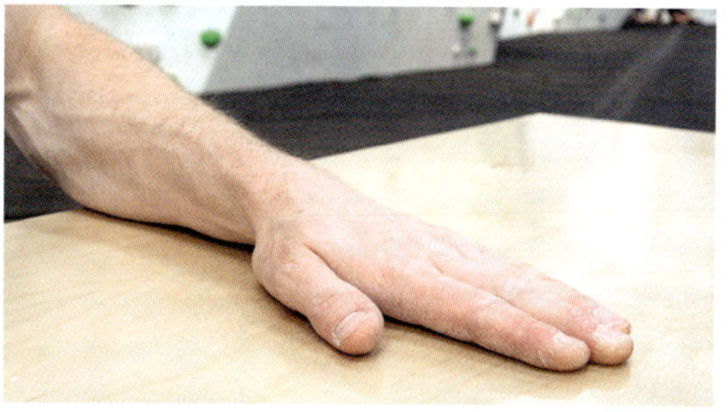

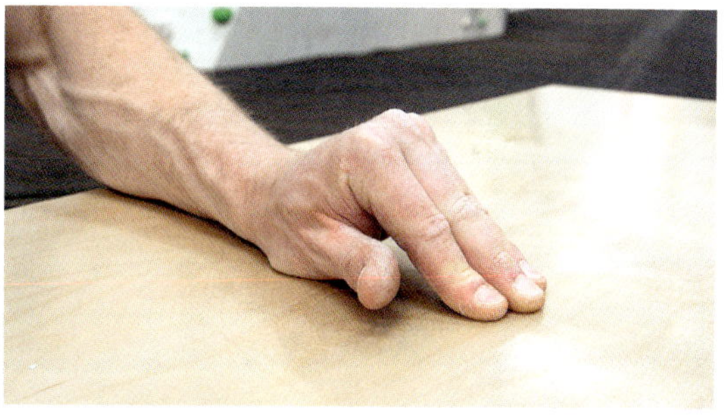

Lege die Hände mit den Handflächen nach unten flach auf einen Tisch. Achte darauf, dass die Handgelenke auf der Tischplatte bleiben, und drücke die Fingerspitzen mit gestreckten Fingern auf den Tisch. Jetzt lässt du die Finger langsam, so weit du kannst, in Richtung Handgelenk gleiten – die Finger bleiben dabei durchgestreckt und die Handgelenke auf der Tischplatte. Dann löst du die Finger und bringst sie wieder in die Ausgangsposition. Auch hier beginnst du mit 15 bis 20 Wiederholungen mit niedriger Intensität und steigerst dich hin zu weniger Wiederholungen bei höherer Intensität. Die Intensität kannst du einfach anpassen, indem du die Fingerspitzen fester auf den Tisch drückst. Es sollte nicht wehtun, aber du solltest spüren, dass die Muskeln müde werden.

HANDGELENKE UND ELLENBOGEN

Kletterer haben gut ausgebildete Beugemuskeln in den Fingern und Handgelenken, aber die meisten Kletterer tun wenig dafür, um die Streckmuskulatur der Finger und Handgelenke gesund zu erhalten. Ein Ungleichgewicht zwischen den Flexoren und Extensoren kann zu Handgelenksschmerzen, Ellenbogenschmerzen oder einfach nur schmerzenden Extensoren führen, da sie zu stark arbeiten müssen, um mit den Flexoren mithalten zu können. Ich litt jahrelang unter Schmerzen in den Extensoren und Ellenbogen, bis ich schließlich auf die Idee kam, dass sie einfach zu schwach waren. Ein bisschen Training mit den folgenden Übungen behob das Ganze und seitdem hatte ich nie wieder diese Probleme.

UNTERARMCURLS FÜR DIE EXTENSOREN

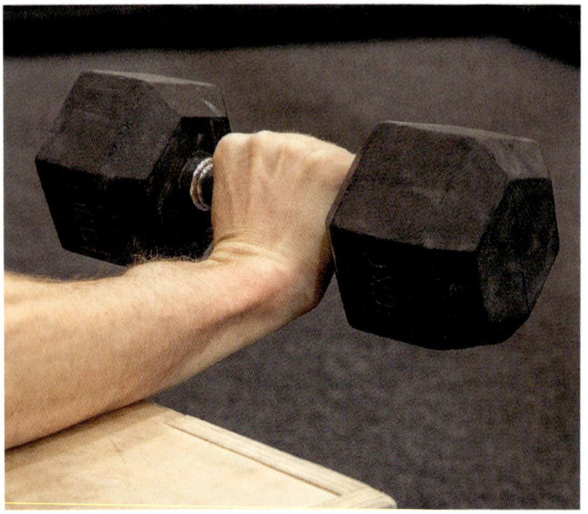

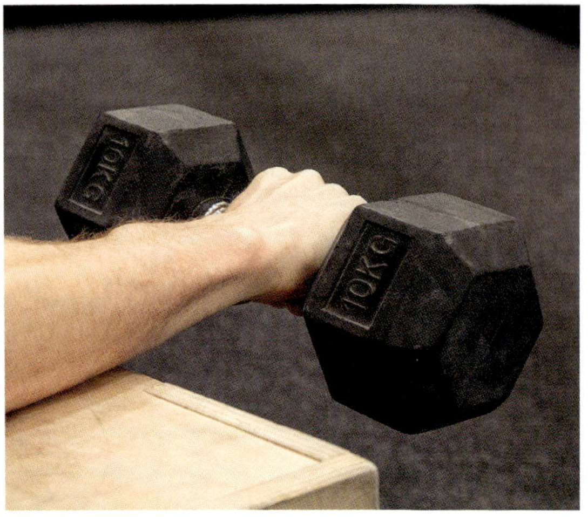

Halte eine Hantel mit der Handfläche nach unten zeigend. Der Ellenbogen ist im 90-Grad-Winkel gebeugt. Stütze den Unterarm ab, damit wirklich nur die Streckmuskulatur trainiert wird. Bringe die Faust durch Streckung des Handgelenks nach oben und senke sie dann wieder in eine neutrale Position ab – nicht unterhalb der Position des Unterarms. Führe wenige Wiederholungen mit schweren Gewichten aus statt viele Wiederholungen, da du die Maximalkraft der Extensoren trainieren willst. Fünf bis zehn Wiederholungen und drei bis fünf Sätze sind super.

STATISCHES HALTEN FÜR DIE UNTERARMEXTENSOREN

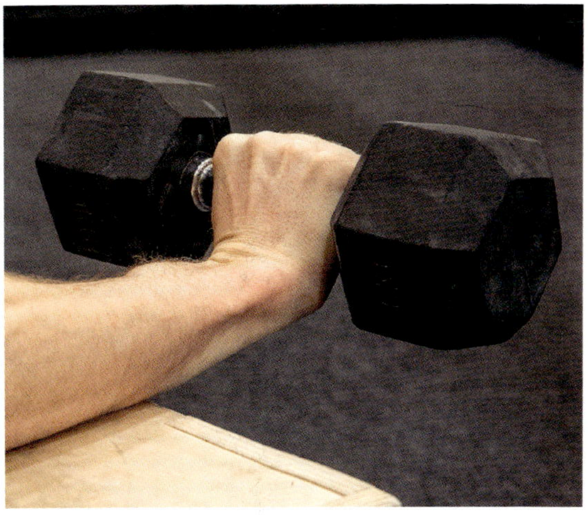

Die Ausgangsposition dieser Übung entspricht der des Unterarmcurls für die Extensoren, im Folgenden wird hier das Gewicht allerdings nur statisch mit geradem Handgelenk gehalten. Ziel sollte es sein, die Übung in fünf Sätzen à maximal zehn Sekunden zu halten.

SCHULTERN

Über die Kräftigung und das Training der Muskeln der Rotatorenmanschette ist schon viel geschrieben worden. Es gibt die klassischen Schlingentrainer- oder TRX-Übungen und Übungen an Turnringen, beispielsweise in I-, Y- und T-Position, die es sich definitiv auszuprobieren lohnt, wenn du sie noch nicht kennst.

Worüber jedoch noch nicht so viel gesprochen wurde, sind Flexibilität und Kraft in den Schulterblättern. Der Plan ist nicht, diese beim Trainieren und Klettern in einer Position festzuhalten, sondern ihnen zu erlauben, sich zu bewegen! Die Schulterblätter müssen in der Lage sein, sich durch ihr gesamtes Bewegungsspektrum hinweg bewegen zu können und dabei gleichzeitig stark zu sein. Die folgenden zwei Übungen sind super geeignet, um die Schultern zum Beispiel im Rahmen des Aufwärmens gut in Bewegung zu halten.

SCHULTERHEBEN HÄNGEND

Lass dich von einer Stange hängen und deinen Körper so tief wie möglich absinken, wobei sich die Schulterblätter bewegen dürfen. Die gesamte Übung hindurch bleiben die Arme gestreckt und der Rücken gerade, während du jetzt langsam nur die Schulterblätter nach oben hebst (quasi mit den Schultern zuckst). Stelle dir vor, die Schulterblätter würden sich an der obersten Position der Bewegung berühren. Jetzt lass sie langsam wieder nach unten sinken, so tief wie möglich.

Arbeite dich vor, bis du die Ausgangs- und Endposition jeweils fünf Sekunden halten kannst, und wiederhole die Übung fünfmal. Es fühlt sich vielleicht so an, als würdest du nicht viel tun, aber denke daran, dass das Ziel der Übung eine bessere Beweglichkeit und gleichzeitig gesteigerte Kraft ist, also bleib dran.

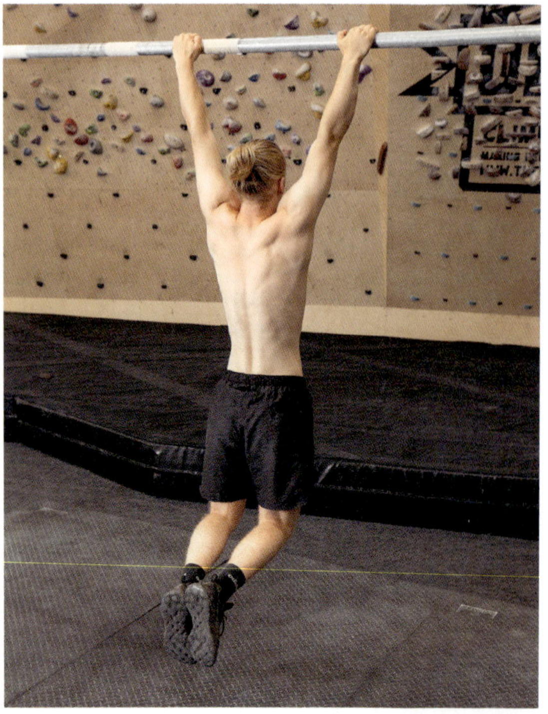

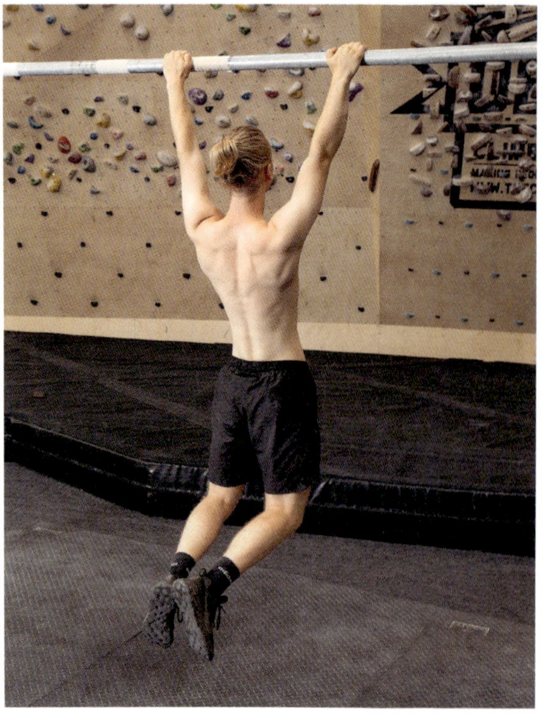

SCHULTERHEBEN IM LIEGESTÜTZ

Ziehe in der Liegestützposition bei gestreckten Armen und Beinen und geradem Rücken die Schultern langsam zueinander (die Arme bleiben gestreckt) – stell dir vor, dass du etwas zwischen den Schulterblättern einklemmen willst. Jetzt drückst du dich langsam wieder nach oben, so hoch du kannst, beziehungsweise die Schulterblätter auseinander (wie beim Schulterzucken) und wiederholst das Ganze. Versuche den Nacken lang zu lassen und die Schultern von den Ohren weg zu halten.

Arbeite dich vor, bis du die Ausgangs- und Endposition jeweils fünf Sekunden lang halten kannst. Du kannst auch in der Liegestützposition auf Knien beginnen, um dich an die Bewegung zu gewöhnen, und dann auf die richtige Liegestützposition hinarbeiten.

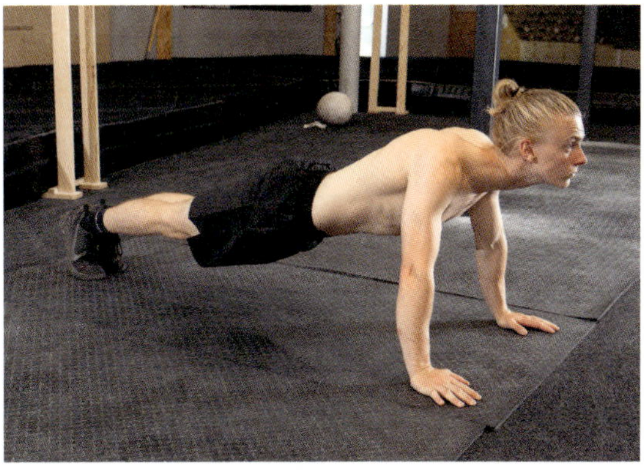

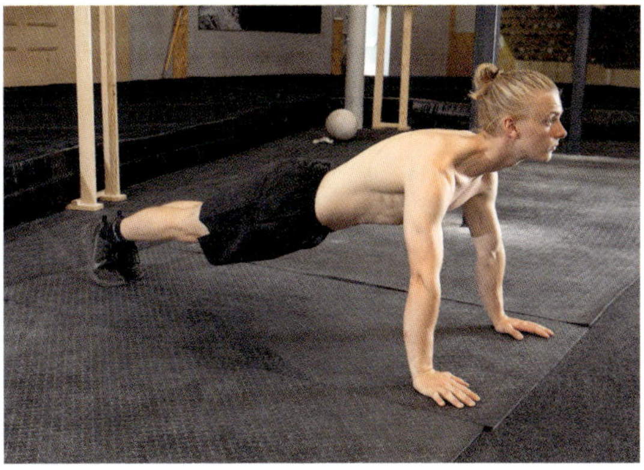

RÜCKEN

Die Mobilität im mittleren Rücken, der Brustwirbelsäule, wird häufig übersehen. Die Beweglichkeit der Brustwirbelsäule ist entscheidend, damit die Schultern sich richtig bewegen können, insbesondere dann, wenn man über den Kopf greift.

KOBRAVARIANTE

Bei der Kobravariante wird der *Musculus serratus anterior* gedehnt, der an den Rippen und den Schulterblättern ansetzt. Viele Kletterer sind dort zu fest und das schränkt die Beweglichkeit des mittleren Rückens stark ein.

Nimm die Kobraposition ein und ziehe das rechte Bein nach oben, bis es im 90-Grad-Winkel gebeugt ist. Drehe den Kopf und die Schultern in Richtung dieses Beins. Die Dehnung solltest du dann entlang der linken Körperseite spüren. Halte die Dehnung fünf tiefe Atemzüge lang – die Atembewegung weitet den Brustkorb und hilft der Dehnung, ihre magische Wirkung zu entfalten. Wiederhole die Übung pro Seite fünfmal.

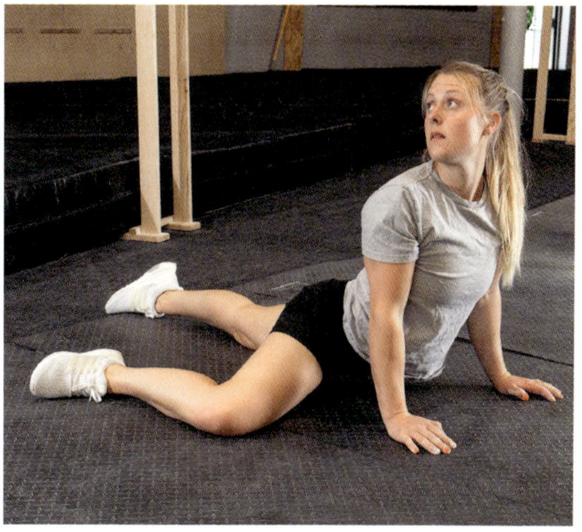

17

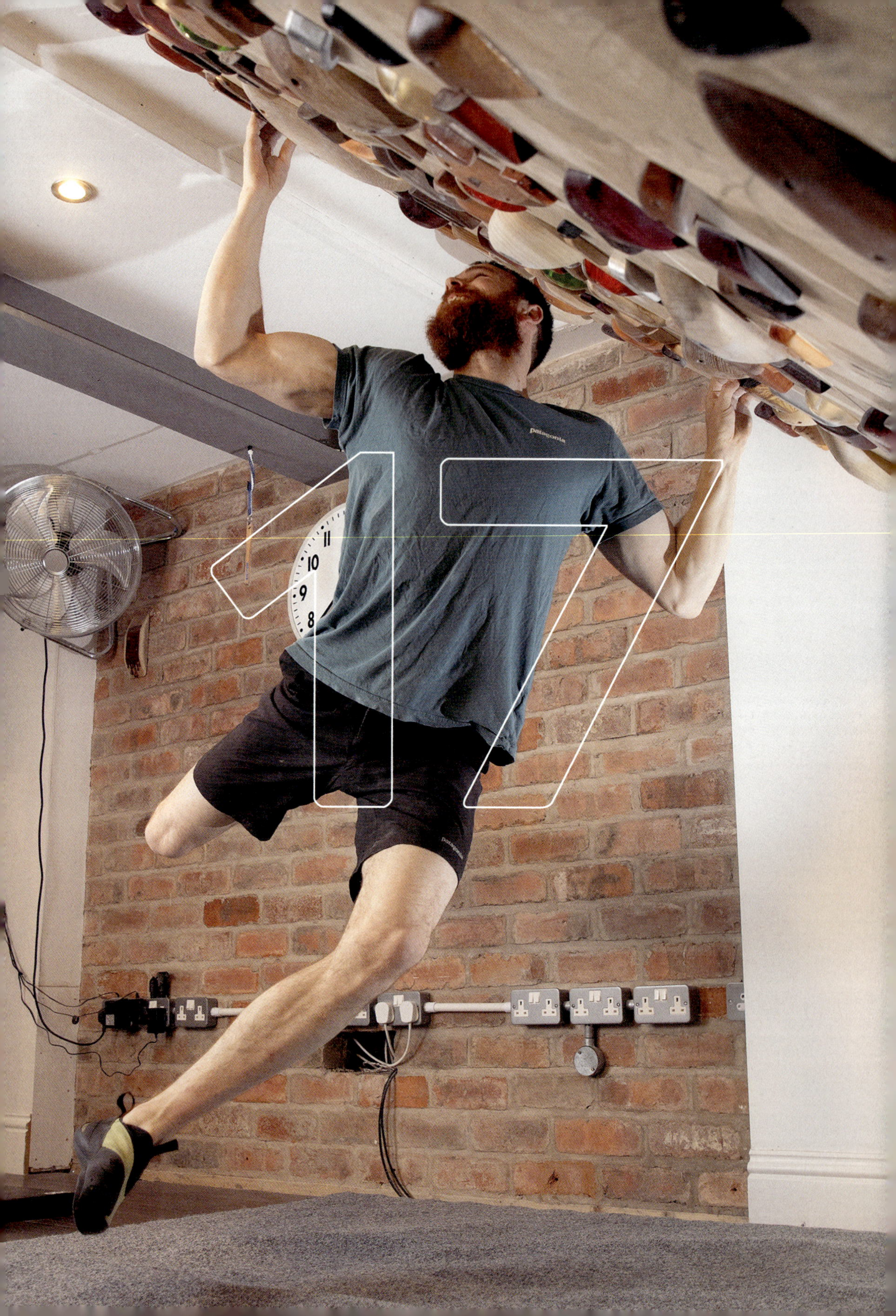

KURZEINHEITEN

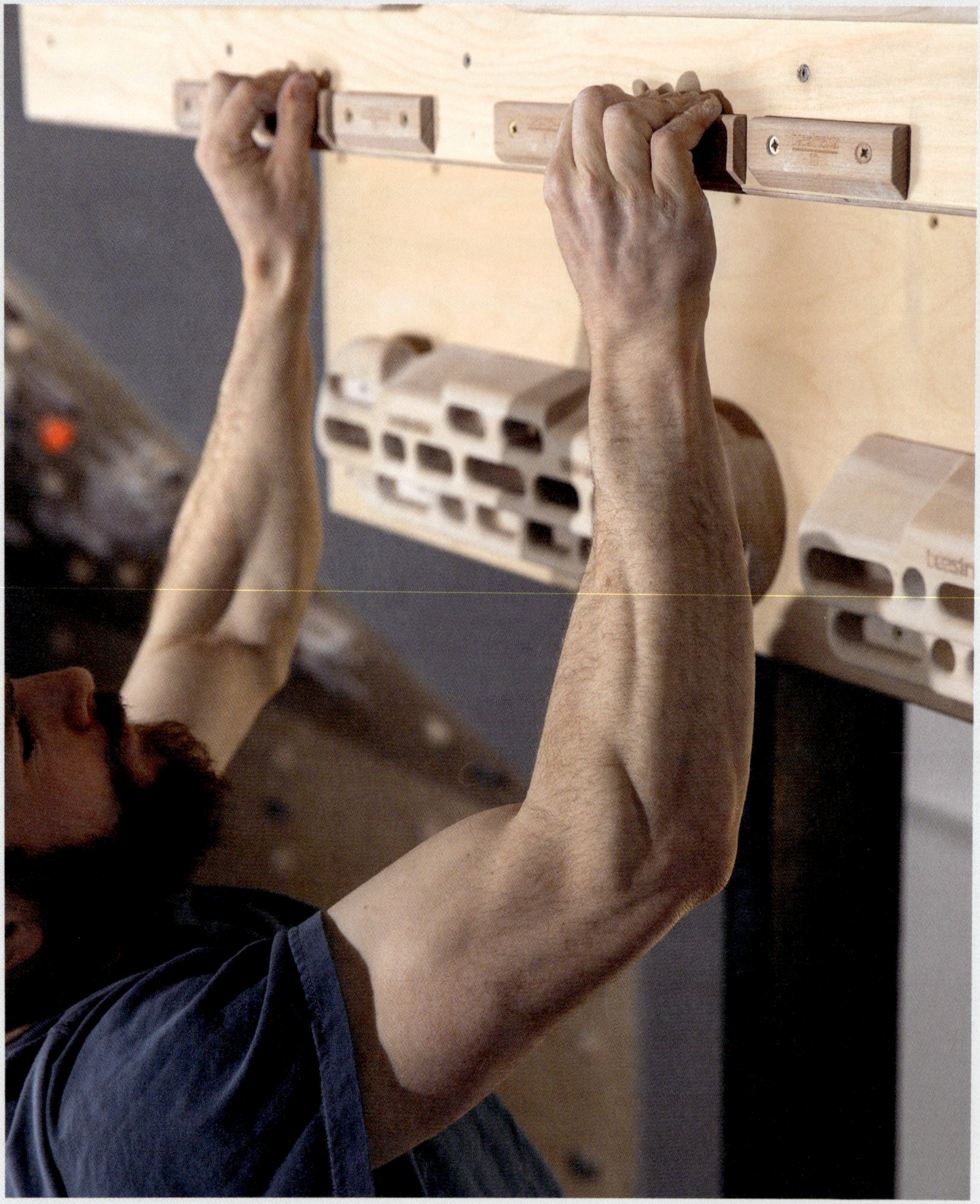

FINGERBOARD

Hier findest du ein paar Ideen für Kurzeinheiten, um dich zu motivieren. Achte darauf, dass du aufgewärmt und bereit bist, loszulegen – nicht einfach so einsteigen!

Um den richtigen Schwierigkeitsgrad für dich zu erreichen, solltest du den Widerstand anpassen, indem du ein Zusatzgewicht nutzt oder dein Gewicht durch Hilfsmittel reduzierst, oder auch die Griffgröße oder Griffposition verändern.

Konzentriere dich auf die korrekte Haltung der Finger. Behalte genau die Griffposition bei, die du trainieren willst. Versagen ist der Punkt, an dem die Haltung nicht mehr gegeben ist, und nicht der Punkt, an dem du vom Fingerboard fällst.

REPEATER

- Suche dir eine Griffart aus.
- Lass dich 7 Sekunden hängen, ruhe dich 3 Sekunden aus und wiederhole das 6-mal, um 1 Satz in 1 Minute zu absolvieren.
- Mache 3 bis 5 Minuten Pause zwischen den Sätzen und setze dir 3 Sätze pro Griffart zum Ziel.

KURZE MAX HANGS

- Suche dir eine Griffart aus.
- Lass dich etwa 10 Sekunden hängen.
- Mache 2 bis 3 Minuten Pause.
- Führe 3 bis 5 Hangs mit 2 bis 3 Minuten Pause nach jedem Hängen durch, um 1 Satz zu absolvieren.

LANGE MAX HANGS

- Suche dir eine Griffart aus.
- Lass dich etwa 20 Sekunden hängen.
- Mach 3 bis 5 Minuten Pause.
- Führe 3 bis 5 Hangs mit 3 bis 5 Minuten Pause nach jedem Hängen durch, um 1 Satz zu absolvieren.
- Nach diesen Hangs bist du vermutlich erschöpfter als nach den kurzen Hangs, also achte darauf, dich anschließend ausreichend zu erholen.

SEHNEN-HANGS

- Suche dir eine Griffart aus.
- Lass dich etwa 45 Sekunden hängen – an ungefähr diesem Punkt solltest du versagen.
- Mach 5 Minuten Pause.
- Führe 4 Hangs mit 5 Minuten Pause nach jedem Hängen durch, um 1 Satz zu absolvieren.

ARME

1-MINUTE-ÜBUNG

- Sie ist eine sehr einfache Übung, um die Arme in Schwung zu bringen.
- Wähle eine für dein Niveau angemessene Anzahl an Klimmzügen aus und starte eine Stoppuhr.
- Führe diese Anzahl an Klimmzügen durch und ruhe dich den Rest der ersten Minute aus.
- Wiederhole die Anzahl der Klimmzüge zu Beginn der nächsten Minute. Führe dies 10-mal durch.
- Wenn du dich superfit fühlst, absolviere zusätzlich Liegestütze – entweder hinterher oder in derselben Minute!

NEGATIVE KLIMMZÜGE

- Arbeite mit einem oder beiden Armen.
- Ziehe dich mit Unterstützung, beispielsweise auf einem Stuhl stehend oder mithilfe des anderen Arms, wenn du einarmig übst, nach oben und lass dich so langsam wie möglich und kontrolliert wieder nach unten ab.
- Passe die Belastung entsprechend an, sodass es zwischen 3 und 5 Sekunden dauert, dich abzulassen.
- Ruhe dich zwischen den Sätzen 3 Minuten aus.
- Führe 5 Sätze durch.

KLIMMZÜGE MIT GEWICHT

- Es ist ganz einfach: Gewicht anhängen und Klimmzüge machen!
- Die Belastung sollte hoch und die Wiederholungszahl gering sein (5 Klimmzüge maximal).
- Führe 5 Sätze durch mit mindestens 3 Minuten Pause zwischen den Sätzen.
- Lass dich immer langsam und kontrolliert herab: Kein Runterspringen nach dem letzten Klimmzug, erst herablassen!

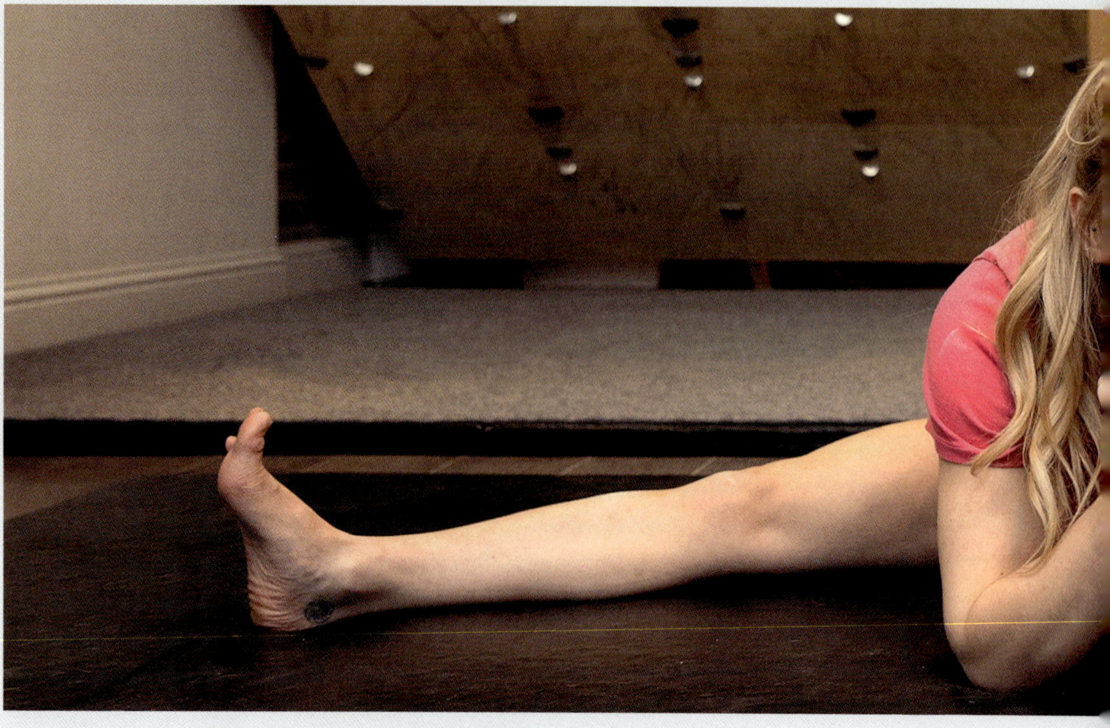

BOARD

KRAFT 1

- Absolviere einen Aufwärmzirkel mit 5 bis 10 Problemen.
- Wähle jetzt drei Projekte, die dich an dein Limit bringen, aus und verbringe mindestens 15 Minuten pro Problem damit, daran zu arbeiten und die Züge zu verbinden. Variiere den Stil der Probleme: eines an kleinen Griffen, eines mit Zangen und eines mit weiten Zügen.
- Wenn du ein Problem bewältigt hast, denke dir ein neues, härteres Problem aus und arbeite daran.

KRAFT 2

- Absolviere einen Aufwärmzirkel mit 5 bis 10 Problemen.
- Wähle fünf Probleme aus, die bei 75 bis 95 Prozent deines Maximums liegen. Nimm Gewichtsmanschetten an den Knöcheln dazu und versuche, alle fünf Probleme zu klettern.

KLETTERMETER

- Klettere 5 bis 15 Probleme, die bei bis zu 75 Prozent deines Maximums liegen. Ruhe dich 2 bis 5 Minuten nach jedem Problem aus (abhängig von der Länge des Problems). Konzentriere dich darauf, die Probleme gut zu klettern. Versuche die Füße an der Wand zu lassen (wenn angebracht) und nicht nur einfach zwischen den Griffen zu springen.

KURZZEITAUSDAUER: 4X4

- Wähle vier Boulderprobleme aus, die bei etwa 70 Prozent deines Maximums liegen. Nimm keine Probleme mit einer Crux – das Ziel ist ein durchgehender Schwierigkeitsgrad.
- Klettere das erste Problem vier Runden direkt nacheinander und ruhe dich dann dreimal so lange aus, wie du geklettert bist.
- Wiederhole dies mit Problem Nummer zwei sowie entsprechend auch mit den weiteren zwei Problemen.
- Nach einer Pause von 15 Minuten kannst du alles noch einmal machen, wenn du möchtest!

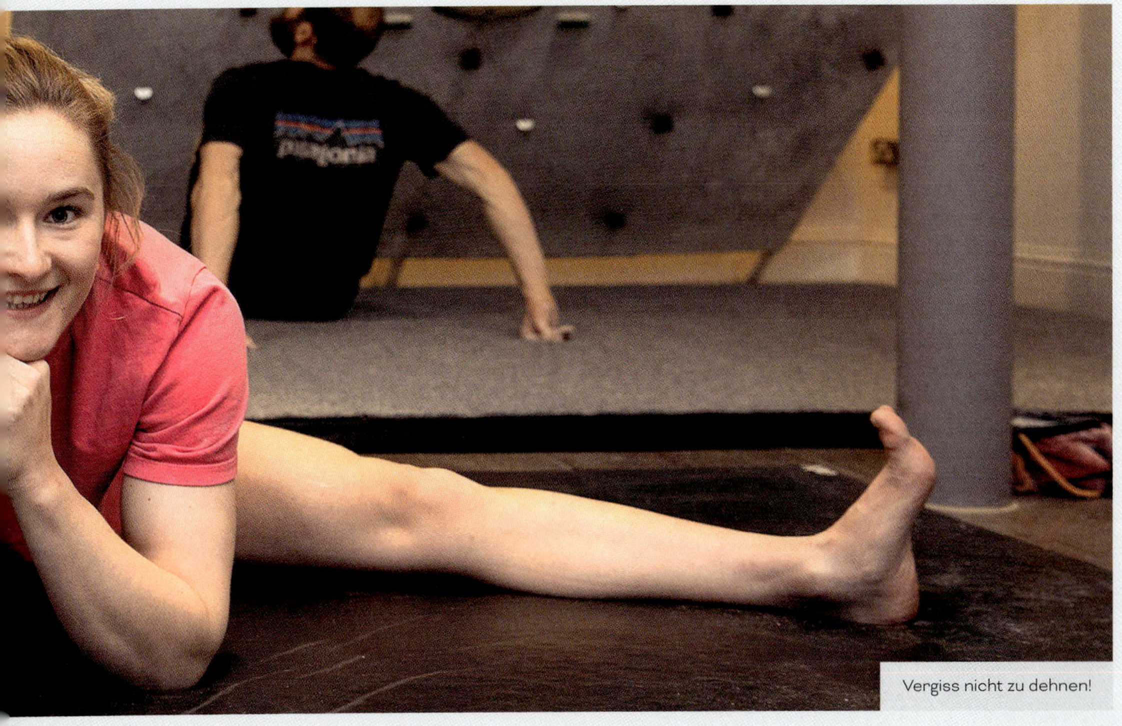

Vergiss nicht zu dehnen!

GESUNDERHALTUNG

UNTERARMCURLS FÜR DIE EXTENSOREN

- Halte eine Hantel mit der Handfläche nach unten gedreht in neutraler Position und stütze den Unterarm ab.
- Strecke das Handgelenk und ziehe das Gewicht nach oben. Senke es dann wieder ab in die neutrale Position.
- Dein Ziel sollten Sätze mit 5 bis 10 Curls sein, mit 3 Minuten Pause zwischen den Sätzen.

FINGERGLEITEN

- Lege die Hände flach auf einen Tisch.
- Die Handgelenke bleiben liegen, während du nun die Fingerspitzen bei durchgestreckten Fingern auf die Tischplatte drückst.
- Ziehe die Fingerspitzen jetzt langsam und so weit du kannst mit weiterhin gestreckten Fingern in Richtung der Handgelenke, ohne dass sich die Handgelenke vom Tisch anheben.
- Dein Ziel sollten Sätze mit 5 bis 10-mal Gleiten sein, die Intensität kannst du durch stärkeres Drücken mit den Fingerspitzen anpassen.

DEHNEN

Da es so viele unterschiedliche Dehnungen gibt, von denen Kletterer profitieren können, und weil ich sie bereits in Kapitel 15 auf die Dehnungen eingegrenzt habe, die ich für die wichtigsten halte, kommt es mir albern vor, die engere Auswahl noch weiter zu verkleinern. Mache sie einfach! Wähle ein paar aus und absolviere sie am Ende deiner Kurzeinheit und lass dir das zur Gewohnheit werden. Oder mache sie, wenn du vormittags eine Kaffeepause einlegst und so weiter.

Du kannst so viele oder wenige Dehnungen machen, wie du in den Zeitraum quetschen kannst, den du zur Verfügung hast. Fünf Minuten hier und fünf Minuten da sind besser als gar nichts! Während ich dies schreibe, liegt mein Fuß auf dem Tisch und ich dehne meine Gesäßmuskeln.

Halte jede Dehnung für mindestens 30 Sekunden. Idealerweise länger. Wiederhole sie so oft, wie du es ertragen kannst! Versuche, dir das regelmäßige Dehnen zur Gewohnheit zu machen.

KURZEINHEITEN: FINGERBOARDÜBUNG – REFERENZTABELLEN

FINGERBOARDÜBUNGEN: KRAFT

ÜBUNG	**Repeater**
GUT FÜR	Kraft/Kraftausdauer
BESCHREIBUNG	7 Sekunden hängen, 3 Sekunden ausruhen. Das ist 1 Wiederholung. 6 Wiederholungen = 1 Satz mit 1 Minute Dauer.
SÄTZE	1 oder 2 Sätze pro Griffart; bis zu 3 Griffarten pro Sitzung sind genug.
ERHOLUNG	5 Minuten zwischen den Sätzen.
STEIGERUNG	Mehr/weniger Hängezeit/Erholungszeit pro Satz, zum Beispiel 6 Sekunden hängen, 4 Sekunden ausruhen. Zusatzgewicht nutzen. Mehr Sätze pro Griffart. Kleinere Griffe nutzen.
WIE LANGE	Ich denke, du solltest bis zu einem gewissen Grad immer die Fingerkraft trainieren. Wechsle das Jahr über die Methoden des Fingertrainings, damit dein Körper sich nicht an etwas gewöhnt. Wiederholungen sind recht sicher, da die Belastung gering ist.
WANN	Führe das Krafttraining immer dann durch, wenn du gut ausgeruht und frisch bist.

ÜBUNG	**Kurze Max Hangs**
GUT FÜR	Kraft: neuromuskuläre Steigerungen
BESCHREIBUNG	5 bis 12 Sekunden hängen. Das ist 1 Wiederholung. 3 bis 5 Wiederholungen = 1 Satz.
SÄTZE	1 Satz kann ausreichen, oder diesen für bis zu 5 Griffarten wiederholen.
BELASTUNG	Passe die Belastung so an, dass 5 bis 12 Sekunden das absolute Maximum sind, das du erreichen kannst.
ERHOLUNG	2 bis 3 Minuten nach jedem Hängen oder so lange, wie du brauchst, um wieder 100 Prozent Leistung zu geben.
STEIGERUNG	Zusatzgewicht anhängen. Kleinere Griffe nutzen. Nur mit einem Arm arbeiten.
WIE LANGE	Ich denke, du solltest bis zu einem gewissen Grad immer die Fingerkraft trainieren. Wechsle das Jahr über die Methoden des Fingertrainings, damit dein Körper sich nicht an etwas gewöhnt.
WANN	Führe das Krafttraining immer dann durch, wenn du gut ausgeruht und frisch bist.

ÜBUNG	**Lange Max Hangs**
GUT FÜR	Kraft: Muskelgröße und länger anhaltende Steigerungen
BESCHREIBUNG	20 Sekunden hängen. Das ist 1 Wiederholung. 3 bis 5 Wiederholungen = 1 Satz.
SÄTZE	1 Satz kann ausreichen, oder diesen für bis zu 5 Griffarten wiederholen.
BELASTUNG	Passe die Belastung so an, dass 20 Sekunden das absolute Maximum sind, das du erreichen kannst.
ERHOLUNG	3 bis 5 Minuten nach jedem Hängen oder so lange, wie du brauchst, um wieder 100 Prozent Leistung zu geben.
STEIGERUNG	Zusatzgewicht anhängen. Mehr Hangs pro Griffart. Kleinere Griffe nutzen. Nur mit einem Arm arbeiten.
WIE LANGE	Ich denke, du solltest bis zu einem gewissen Grad immer die Fingerkraft trainieren. Wechsle das Jahr über die Methoden des Fingertrainings, damit dein Körper sich nicht an etwas gewöhnt.
WANN	Führe das Krafttraining immer dann durch, wenn du gut ausgeruht und frisch bist.

ÜBUNG	**Sehnen-Hangs**
GUT FÜR	Kontaktkraft und Gesundheit der Sehnen
BESCHREIBUNG	30 bis 45 Sekunden hängen. Das ist 1 Wiederholung. 3 Wiederholungen = 1 Satz.
SÄTZE	1 Satz pro Griffart, bis zu 3 Sätze insgesamt.
BELASTUNG	Passe die Belastung so an, dass du bei etwa 45 Sekunden versagst.
ERHOLUNG	5 Minuten nach jedem Hängen.
STEIGERUNG	Zusatzgewicht anhängen. Kleinere Griffe nutzen.
WIE LANGE	Ich denke, du solltest bis zu einem gewissen Grad immer die Fingerkraft trainieren. Wechsle das Jahr über die Methoden des Fingertrainings, damit dein Körper sich nicht an etwas gewöhnt.
WANN	Führe das Krafttraining immer dann durch, wenn du gut ausgeruht und frisch bist.

FINGERBOARDÜBUNGEN: AUSDAUER

ÜBUNG	**Fingerboardtraining für Langzeitausdauer**
GUT FÜR	Trainiert die Regeneration beim Klettern oder zwischen Versuchen und Einheiten.
BESCHREIBUNG	6 x 7:3-Repeater an einer bequemen Kante. 1 Minute Pause. Das ist 1 Satz.
SÄTZE	10 Sätze durchführen, um 10 Minuten Hängezeit zu erreichen. 10 Minuten Pause. Das ist 1 Runde.
RUNDEN	3 Runden, um eine Gesamthängezeit von 30 Minuten zu erreichen.
BELASTUNG	Verwende ein Seilzugsystem, um die Belastung auf 30 bis 40 Prozent deines maximalen Hängegewichts an der Kante, an der du trainierst, zu verringern. Ziel ist es, eine lange Zeit auf einem Niveau zu verbringen, auf dem der Pump sehr gering ist.
ERHOLUNG	Nutze ein Verhältnis von Arbeit zu Erholung von 1:1. Also 1 Minute Pause zwischen den Sätzen und 10 Minuten zwischen den Runden.
STEIGERUNG	Verringere die Unterstützung, um die Belastung zu erhöhen.
HÄUFIGKEIT	2 Einheiten pro Woche.
WIE LANGE	Mindestens 8 Wochen und bis zu 16 Wochen.
WANN	Diese Übung hat eine geringe Intensität und kann daher einfach neben anderem Training absolviert werden – versuche sie nach dem Klettern sonstiger Art durchzuführen und niemals vor dem Krafttraining.

ÜBUNG	**Fingerboardtraining für Kurzzeitausdauer**
GUT FÜR	Trainiert die Fähigkeit, mehr harte Züge hintereinander machen zu können, ohne dass die Kraft ausgeht.
BESCHREIBUNG	6 x 7:3-Repeater an einer bequemen Kante. 3 Minuten Pause. Das ist 1 Satz.
SÄTZE	6 Sätze durchführen, um 6 Minuten Hängezeit zu erreichen. Das ist 1 Runde.
RUNDEN	1 Runde hiervon reicht, da die Intensität sehr hoch ist.
BELASTUNG	Verwende ein Seilzugsystem oder Zusatzgewicht, um die Belastung auf 70 bis 80 Prozent deines Maximums an der Kante, an der du trainierst, anzupassen. Du solltest sehr hart kämpfen müssen, um dich festhalten zu können, und bei den letzten Sätzen an den letzten Hangs möglicherweise versagen.
ERHOLUNG	Arbeite mit einem Verhältnis von Arbeit zu Erholung von 1:3. Also 3 Minuten Pause zwischen den Sätzen.
STEIGERUNG	Steigere die Belastung, indem du weniger Unterstützung nutzt oder Zusatzgewicht hinzufügst.
HÄUFIGKEIT	2-mal pro Woche, wenn deine Trainingspriorität die Kurzzeitausdauer ist. 1-mal pro Woche, wenn du neben der Kurzzeitausdauer auch die Kraft trainierst.
WIE LANGE	Mindestens 6 Wochen.
WANN	Plane immer einen anschließenden Ruhetag ein, wenn du diese Übung trainierst.

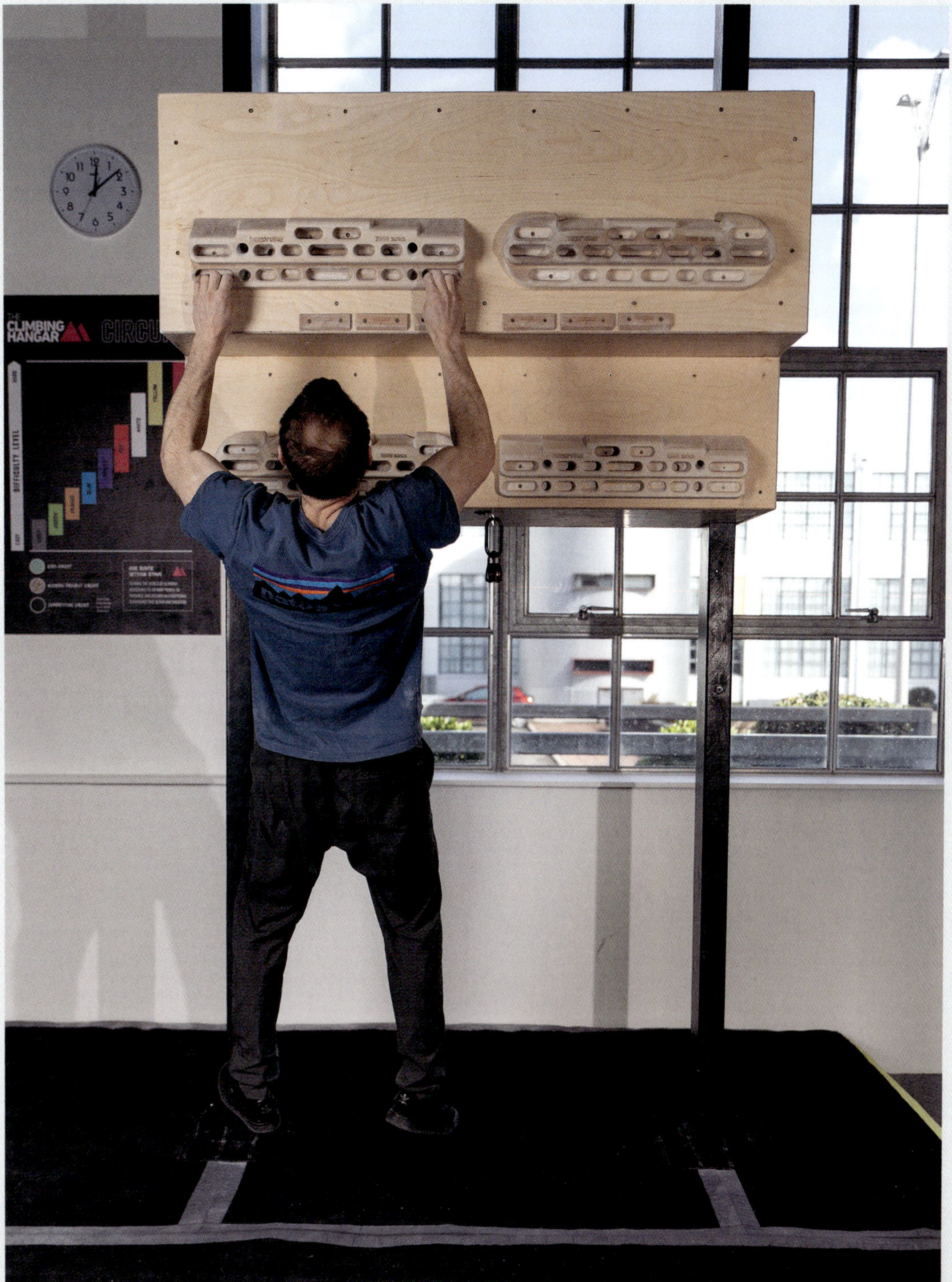

Der Autor in der Kletterhalle »The Climbing Hangar«, The Matchworks, Liverpool/England.

18

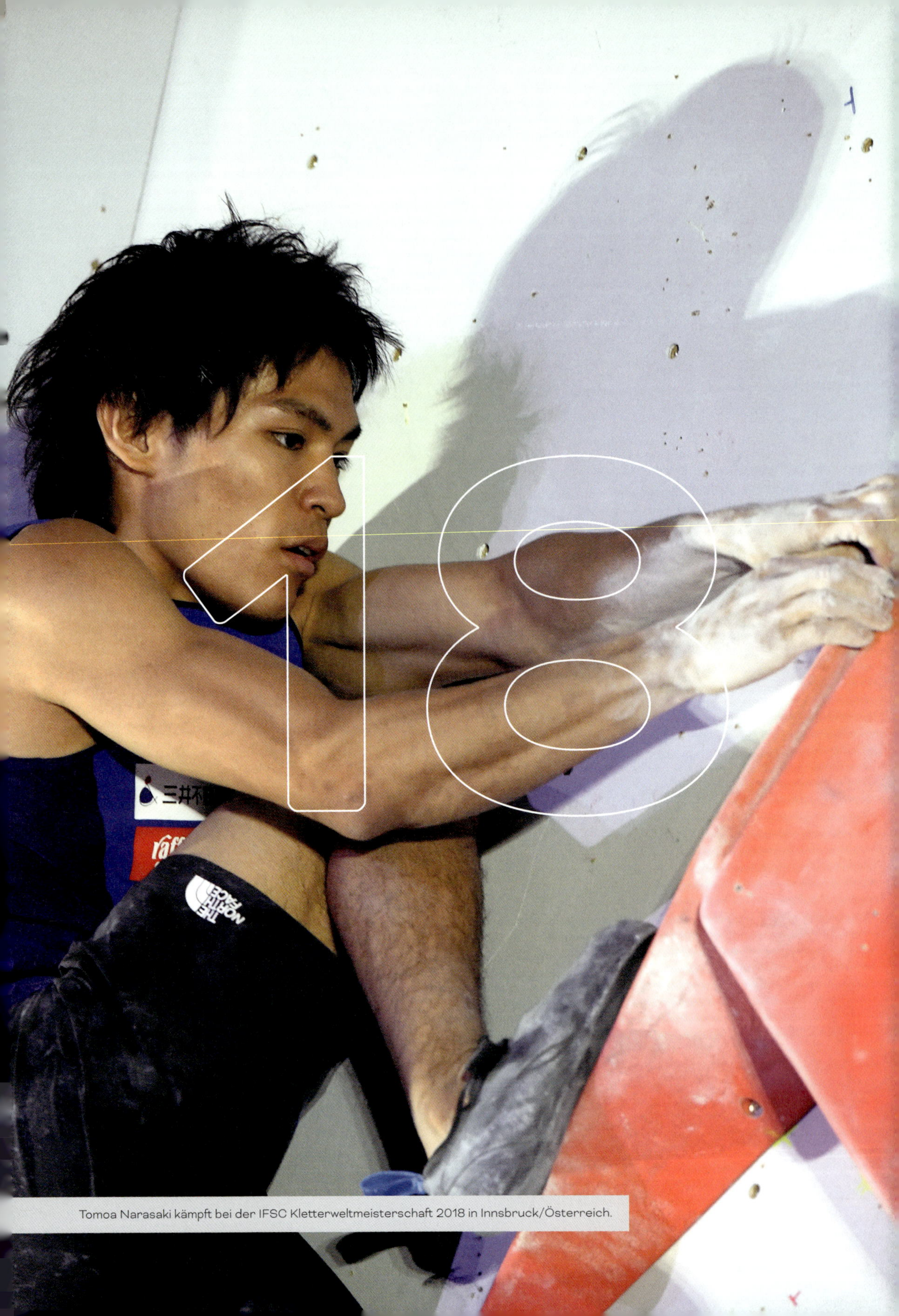

Tomoa Narasaki kämpft bei der IFSC Kletterweltmeisterschaft 2018 in Innsbruck/Österreich.

PROFITIPPS

ALEX PUCCIO

Alex ist eine der stärksten Kletterinnen auf diesem Planeten und hat mit die beste Zangenkraft, die ich je gesehen habe. Sie hat 14 Boulderweltcupmedaillen gewonnen und mehrere Boulderprobleme der Kategorie 8b+ geklettert. Seit sie ihren Fokus ausschließlich auf das Felsklettern verlagert hat, konnte sie eine riesige Liste harter, gewaltiger Boulderprobleme in aller Welt abhaken, einschließlich *New Base Line* im Magic Wood und *Jade* im Rocky Mountain National Park.

Was ist dein Fünf-Sekunden-Maximum beim einarmigen Hängen am Beastmaker 2000, mittlere Leiste? (Wie viel Gewicht kannst du anhängen und fünf Sekunden lang damit hängen?)
Ich habe das gar nicht wirklich trainiert, aber ein paarmal versucht. Beim letzten Versuch habe ich 57,6 Kilogramm gewogen und war in Großbritannien. Robin [O'Leary] wollte sehen, was ich halten kann, also hat er mich quasi getestet, aber ich habe mich zwischen den Tests mit den verschiedenen Gewichten nicht viel ausgeruht und es war am Ende einer Einheit. Er hat mich mit etwa 5 Kilogramm anfangen lassen und hat einfach immer weiter das Gewicht erhöht. Mit 27 Kilogramm habe ich ziemlich locker knapp über fünf Sekunden gehangen, also hat er es mich mit 29 Kilogramm versuchen lassen und damit habe ich um die vier Sekunden gehangen. Seitdem habe ich es nicht mehr versucht.

Wie lange kannst du dich an den Beastmaker 6-Millimeter-Micros halten (mit zwei Armen!)?
Ich habe tatsächlich noch nie versucht, mich an denen oder an anderen Größen so lange zu halten, wie ich kann. Ich führe stattdessen Klimmzüge an diesen aus oder ein Training mit Wiederholungen. Bei den Klimmzügen mache ich normalerweise etwa fünf bis acht Klimmzüge an den 6-Millimeter-Leisten, lege anschließend eine Pause ein, und dann mache ich das Ganze noch drei- oder viermal.

Wie viele einarmige Klimmzüge schaffst du maximal?
Sechs an einem Henkel, zwei an der 10-Millimeter-Leiste. Mein bester sauberer einarmiger Klimmzug mit Zusatzgewicht ist mit +11 Kilogramm.

Welche Übung machst du für Fingerkraft am liebsten?
Ehrlich gesagt habe ich nie wirklich eine Trainingsphase für Fingerkraft eingelegt. Wenn ich fitter und stärker werde und sehr viel am Felsen klettere, kann ich normalerweise alles austesten und sehen, dass ich da gewaltige Steigerungen habe. Das ist vielleicht nicht gerade die Antwort, die du haben wolltest, aber meine Finger macht es am stärksten, wenn ich die ganze Zeit am Felsen klettere.

Welchen Fehler machen die Leute beim Training am häufigsten?
Da ich viele Leute mit unterschiedlichen Fähigkeitsstufen coache, habe ich bemerkt, dass die Menschen zu schnell stärker oder besser werden wollen und nicht realisieren, dass man mit allem tatsächlich Geduld haben muss. Ein großes Thema ist auch, dass viele Kletterer ihren Schwächen tatsächlich ausweichen. Ich sehe viele Leute, die nicht die einfacheren Schwierigkeitsgrade klettern wollen, die sich für sie hart anfühlen, sondern sich lieber mit den härter bewerteten Klettereien befassen, die sie schon schaffen. Auf diese Weise kann man kein vielseitiger Kletterer werden!

Was rätst du Kletterern, die besser werden wollen?
Der schwierigste Teil ist immer anzufangen! Wenn man einen neuen Trainingsplan mit Übungen anfängt, die man nicht unbedingt mag oder machen möchte (für mich ist das Cardiotraining), muss man einfach loslegen. Sobald man angefangen hat und der Ball ins Rollen gekommen ist und man eine Routine entwickelt hat, wird man anders darüber denken und ist zunehmend begeisterter bei der Sache und die Ziele rücken immer näher!

Es ist kein Sprint, es ist eher ein lebenslanger Marathon. Du wirst immer weiterlernen und verschiedene Bereiche deines Kletterns verbessern wollen. Sobald du ein Ziel erreicht hast, wirst du dir schnell ein anderes setzen und dich anstrengen, es zu erreichen! Außerdem solltest du dein Ego überwinden, wenn du dich verbessern willst! Ich sage immer: »Wenn du zum Training kommst, lass dein Ego vor der Eingangstür stehen; du kannst es wieder mitnehmen, wenn du gehst. Hier drinnen ist dafür kein Platz, wenn du dich verbessern willst!«

Du musst an deinen Schwächen arbeiten, um besser zu werden, also arbeite ich mit der 70/30-Regel: Wenn du dich schneller verbessern willst, musst du beim Training 70 Prozent der Zeit an deinen Schwächen arbeiten und 30 Prozent der Zeit an deinen Stärken.

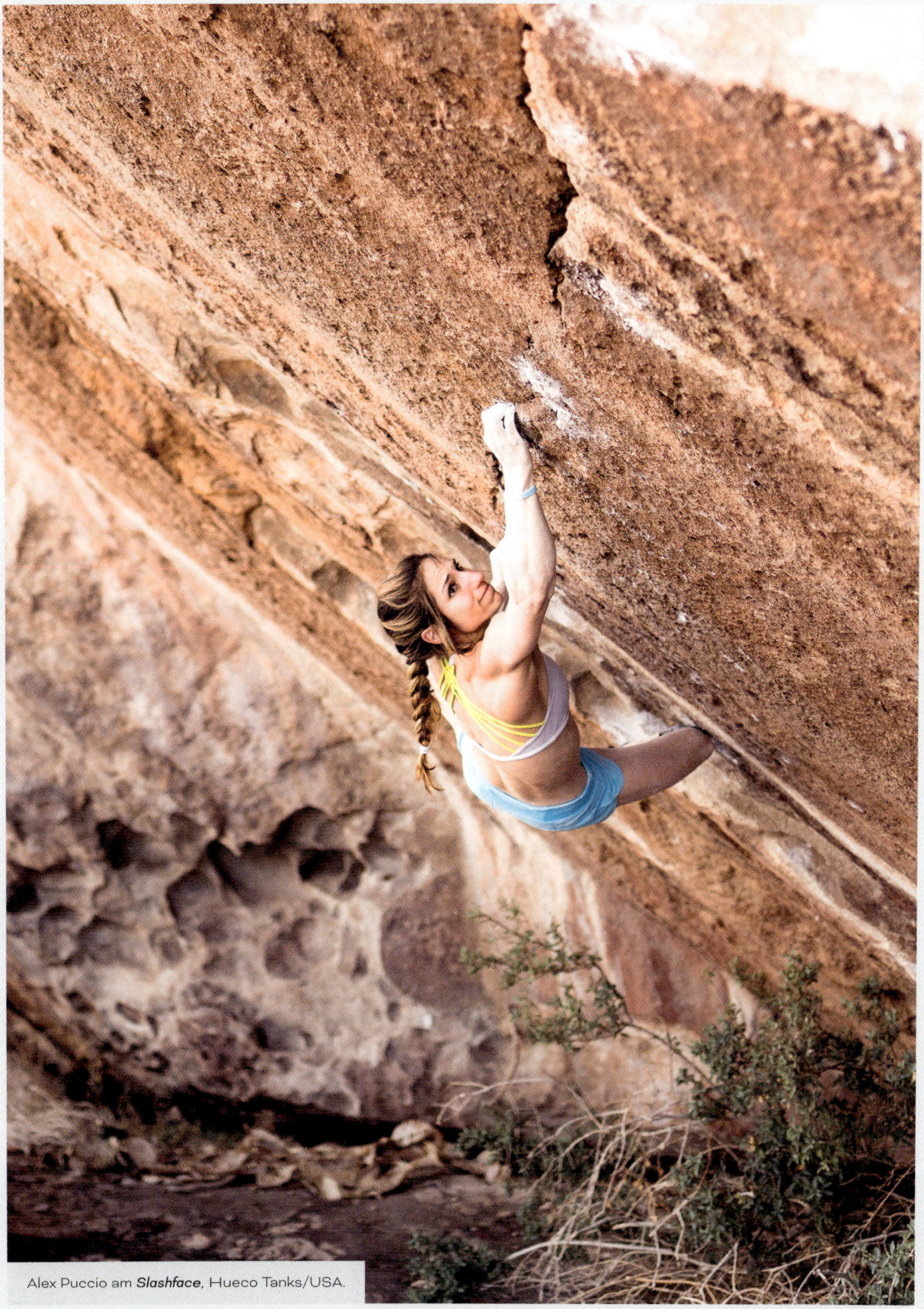

Alex Puccio am ***Slashface***, Hueco Tanks/USA.

ADAM ONDRA

Adam Ondra muss ich nicht wirklich vorstellen. Er ist der beste Kletterer, der je gelebt hat. Er hat die härtesten Sportkletterrouten der Welt im Rotpunktstil bewältigt, jede Menge der härtesten Boulderprobleme geklettert (manche davon sogar geflasht!), mehr WM-Medaillen gewonnen, als ich aufzählen kann, und eine schnelle Begehung der *Dawn Wall* hingelegt, der härtesten Big Wall der Welt. Adam liebt am Klettern absolut alles und lässt nichts unversucht, wenn es darum geht, für seine Ziele zu trainieren und sich darauf vorzubereiten. Jeder sollte etwas mehr wie Adam sein!

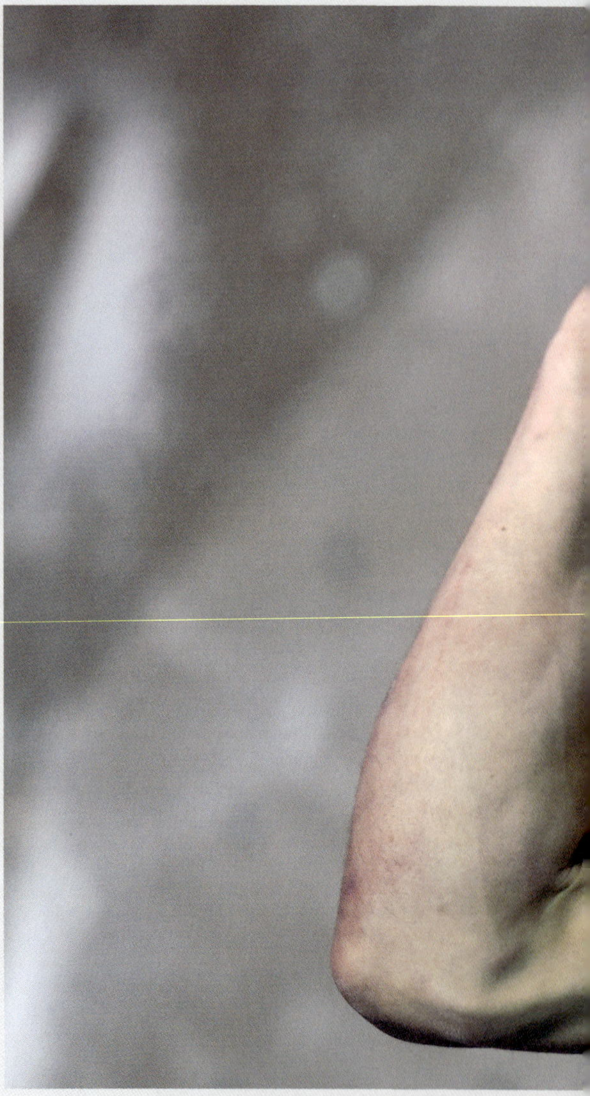

Was ist deine maximale Anzahl an einarmigen Klimmzügen?
Ich habe einmal 16 dynamische einarmige Klimmzüge an der Klimmzugstange (mit Tape) gemacht. Statisch schaffe ich gerade mal einen.

Welche Übung machst du für Fingerkraft am liebsten?
Für mich wäre das einfach altmodisches Bouldering an einer Spray Wall mit schmalen Leisten und mit einer starken Truppe, wie Martin Stráník oder Rishat Khaibullin (der verdammt stark beim Crimpen ist). Ansonsten ist die abgeschrägte 1-Zentimeter-Campusleiste von Beastmaker einfach unglaublich. Bei längeren Zügen kannst du nicht aufgestellt greifen – die Kante ist so abgerundet, dass es unmöglich ist, einfach nur mit der Haut zu hängen, also muss man wirklich die Fingerkraft nutzen, um sich festzuhalten.

Welchen Fehler machen die Leute beim Training am häufigsten?
In Bezug auf das Campussen oder Training am Fingerboard glaube ich, dass die Pausen nicht lang genug sind, wenn die Leute ihre Kraft trainieren wollen. Und so arbeiten sie letztendlich mehr an der Kurzzeitkraftausdauer. Reines Krafttraining ist wirklich ziemlich langweilig: Du solltest dich nicht kaputt fühlen, die Übung sollte kurz sein und eine mindestens dreiminütige Pause folgen. Sicher kann das Campusboard oder Fingerboard ein Tool zum Kraftausdauertraining sein (und so nutze ich es auch), aber die meisten Menschen halten es überwiegend für ein Gerät zur Kraftsteigerung und trainieren entsprechend daran.

Dann glaube ich außerdem, dass häufig unterschätzt wird, wie wichtig das Klettern selbst ist. Es hilft zwar, stark zu sein, aber es ist besser, ein guter Kletterer zu sein – und das ultimative Ziel ist, ein guter und starker Kletterer zu sein. Aber es ist besser, zuerst ein guter Kletterer zu werden und den Schwerpunkt erst später darauf zu legen, stärker zu werden. Außerdem kann man auch nur durch das Klettern stärker werden. Campusboards und Fingerboards sind tolle und effiziente Tools, aber sie sind eher eine Ergänzung zum Training und nicht der Kern.

Was rätst du Kletterern, die besser werden wollen?
Das hängt sehr davon ab, worauf man sich konzentrieren will. Wer im Sportklettern draußen im Gelände

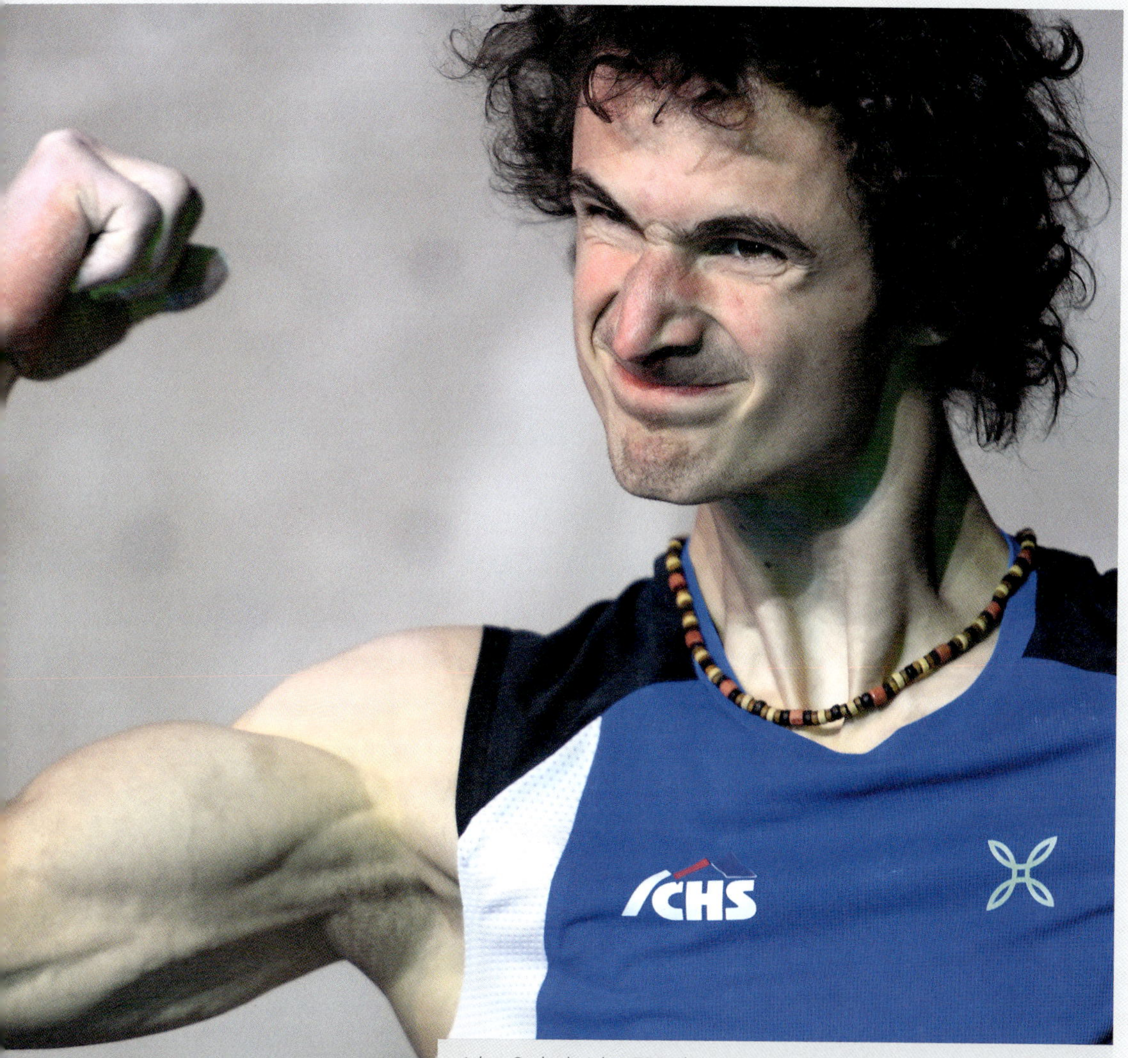

Adam Ondra bei der IFSC Kletterweltmeisterschaft 2019 in Meiringen/Schweiz.

besser werden will, dem hilft es offensichtlich nicht so sehr, schwere Triple-Dynos zu trainieren. Ich würde mit etwas anfangen, das für jeden hilfreich sein kann – für Wettkampfboulderer, Outdoorboulderer oder Sportkletterer drinnen wie draußen. Und das ist Training durch Bouldern an einer Spray Wall. Das ist die natürlichste Art und Weise, um stärker zu werden und gleichzeitig noch an der Technik zu arbeiten.

Die Kraft, die man für harte Züge an der Spray Wall braucht, ist für Sportkletterer entscheidend, denn je souveräner du bei härteren Zügen bist, umso geringer ist der Pump. Auch für das Wettkampfbouldern ist Kraft entscheidend – bei Triple-Dynos hilft sie ebenfalls, dass man sich an kleinen Teilen festhalten kann –, und manchmal sind auch harte oldschool Boulderprobleme dabei. Und beim Outdoor-Bouldern ist es ziemlich offensichtlich.

Am wichtigsten ist aber, dass man es einfach lieben muss. Mache es nicht für das Ziel – mache es, weil du das Klettern und Trainieren absolut und über alles liebst. Habe Freude am Prozess und der Erfolg wird kommen.

JERRY MOFFATT

In den gesamten 1980er- und 1990er-Jahren war Jerry Moffatt einer der besten Kletterer der Welt. Er war der erste Kletterer, der sich wirklich für das Training begeistern konnte und es sich zu eigen machte – zunächst draußen an Kalksteinfelsen im englischen Peak District, dann drinnen in einigen der allerersten Trainingseinrichtungen ihrer Art. Mitte der 1980er baute Jerry in seinem Keller das erste Board. Bald darauf eröffnete er die unter dem Namen »Foundry« weltberühmte Kletterwand in Sheffield. Er hat einige Erstbegehungen mit dem größten Kultfaktor weltweit gemeistert, darunter *The Ace* (Fb 8b), *Dominator* (8b) und *Liquid Ambar* (8c+).

Wie viele einarmige Klimmzüge schaffst du maximal?
Ich habe nie viele einarmige Klimmzüge geschafft, wahrscheinlich sind es zwei. An einer 10-Millimeter-Leiste könnte ich ziemlich bequem einen einarmigen Klimmzug schaffen und an kleinen Campusleisten einarmig blockieren an den Leisten 1-5-8.

Welche Übung machst du für Fingerkraft am liebsten?
Um an meinen Fingern zu arbeiten, würde ich größere Fußtritte nutzen, eine weniger steile Neigung (knapp über vertikal) und kleine Crimps – die Art von Handgriffen, bei denen man richtig mit den Fingern und Händen arbeiten muss, um die Position einfach nur halten zu können.

Welchen Fehler machen die Leute beim Training am häufigsten?
Der in meinen Augen am häufigsten vorkommende Fehler – und da bin ich nicht besser als alle anderen – ist Übertraining.

Erholung und Regeneration sind entscheidend, um Kraft aufzubauen. Man muss mit Verbesserungen Geduld haben, nichts geht wie auf einer Skala gerade nach oben – du musst auf die Einbrüche vorbereitet sein.

Was rätst du Kletterern, die besser werden wollen?
Habe ein Ziel und schreibe es auf. Mache Aufzeichnungen über dein Training. Verletzungen zu vermeiden ist entscheidend – ich würde mich deshalb immer aufwärmen und dehnen. Ich weiß, dass das heftig ist, aber ich würde immer zur gleichen Zeit schlafen gehen und aufstehen, denn der Körper liebt Routine. Ernähre dich gut – ein Formel-1-Wagen tankt auch nur den besten Kraftstoff. Die Fingerkraft ist wichtig, weil deine Finger die Verbindung zum Felsen sind, also solltest du daran arbeiten. Ich würde mich mehr auf Kraft als auf Ausdauer konzentrieren, denn wenn sich deine Kraft steigert, erhöht sich auch deine Ausdauer – aber andersrum funktioniert es nicht. Kraftaufbau ist zwar hart, aber sobald du die Kraft hast, kannst du sie länger halten. Arbeite an deinen Schwächen. Bilde dich in allem weiter, was mit dem Klettern zu tun hat, und finde einen richtig guten Trainer. Und achte schließlich immer aufmerksam darauf, wie du dein Training in das umwandeln kannst, was du erreichen möchtest.

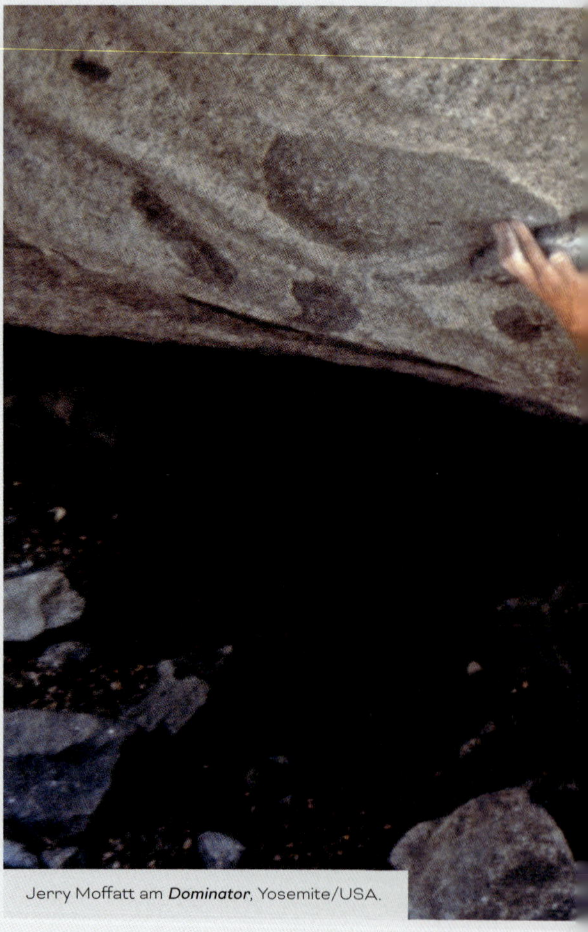

Jerry Moffatt am ***Dominator***, Yosemite/USA.

Welche Unterschiede gibt es zwischen den Elitekletterern heute und den Elitekletterern deiner Generation?
Die Elitekletterer von heute haben unglaubliche Trainingseinrichtungen und es ist mittlerweile viel einfacher, nachzuforschen und herauszufinden, was andere Menschen so tun. Mental ist es heute dasselbe wie für mich damals, denke ich – du versuchst einfach so hart wie möglich so gut zu klettern wie du kannst. Ich war völlig besessen, was man auch sein muss, um bei den meisten Dingen einen hohen Standard zu erreichen.

Du warst der beste Kletterer der Welt: Wenn du dich zu deiner Hochzeit betrachtest – wie glaubst du würdest du im Vergleich mit den heutigen Elitekletterern abschneiden?
Es haut mich völlig aus den Socken, wie gut die Topkletterer heutzutage sind. Für mich ist es undenkbar, mir vorzustellen, was die Leute alles onsight und rotpunkt klettern. Ich hatte das Glück, mir ansehen zu können, wie ein paar richtig harte Brocken von Alex Megos und Adam Ondra rotpunkt geklettert wurden – da zuzuschauen war unglaublich fesselnd.

In meiner Laufbahn hatte ich das große Glück, dass alles noch sehr amateurhaft war, als ich angefangen habe; und als ich Schluss gemacht habe, gab es Wettkämpfe und du konntest gut davon leben, um die Welt zu reisen und einfach nur klettern zu gehen. Das war die Erfüllung meiner Träume. Wie ich im Vergleich zu heute abschneiden würde? Ich denke, ich wäre gut, aber nicht der Beste.

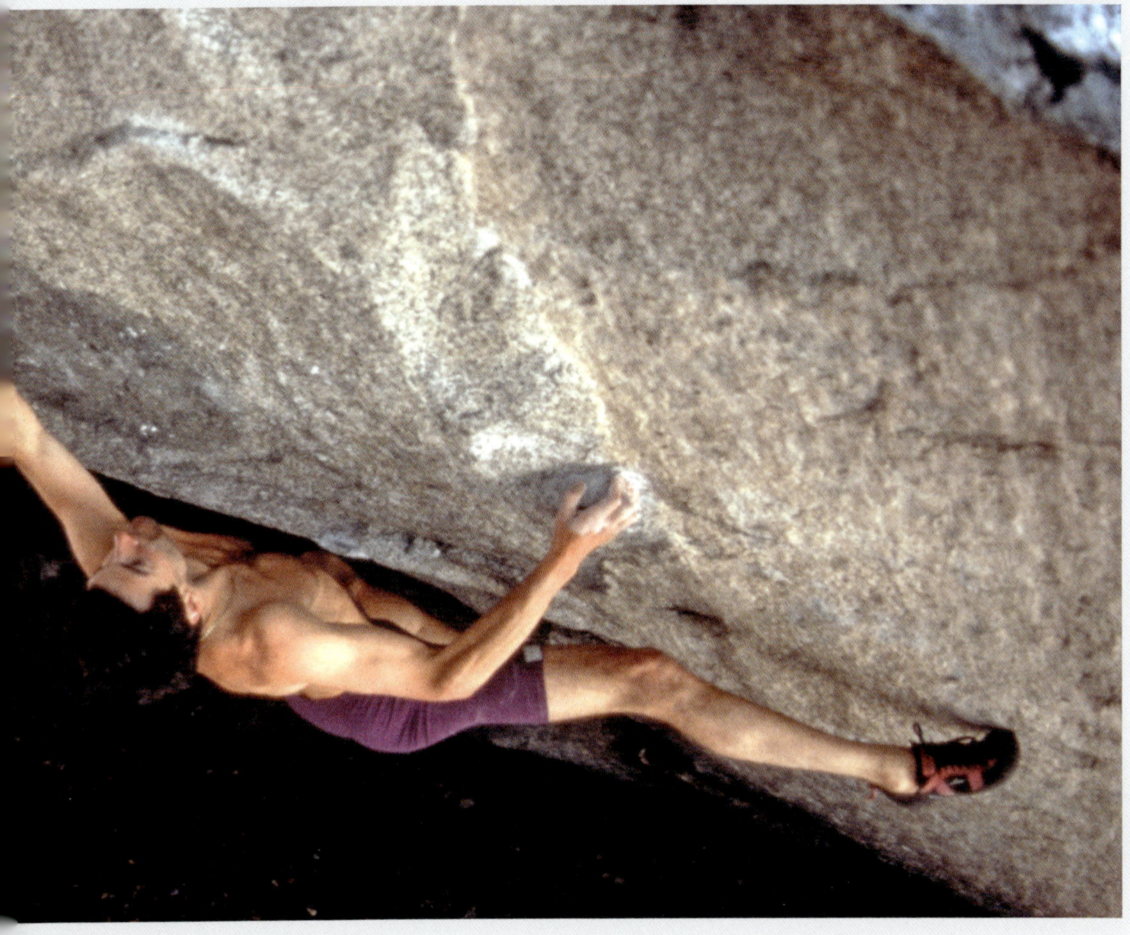

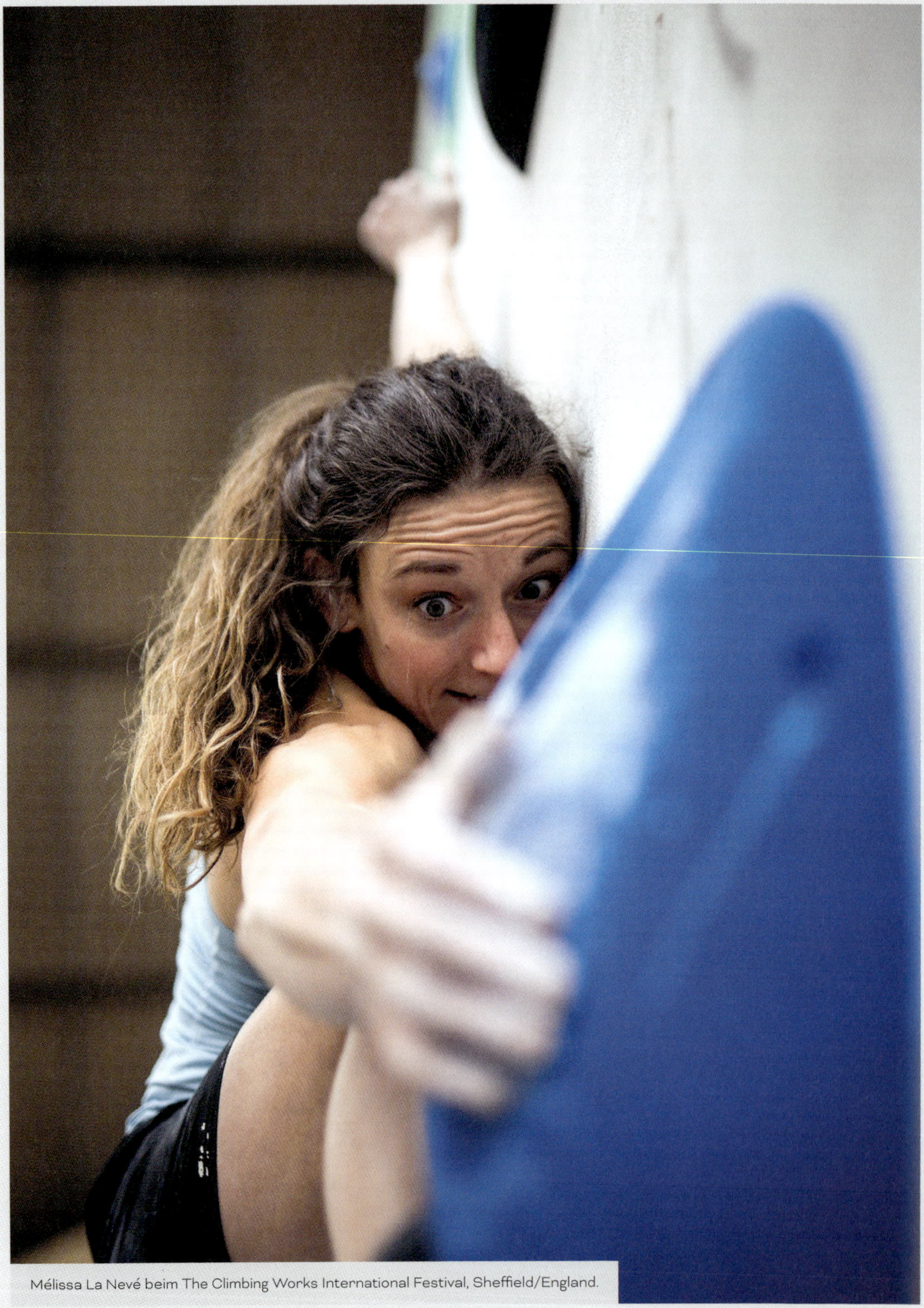

Mélissa La Nevé beim The Climbing Works International Festival, Sheffield/England.

MÉLISSA LA NEVÉ

Nach einer erfolgreichen Wettkampflaufbahn, die ihr zehn WM-Medaillen im Bouldern einbrachte, hat sich Mélissa mit derselben Hartnäckigkeit, die wir in Wettkämpfen so gern bei ihr gesehen haben, dem Felsklettern zugewandt. Sie scheint sich Mühe zu geben, sich besonders harte Herausforderungen herauszusuchen, und gibt sich nicht mit dem ab, was sie leicht erreichen kann. 2020 war sie die erste Frau, die die *Action Directe* im Frankenjura geklettert ist – eine unglaubliche Begehung, denn der erste Zug ist ein gewaltiger Dyno von einem Einfingerloch aus, der berüchtigt dafür ist, für kleiner geratene Menschen sehr schwierig zu sein. In Fontainebleau hat sie auch 8b+ gebouldert und *Mécanique Élémentaire* geklettert, ein horizontales Dach mit riesigen Zügen zwischen den Löchern.

Was ist dein Fünf-Sekunden-Maximum beim einarmigen Hängen am Beastmaker 2000, mittlere Leiste? (Wie viel Gewicht kannst du anhängen und fünf Sekunden lang damit hängen?)
Einarmig hänge ich überwiegend an der kleinen Leiste (die äußeren Griffe beim Beastmaker 2000) mit zwei bis vier Kilogramm Zusatzgewicht, was von meiner Fitness abhängt. Ich habe noch nicht wirklich versucht, an der mittleren Leiste ein Zusatzgewicht zu verwenden, aber ich glaube, im Vergleich könnte ich wahrscheinlich etwa acht bis zehn Kilogramm anhängen.

Wie viele einarmige Klimmzüge schaffst du maximal?
Zweieinhalb!

Welche Übung machst du für Fingerkraft am liebsten?
In letzter Zeit habe ich viel damit gespielt, aus fünf Zügen bestehende Probleme zu entwerfen, bei denen ich nur die ersten zwei Finger verwende und die Griffe zwei Sekunden halte, bevor ich weitermache.

Welchen Fehler machen die Leute beim Training am häufigsten?
Sie haben keinen richtigen Plan, was sie tun sollten und warum sie es tun sollten. Ich sehe viele Leute, die sich an ihrem härtesten Hang versuchen, ohne dass sie sich aufgewärmt haben oder bevor sie lange Hangs gemacht haben, um die Finger vorzubereiten.

Was rätst du Kletterern, die besser werden wollen?
Lege ein Ziel fest, das du erreichen willst, und entwirf einen Trainingsplan, der dir beim Erreichen des Ziels hilft. Schritt für Schritt, achte auf deine Finger und maximiere deine Fähigkeiten. Fange mit langem Hängen an und dann kannst du damit beginnen, spezifischer zu trainieren.

TOMOA NARASAKI

Tomoa ist einer der besten Wettkampfkletterer, die es da draußen gerade gibt. Er hat dreimal den Gesamtsieg der Boulderweltmeisterschaft geholt und 20 Medaillen bei Boulder- und Leadwettkämpfen der WM gewonnen. Bei einer der scheinbar wenigen Gelegenheiten, bei denen er draußen klettert, hat er sogar Fb 8b+ geflasht (*Decided*, Mizugaki/Japan)! Bei Tomoa sieht das Klettern völlig mühelos aus. Er ist für seinen dynamischen Stil bekannt, bei dem er mehr Zeit zwischen den Griffen als wirklich an ihnen verbringt, und er scheint dazu in der Lage zu sein, aus den unmöglichsten Positionen heraus- und in sie hineinzuspringen.

Welche Übung machst du für Fingerkraft am liebsten?
Einfach *kachi*-Probleme klettern (japanisch für Crimp) und mich darauf konzentrieren, den Körper zu stabilisieren.

Welchen Fehler machen die Leute beim Training am häufigsten?
Sie versuchen, eine spezifische Fähigkeit zu stärken oder einen Körperteil zu trainieren, und finden dann heraus, dass dadurch das gesamte Gleichgewicht des Körpers gestört ist.

Was rätst du Kletterern, die besser werden wollen?
Es ist wichtig, sich auf das bevorstehende Ziel zu konzentrieren. Gelegentlich solltest du innehalten und dich entspannen, um die Umstände insgesamt und deinen körperlichen Zustand zu betrachten; und dann das Training entsprechend anpassen. Achte darauf, dass du immer in die richtige Richtung gehst, um stärker zu werden.

ALEX MEGOS

Alex ist einer der stärksten Kletterer, die es auf der Welt gibt. Er ist der erste Mensch, der Fb 9a (*Estado Critico*, Siurana/Spanien) onsight geklettert ist, und der zweite Mensch, der jemals eine 9c-Route bewältigt hat (*Bibliographie*, Céüse/Frankreich). Das sowie seine WM-Goldmedaillen und mehrere bewältigte Boulderprobleme der Schwierigkeit 8c machen ihn zu einem der besten Kletterer, die es je gegeben hat. Ich hatte das Glück, ein wenig mit Alex klettern und trainieren zu können, und es fällt mir immer wieder auf, dass seine Energie und Beharrlichkeit weit über alles hinausgehen, was ich je gesehen habe. Er liebt das Training total und das Wort aufgeben kennt er einfach nicht!

Was ist dein Fünf-Sekunden-Maximum beim einarmigen Hängen am Beastmaker 2000, mittlere Leiste? (Wie viel Gewicht kannst du anhängen und fünf Sekunden lang damit hängen?)
Ich konnte einmal mit 25 Kilogramm Zusatzgewicht an der mittleren Leiste des Beastmaker hängen. Mit 30 Kilogramm habe ich es drei Sekunden geschafft, aber keine fünf.

Wie lange kannst du dich an den Beastmaker 6-Millimeter-Micros halten (mit zwei Armen!)?
So lange, wie es sein muss ;-). Ich habe es noch nie wirklich versucht, aber ich denke, dass eine Minute kein Problem sein sollte, und dann sind die Fingerspitzen wahrscheinlich durch ...

Wie viele einarmige Klimmzüge schaffst du maximal?
Ich glaube, ich könnte nicht mehr als fünf pro Arm machen.

Welche Übung machst du für Fingerkraft am liebsten?
Meine beiden Lieblingsübungen am Fingerboard sind einarmiges maximales Hängen mit Zusatzgewicht und die 7:3-Repeater für Kraftausdauer an der mittleren Leiste des Beastmaker. Ich mache normalerweise viermal 7:3, dann zwei Minuten Pause und sechs Sätze insgesamt.

Welchen Fehler machen die Leute beim Training am häufigsten?
Ich denke, der häufigste Fehler beim Training ist, dass die Leute ihre Stärken trainieren und ihre Schwächen vernachlässigen. Leute, die kräftig sind, trainieren Kraft, und Leute, die technisch gut sind, klettern nur an vertikalen Wänden. Es ist hart, etwas zu trainieren, in dem du nicht gut bist, aber genau das macht dich langfristig zu einem besseren Kletterer.

Was rätst du Kletterern, die besser werden wollen?
Geht klettern! Die ersten fünf Jahre oder so solltet ihr keinen Gedanken an spezifisches Training verschwenden. Spezifisches Training ist der letzte Teil auf dem Weg, stark zu werden. Zuerst muss man die Grundlage schaffen – und das bedeutet für die meisten Menschen, viel zu klettern.

Außerdem ist mehr zwar immer besser, aber zu viel ist überhaupt nicht gut. Am Campusboard zu trainieren, zählt nicht als Antagonistentraining, und am Fingerboard zu üben, ist kein Ruhetag.

Holz ist besser als Kunstharz, aber beides sollte gebürstet werden.

Hobbybodybuilding und exzessives Gewichtheben sind für Verbesserungen beim Klettern außerdem nicht unbedingt förderlich.

Carrots for power.

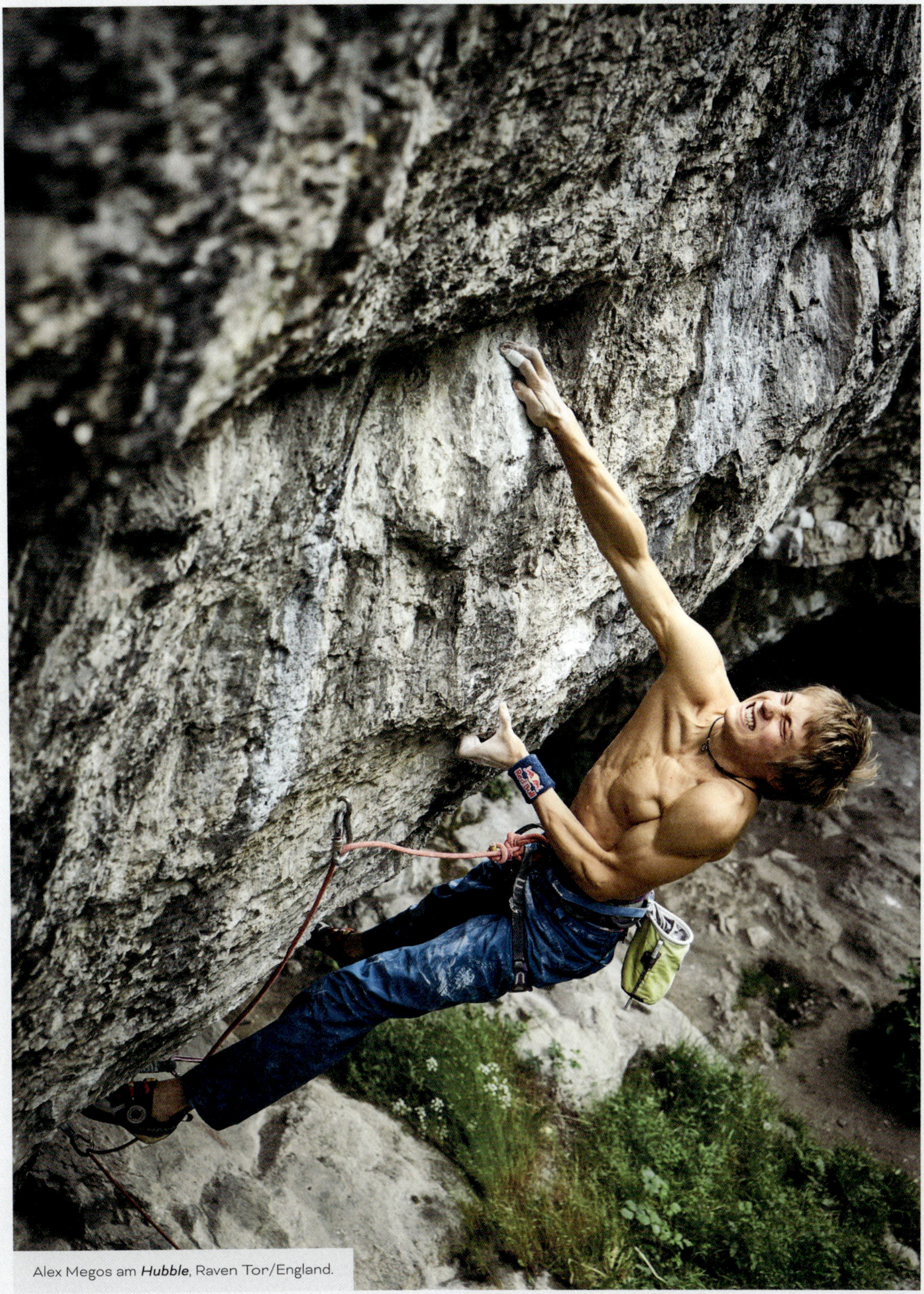

Alex Megos am ***Hubble***, Raven Tor/England.

ALEX HONNOLD

Alex ist weltberühmt für seine heldenhaften Free-Solo-Begehungen und war der erste Mensch, der *El Capitan* free solo bezwungen hat, als er 2017 *Freerider* kletterte. Mittlerweile ist Alex' Name ein Begriff. Er hat das Klettern in der Öffentlichkeit bekannt gemacht und dabei geholfen, es cool werden zu lassen! Alex ist so verwegen, wie man es als Mensch nur sein kann, aber er ist auch kein Feigling, wenn es darum geht, sich auf ein anderes Level zu begeben – immerhin ist er 9a (*Arrested Development*, Mount Charleston/USA) geklettert!

Was ist dein Fünf-Sekunden-Maximum beim einarmigen Hängen am Beastmaker 2000, mittlere Leiste? (Wie viel Gewicht kannst du anhängen und fünf Sekunden lang damit hängen?)
Ich war nie dazu in der Lage, an einer Hand zu hängen. Ich weiß nicht genau wieso, weil ich mein Bestes gebe. Aber ich bin nie wirklich weitergekommen als mein Körpergewicht minus zehn Prozent oder so.

Wie lange kannst du dich an den Beastmaker 6-Millimeter-Micros halten (mit zwei Armen!)?
Ich bin nicht sicher, ob ich sie je mit Gewicht belastet habe. Manchmal berühre ich sie spaßeshalber. Es fühlt sich an, als würde ich an einem Frühstücksmesser hängen ... Ich glaube ernsthaft, sie würden meine Fingerspitzen glatt durchtrennen.

Wie viele einarmige Klimmzüge schaffst du maximal?
Im ganzen Leben vielleicht zweieinhalb?! Aber im Allgemeinen schaffe ich wohl einen, aber nicht so gut.

Welche Übung machst du für Fingerkraft am liebsten?
Ich denke, meine Lieblingsübung für die Finger sind Max Hangs mit Zusatzgewicht, wobei für mich offensichtlich noch jede Menge Training derselben hilfreich sein könnte ... Aber in meinem Van mache ich normalerweise tatsächlich nur die vorgegebenen Wiederholungsworkouts von Beastmaker, einfach deshalb, weil ich kein Zusatzgewicht anhängen kann und sie einfach durchzuführen sind. (Einfach, weil man sie als Protokoll einfach befolgen kann, aber für mich sind sie tatsächlich unglaublich harte Arbeit.)

Welchen Fehler machen die Leute beim Training am häufigsten?
Ich denke, dass der häufigste Trainingsfehler vielleicht ist, keinen Plan zu haben. Ich habe jahrelang trainiert, was einfach bedeutete, viel klettern zu gehen und mich wirklich auszupowern. Aber es gab dabei keine Steigerung und ich hatte keinen Plan – das ist definitiv nicht die beste Methode, um besser zu werden.

Was rätst du Kletterern, die besser werden wollen?
Das hängt von ihrem Niveau ab. Anfänger bis fortgeschrittene Kletterer profitieren meiner Meinung nach wahrscheinlich am meisten davon, einfach nur viel in

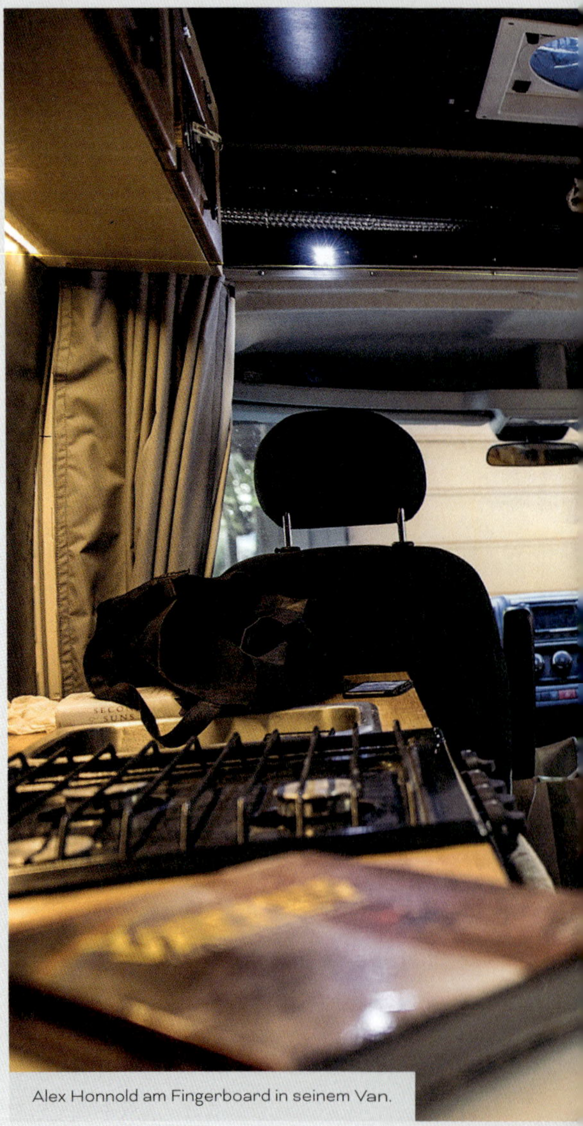

Alex Honnold am Fingerboard in seinem Van.

unterschiedlichen Stilen zu klettern. Für Könner/Elitekletterer wird es viel komplizierter, auf eine effektive Art und Weise zu trainieren, denke ich. Ich glaube, dass es für sie zu einer größeren Herausforderung wird, Klettereien zu finden, an denen sie sich angemessen ausprobieren können. Man stelle sich mal vor, jemand wie Alex Megos oder Adam Ondra würde zu trainieren versuchen, indem er nur draußen klettern geht – für die gibt es in der ganzen Welt nur wenige Routen, die überhaupt eine Herausforderung für sie darstellen!

Ich wünschte, ich hätte schon in viel jüngeren Jahren systematischer mit dem Fingerboard und dem Training angefangen. Aber leider bin ich in einer Zeit aufgewachsen, in der es so etwas noch nicht wirklich gab (oder zumindest nicht in meiner lässigen Vorstadtkletterhalle).

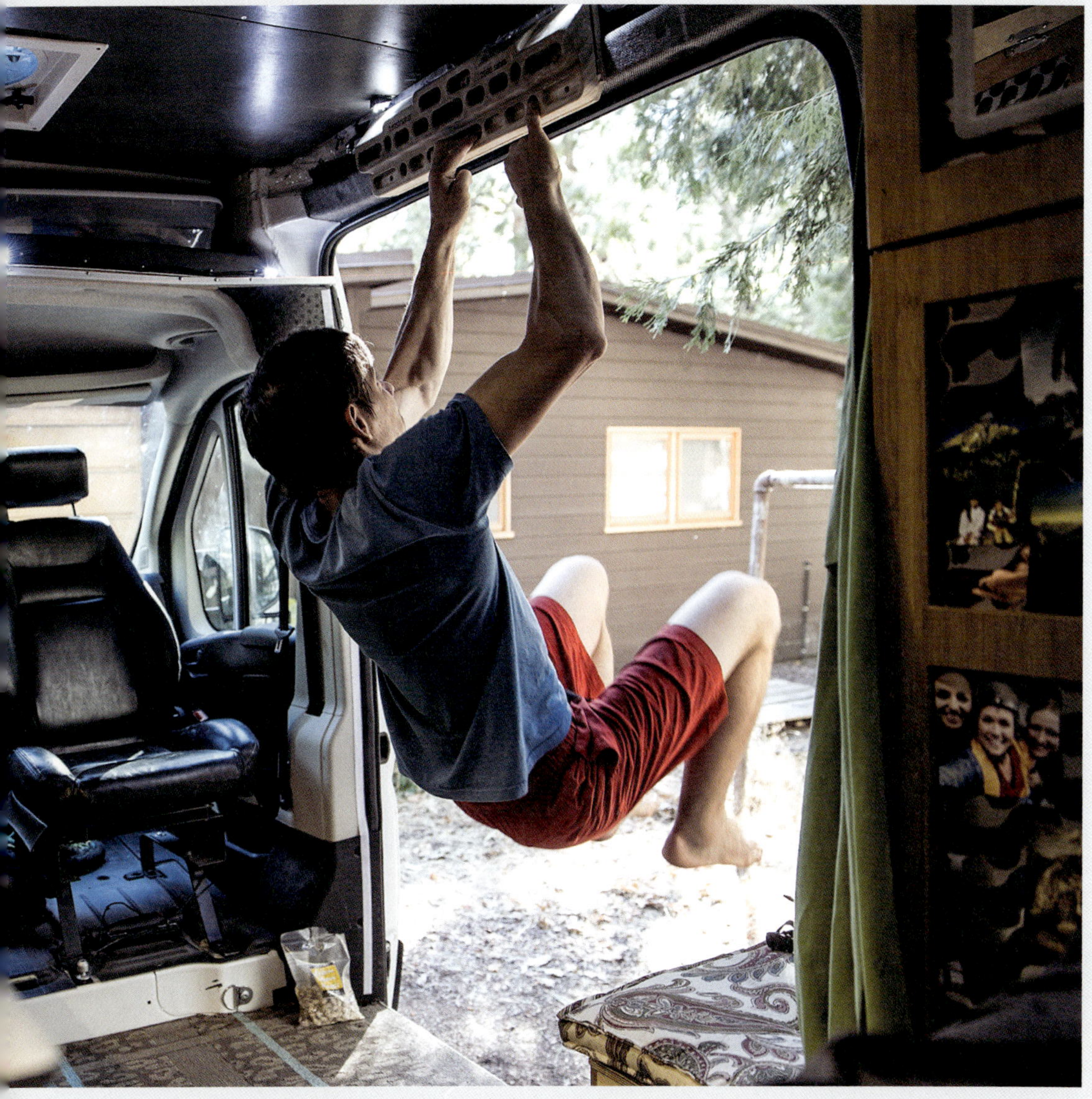

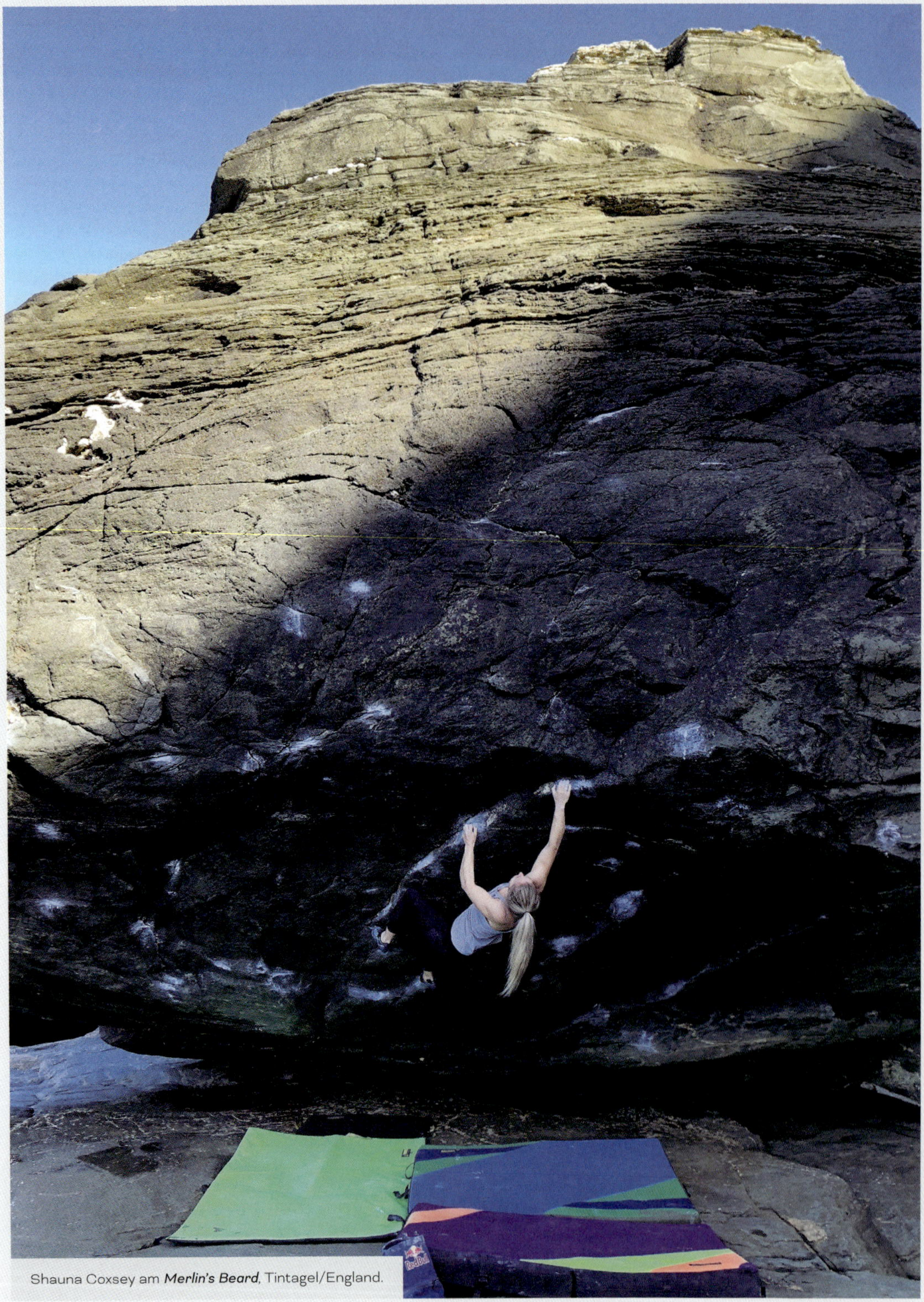

Shauna Coxsey am ***Merlin's Beard***, Tintagel/England.

SHAUNA COXSEY

Meine Frau! Shauna ist bekannt für ihre Wettkampferfolge: elf WM-Goldmedaillen, zwei WM-Gesamtsiege, und sie ist eine der ersten Kletterinnen, die sich für die erste Teilnahme unseres Sports an den Olympischen Spielen qualifiziert hat. Aber auch unter freiem Himmel ist sie absolute Weltklasse. Mit ihrer Begehung von *New Base Line* 2014 im Magic Wood wurde sie die erst dritte Frau weltweit, die 8b+ geklettert ist, und sie hat auf unseren Reisen jede Menge andere harte Brocken geklettert. Und natürlich bin ich stolzer auf sie, als ich es jemals in Worte fassen könnte – auch wenn sie zur Fraktion der Sitzpinkler gehört …

Was ist dein Fünf-Sekunden-Maximum beim einarmigen Hängen am Beastmaker 2000, mittlere Leiste? (Wie viel Gewicht kannst du anhängen und fünf Sekunden lang damit hängen?)
Ich glaube, mein Maximum lag bei um die 15 Kilogramm. Was mich momentan schon fast umhaut, weil allein mit dem eigenen Körpergewicht zu hängen sich derzeit hart genug anfühlt.

Wie lange kannst du dich an den Beastmaker 6-Millimeter-Micros halten (mit zwei Armen!)?
Ich habe keine Ahnung. Ich mag es nicht so gern, wenn es ungemütlich wird – sie sind mir einfach zu grausam!

Wie viele einarmige Klimmzüge schaffst du maximal?
Einmal habe ich drei am Stück geschafft. Aber bei mir sind das so Zufallsangelegenheiten. An manchen Tagen schaffe ich sie und an anderen Tagen nicht. Ich weiß aber, dass meine Fähigkeit, einen einarmigen Klimmzug zu schaffen, nicht im Bezug zu meiner Fähigkeit steht, gut klettern zu können.

Welche Übung machst du für Fingerkraft am liebsten?
Ganz sicher Max Hangs. Auch wenn ich sie eher für eine Einheit zur Gesunderhaltung nutze und nicht für volle Maximalkraft. Normalerweise mache ich eine Einheit mit zwei Armen und eine Einheit mit einem Arm pro Woche.

Welchen Fehler machen die Leute beim Training am häufigsten?
Sie vergessen, dass es beim Klettern ums Klettern geht. Stark zu werden erfordert Engagement und Geduld, aber um gut im Klettern zu werden, braucht man viel mehr als das. Für das Klettern benötigt man Unmengen an Fähigkeiten, von technischen Feinheiten bis hin zu psychologischen Anforderungen, die nicht nur schwer zu trainieren sind, sondern die auch sehr persönlich, für jeden Einzelnen spezifisch sind und für die man nicht einfach ein Buch lesen kann, um darin besser zu werden. Glücklicherweise kann man dieses Buch lesen und lernen, wie man stark wird, also ist zumindest diese eine Sache geritzt!

Was rätst du Kletterern, die besser werden wollen?
Setze dir Ziele – die auf dich zugeschnitten und erreichbar sind. Große Ziele, kleine Ziele. Denke an diese Ziele, wenn du trainierst. Und finde immer eine Möglichkeit, dabei zu lächeln.

HÄUFIG GESTELLTE FRAGEN

Wie soll ich mich aufwärmen?
NF: Eine gute Idee ist es, sich eine eigene Aufwärmroutine zusammenzustellen. Jeder tickt anders, weshalb es dafür keinen Ansatz gibt, der für alle gleich gut funktioniert. Ich persönlich klettere am besten, wenn ich weiß, dass meine Finger warm sind und bereit dazu, so hart wie möglich zu ziehen, und wenn auch mein Körper sich ein bisschen bewegt hat. Wenn ich nur die Finger aufwärme und dann direkt auf den Felsen/in die Wand springe, fühle ich mich wie ein ungeschickter Klotz. Ich bewege mich gern etwas und dehne ein wenig und mache dann ein Warm-up am Fingerboard speziell für die Finger. Danach fange ich mit dem Klettern an, wobei ich im Allgemeinen in ziemlich einfachem und wenig geneigtem Terrain beginne und mich dann zu steilerem und härterem Klettern steigere. Je nachdem, ob ich mich für ein Problem mit großen Tritten aufwärme oder für das Klettern in einem Dach, ist der Prozess natürlich anders!

SC: Ich denke, dass Kletterer das Aufwärmen oft nicht richtig wertschätzen. Ich nutze mein Warm-up als Möglichkeit, meinen Körper zu testen. Meine Aufwärmroutine besteht aus Minieinheiten zu Beweglichkeit sowie Kraft und Fingerboard-Training, die ich tagtäglich zur Gesunderhaltung nutze. Mit dem Aufwärmen verbringe ich mindestens eine Stunde.

Wie häufig sollte ich am Fingerboard trainieren?
NF: Nur die Finger am Fingerboard zu trainieren macht dich zwar nicht zu einem besseren Kletterer, aber mehr Fingerkraft ist immer eine gute Sache! Der wichtigste Aspekt beim Fingerkrafttraining ist die Beständigkeit über viele Jahre hinweg. Du wirst mehr davon profitieren, drei Jahre lang einmal pro Woche am Fingerboard zu trainieren, als nur zwei Monate lang fünfmal pro Woche zu trainieren und dann wieder damit aufzuhören.

Eine kurze, aber intensive Fingerboardeinheit dazwischenzuschieben ist ziemlich zeiteffizient und du solltest dich anschließend nicht zu kaputt fühlen. Also denke ich, dass du ruhig zwei- oder dreimal pro Woche am Fingerboard trainieren kannst (natürlich erst, sobald du dich dahin gesteigert hast) und zudem noch klettern kannst.

SC: Das Training am Fingerboard ist einer der Eckpfeiler meines Trainings. Ich absolviere normalerweise zwei Einheiten am Fingerboard pro Woche, überwiegend, um die Kraft zu erhalten, aber ich glaube auch, dass es dabei hilft, Verletzungen vorzubeugen.

Ich will mir meine Klettereinheit nicht dadurch ruinieren, dass ich mich zu kaputt fühle – wann genau sollte ich am Fingerboard trainieren?
NF: Kraft und Stärke solltest du immer vor anderen Formen des Trainings trainieren. Das Fingerboardtraining ist Krafttraining und sollte deshalb dann durchgeführt werden, wenn du am frischesten bist.

Mit der Zeit wirst du dich an deine Fingerboardeinheiten gewöhnen. Ich trainiere normalerweise zuerst am Fingerboard und klettere dann ein paar Stunden später. Auch wenn ich zum Felsklettern nach draußen gehe, mache ich gern zuerst ein Warm-up am Fingerboard, damit ich abschätzen kann, wie ich mich fühle. Es braucht seine Zeit, sich dafür zu begeistern, aber ich finde es sehr hilfreich.

Wenn du allerdings planst, nach deiner Fingerboardeinheit zu klettern, solltest du dich natürlich auf kürzere, intensivere Hangs am Fingerboard konzentrieren und keine heftige Kraftausdauereinheit durchziehen. So bist du nur minimal ermüdet, wenn es an die zweite Einheit geht, und hast deinem Körper aber trotzdem einen guten Reiz gesetzt, an den er sich anpassen kann. Mich selbst bereiten ein Warm-up und drei Max Hangs mit voll aufgestellten Fingern gut vor und laugen mich vor meiner Klettereinheit nicht aus.

SC: Ich liebe es, das Fingerboard zum Aufwärmen für Klettereinheiten zu nutzen. Es hat etwas gedauert, diese Routine aufzubauen, aber jetzt funktioniert sie richtig gut.

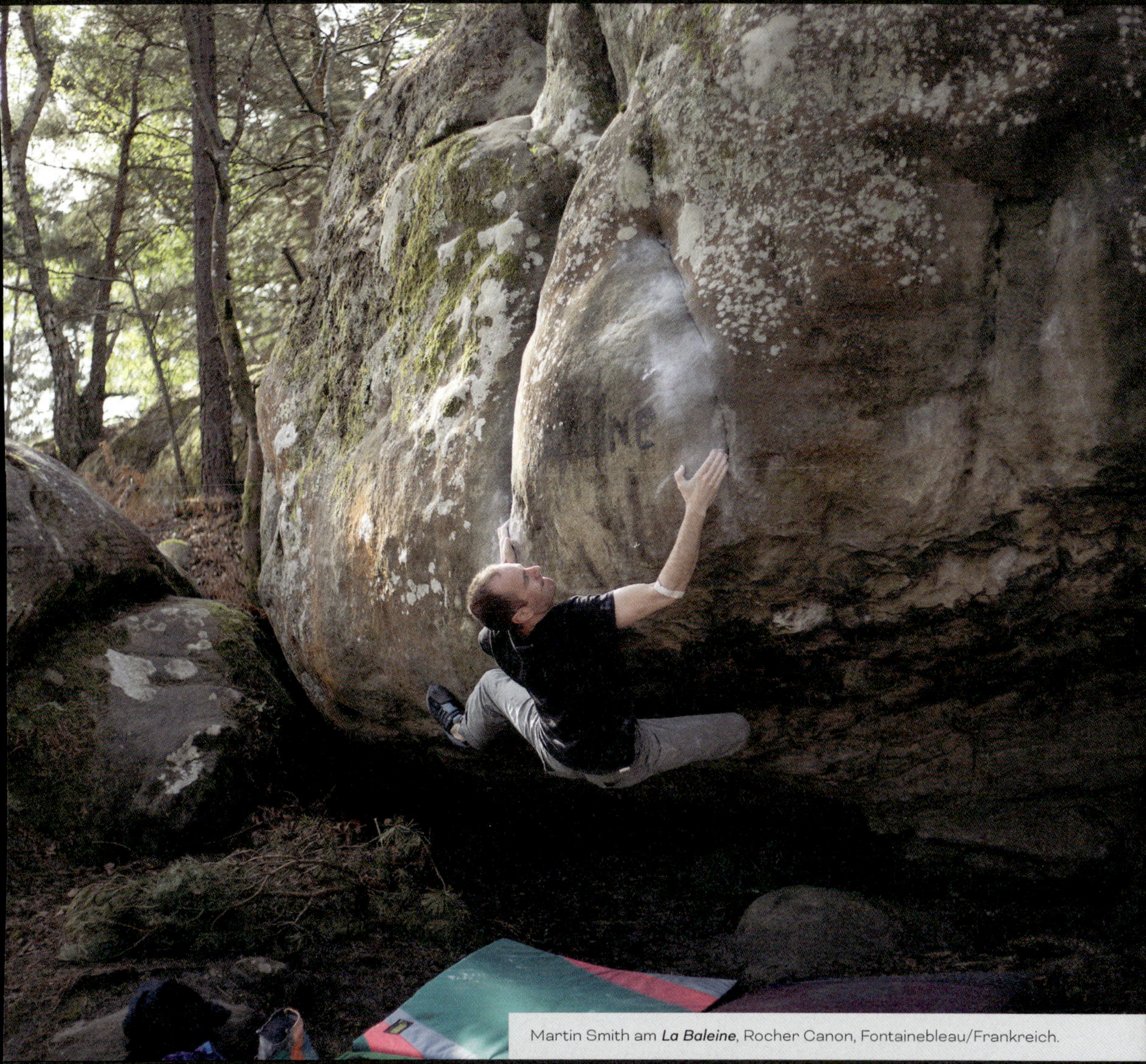

Martin Smith am ***La Baleine***, Rocher Canon, Fontainebleau/Frankreich.

Wie viele Einheiten am Fingerboard sollte ich machen, um eine Griffart zu trainieren, bevor ich eine andere Griffart trainiere?

NF: In einer typischen Woche trainiere ich unterschiedliche Griffarten normalerweise in unterschiedlichen Einheiten. Es kann also sein, dass ich innerhalb einer Woche ein paar Einheiten mit voll aufgestellten Fingern einlege, eine Einheit mit aufgestellten Fingern und eine Einheit mit offenen Griffen. Dadurch bleibt es spannend und ich sorge dafür, dass sich mein Körper ständig an unterschiedliche Reize anpassen muss. Ich habe festgestellt, dass ich mindestens zehn Einheiten einer bestimmten Übung am Fingerboard machen muss, um Verbesserungen zu erreichen und diese zu festigen. Das bedeutet, dass ich nach fünf bis zehn Wochen darauf achte, diese spezielle Einheit aufzulockern. Wenn ich jedoch noch das Gefühl hätte, weiterhin Fortschritte mit dieser Griffart zu machen, würde ich natürlich dranbleiben, bis die Fortschritte ein Plateau erreichen – und dann mit etwas anderem weitermachen.

Im Prinzip heißt das: Wenn es funktioniert, mache weiter! Ändere deine Methoden nur, wenn dein bestehendes System scheinbar keine Ergebnisse mehr liefert.

Sollte ich mit voll aufgestellten Fingern trainieren?
NF: Kurz und knapp: Ja, definitiv. Meiner Erfahrung nach ist es sinnvoll, mit voll aufgestellten Fingern zu trainieren. Es ist ziemlich töricht, den voll aufgestellten Griff nicht zu trainieren und dann zu erwarten, dass er funktioniert, wenn man ihn braucht. In steilem Gelände ist voll aufgestelltes Greifen wirklich hilfreich, da man so ans hintere Ende der Griffe kommt und nach innen und nach unten ziehen kann, wodurch man während des gesamten Zugs viel mehr Kontrolle behält.

Ich trainiere das Aufstellen am Fingerboard immer ohne die Daumen (aber mit allen Fingern in gebeugter Position), weil ich für mich festgestellt habe, dass die Daumen meine Nagelhaut einreißen können. Das Aufstellen ohne Daumen lässt sich gut auf das volle Aufstellen mit Daumen übertragen, da die Finger im gleichen Winkel gehalten werden.

SC: Ich greife von Natur aus nur aufgestellt und trainiere kaum mit voll aufgestellten Fingern. Ich hatte nie das Gefühl, dass mein voll aufgestellter Griff schwach ist, und hatte deshalb nie das Bedürfnis, ihn zu trainieren. Ich denke, das liegt daran, dass ich größtenteils indoor klettere, wo die Griffe nicht wirklich klein und rau sind. Für das Allroundklettern oder bei bestimmten Felsarten ist es jedoch entscheidend, den voll aufgestellten Griff zu beherrschen, und du solltest ihn trainieren, wenn er zu deinen Schwächen gehört.

Muss ich unbedingt einen einarmigen Klimmzug können, um gut im Klettern zu sein?
NF: Absolut nicht! Stark sein und gut sein werden häufig durcheinandergebracht. Ein guter Kletterer zu sein beinhaltet alle möglichen technischen, taktischen und auf Kraft basierenden Fähigkeiten. Die Kraft zu haben, um einen einarmigen Klimmzug zu schaffen, kann sehr nützlich sein – vorausgesetzt, du verfügst über die Kletterfähigkeiten, um diese Kraft auch gut anwenden zu können.

SC: Definitiv nicht! Einarmige Klimmzüge sind Zufallsprodukte – an manchen Tagen schaffe ich gar keinen und an anderen schaffe ich drei hintereinander. Sie sind ein toller Partytrick, aber nicht wirklich entscheidend, um hart klettern zu können.

Wie kann ich ein Plateau überwinden?
NF: Ein Plateau entsteht im Allgemeinen dann, wenn du über einen langen Zeitraum hinweg immer dasselbe machst, ohne irgendetwas zu verändern. Wenn du also den Trainingsreiz für deinen Körper veränderst, startest du einen Verbesserungsprozess. Für viele Kletterer liegt die Lösung einfach darin, mehr klettern zu gehen. Wenn du zwei- oder dreimal pro Woche kletterst, versuche häufiger zu klettern. Andere Kletterer müssen vielleicht an anderen Strukturen klettern – es kann sein, dass du dich bei schwierigeren Klettereien mehr anstrengen musst. Oder du könntest es mit spezifischem Training für die Fingerkraft versuchen. Viele fortgeschrittene Kletterer könnten sich unglaublich steigern, indem sie sich mehr dehnen und lernen würden, mit der dadurch geschaffenen größeren Flexibilität und Beweglichkeit zu klettern!

SC: Ich denke, das Geheimnis zur Vermeidung von Plateaus auf körperlicher und auf mentaler Ebene ist Abwechslung. Es ist so wichtig, Dinge zu verändern – ob man nun neue Übungen ausführt oder an unterschiedlichen Orten klettert.